G. K. CHESTERTON

ALLE GESCHICHTEN UM FATHER BROWN
IN FÜNF BÄNDEN

NEU ÜBERSETZT
UND HERAUSGEGEBEN VON
HANSWILHELM HAEFS

BAND 5
FATHER BROWNS
SKANDAL

G. K. CHESTERTON

FATHER BROWNs SKANDAL

Zehn Geschichten

Deutsch von
HANSWILHELM HAEFS

HAFFMANS VERLAG

»THE SCANDAL OF FATHER BROWN«
ERSCHIEN ERSTMALS 1929 IN LONDON

Die vorliegende Übersetzung
beruht auf der von Julian Symons herausgegebenen Reihe
Penguin Crime Fiction,
in der »The Scandal of Father Brown« erstmals 1978 erschien
(hier liegt der Nachdruck von 1978 zugrunde).
Die 10. Geschichte erschien bereits 1914 in einer Zeitschrift,
geriet dann in Vergessenheit und wird hier erstmals in einer
Gesamtausgabe der Father-Brown-Erzählungen vorgelegt
(Einzelheiten siehe in den Anmerkungen).

EINBAND- UND TITELZEICHNUNG VON
TATJANA HAUPTMANN

GESTALTUNG UND PRODUKTION VON
URS JAKOB

1.–6. TAUSEND, HERBST 1993

GESAMTHERSTELLUNG:
OFFIZIN ANDERSEN NEXÖ, LEIPZIG
ISBN 3 251 20109 3

INHALT

1. Father Browns Skandal 7

2. Der Schnelle 29

3. Der Fluch des Buches 59

4. Der Grüne Mann 79

5. Die Verfolgung von Mr. Blue 105

6. Das Verbrechen des Kommunisten 129

7. Die Spitze einer Nadel 153

8. Das unlösbare Problem 181

9. Der Dorfvampir 205

10. Die Donnington-Affäre . . . . 229*)

Editorische Notizen 269

Anmerkungen 271
Bibliographische Skizze (einschließlich der Aufsätze
  »Über Bücher« und »Eine Verteidigung
  der Detektivgeschichten«) 291
Bemerkungen zu den früheren Übersetzungen 332
Nachwort 349

---

*) Diese Geschichte wird hier erstmals auf Deutsch und erstmals
in einer Sammlung der Father-Brown-Geschichten überhaupt
vorgelegt, die damit als erste den Anspruch erheben kann,
sämtliche 50 Father-Brown-Geschichten zu enthalten.

FATHER BROWNS SKANDAL

Es wäre nicht richtig, die Abenteuer von Father Brown aufzuschreiben, ohne einzugestehen, daß er einst in einen schweren Skandal verwickelt war. Noch immer gibt es Menschen, vielleicht sogar aus seiner eigenen Gemeinschaft, die behaupten würden, auf seinem Namen sei ein Fleck verblieben. Die Sache ereignete sich in einem pittoresken mexikanischen Rasthaus von reichlich fragwürdigem Ruf, wie sich später herausstellte; und manchen scheint es, als habe diesmal der Priester einem romantischen Zug in ihm und seinem Mitgefühl für menschliche Schwächen gestattet, ihn zu fragwürdiger und unorthodoxer Handlungsweise zu verleiten. Die Geschichte selbst ist einfach; und vielleicht besteht das Überraschende daran in ihrer Einfachheit.

Das brennende Troja begann mit Helena; diese schmachvolle Geschichte begann mit der Schönheit von Hypatia Potter. Amerikaner besitzen die von Europäern nicht immer geschätzte große Gabe, Institutionen von unten herauf zu schaffen; nämlich durch Volksinitiative. Wie jede andere gute Sache hat auch diese ihre helleren Aspekte; eine davon ist, wie schon Mr. Wells und andere bemerkt haben, daß eine Person zur öffentlichen Institution werden kann, ohne eine amtliche Institution zu sein. Ein Mädchen von großer Schönheit oder Brillanz wird eine Art ungekrönter Königin sein, selbst wenn es kein Filmstar und kein Abbild eines Gibson Girls ist. Unter jenen, die das Glück – oder Unglück – hatten, auf diese Weise schön in der Öffentlichkeit zu existieren, war eine gewisse Hypatia Hard, die durch das Vorstadium blumiger Komplimente in den Gesellschaftsspalten der örtlichen Presse hindurch den Status einer Persönlichkeit erreicht hatte, die tatsächlich von echten Journalisten interviewt wird. Sie hatte mit einem bezaubernden Lächeln ihre Stellungnahmen zu Krieg und Frieden und Vaterlandsliebe und Prohibition und Evolution und Bibel abgegeben; und wenn derer keine den wirklichen Gründen ihres Rufs sehr nahezustehen schienen, so wäre es doch gleichermaßen schwierig zu sagen, was denn die Gründe ihres Rufs wirklich waren. Schön und die Tochter eines reichen Mannes zu sein sind in ihrem Lande nicht eben seltene Dinge; diesen aber fügte sie das hinzu, was auch immer das schweifende Auge des Journalismus anzieht. Fast keiner ihrer Bewunderer hatte sie je gesehen oder konnte auch nur hoffen, das je zu tun; und keiner von ihnen konnte auf irgendeine Weise irgendeinen schmutzigen Gewinn aus ihres Vaters Reichtum schlagen. Es war einfach eine Art von volkstümlicher Romanze, der moderne Ersatz für Mythen; und die legte die ersten Grundlagen für jene schwülstigere und stürmischere Romanze, in der sie später eine Rolle spielen sollte; und in der nach Ansicht mancher der gute Ruf von Father Brown, ebenso wie der anderer, zu Fetzen zerstob.

Jene, die amerikanische Satire als die Briefkastentanten der Rührseligkeit bezeichnet, hatten teils romantisch, teils resignierend hingenommen, daß sie bereits einen sehr würdigen und ehrbaren Geschäftsmann namens Potter geheiratet hatte. Es war sogar möglich, sie für einen Augenblick als Mrs. Potter anzusehen, auf Grund der allgemeinen Annahme, daß ihr Mann lediglich der Mann von Mrs. Potter war.

Dann kam der Große Skandal, durch den ihre Freunde wie ihre Feinde über ihre wildesten Hoffnungen hinaus mit Abscheu erfüllt wurden. Ihr Name wurde verbunden (wie die sonderbare Phrase lautet) mit einem in Mexiko lebenden Schriftsteller; dem Status nach ein Amerikaner, dem Geist nach aber ein sehr spanischer Amerikaner. Unglücklicherweise glichen seine Laster insofern ihren Tugenden, als sie gute Schlagzeilen lieferten. Er war keine geringere Persönlichkeit als der berühmte oder berüchtigte Rudel Romanes; jener Dichter, dessen Werke dadurch weltweit so bekannt wurden, daß die Bibliotheken sie ablehnten oder die Polizei sie gerichtlich belangte. Wie dem auch sei, ihr reiner und ruhiger Stern jedenfalls wurde in Konjunktion mit diesem Kometen gesehen. Er war von der Art, die man mit einem Kometen vergleichen kann, haarig und heiß; ersteres in seinen Porträts, letzteres in seiner Dichtung. Er war auch zerstörerisch; den Schweif des Kometen bildete eine Reihe von Scheidungen, die manche seinen Erfolg als Liebhaber nannten, andere sein andauerndes Scheitern als Ehemann. Es war schwer für Hypatia; es gibt Nachteile bei der Führung eines vollkommenen Privatlebens in der Öffentlichkeit; wie ein häusliches Interieur im Schaufenster. Interviewer berichteten über zweifelhafte Äußerungen in bezug auf »Der Liebe großzügiges Gesetz der vollkommenen Selbstverwirklichung«. Die Heiden klatschten Beifall. Die Briefkastentanten der Rührseligkeit erlaubten sich Töne romantischen Bedauerns; einige brachten sogar die abgebrühte Kühnheit auf, aus dem Gedicht von Maud Mueller zu zitieren, wonach von allen Worten der Zunge oder der Feder die traurigsten seien »Es hätte können sein«. Und Agar P. Rock, der die Briefkastentanten der Rührseligkeit mit einem heiligen und gerechten Haß haßte, sagte, daß er in diesem Fall vollkommen mit Bret Hartes Erweiterung des Gedichtes übereinstimme:

»Noch trauriger ist, was wir täglich sehn;
Es ist, doch brauchte es nicht zu geschehn.«

Denn Mr. Rock war zutiefst und zu Recht überzeugt, daß eine sehr große Anzahl von Dingen nicht hätte geschehen müssen. Er war im ›Minneapolis Meteor‹ der grimme Geißler nationalen Niedergangs und ein unerschrockener und redlicher Mann. Vielleicht hatte er sich zu sehr auf den Geist des Empörtseins spezialisiert, aber der hatte einen nur zu gesunden Ursprung in seiner Reaktion auf die schlampigen Versuche, im modernen Journalismus und Klatsch Recht und Unrecht durcheinanderzubringen. Er drückte das zunächst in der Form eines Protestes dagegen aus, daß Revolvermännern und Räubern ein unheiliger romantischer Heiligenschein verliehen wurde. Vielleicht neigte er in robuster Ungeduld zu sehr zu der Annahme, daß alle Verbrecher Dagos seien und alle Dagos Verbrecher. Doch waren seine Vorurteile, selbst wenn sie ein bißchen provinziell waren, geradezu erfrischend gegenüber einer bestimmten Art rührseliger und unmännlicher Heldenverehrung, die bereit war, in einem Berufsmörder einen Anführer von Lebensart zu sehen, solange die Journalisten berichteten, daß sein Lächeln unwiderstehlich sei oder sein Smoking vollendet sitze. Auf jeden Fall kochten die Vorurteile nicht weniger heftig im Busen von Mr. Rock, weil er sich tatsächlich im Lande der Dagos befand, da diese Geschichte begann; zornmütig strebte er einen Hügel jenseits der mexikanischen Grenze hinauf, auf das weiße Hotel zu, das von Zierpalmen gesäumt war und in dem sich die Potters angeblich aufhielten und die geheimnisvolle Hypatia jetzt hofhalte. Agar Rock war ein Prachtexemplar von einem Puritaner, sogar seinem Aussehen nach; er hätte noch eher ein viriler Puritaner des 17. Jahrhunderts sein können als einer der weicheren und weltklügeren des 20. Jahrhunderts. Wenn man ihm gesagt hätte, daß sein antiquierter schwarzer Hut, sein übliches finsteres Stirnrunzeln und seine feinen, harten Züge Düsternis über das sonnige Land der Palmen und Weinstöcke warfen, hätte ihn das sehr befriedigt. Er blickte nach rechts und nach links mit vor allgemeinen Verdächten leuchtenden Augen. Und während er das tat, erblickte er zwei Gestalten auf dem Grat über ihm, scharf vor dem klaren subtropischen Sonnenuntergang abgehoben; Gestalten in einer jähen Haltung, die selbst einen weniger mißtrauischen Mann dazu gebracht haben würde, mißtrauisch etwas zu vermuten.

Eine der Gestalten war schon an sich reichlich bemerkenswert. Sie reckte sich genau in der Beuge der Straßenkehre über dem Tal empor, als hätte sie einen besonderen Instinkt für die Stelle und für die Haltung einer Statue. Sie war à la Byron in einen weiten schwarzen Umhang gehüllt, und das Haupt, das sich darüber in bräunlicher Schönheit erhob, war ebenso bemerkenswert wie das Byrons. Dieser Mann besaß dasselbe gekräuselte Haar und dieselben gekräuselten Nüstern; und er schien etwas von demselben Hohn und derselben Verachtung wider die Welt zu schnauben. Er umfaßte mit der Hand fest ein ziemlich langes Rohr oder einen Spazierstock, der mit seiner Spitze nach der Art eines Bergstocks im Augenblick phantastisch an einen Speer gemahnte. Es wirkte das um so phantastischer, als zu ihm ein komischer Gegensatz entstand in der Gestalt des anderen Mannes, der einen Regenschirm trug. In der Tat war es ein neuer und sauber eingerollter Regenschirm, ganz anders zum Beispiel als Father Browns Regenschirm; und der Mann war, sauber wie ein Buchhalter, mit einem hellen Ferienanzug bekleidet; ein untersetzter, stämmiger, bärtiger Mann; aber der prosaische Regenschirm war erhoben, gar geschwungen in einem akuten Angriffswinkel. Der größere Mann stieß gegen ihn zurück, aber in einer hastigen, verteidigenden Weise; und dann brach die Szene sozusagen in eine Komödie zusammen; denn der Schirm öffnete sich von selbst, und sein Eigner schien fast hinter ihm zu versinken, während der andere Mann aussah, als stäche er mit seinem Speer durch einen großen grotesken Schild. Aber er trieb ihn, oder den Streit, nicht allzu weit vor; er zog die Spitze zurück, drehte sich ungeduldig um und strebte die Straße hinunter; während der andere, der seinen Schirm hob und sorgsam zusammenrollte, sich in die entgegengesetzte Richtung dem Hotel zuwandte. Rock hatte keines der Worte des Streites gehört, der diesem kurzen und ziemlich absurden körperlichen Angriff unmittelbar vorausgegangen sein mußte; doch als er auf den Spuren des kleineren Mannes mit dem Bart die Straße hinanschritt, erwog er mancherlei Dinge. Und der romantische Umhang wie das geradezu opernhaft gute Aussehen des einen Mannes in Verbindung mit der untersetzten Selbstgewißheit des anderen paßten genau in die ganze Geschichte, die herauszufinden er gekommen war; und er wußte, daß er jene beiden seltsamen Gestalten mit ihren Namen hätte benennen können: Romanes und Potter.

Seine Überzeugung wurde in jeder Weise bestätigt, als er das

Säulenportal durchschritt; und die hocherhobene Stimme des bärtigen Mannes in heftiger Auseinandersetzung oder Befehlserteilung hörte. Er sprach offensichtlich zum Verwalter oder zum Personal des Hotels, und Rock hörte genug, um zu begreifen, daß er sie vor einem wilden und gefährlichen Charakter in der Nachbarschaft warnte.

»Wenn er tatsächlich schon im Hotel gewesen ist«, sagte der kleine Mann in Beantwortung eines Gemurmels, »dann kann ich nur sagen, daß Sie ihn besser nicht wieder hereinlassen. Ihre Polizei sollte nach einem solchen Kerl Ausschau halten, doch auf keinen Fall wünsche ich, daß die Dame durch ihn belästigt wird.«

Rock lauschte in grimmem Schweigen und wachsender Gewißheit; dann glitt er durch die Halle in eine Nische, in der er das Gästebuch sah, und als er die letzte beschriebene Seite aufschlug, sah er, daß »der Kerl« tatsächlich schon im Hotel gewesen war. Da stand der Name »Rudel Romanes«, jenes romantischen öffentlichen Charakters, in sehr großen und schwungvollen ausländischen Buchstaben; und nach einem Zwischenraum erschienen unter ihm, ziemlich eng beieinander, die Namen von Hypatia Potter und Ellis T. Potter, in einer korrekten und ruhigen amerikanischen Handschrift.

Agar Rock blickte sich übelgelaunt um und sah in seiner Umgebung und selbst in den kleinsten Dekorationen des Hotels alles, was er am meisten haßte. Es ist vielleicht unvernünftig, sich darüber zu beklagen, daß Orangen an Orangenbäumen wachsen, selbst in kleinen Kübeln; doch es wuchsen noch mehr von ihnen auf fadenscheinigen Vorhängen und verschossenen Tapeten als eine Art formalen Ornamentes. Für ihn allerdings waren jene roten und goldenen Monde, die sich dekorativ mit silbernen Monden abwechselten, in einer wunderlichen Weise die Quintessenz aller mondsüchtigen Schwindelhaftigkeit. Er sah in ihnen all jenen sentimentalen Niedergang, den seine Grundsätze an den modernen Manieren beklagten und den seine Vorurteile vage mit der Wärme und Sanftheit des Südens verbanden. Es ärgerte ihn sogar, ein Stück einer dunklen Leinwand zu erblicken, die einen Teil eines Watteauschen Schäfers mit Gitarre zeigte, oder eine blaue Wandkachel mit dem abgedroschenen Bild eines Cupido auf einem Delphin. Sein nüchterner Verstand könnte ihm sagen, daß er solche Dinge auch in einem Schaufenster an der Fifth Avenue hätte sehen können; aber da, wo sie waren, wirkten sie wie die lockenden Sirenenstimmen des mediterranen Heidentums. Und dann schien sich plötzlich der Anblick all dieser Dinge zu verändern, so wie ein ruhiger Spiegel aufflackern mag, wenn eine Gestalt für einen Augenblick an ihm vorüberhuscht, und er wußte, daß der ganze Raum voller herausfordernder Gegenwart war. Er wandte sich fast steif und gegen eine Art Widerstand um, und er wußte, daß er sich der berühmten Hypatia gegenüber fand, von der er seit so vielen Jahren gelesen und gehört hatte.

Hypatia Potter, *née* Hard, war einer jener Menschen, auf die das Wort »strahlend« so endgültig zutrifft, als sei es von ihnen abgeleitet. Mit anderen Worten, sie gestattete dem, was die Zeitungen ihre Persönlichkeit nannten, von ihr strahlenförmig auszuströmen. Sie würde genauso schön gewesen sein, und für manchen Geschmack noch anziehender, wenn sie zurückhaltend gewesen wäre; aber sie war immer dazu erzogen worden zu glauben, daß Zurückhaltung lediglich Selbstsucht sei. Sie würde gesagt haben, daß sie ihr Selbst im Dienst verloren hätte; es wäre vielleicht wahrer zu sagen, daß sich ihr Selbst im Dienst behauptet hat; auf jeden Fall aber war sie guten Glaubens, was den Dienst anging. Daher schlugen ihre außerordentlich strahlenden Augen wirklich zu wie in der alten Metapher, welche Augen zu Cupidos Pfeilen macht, die aus der Ferne töten; aber in einer abstrakten Vorstellung von Eroberung jenseits aller bloßen Koketterie. Ihr hellblondes Haar, obwohl zu einem wahren Heiligenschein arrangiert, sah fast wie elektrische Strahlung aus. Und als sie begriff, daß der Fremde vor ihr Agar Rock vom ›Minneapolis Meteor‹ war, nahmen ihre Augen die Reichweite von langen Scheinwerfern an, die den Horizont der Staaten abtasten.

Doch darin irrte sich die Dame, was ihr manchmal passierte. Denn Agar Rock war nicht der Agar Rock vom ›Minneapolis Meteor‹. Er war in jenem Augenblick nur Agar Rock; in ihm war eine große und ernsthafte moralische Eingebung aufgebrandet, jenseits der groben Kühnheit des Interviewers. Ein Gefühl, das sich zutiefst zusammenmischte aus einem ritterlichen und nationalen Empfinden für Schönheit und aus einem unmittelbaren Verlangen nach entschiedener moralischer Aktion, das ebenfalls sehr national war, ermutigte ihn, einer großen Szene entgegenzutreten; und eine noble Beleidigung auszusprechen. Er erinnerte sich der ursprünglichen Hypatia, der wunderschönen Neoplatonikerin, und wie ihn als Knaben Kingsleys Romanze erregt hatte, in der der junge Mönch sie der Hurerei und Götzendienerei anklagt. Er trat ihr mit eiserner Feierlichkeit entgegen und sagte:

»Verzeihen Sie, Gnädige Frau, aber ich würde gerne privat ein Wort mit Ihnen reden.«

»Nun ja«, sagte sie und ließ ihr glorreiches Starren durch den Raum schweifen, »ich weiß nicht, ob Sie diesen Ort als privat ansehen.«

Auch Rock ließ seinen Blick durch den Raum schweifen und konnte außer dem Orangenbaum kein Anzeichen von höherem Leben erblicken, abgesehen von etwas, was wie ein großer schwarzer Pilz aussah, worin er den Hut irgendeines einheimischen Priesters erkannte, der gleichmütig eine schwarze einheimische Zigarre rauchte und im übrigen ebenso bewegungslos war wie irgendein Gemüse. Er blickte einen Augenblick lang in die schwarzen, ausdruckslosen Züge, bemerkte die Plumpheit jenes bäuerlichen Typs, der so oft in lateinischen und vor allem lateinamerikanischen Ländern die Priester stellt, und senkte seine Stimme ein bißchen, während er lachte.

»Ich kann mir nicht vorstellen, daß der mexikanische Padre unsere Sprache spricht«, sagte er. »Man erwische einmal diese Klumpen Faulheit dabei, wie sie eine andere Sprache als ihre eigene lernen. Natürlich kann ich nicht beschwören, daß er

Mexikaner ist; Indianerbastard oder Niggerbastard, nehme ich an. Garantieren aber kann ich, daß er kein Amerikaner ist. Unsere Kirchen bringen diesen verkommenen Typ nicht hervor.«

»Eigentlich«, sagte der verkommene Typ und nahm die schwarze Zigarre aus dem Mund, »bin ich Engländer, und mein Name ist Brown. Aber ich will mich gerne zurückziehen, wenn Sie allein sein wollen.«

»Wenn Sie Engländer sind«, sagte Rock warm, »sollten Sie genügend normale nordische Instinkte haben, um gegen all diesen Unfug zu protestieren. Für jetzt mag es genügen zu sagen, daß ich in der Position bin zu bezeugen, daß ein ziemlich gefährlicher Kerl um dieses Haus herumschleicht; ein großer Kerl in einem Umhang wie auf einem der alten Bilder von verrückten Dichtern.«

»Nun ja, aber darauf kann man hier nicht viel geben«, sagte der Priester milde; »viele Leute hier tragen solche Umhänge, weil die Kälte nach Sonnenuntergang sehr plötzlich zuschlägt.«

Rock schoß ihm einen dunklen und zweifelnden Blick zu; als ob er Verdacht auf ein Ausweichen im Interesse von alldem hege, das ihm Pilzhüte und Mondscheinschwindel darstellten. »Es war nicht nur der Umhang«, knurrte er, »obwohl es teilweise die Art war, wie er ihn trug. Das ganze Äußere des Kerls war theatralisch bis hin zu seinem verdammten theatralisch guten Aussehen. Und wenn Sie mir vergeben wollen, Gnädige Frau, so rate ich Ihnen höchst entschieden, nichts mit ihm zu tun zu haben, falls er zu Belästigungen herkommt. Ihr Mann hat das Hotelpersonal bereits angewiesen, ihn nicht hereinzulassen …«

Hypatia sprang auf und bedeckte mit einer sehr unüblichen Geste ihr Gesicht, wobei sie die Finger in ihr Haar steckte. Sie schien erschüttert, vielleicht von Schluchzern, doch kaum hatte sie sich wieder in der Gewalt, hatten die sich in eine Art wilden Gelächters verwandelt.

»Ach, Ihr seid zu komisch«, sagte sie, duckte sich auf eine für sie sehr unübliche Weise, schoß auf die Tür zu und verschwand.

»Bißchen hysterisch, wenn sie so lachen«, sagte Rock unbehaglich; dann, ziemlich verlegen und sich zu dem kleinen Priester umdrehend: »Wie ich schon sagte, wenn Sie Engländer sind, sollten Sie sich auf jeden Fall gegen diese Dagos auf meine Seite stellen. Oh, ich gehöre nicht zu denen, die Quatsch über die Angelsachsen verzapfen; aber es gibt doch so was wie Geschichte. Sie können immerhin Anspruch darauf erheben, daß Amerika seine Zivilisation von England bekam.«

»Und wir müssen, um unseren Stolz zu zügeln«, sagte Father Brown, »immerhin eingestehen, daß England seine Zivilisation von den Dagos erhielt.«

Und wieder glühte im Geist des anderen ein verzweifeltes Empfinden dafür auf, daß sein Gesprächspartner mit ihm focht, und auf der falschen Seite focht, auf eine geheimnisvolle und ausweichende Weise; und knapp gestand er sein Unvermögen ein, zu verstehen.

»Na ja, da gab es einen Dago, oder vielleicht auch 'nen Spaghettifresser namens Julius Caesar«, sagte Father Brown; »der wurde später bei 'ner Messerstecherei umgebracht; Sie wissen ja, diese Dagos verwenden immer Messer. Und dann gab es auch noch einen anderen namens Augustinus, der brachte das Christentum auf unsere kleine Insel; und ich glaube tatsächlich, daß wir ohne diese beiden nicht gerade viel Zivilisation hätten.«

»Aber das ist doch alles alte Geschichte«, sagte der etwas verwirrte Journalist, »ich aber bin sehr an moderner Geschichte interessiert. Was ich sehe, ist, daß diese Halunken das Heidentum in unser Land bringen und alle Christlichkeit zerstören, die es gibt. Alle alten Sitten, die ganze solide Sozialordnung, die Art und Weise, in der die Bauern, die unsere Väter und Großväter waren, es fertigbrachten, in der Welt zu leben, zerschmolzen zu einem heißen Brei aus Sensationen und Sinnlichkeiten bezüglich Filmstars, die jeden Monat oder so geschieden werden und törichte Mädchen dazu bringen zu glauben, daß die Heirat nur eine Möglichkeit ist, sich scheiden zu lassen.«

»Da haben Sie ganz recht«, sagte Father Brown. »Natürlich stimme ich Ihnen da zu. Aber man muß doch ein paar Zugeständnisse machen. Vielleicht neigen diese Südländer tatsächlich etwas zu dieser Art von Fehlern. Aber Sie sollten auch daran denken, daß Nordländer andere Arten von Fehlern haben. Vielleicht ermutigt diese Umgebung hier die Menschen dazu, einer einfachen Romanze zu große Bedeutung zuzumessen ...«

Die ganze eingefleischte Entrüstung aus Agar Rocks Leben stieg in ihm bei diesem Wort hoch.

»Ich hasse Romanzen«, sagte er und schlug auf den kleinen Tisch vor ihm. »Ich hab bei den Zeitungen, für die ich arbeite, gegen diesen Höllenschlund gekämpft, seit 40 Jahren. Jeder Schuft, der mit 'nem Barmädchen durchbrennt, wird ein romantischer Entführer oder so was genannt; und jetzt könnte unsere eigene Hypatia Hard, die Tochter ehrbarer Leute, in irgend so einen verfluchten romantischen Scheidungsfall hereingezogen werden, der dann der ganzen Welt so glücklich ausposaunt wird, als sei es 'ne königliche Hochzeit. Dieser verrückte Dichter Romanes schwirrt um sie rum; und Sie können darauf wetten, daß die Scheinwerfer ihm folgen, als ob er irgend so 'n verkommener kleiner Dago wäre, den sie in den Filmen den Großen Liebhaber nennen. Ich hab ihn draußen gesehen; und er hat das richtige Gesicht für die Scheinwerfer. Meine Sympathien gehören aber dem Anstand und der Vernunft. Meine Sympathien gehören dem armen Potter, einem schlichten redlichen Makler aus Pittsburgh, der glaubt, er habe ein Recht auf ein eigenes Heim. Und dafür kämpft er. Ich hab' ihn gehört, wie er die Hotelverwaltung angebrüllt hat, man solle den Schuft draußen halten; und recht hat er. Die Leute hier scheinen ein verstohlener und verschlagener Haufen zu sein; aber ich hab' den Eindruck, daß er ihnen schon die Furcht Gottes eingetrieben hat.«

»Tatsächlich ist es so«, sagte Father Brown, »daß ich Ihnen im Hinblick auf den Hotelmanager und das Hotelpersonal zustimme; aber Sie dürfen nicht alle Mexikaner nach denen beurteilen. Außerdem habe ich den Eindruck, daß der Herr, von dem Sie sprechen, nicht nur gebrüllt, sondern auch genügend Dollars ausgeteilt hat, um das gesamte Personal auf seine Seite zu bringen. Ich habe sie Türen verschließen und höchst aufge-regt miteinander flüstern gesehen. Übrigens scheint Ihr schlich-ter redlicher Freund eine Menge Geld zu haben.«

»Ich habe keine Zweifel, daß seine Geschäfte gutgehen«, sagte Rock. »Er ist schon ein Musterexemplar von einem gesun-den Geschäftsmann. Worauf wollen Sie raus?«

»Ich hab' mir vorgestellt, daß Sie das auf einen anderen Ge-danken bringen könnte«, sagte Father Brown; und nachdem er sich mit reichlich gewichtiger Höflichkeit erhoben hatte, verließ er den Raum.

Rock beobachtete die Potters an jenem Abend beim Dinner sehr aufmerksam und gewann einige neue Eindrücke, wenn-gleich keine, die sein tiefes Gefühl für das Böse störten, das ver-mutlich den Frieden des Potterschen Heimes bedrohte. Potter selbst erwies sich einer etwas eingehenderen Betrachtung wür-dig; obwohl der Journalist ihn zunächst als prosaisch und an-spruchlos angesehen hatte, bereitete es ihm ein Vergnügen, feinere Züge an dem zu entdecken, den er als Helden oder Opfer einer Tragödie betrachtete. Potter hatte tatsächlich ein eher nach-denkliches und vornehmes, obgleich bekümmertes und manch-mal verdrießliches Gesicht. Rock bekam den Eindruck, daß der Mann sich von einer Krankheit erhole; sein fahles Haar war dünn, aber ziemlich lang, als ob es in der letzten Zeit vernachlässigt wor-den wäre, und sein ziemlich ungewöhnlicher Bart vermittelte dem Beobachter denselben Eindruck. Gewiß, er sprach seine Frau ein paarmal in einer ziemlich scharfen und bissigen Weise an und machte ein Getue um Tabletten oder andere Einzelheiten der Verdauungswissenschaft; aber seine wirkliche Sorge betraf zwei-fellos die Gefahr von außen. Seine Frau bemühte sich um ihn in der großartigen, wenngleich etwas herablassenden Art einer Ge-duldigen Griselda; zugleich aber schweiften ihre Augen ständig über die Türen und Fensterläden, als befürchte sie halbherzig eine Invasion. Rock hatte nach ihrem sonderbaren Ausbruch nur zu gute Gründe, zu fürchten, daß ihre Befürchtungen sich wirk-lich als nur halbherzig herausstellen könnten.

In der Mitte der Nacht trat dann das außerordentliche Ereignis ein. Rock, der sich einbildete, der letzte zu sein, der zu Bett ging, war überrascht, Father Brown immer noch in der Halle vorzufinden, unauffällig unter einem Orangenbaum sitzend und gelassen ein Buch lesend. Er erwiderte des anderen Gutenachtgruß ohne weitere Worte, und der Journalist hatte seinen Fuß auf der untersten Stufe der Treppe, als plötzlich die Außentür in ihren Angeln erbebte und rüttelte und schüttelte unter von außen geführten Stößen. Eine mächtige Stimme, lauter als die Stöße, ward gehört, wie sie drohend Zutritt forderte. Irgendwie war der Journalist sich sicher, daß die Stöße mit einem gespitzten Stock wie einem Alpenstock ausgeführt worden waren. Er blickte in das verdunkelte Erdgeschoß und sah die Bediensteten des Hotels, wie sie hierhin und dorthin glitten, um nachzusehen, ob die Türen verschlossen seien; sie schlossen sie nicht auf. Da stieg er langsam in sein Zimmer hinauf und setzte sich zornerfüllt hin, um seinen Bericht zu schreiben.

Er beschrieb die Belagerung des Hotels; die Atmosphäre des Bösen; den schäbigen Luxus des Hauses; das verschlagene Ausweichen des Priesters; vor allem aber jene schreckliche Stimme, die draußen schrie wie ein Wolf, der um das Haus streicht. Dann aber hörte er, während er schrieb, ein neues Geräusch und setzte sich augenblicklich aufrecht hin. Es war ein langes wiederholtes Pfeifen, und in seiner Stimmung haßte er es doppelt, denn es war wie das Zeichen eines Verschwörers und wie der Liebesruf eines Vogels. Ihm folgte absolutes Schweigen, während dem er steif dasaß; dann erhob er sich abrupt, denn er hatte noch ein weiteres Geräusch gehört. Es war ein schwaches Zischen, gefolgt von einem scharfen Klopfen oder Rattern; und er war sich fast sicher, daß jemand etwas gegen ein Fenster warf. Er stieg steif die Treppen hinab ins Erdgeschoß, das jetzt dunkel und verlassen war; oder fast verlassen. Denn der kleine Priester saß immer noch unter dem Orangenbaum, von einer niedrigen Lampe beleuchtet; und las immer noch in seinem Buch.

»Sie scheinen noch spät aufzusein«, sagte er schroff.

»Ein reichlich zügelloser Typ«, sagte Father Brown und blickte mit einem breiten Lächeln auf, »der zu den verrücktesten Nachtstunden *Economics of Usury* liest.«

»Das Haus ist abgeschlossen«, sagte Rock.

»Sehr gründlich abgeschlossen«, erwiderte der Priester. »Ihr Freund mit dem Bart scheint jede mögliche Vorsicht getroffen zu haben. Übrigens scheint Ihr Freund mit dem Bart etwas durcheinander zu sein; ich fand ihn während des Dinners reichlich mürrisch.«

»Nur zu natürlich«, knurrte der andere, »wenn er meint, daß an diesem wilden Ort Wilde darauf aus sind, sein häusliches Leben zu zerstören.«

»Wäre es nicht besser«, sagte Father Brown, »wenn ein Mann versuchte, sein häusliches Leben im Innern gemütlich zu gestalten, während er es vor den Dingen draußen beschützt?«

»Oh, ich weiß, Sie werden jetzt all die kasuistischen Entschuldigungen vorbringen«, sagte der andere; »vielleicht war er seiner Frau gegenüber etwas kurz angebunden; aber er hat das Recht auf seiner Seite. Hören Sie mal, Sie scheinen mir ein reichlich verschlagener Fuchs zu sein. Ich glaube, Sie wissen mehr davon, als Sie zugeben. Was zum Teufel geht an diesem Höllenort vor? Warum sitzen Sie die ganze Nacht auf, um darauf aufzupassen?«

»Nun«, sagte Father Brown geduldig, »ich nahm an, daß mein Schlafzimmer gebraucht würde.«

»Von wem?«

»Tatsächlich brauchte Mrs. Potter ein anderes Zimmer«, erklärte Father Brown mit müder Deutlichkeit. »Ich hab' ihr meins gegeben, weil ich dort das Fenster öffnen konnte. Gehen Sie hin und sehen Sie selbst nach, wenn Sie wollen.«

»Ich werde zunächst nach was anderem sehen«, sagte Rock und knirschte mit den Zähnen. »Sie können Ihre Affenspiele ja in diesem spanischen Affenhaus treiben, aber ich bin immer noch in Kontakt mit der Zivilisation.« Er strebte energisch in die Telephonkabine und rief seine Zeitung an; und schüttete die ganze Geschichte von dem verruchten Priester aus, der dem verruchten Dichter half. Dann rannte er die Treppen hinauf in das Zimmer des Priesters, in dem der Priester gerade eine kurze Kerze angezündet hatte und auf die weit geöffneten Fenster wies.

Er kam gerade rechtzeitig, um zu beobachten, wie eine Art Strickleiter vom Fensterbrett losgehakt und auf dem Rasen unten von einem lachenden Gentleman zusammengerollt wurde. Der lachende Gentleman war ein großer, dunkler Gentleman, und ihn begleitete eine blonde, aber ebenfalls lachende Lady. Diesmal konnte Rock sich nicht einmal damit trösten, daß er ihr Lachen hysterisch nannte. Es war zu entsetzlich gesund; und schallte aus den weitläufigen Gartenpfaden zurück, während sie und ihr Troubadour in den dunklen Büschen verschwanden.

Agar Rock wandte seinem Gefährten ein Antlitz der endgültigen und schrecklichen Gerechtigkeit zu: wie am Tag des Jüngsten Gerichtes.

»Nun gut«, sagte er, »ganz Amerika wird davon hören. Mit einfachen Worten, Sie haben ihr geholfen, mit diesem gelockten Liebhaber durchzubrennen.«

»Ja«, sagte Father Brown, »ich habe ihr geholfen, mit diesem gelockten Liebhaber durchzubrennen.«

»Sie nennen sich selbst einen Priester Jesu Christi«, schrie Rock, »und rühmen sich eines Verbrechens.«

»Ich bin mit manchen Verbrechen in Berührung gekommen«, sagte der Priester sanft. »Glücklicherweise ist das hier eine Geschichte ohne Verbrechen. Ein einfaches Lagerfeueridyll, das in der Glut der Häuslichkeit endet.«

»Das mit einer Strickleiter endet statt mit einem Strick«, sagte Rock. »Ist sie etwa keine verheiratete Frau?«

»O ja«, sagte Father Brown.

»Gut, und sollte sie nicht bei ihrem Mann sein?« fragte Rock.

»Sie ist bei ihrem Mann«, sagte Father Brown.

Das ließ den anderen ärgerlich losbrechen. »Sie lügen«, sagte er. »Der arme kleine Mann schnarcht immer noch in seinem Bett.«

»Sie scheinen viel von seinen Privatangelegenheiten zu wissen«, sagte Father Brown traurig. »Sie könnten fast ein Leben des Mannes mit dem Bart schreiben. Das einzige, was Sie offenbar nie herausgefunden haben, ist sein Name.«

»Unfug«, sagte Rock. »Sein Name steht im Gästebuch.«

»Das weiß ich«, antwortete der Priester und nickte gravitätisch, »in sehr großen Buchstaben; der Name von Rudel Romanes. Hypatia Potter, die ihn hier traf, setzte ihren Namen kühn unter den seinen, als sie noch plante, mit ihm auf und davon zu gehen; und ihr Mann schrieb seinen Namen darunter, als er sie beide bis hierher verfolgt hatte. Er schrieb ihn übrigens sehr eng unter ihren, als Protest. Dann bestach Romanes (der als volkstümlicher Misanthrop, der haufenweise Geld hat, die Menschen verachtet) die miesen Bediensteten in diesem Hotel, es zu verbarrikadieren und zu versperren und den gesetzmäßigen Ehemann draußen zu halten. Und ich habe, wie Sie sehr richtig sagen, ihm geholfen hereinzukommen.«

Wenn einem Mann etwas erzählt wird, was die Dinge auf den Kopf stellt; daß der Schwanz mit dem Hund wedelt; daß der Fisch den Fischer gefangen hat; daß die Erde sich um den Mond dreht; braucht er eine kleine Weile, ehe er auch nur ernsthaft fragen kann, ob das wahr ist. Er gibt sich noch lange mit dem Bewußtsein zufrieden, daß es das Gegenteil des Offensichtlichen ist. Rock sagte schließlich: »Sie wollen doch wohl nicht behaupten, daß der kleine Kerl der romantische Rudel ist, über den wir andauernd lesen; und der lockige Kerl Mr. Potter aus Pittsburgh.«

»Ja«, sagte Father Brown. »Ich wußte es in dem Augenblick, in dem ich sie sah. Aber ich habe es später nachgeprüft.«

Rock grübelte eine Weile und sagte schließlich: »Ich nehme an, daß Sie vielleicht doch recht haben könnten. Aber wie sind Sie angesichts der Tatsachen auf diese Idee gekommen?«

Father Brown sah etwas verlegen aus; er sank in seinem Sessel zusammen und starrte ins Leere, bis ein schwaches Lächeln auf seinem runden und ziemlich törichten Gesicht aufzuleuchten begann.

»Na ja«, sagte er, »wissen Sie – die Wahrheit ist, daß ich kein Romantiker bin.«

»Ich weiß zum Teufel nicht, was Sie sind«, sagte Rock grob.

»Jetzt sind *Sie* romantisch«, sagte Father Brown hilfreich. »Zum Beispiel sehen Sie jemanden, der poetisch aussieht, und also nehmen Sie an, er sei ein Poet. Wissen Sie, wie die meisten Poeten aussehen? Was für eine wilde Verwirrung entstand durch den Zufall von drei gut aussehenden Aristokraten zu Beginn des 19. Jahrhunderts: Byron und Goethe und Shelley! Glauben Sie mir, normalerweise wird ein Mann schreiben: ›Schönheit hat ihre flammenden Lippen auf die meinen gelegt‹, oder was der Kerl auch immer geschrieben haben mag, ohne daß er selbst besonders schön wäre. Nebenbei, haben Sie sich mal klargemacht, wie *alt* ein Mann normalerweise zu der Zeit geworden ist, in der sein Ruhm die Welt erfüllt? Watts hat Swinburne mit einem Glorienschein aus Haaren gemalt; aber Swinburne war schon kahl, ehe noch die letzten seiner amerikanischen oder australischen Verehrer von seinen hyazinthenen Locken erfahren haben. So auch d'Annunzio. Romanes hat tatsächlich noch einen schönen Kopf, wie Sie bemerken werden, wenn Sie ihn sich aus der Nähe ansehen; er sieht wie ein Intellektueller aus; und er ist es. Unglücklicherweise ist er, wie so viele andere Intellektuelle, ein Narr. Er hat sich aus Selbstsucht und mit seinem Getue um seine Verdauung gehenlassen. Dermaßen, daß die ehrgeizige amerikanische Lady – die glaubte, mit einem Dichter durchzubrennen sei wie mit den neun Musen auf den Olymp zu rauschen – herausfand, ein Tag oder so sei ausreichend für sie. Und deshalb war sie, als ihr Ehemann hinterherkam und aufs Feld stürmte, entzückt, zu ihm zurückzukehren.«

»Aber ihr Ehemann?« forschte Rock. »Ich bin immer noch wegen ihres Ehemanns verwirrt.«

»Ach, Sie haben zu viele von Ihren modernen erotischen Romanen gelesen«, sagte Father Brown; und schloß halb die Augen gegen das protestierende Starren des anderen. »Ich weiß, eine Menge Geschichten beginnen damit, daß eine berauschend schöne Frau mit einem ältlichen Schwein vom Aktienmarkt verheiratet ist. Aber warum? Darin sind moderne Romane, wie in den meisten Dingen, geradezu das Gegenteil von modern. Ich sage nicht, daß das niemals geschehe; aber heutzutage geschieht es praktisch nur, wenn sie das so will. Mädchen heiraten heute, wen sie wollen; besonders verzogene Mädchen wie Hypatia. Und wen heiraten sie? Ein wunderschönes, reiches Mädchen wie sie wird von einem Schwarm von Bewunderern umgeben sein; und wen wird sie sich aussuchen? Es steht hundert zu eins, daß sie sehr jung heiraten und den schönsten Mann wählen wird, der ihr bei einer Tanz- oder einer Tennisparty begegnet. Na ja, manchmal sind auch gewöhnliche Geschäftsleute schön. Ein junger Gott erschien (namens Potter), und es war ihr völlig gleichgültig, ob er ein Makler oder ein Räuber war. Aber angesichts der Umstände werden Sie zugeben, daß er wahrscheinlich ein Makler sein dürfte; und es ist ebenso wahrscheinlich, daß er sich Potter nannte. Wissen Sie, Sie sind so unheilbar romantisch, daß Ihr ganzer Fall auf der Idee basierte, ein Mann, der wie ein junger Gott aussieht, könne nicht Potter heißen. Glauben Sie mir, Namen sind so passend nicht verteilt.«

»Nun gut«, sagte der andere nach einer kurzen Pause, »und was ist Ihrer Meinung nach danach geschehen?«

Father Brown erhob sich ziemlich abrupt aus dem Sessel, in dem er zusammengesunken war; das Kerzenlicht warf den Schatten seiner kurzen Figur über Wand und Decke und erzeugte so einen sonderbaren Eindruck, als sei das Gleichgewicht im Raum verändert worden.

»Ah«, murmelte er, »das ist die Crux. Das ist die wirkliche Crux. Viel schlimmer als die Dämonen der alten Indianer in diesem Dschungel. Sie glaubten, ich setzte mich nur für die lockeren Sitten dieser Lateinamerikaner ein – nun ja, das Komische an Ihnen« – und er blinzelte den anderen durch seine Brille eulenhaft an – »das Komischste an Ihnen ist, daß Sie in einer gewissen Weise recht haben.

Sie sagen: nieder mit Romanzen. Ich sage, ich würde es durchaus auf mich nehmen, gegen die wirklichen Romanzen anzutreten – um so mehr, als es ihrer außer in den ersten feurigen Tagen der Jugend herzlich wenige gibt. Ich behaupte – räumen Sie die Intellektuellen Freundschaften beiseite; räumen Sie die Platonischen Verbindungen beiseite; räumen Sie die Höheren Gesetze der Selbstverwirklichung beiseite und das übrige, und dann will ich gerne die normalen Risiken meines Jobs auf mich nehmen. Räumen Sie die Liebe beiseite, die keine Liebe ist, sondern nur Stolz und Eitelkeit und Publizität und Aufsehenerregen; und wir werden es auf uns nehmen, die Liebe, welche Liebe ist, zu bekämpfen, falls sie bekämpft werden muß wie auch die Liebe, die Lustgier und Lüsternheit ist. Priester wissen, daß junge Menschen Leidenschaften haben werden, wie Ärzte wissen, daß sie die Masern bekommen werden. Aber Hypatia Potter ist mindestens vierzig, und ihr bedeutet der kleine Dichter nicht mehr, als wenn er ihr Verleger oder ihr Werbefachmann wäre. Und genau darum geht es – er war ihr Werbefachmann. Es sind Ihre Zeitungen, die sie ruiniert haben; es ist das Leben im Scheinwerferlicht; es ist der Wunsch, sich selbst in den Schlagzeilen zu sehen, sogar durch einen Skandal, wenn der nur ausreichend seelisch und erlesen ist. Das ist der Wunsch, George Sand zu sein und ihren Namen auf ewig mit Alfred de Musset verbunden zu sehen. Als die wirkliche Romanze ihrer Jugend vorüber war, erfaßte sie die Sünde des mittleren Alters; die Sünde des intellektuellen Ehrgeizes. Sie besitzt keinen Intellekt, von dem zu sprechen sich lohnte; aber man braucht ja auch keinen Intellekt, um ein Intellektueller zu sein.«

»Ich würde aber doch sagen, daß sie auf eine Weise ganz schön gescheit ist«, bemerkte Rock nachdenklich.

»Ja, auf eine Weise«, sagte Father Brown. »Auf nur eine Weise. Auf eine geschäftliche Weise. Nicht auf irgendeine

Weise, die irgend etwas mit den armen herumlungernden Dagos hier unten zu tun hat. Sie verfluchen die Filmstars und erzählen mir, daß Sie Romanzen hassen. Glauben Sie denn, daß der Filmstar, der zum fünftenmal verheiratet ist, durch irgendeine Romanze verführt wird? Solche Leute sind sehr praktisch; praktischer, als Sie es sind. Sie behaupten, Sie bewunderten den einfachen, soliden Geschäftsmann. Glauben Sie etwa, Rudel Romanes sei kein Geschäftsmann? Sehen Sie denn nicht, daß er genau so wie sie die Werbevorteile dieser letzten großen Affäre mit einer berühmten Schönheit erkannt hat? Außerdem wußte er sehr wohl, wie unsicher sein Zugriff war; daher sein Herumgetue und sein Bestechen des Personals, die Türen zu verschließen. Was ich aber zuerst und zuletzt sagen will, ist, daß es sehr viel weniger Skandale gäbe, wenn die Leute die Sünde nicht idealisierten und als Sünder posierten. Diese armen Mexikaner mögen manchmal den Anschein erwecken, als lebten sie wie Tiere, oder vielmehr, als sündigten sie wie Menschen; aber sie halten nichts von Idealen. Das wenigstens müssen Sie ihnen zugestehen.«

Er setzte sich ebenso abrupt wieder hin, wie er sich erhoben hatte, und lachte entschuldigend. »Alsdann, Mr. Rock«, sagte er, »das ist meine vollständige Beichte; die ganze schaurige Geschichte, wie ich eine romantische Entführung unterstützt habe. Damit können Sie jetzt machen, was Sie wollen.«

»In dem Fall«, sagte Rock und stand auf, »werde ich auf mein Zimmer gehen und ein paar Änderungen in meinem Bericht vornehmen. Aber vor allem muß ich meine Zeitung anrufen und denen da erzählen, daß ich ihnen 'nen Haufen Lügen erzählt habe.«

Es war kaum mehr als eine halbe Stunde vergangen zwischen dem Zeitpunkt, da Rock telephoniert und berichtet hatte, der Priester helfe dem Dichter, mit der Dame durchzubrennen, und dem Zeitpunkt, da er telephonierte und berichtete, daß der Priester den Dichter daran gehindert habe, genau das zu tun. Aber in dieser kurzen Zeitspanne war Father Browns Skandal geboren und vergrößert und in alle Winde gestreut worden. Die Wahrheit kommt immer eine halbe Stunde nach der Verleumdung; und niemand kann sicher sein, wann oder wo sie sie einholt. Die Geschwätzigkeit der Presseleute und die Ereiferung der Feinde hatten die erste Geschichte in der Stadt verbreitet, ehe sie noch in der ersten gedruckten Fassung erschienen war. Ihr wurde sofort von Rock widersprochen, indem er sie korrigierte und in einem zweiten Bericht festhielt, wie die Geschichte wirklich endete; aber es ist keineswegs sicher, daß dies die erste Geschichte erledigte. Eine wirklich unglaubliche Anzahl von Leuten scheint die erste Ausgabe der Zeitung gelesen zu haben, nicht aber die zweite. Immer und immer wieder erscheint in allen Weltgegenden wie eine Flamme, die aus schwarzer Asche aufschießt, die alte Story vom Brown-Skandal, oder ›Priester ruiniert Potters Heim‹. Unermüdliche Verteidiger des Priesters achten darauf und jachtern geduldig mit Widersprüchen und Klarstellungen und Protestbriefen hinterher. Manchmal werden die Briefe in den Zeitungen veröffentlicht; und manchmal nicht. Aber immer noch weiß niemand, wie viele Menschen die Geschichte ohne die Gegendarstellung gehört haben. Es ist möglich, ganze Gruppen untadeliger und unschuldiger Menschen zu finden, die glauben, der mexikanische Skandal sei ein gewöhnlicher, überlieferter, historischer Zwischenfall wie die Schießpulververschwörung. Und dann bemüht sich jemand, diese einfachen Leute aufzuklären, nur um zu entdecken, daß die alte Geschichte unter einigen durchaus gebildeten Menschen erneut aufgelebt ist, die man für die letzten Menschen auf Erden halten würde, welche sich von ihr düpieren lassen würden. Und so jagen die beiden Fathers Brown einander für ewig um die Erde; der erste ein schamloser Verbrecher, der vor der Gerechtigkeit flieht; der zweite ein Märtyrer, den die Verleumdung gebrochen hat, in einem Heiligenschein der Rehabilitierung. Aber keiner von beiden ähnelt dem wirklichen Father Brown, der überhaupt nicht gebrochen ist, sondern mit seinem dicken Regenschirm weiter durchs Leben stampft und die meisten Menschen darin mag; und die Welt als seinen Begleiter annimmt, aber niemals als seinen Richter.

DER SCHNELLE

An die seltsame Geschichte der beiden nicht zueinander
passenden Fremden erinnert man sich auf jenem Streifen der
Sussex-Küste immer noch, wo das weitläufige und ruhige Hotel
namens ›The Maypole and Garland‹ über seine eigenen Gärten
auf die See blickt. Zwei wahrhaft wunderlich assortierte Gestalten betraten an jenem sonnigen Nachmittag jenes ruhige Hotel;
die eine im Sonnenschein auffällig und über den ganzen Strand
hin sichtbar, weil sie einen glänzenden grünen Turban trug, der
ein braunes Gesicht und einen schwarzen Bart umfing; die andere wäre manchen wohl noch wilder und sonderbarer erschienen, da sie einen weichen schwarzen Geistlichenhut zu einem
gelben Schnurrbart und einer gelben Löwenmähne trug. Diesen
Mann wenigstens hatte man oftmals auf den Sandstränden predigen oder mit einem kleinen Holzspaten Veranstaltungen der
Kinder-gegen-den-Alkohol dirigieren sehen; ganz sicherlich aber
hatte man ihn niemals in die Bar eines Hotels gehen sehen. Die
Ankunft dieser wunderlichen Gefährten war der Höhepunkt der
Geschichte, nicht ihr Anfang; und um eine reichlich rätselhafte
Geschichte so klar wie nur möglich zu machen, ist es besser, mit
dem Anfang anzufangen.

Eine halbe Stunde bevor diese beiden auffälligen Gestalten
das Hotel betreten hatten und von jedermann gesehen worden
waren, hatten es zwei andere sehr unauffällige Gestalten betreten und waren von niemandem gesehen worden. Der eine war
ein großer und auf schwerfällige Weise sehr ansehnlicher Mann,
der aber den Kniff heraus hatte, sehr wenig Raum zu beanspruchen, wie ein Hintergrund; nur eine schon fast krankhaft
mißtrauische Untersuchung seiner Stiefel würde jedem erzählt
haben, daß er Polizeiinspektor in Zivil war; sehr in Zivil. Der
andere war ein farbloser und unbedeutender kleiner Mann,

29

ebenfalls in ziviler Kleidung, nur handelte es sich um die Kleidung eines Geistlichen; doch niemand hatte *ihn* je auf den Sandstränden predigen sehen.

Diese Reisenden also fanden sich in einer Art großen Rauchsalons mit Bar wieder, und zwar aus einem Grund, der all die Ereignisse jenes tragischen Nachmittags bestimmte. Die Wahrheit ist, daß das achtbare Hotel namens ›The Maypole and Garland‹ so etwas wie »aufgemöbelt« wurde. Jene, die es in der Vergangenheit geliebt hatten, fühlten sich bewogen zu sagen, es werde herabgemöbelt; oder vielleicht gar zermöbelt. Das war die Meinung des örtlichen Knurrhahns, Mr. Raggley, jenes exzentrischen alten Gentlemans, der in einer Ecke Cherry Brandy trank und fluchte. Jedenfalls waren alle verstreuten Hinweise darauf, daß es einst ein englischer Gasthof gewesen war, sorgfältig entfernt worden; und es wurde geschäftig Meter um Meter und Zimmer um Zimmer in etwas verwandelt, das dem Schwindelpalast eines levantinischen Wucherers in einem amerikanischen Film ähnelte. Es wurde, kurz gesagt, »dekoriert«; doch der einzige Teil, in dem die Dekoration bereits abgeschlossen war und in dem man es Gästen dennoch behaglich machen konnte, war dieser große Raum, der von der Eingangshalle abging. Er war einst ehrbar als Bar Parlour bekannt gewesen, wurde jetzt rätselhafterweise als Saloon Lounge benannt und war neu »dekoriert« nach der Art eines asiatischen Diwans. Denn orientalische Ornamente durchwucherten das neue Muster; und wo einst eine Büchse an Haken gehangen hatte und Jagddrucke und ein ausgestopfter Fisch in einem Glaskasten gewesen waren, da gab es jetzt Girlanden aus östlichen Wandbehängen und als Trophäen fernöstliche Krummsäbel und indische Krummsäbel und türkische Krummsäbel, wie in unbewußter Vorbereitung auf die Ankunft des Herrn mit dem Turban. Der praktische Punkt jedoch war, daß die wenigen Gäste, die überhaupt kamen, in diese jetzt gefegte und geschmückte Lounge geführt werden mußten, weil alle gewöhnlicheren und feineren Teile des Hotels immer noch in einem Übergangszustand befindlich waren. Vielleicht

30

war das auch der Grund dafür, weshalb selbst jene wenigen Gäste irgendwie vernachlässigt wurden, da der Manager und die anderen sonstwo mit Erklärungen oder Ermahnungen beschäftigt waren. Auf jeden Fall hatten die beiden ersten Reisenden, die da ankamen, eine ganze Weile ungeduldig mit den Hacken zu scharren, ehe man sich um sie kümmerte.

Die Bar war im Augenblick vollständig leer, und der Inspektor klingelte und klopfte ungeduldig auf den Tresen; aber der kleine Geistliche hatte sich bereits in einen Loungesessel fallen lassen und schien mit nichts in Eile. Tatsächlich bemerkte sein Freund, der Polizist, als er den Kopf wandte, daß das runde Gesicht des kleinen Geistlichen ganz leer geworden war, wie es das manchmal wurde; er schien durch seine mondähnlichen Brillengläser auf die neu dekorierte Wand zu starren.

»Ich könnte Ihnen genausogut einen Penny für Ihre Gedanken anbieten«, sagte Inspektor Greenwood und wandte sich mit einem Seufzer von der Bar ab, »da niemand sonst meine Pennies für irgendwas anderes haben zu wollen scheint. Offensichtlich ist dieser Raum der einzige hier im Haus, der nicht voller Leitern und Tünche ist; und er ist so leer, daß es nicht einmal einen Bierkellner gibt, mir einen Humpen Bier zu geben.«

»Oh … meine Gedanken sind keinen Penny wert, geschweige denn einen Humpen Bier«, antwortete der Geistliche und rieb sich die Brillengläser, »ich weiß nicht, warum …, aber ich dachte gerade daran, wie leicht es wäre, hier einen Mord zu begehen.«

»Das ist ja gut und schön für Sie, Father Brown«, sagte der Inspektor gutgelaunt. »Sie haben schließlich mehr Morde gehabt, als Ihnen fairerweise zusteht; und wir armen Polizisten sitzen während unseres ganzen Lebens herum und hungern sogar nach einem kleinen. Aber warum sagen Sie … Oh, ich sehe, daß Sie all diese türkischen Dolche an der Wand betrachten. Da gibt es wirklich reichlich Gegenstände, *mit* denen man einen Mord begehen könnte, wenn es das ist, was Sie meinen. Aber auch nicht mehr als in jeder normalen Küche: Küchenmesser und Stockeisen und was nicht alles. Das ist es nicht, wo der Haken in einem Mord sitzt.«

Father Brown schien sich seine schweifenden Gedanken in einiger Verwirrung zurückzurufen; und sagte, das nehme er auch an.

»Mord ist immer einfach«, sagte Inspektor Greenwood. »Es kann kaum etwas geben, das einfacher als ein Mord wäre. Ich könnte Sie in dieser Minute ermorden – einfacher, als ich in dieser verdammten Bar etwas zu trinken bekommen kann. Die einzige Schwierigkeit ist, einen Mord so abzuliefern, daß man sich nicht zugleich als Mörder ausliefert. Es ist diese Scheu, sich zu einem Mord zu bekennen; es ist diese törichte Bescheidenheit von Mördern in bezug auf ihre eigenen Meisterwerke, die Schwierigkeiten macht. Die kleben an dieser außerordentlich fixen Idee, Menschen zu töten, ohne entdeckt zu werden; und das hält sie zurück, selbst in einem Zimmer voller Dolche. Andernfalls würde jeder Messerladen mit Leichen vollgestopft sein. Und das erklärt übrigens auch die eine Art Mord, die wirklich *nicht* verhindert werden kann. Weshalb man natürlich uns armen Polypen immer wieder vorwirft, ihn nicht verhindert zu haben. Wenn ein Verrückter einen König oder einen Präsidenten ermordet, kann das nicht verhindert werden. Man kann einen König nicht im Kohlenkeller leben lassen oder einen Präsidenten in einem Safe herumschleppen. Jeder kann ihn ermorden, wenn es ihn nicht stört, ein Mörder zu sein. Deshalb ist der Verrückte wie der Märtyrer – irgendwie nicht von dieser Welt. Ein wirklicher Fanatiker kann immer jeden töten, den er töten will.«

Bevor der Priester antworten konnte, brach eine fröhliche Bande von Handelsreisenden wie ein Schwarm Schnabelfische in den Raum; und das prachtvolle Gebell eines großen strahlenden Mannes mit einer ebenso großen und strahlenden Krawattennadel brachte den beflissenen und unterwürfigen Manager im Laufschritt herbei wie einen Hund die Pfeife des Herrchens und mit einer Geschwindigkeit, die die Polizei in Zivil vergeblich zu inspirieren versucht hatte.

»Tut mir wirklich furchtbar leid, Mr. Jukes«, sagte der Manager, der ein ziemlich aufgeregtes Lächeln trug und eine Welle oder ein Gelock von sehr lackiertem Haar quer über die Stirne. »Wir sind im Augenblick ziemlich unterbesetzt; und ich hatte mich im Hotel um etwas zu kümmern, Mr. Jukes.«

Mr. Jukes war großzügig, aber auf eine lärmige Weise; und er bestellte eine Runde Getränke, wobei er selbst dem fast kriechenden Mananger eines zugestand. Mr. Jukes reiste für eine sehr berühmte und mondäne Wein- und Brändefirma; und mag sich wohl als der rechtmäßige Anführer an einem solchen Ort vorgekommen sein. Auf jeden Fall begann er einen dröhnenden Monolog, der dazu neigte, dem Manager klarzumachen, wie er sein Hotel zu managen habe; und die anderen schienen ihn als Autorität anzuerkennen. Der Polizist und der Priester hatten sich auf eine niedrige Bank an einem Tischchen im Hintergrund zurückgezogen, von wo aus sie die Vorgänge beobachteten bis zu jenem wahrhaft bemerkenswerten Augenblick, in dem der Polizist sehr entscheidend einzuschreiten hatte.

Denn das nächste Ereignis war, wie bereits berichtet, die erstaunliche Erscheinung eines braunen Asiaten in einem grünen Turban, begleitet von der (falls möglich) noch erstaunlicheren Erscheinung eines Freikirchenpriesters; Vorzeichen, wie sie vor einem Schicksalsschlag auftreten. In diesem Fall gab es keinen Zweifel an der Offenkundigkeit der Vorbedeutung. Ein schweigsamer, aber aufmerksamer Boy, der die Stufen während der letzten Stunde gereinigt hatte (ein gemächlicher Arbeiter), der dunkle fette massige Barkellner, selbst der diplomatische, aber abgelenkte Manager, sie alle waren Zeugen des Wunders.

Die Erscheinungen, wie Skeptiker sagen, waren Folge völlig natürlicher Ursachen. Der Mann mit der gelben Haarmähne und der halbpriesterlichen Kleidung war nicht nur als Prediger auf den Sandstränden bekannt, sondern auch als Propagandist in der ganzen modernen Welt. Er war kein Geringerer als Reverend David Pryce-Jones, dessen weit hinhallendes Schlagwort »Prohibition und Purifikation für Unser Land und die Briten in Übersee« lautete. Er war ein ausgezeichneter öffentlicher Redner und Organisator; und es war ihm ein Gedanke gekommen, der den Prohibitionisten schon vor langem hätte kommen sollen. Es war der einfache Gedanke, daß wenn Prohibition richtig ist, Ehre dem Propheten zu erweisen sei, der vielleicht der erste Prohibitionist war. Er hatte mit den Führern des mohammedanischen religiösen Denkens korrespondiert und schließlich einen distinguierten Moslem (einer seiner Namen lautete Akbar, und die übrigen waren eine unübersetzbare Anheulung Allahs mitsamt seiner Eigenschaften) bewogen, herzukommen und in England über das alte moslemische Weinveto zu lehren. Von beiden war mit Sicherheit keiner je zuvor in der Bar eines Restaurants gewesen; aber dahin waren sie durch den bereits beschriebenen Vorgang geraten; aus dem eleganten Teesalon vertrieben und in den neu dekorierten Salon getrieben. Vielleicht wäre alles gut gegangen, wäre der große Prohibitionist nicht in seiner Unschuld an den Tresen getreten und hätte er nicht ein Glas Milch bestellt.

Die Handelsreisenden stießen, obwohl eine freundliche Rasse, unwillkürliche Schmerzenslaute aus; ein Gemurmel unterdrückter Witze wurde gehört wie »Vorsicht vor dem Trog!« oder »Bring doch besser die ganze Kuh her«. Der großmütige Mr. Jukes aber, der sich bei seinem Reichtum und seiner Krawattennadel verpflichtet fühlte, einen feineren Humor hervorzubringen, fächerte sich Luft zu wie einer, der gleich ohnmächtig wird, und sagte pathetisch: »Die wissen, daß man mich mit einer Feder umhauen kann. Die wissen, daß ein Atemzug mich fortpusten wird. Die wissen, daß mein Arzt gesagt hat, ich dürfe mich solchen Schocks nicht aussetzen. Und dann kommen sie her und trinken vor meinen Augen kaltblütig kalte Milch.«

Reverend David Pryce-Jones, daran gewöhnt, sich mit Zwischenrufen bei öffentlichen Versammlungen auseinanderzusetzen, war so unklug, sich in dieser so ganz anderen und sehr viel volkstümlicheren Atmosphäre auf Gegenvorhaltungen und Gegenbeschuldigungen einzulassen. Der völlig enthaltsame Orientale enthielt sich der Rede ebenso wie der geistigen Getränke; und gewann so handelnd zweifellos an Würde. Tatsächlich trug die moslemische Kultur, soweit es ihn betraf, sicherlich einen schweigenden Sieg davon; er war so augenscheinlich so sehr viel mehr ein Herr als die Herren vom Handelsbetrieb, daß sich gegen seine aristokratische Abgehobenheit eine schwache Verärgerung zu erheben begann; und als Mr. Pryce-Jones begann, in seiner Argumentation gerade hierauf anzuspielen, wurde die Spannung in der Tat höchst akut.

»Ich frage Euch, Freunde«, sagte Mr. Pryce-Jones mit weit ausholenden Plattformgesten, »warum unser Freund hier uns Christen ein Beispiel in wahrer christlicher Selbstkontrolle und Brüderlichkeit setzt. Warum er hier steht als Vorbild der wahren Christlichkeit, der wirklichen Verfeinerung, des echten Verhaltens eines Gentleman, inmitten all der Zänkereien und Streitigkeiten an Orten wie diesem. Weil bei allen Differenzen in der Doktrin zwischen uns in seinem Heimatboden wenigstens niemals die Pflanze des Bösen, der verfluchte Hopfen oder Wein, ... «

Just in diesem kritischen Augenblick der Auseinandersetzung geschah es, daß John Raggley, der stürmische Sturmvogel in hundert kontroversen Stürmen, rotgesichtig und weißhaarig und den antiquierten Zylinder auf dem Hinterhaupt und seinen Spazierstock wie eine Keule schwingend das Haus wie eine Invasionsarmee betrat.

John Raggley wurde im allgemeinen als ein Spinner angesehen. Er gehörte zu jener Sorte Mann, die Briefe an die Zeitungen schreibt, in denen sie gewöhnlich nicht erscheinen; die aber später als Flugschriften erscheinen, auf eigene Kosten gedruckt (oder verdruckt); und an Hunderte von Papierkörben verteilt werden. Er hatte gleichermaßen mit den Tory-Landbesitzern wie mit den Landräten der Radikalen gestritten; er haßte Juden; und er mißtraute praktisch allem, was in Geschäften verkauft wird oder selbst in Hotels. Aber hinter seinen Torheiten steckten Tatsachen; er kannte jede Ecke und jede eigenartige

Einzelheit des Landes; und er war ein scharfer Beobachter. Und selbst der Manager, ein gewisser Mr. Wills, empfand für Mr. Raggley den Schatten eines Respektes, da er eine Nase für jene Art von Verrücktheiten besaß, die den Angehörigen des niederen Adels erlaubt ist; zwar keineswegs die kriecherische Ergebenheit, die er vor der jovialen Herrlichkeit des Mr. Jukes empfand, der im Handel wirklich ausgezeichnet war, aber doch wenigstens eine Neigung, Streitereien mit dem alten Knurrhahn zu vermeiden, teilweise vielleicht auch nur aus Angst vor der Zunge des alten Knurrhahns.

»Und für Sie das Übliche, Sir?« fragte Mr. Wills und lehnte sich anzüglich grinsend über den Tresen.

»Ist ja schließlich das einzige ehrliche Zeugs, was Sie noch haben«, höhnte Mr. Raggley und schmiß seinen wunderlichen und antiquierten Hut hin. »Verdammt, ich glaube manchmal, das einzige Englische, was es noch in England gibt, ist Kirschlikör. Kirschlikör schmeckt nach Kirschen. Können Sie mir irgendein Bier nennen, das nach Hopfen schmeckt, oder irgendeinen Apfelwein, der nach Äpfeln schmeckt, oder irgendeinen Wein, der auch nur die entferntesten Hinweise darauf enthält, daß er aus Weintrauben gemacht ist? Gegenwärtig geht ein höllischer Schwindel um in allen Kneipen des Landes, der in jedem anderen Land eine Revolution hervorrufen würde. Ich kann Ihnen nur sagen, ich hab' da ein oder zwei Dinge herausgefunden. Warten Sie ab, bis ich das gedruckt bekomme, und dann werden die Leute aufhorchen. Wenn ich Schluß damit machen könnte, daß unsere Leute mit all diesen üblen Getränken vergiftet werden ...«

Und hier zeigte der Reverend David Pryce-Jones wiederum einen gewissen Mangel an Takt; obwohl der eine Tugend war, die er geradezu verehrte. Er war so unklug, ein Bündnis mit Mr. Raggley zu versuchen, und zwar wegen einer leichten Verwirrung des Gedankens an schlechte Getränke mit dem Gedanken, daß Getränke schlecht sind. Und erneut unternahm er es, seinen steifen und statuarischen Freund aus dem Osten als einen verfeinerten Ausländer, der unseren groben englischen Sitten überlegen ist, in die Auseinandersetzung zu ziehen. Er war sogar so töricht, von einem weiteren theologischen Ausblick zu sprechen; und schließlich gar den Namen Mohammeds zu erwähnen, dem eine Art von Explosion wie ein Echo folgte.

»Gott verfluche Ihre Seele!« brüllte Mr. Raggley mit weniger weitem theologischem Ausblick. »Wollen Sie behaupten, Engländer dürften kein englisches Bier trinken, weil Wein in einer verfluchten Wüste von dem dreckigen alten Schwindler Mohammed verboten worden ist?«

Im nächsten Augenblick hatte der Inspektor der Polizei mit einem langen Schritt die Mitte des Raumes erreicht. Denn im Augenblick zuvor hatte sich im Verhalten des orientalischen Herrn, der bis dahin mit stetigen und schimmernden Augen vollkommen still dagestanden hatte, eine bemerkenswerte Veränderung vollzogen. Er machte sich jetzt daran, ein Beispiel wahrer christlicher Selbstkontrolle und Brüderlichkeit zu geben, wie sein Freund gesagt hatte, indem er mit einem Tigersprung die Wand erreichte, eines der schweren dort hängenden Messer herabriß und es losschleuderte wie einen Stein aus der Schlinge, so daß es bebend genau einen halben Zentimeter über Mr. Raggleys Ohr in der Wand steckenblieb. Es würde zweifellos in Mr. Raggley gesteckt haben, wenn Inspektor Greenwood nicht gerade noch rechtzeitig gekommen wäre, um an dem Arm zu zerren und so die Zielgenauigkeit zu stören. Father Brown verblieb auf seinem Sitz und betrachtete die Szene mit zusammengekniffenen Augen und einem Kniff fast wie ein Lächeln in den Mundwinkeln, als ob er etwas jenseits der augenblicklichen Gewalttätigkeit des Streites sähe.

Und dann nahm der Streit eine eigenartige Wendung, die nicht eben jeder verstehen wird, solange Männer wie Mr. John Raggley nicht besser verstanden werden, als sie sind. Denn der rotgesichtige alte Fanatiker stand auf und lachte brüllend los, als handle es sich um den besten Witz, den er je hörte. All seine bissigen Schmähungen und all seine Bitterkeit schienen ihn verlassen zu haben; und er betrachtete den anderen Fanatiker, der gerade versucht hatte, ihn zu ermorden, mit einer Art lärmigen Wohlwollens.

»Verdammt seien Ihre Augen«, sagte er, »aber Sie sind der erste Mann, den ich seit zwanzig Jahren getroffen habe!«

»Erheben Sie Anklage gegen diesen Mann, Sir?« fragte der Inspektor und sah zweifelnd drein.

»Anklage? Natürlich nicht«, sagte Raggley. »Ich würde ihm 'nen Drink ausgeben, wenn ihm Getränke erlaubt wären. Ich hatte kein Recht, seine Religion zu beleidigen; und ich wünschte bei Gott, Ihr Stinktiere hättet nur den Mut, einen Mann zu töten, weil er, ich will nicht sagen, Eure Religion beleidigt, denn Ihr habt keine, aber: Weil er irgendwas beleidigt – selbst Euer Bier.«

»Jetzt hat er uns alle Stinktiere genannt«, sagte Father Brown zu Greenwood, »Frieden und Harmonie scheinen wiederhergestellt zu sein. Ich wollte, daß der Enthaltsamkeitsapostel sich selbst auf das Messer seines Freundes spießte; denn er hat all dieses Unheil angerichtet.«

Während er sprach, begannen sich die merkwürdigen Gruppen im Raum bereits aufzulösen; es hatte sich als möglich herausgestellt, das Verhandlungszimmer für die Handelsreisenden zu räumen, und sie begaben sich dorthin, und der Schankkellner trug ihnen eine weitere Runde Getränke auf einem Tablett hinterher. Father Brown stand einen Augenblick lang da und starrte auf die auf dem Tresen stehengelassenen Gläser; und erkannte sofort das Glas mit Milch voll übler Vorbedeutung und ein anderes, das nach Whisky roch; und wandte sich dann gerade noch rechtzeitig um, um den Abschied jener beiden wunderlichen Gestalten zu beobachten, der Fanatiker des Westens und des Ostens. Raggley war immer noch von wilder Herzlichkeit; und immer noch war da etwas Verdunkelndes und Düsteres um den Moslem, das vielleicht natürlich war; aber er verneigte sich tief mit gewichtigen Gesten würdevoller Versöhnlichkeit; und es gab alle Anzeichen dafür, daß der Ärger wirklich vorüber war.

Einige Bedeutung jedoch haftete – zumindest im Geiste Father Browns – der Erinnerung und der Auslegung jener letzten höflichen Grüße zwischen den Kombattanten an. Denn seltsamerweise fand Father Brown, als er sehr früh am nächsten Morgen herabkam, um seinen geistlichen Pflichten in der Nachbarschaft nachzukommen, die lange Salonbar mit ihrer phantastischen asiatischen Ausschmückung vom toten weißen Licht des Tagesanbruchs erfüllt, in dem jedes Detail scharf hervortrat; und eines dieser Details war der tote Körper von John Raggley, der gekrümmt in eine Ecke des Raumes gequetscht war, den krummen Dolch mit dem schweren Griff ins Herz gerammt.

Father Brown stieg die Treppen sehr leise wieder hinauf und rief seinen Freund, den Inspektor, herbei; und dann standen beide neben der Leiche, in einem Haus, in dem sich niemand sonst schon rührte.

»Wir müssen das Offensichtliche weder annehmen noch übersehen«, sagte Greenwood nach einem Schweigen, »aber ich glaube, daß es gut ist, sich an das zu erinnern, was ich Ihnen gestern nachmittag gesagt habe. Übrigens ist es eigentlich merkwürdig, daß ich es wirklich gesagt habe – gestern nachmittag.«

»Ich weiß«, sagte der Priester mit eulenhaftem Starren.

»Ich sagte«, bemerkte Greenwood, »daß die einzige Art von Mord, die wir nicht verhindern können, die durch jemanden wie einen religiöser Fanatiker ist. Dieser braune Knabe glaubt vermutlich, daß er unmittelbar ins Paradies eingeht, wenn er gehängt wird, weil er die Ehre des Propheten verteidigt hat.«

»Das ist natürlich so«, sagte Father Brown. »Es wäre sozusagen sehr vernünftig von unserem muslimischen Freund gewesen, wenn er ihn erstochen hätte. Und Sie können auch sagen, daß wir bisher von niemand anderem wissen, der ihn überhaupt vernünftigerweise erstochen haben könnte. Aber ... aber ich denke gerade ...« Und plötzlich wurde sein rundes Gesicht wieder leer, und alle Rede erstarb auf seinen Lippen.

»Was ist denn jetzt los?« fragte der andere.

»Na ja, ich weiß, es klingt komisch«, sagte Father Brown mit verlorener Stimme. »Aber ich denke ... ich denke, daß es in gewisser Weise keine große Rolle spielt, wer ihn erstochen hat.«

»Ist das die Neue Moralität?« fragte sein Freund. »Oder vielleicht die Alte Kasuistik? Setzen sich die Jesuiten tatsächlich für Mord ein?«

»Ich habe nicht gesagt, es spiele keine Rolle, wer ihn ermordet hat«, sagte Father Brown. »Natürlich könnte der Mann, der ihn erstochen hat, auch der Mann sein, der ihn ermordet hat. Aber es könnte auch ein ganz anderer Mann sein. Auf jeden Fall geschah es zu verschiedenen Zeiten. Ich nehme an, Sie werden den Griff auf Fingerabdrücke hin bearbeiten wollen; aber nehmen Sie die nicht zu ernst. Ich kann mir andere Gründe für andere Leute vorstellen, dieses Messer in den armen alten Knaben zu stecken. Nicht sehr erbauliche Gründe, natürlich, aber doch sehr unterschiedliche von Mord. Sie werden noch ein paar Messer mehr in ihn hineinstecken müssen, ehe Sie das herausfinden werden.«

»Sie meinen ...«, begann der andere und beobachtete ihn scharf.

»Ich meine die Autopsie«, sagte der Priester, »um die wirkliche Todesursache herauszufinden.«

»Ich glaube, Sie haben ganz recht«, sagte der Inspektor, »was das Gesteche angeht jedenfalls. Wir müssen auf den Doktor warten; aber ich bin ziemlich sicher, daß er Ihnen recht geben wird. Da ist nicht genug Blut. Dieses Messer ist in die Leiche gestochen worden, als sie schon seit Stunden kalt war. Aber warum?«

»Vermutlich, um den Mohammedaner zu belasten«, antwortete Father Brown. »Ziemlich niederträchtig, gebe ich zu, aber nicht notwendigerweise Mord. Ich stelle mir vor, daß es hier Leute gibt, die versuchen, Geheimnisse zu bewahren, ohne aber notwendigerweise die Mörder zu sein.«

»Auf dieser Linie hab ich überhaupt noch nicht überlegt«, sagte Greenwood. »Was hat Sie denn darauf gebracht?«

»Was ich gestern gesagt habe, als wir zuerst in diesen scheußlichen Raum kamen. Ich sagte, es wäre leicht, hier einen Mord zu begehen. Aber dabei dachte ich nicht an diese blöden Waffen, obwohl Sie glaubten, ich täte es, sondern an etwas ganz anderes.«

Während der nächsten Stunden führten der Inspektor und sein Freund eine eingehende und gründliche Untersuchung des Kommens und Gehens aller während der letzten vierundzwanzig Stunden durch, der Art, in der die Drinks ausgegeben worden waren, der Gläser, die bereits gespült oder noch ungespült waren, und einer jeden anderen Einzelheit im Hinblick auf jede einzelne der beteiligten oder allem Anschein nach nicht beteiligten Personen. Man hätte annehmen können, sie dächten, nicht nur einer, sondern dreißig Menschen seien vergiftet worden.

Sicher schien zu sein, daß niemand das Gebäude sonstwie betreten hatte als durch den Haupteingang neben der Bar; alle anderen Zugänge waren auf die eine oder andere Weise durch die Reparaturarbeiten blockiert. Ein Boy hatte die Treppe vor diesem Eingang gereinigt; aber er hatte nichts Eindeutiges zu berichten. Bis zu dem erstaunlichen Auftritt des Türken im Turban mit seinem abstinenzlerischen Prediger schien es überhaupt nicht viel Kundschaft irgendeiner Art gegeben zu haben, mit Ausnahme der Handlungsreisenden, die hereingekommen waren, um »einen auf die Schnelle« zu nehmen; und sie schienen sich alle gemeinsam bewegt zu haben wie Wordsworth' Wolke; es gab einen kleinen Meinungsunterschied zwischen dem Boy draußen und den Männern drinnen, ob dabei nicht einer von ihnen besonders schnell gewesen sei, einen auf die Schnelle zu bekommen, und selbst auf die Treppe vor dem Eingang herausgekommen sei; aber weder der Manager noch der Barmann konnten sich an ein solches unabhängiges Individuum erinnern. Der Manager und der Barmann kannten die Reisenden ziemlich gut, und hinsichtlich ihrer Bewegungen insgesamt gab es keine Zweifel. Sie hatten schwatzend und trinkend an der Bar gestanden; sie waren durch ihren herrischen Anführer Mr. Jukes in eine nicht allzu ernsthafte Auseinandersetzung mit Mr. Pryce-Jones verwickelt worden; und dann waren sie Zeugen der jähen und sehr ernsthaften Auseinandersetzung zwischen Mr. Akbar und Mr. Raggley geworden. Dann war ihnen mitgeteilt worden, sie könnten sich in das Verhandlungszimmer begeben, was sie auch taten, während ihnen ihre Getränke wie Trophäen nachgetragen wurden.

»Es gibt reichlich wenig, von dem wir ausgehen könnten«, sagte Inspektor Greenwood. »Natürlich mußte ein Haufen von übereifrigen Dienstboten seine Arbeit wie üblich tun und alle Gläser auswaschen; einschließlich des Glases vom alten Raggley. Wenn nicht alle anderen so effizient wären, könnten wir Detektive ziemlich effizient sein.«

»Ich weiß«, sagte Father Brown, und sein Mund nahm wieder jenes verzerrte Lächeln an. »Ich glaube manchmal, daß die Verbrecher die Hygiene erfunden haben. Oder vielleicht haben Hygienereformer das Verbrechen erfunden; sie sehen danach aus, zumindest einige. Jeder redet von fauligen Löchern und dreckigen Slums, in denen das Verbrechen sich frei austoben kann; aber es ist genau umgekehrt. Man nennt sie nicht verfault, weil da Verbrechen begangen werden, sondern weil man da Verbrechen entdeckt. Frei austoben kann sich das Verbrechen an gepflegten fleckenlosen, sauberen und aufgeräumten Orten; kein Schmutz, um darin Fußabdrücke zu hinterlassen; kein Bodensatz, der Gift enthält; freundliche Dienstboten, die alle Spuren des Mordes auswaschen; und der Mörder tötet und verbrennt seine sechs Frauen, und nur, weil ein bißchen christlicher Schmutz fehlt. Vielleicht drücke ich mich etwas zu hitzig aus – aber sehen Sie sich das hier an. Zufällig erinnere ich mich an ein Glas, das seither sicherlich gereinigt worden ist, aber ich würde gerne mehr darüber wissen.«

»Sie meinen das Glas von Raggley?« fragte Greenwood.

»Nein; ich meine das Glas von Niemand«, erwiderte der Priester. »Es stand nahe bei dem Glas mit Milch und enthielt noch drei oder vier Zentimeter Whisky. Nun, Sie und ich hatten keinen Whisky. Ich erinnere mich, daß der Manager, als ihn der joviale Jukes aushielt, ›einen Tropfen Gin‹ nahm. Ich hoffe nicht, daß Sie andeuten wollen, unser Moslem sei ein durch den grünen Turban maskierter Whisky-Trinker gewesen; oder daß der Reverend David Pryce-Jones es fertiggebracht hat, Milch und Whisky zugleich zu trinken, ohne es zu bemerken.«

»Die meisten der Handlungsreisenden haben Whisky genommen«, sagte der Inspektor. »Tun sie normalerweise.«

»Ja; und normalerweise achten sie darauf, daß sie ihn auch bekommen«, antwortete Father Brown. »In diesem Fall haben sie ihn sich sorgsam in ihren Raum nachtragen lassen. Dieses Glas aber ist zurückgeblieben.«

»Ein Zufall, nehme ich an«, sagte Greenwood zweifelnd. »Der Mann hätte sich hinterher im Verhandlungszimmer leicht ein anderes geben lassen können.«

Father Brown schüttelte den Kopf. »Sie müssen die Menschen sehen, wie sie sind. Nun also diese Sorte hier – na schön, manche nennen sie vulgär und manche gewöhnlich; aber das sind Fragen von Vorlieben und Vorurteilen. Ich würde mich damit begnügen zu sagen, daß sie größtenteils einfache Menschen sind. Viele von ihnen sind gute Menschen, höchst zufrieden, wenn sie zu ihren Frauen und ihren Kindern zurückfahren können; manche von ihnen mögen Schufte sein; mögen mehrere Geliebte gehabt; oder sogar mehrere Geliebte ermordet haben. Aber die meisten von ihnen sind einfache Menschen; und, wohlgemerkt, nur ein ganz klein bißchen angetrunken; nicht sehr; mancher Herzog oder mancher Herr Professor zu Oxford ist betrunkener; wenn aber diese Art Menschen diesen Grad der angeheiterten Geselligkeit erreicht hat, dann kann sie nicht anders, als Dinge zu bemerken, und zwar sehr laut zu bemerken. Haben Sie noch nie beobachtet, wie der kleinste Zwischenfall sie zum Reden zwingt; wenn das Bier überschäumt, schäumen sie mit ihm über und müssen sagen ›Hoppla Emma‹ oder ›Mit mir hast du's ja gut vor!‹ Nun möchte ich behaupten, es ist einfach unmöglich, daß fünf dieser feierfröhlichen Wesen um einen Tisch im Verhandlungszimmer herumsitzen und nur vier Gläser vor sich haben, so daß der fünfte Mann leer ausgeht, ohne daß darüber ein Geschrei entstünde. Wahrscheinlich würden sie alle miteinander schreien. Sicherlich aber würde *er* ein Geschrei erheben. Er würde nicht wie ein Engländer aus einer anderen Klasse abwarten, bis er später unauffällig einen Drink bekommen würde. Die Luft würde dröhnen von ›Und was ist mit mir Armem?‹ oder ›He, George, bin ich etwa den Temperenzlern beigetreten?‹ oder ›Siehst du in meinem Turban irgendwo Grünes, George?‹ Aber der Barmann hat keine Klagen dieser Art gehört. Deshalb nehme ich als sicher an, daß das stehengelassene Glas Whisky von jemand anderem fast geleert worden ist; jemand, an den wir bisher noch nicht gedacht haben.«

»Aber können Sie sich denn so jemanden vorstellen?« fragte der andere.

»Nur weil der Manager und der Barmann von so einer Person nichts wissen wollen, verwerfen Sie das einzige unabhängige Beweisstück; das Zeugnis des Boys, der draußen die Stufen kehrte. Er sagt, daß ein Mann, der durchaus ein Handlungsreisender hätte sein können, der sich aber in Wirklichkeit nicht den andern anschloß, reingegangen ist und fast sofort danach wieder rauskam. Der Manager und der Barmann haben ihn nicht gesehen; oder sagen, sie hätten ihn nicht gesehen. Aber irgendwie hat er an der Bar ein Glas Whisky bekommen. Wir wollen ihn um des Argumentes willen ›Den Schnellen‹ nennen. Nun wissen Sie, daß ich mich nicht oft in Ihre Angelegenheiten einmische, die Sie nach meiner Kenntnis besser beherrschen als ich oder als ich es möchte. Ich habe niemals irgendwas damit zu tun gehabt, die Polizeimaschine in Tätigkeit zu setzen oder Verbrecher zu jagen oder irgendwas dieser Art. Aber zum erstenmal in meinem Leben möchte ich das jetzt tun. Ich möchte, daß Sie Den Schnellen aufspüren; daß Sie Dem Schnellen bis ans Ende der Welt folgen; daß Sie die ganze teuflische amtliche Maschinerie in Gang setzen, wie ein Schleppnetz quer durch die Nationen, und Den Schnellen schleunigst schnappen. Denn der ist der Mann, den wir suchen.«

Greenwood machte eine verzweifelte Geste. »Hat er ein Gesicht oder eine Gestalt oder irgendeine sichtbare Eigenschaft außer der der Schnelligkeit?« fragte er.

»Er trug einen Mantel mit Schulterumhang nach Inverness-Art«, sagte Father Brown, »und er sagte dem Boy draußen, er müsse am nächsten Morgen in Edinburgh sein. Das ist alles, an was sich der Junge erinnert. Aber ich weiß, daß Ihre Organisation Leute schon auf Grund geringerer Hinweise aufgestöbert hat.«

»Sie scheinen darauf sehr scharf zu sein«, sagte der Inspektor etwas verwirrt.

Der Priester sah auch so aus, als ob ihn seine eigenen Gedanken etwas verwirrt hätten; er saß da mit gerunzelter Stirn und sagte dann abrupt: »Sehen Sie, es ist so einfach, mißverstanden zu werden. Alle Menschen sind von Bedeutung. Sie sind von Bedeutung. Ich bin von Bedeutung. Daran zu glauben ist das Schwierigste in der Theologie.«

Der Inspektor starrte ihn verständnislos an; aber er fuhr fort: »Wir sind für Gott von Bedeutung – Gott allein weiß warum. Aber das ist die einzige mögliche Rechtfertigung für die Existenz von Polizisten.« Der Polizist schien hinsichtlich seiner eigenen kosmischen Rechtfertigung nicht eben erleuchtet. »Begreifen Sie denn nicht, das Gesetz hat in gewisser Weise schließlich recht. Wenn alle Menschen von Bedeutung sind, sind alle Morde von Bedeutung. Das, was Er so geheimnisvoll geschaffen hat, dürfen wir nicht geheimnisvoll zerstören lassen. Aber …«

Er sprach das letzte Wort scharf aus wie einer, der eine weitere Entscheidung trifft.

»*Aber* wenn ich einmal von dieser mystischen Ebene der Gleichheit herabsteige, dann kann ich nicht sehen, weshalb die meisten Ihrer bedeutenden Morde besonders bedeutend wären. Sie erzählen mir immer wieder, daß dieser oder jener Fall bedeutend ist. Als einfacher praktischer Mann von Welt muß ich begreifen, daß es der Ministerpräsident ist, der ermordet wurde. Als einfacher praktischer Mann von Welt glaube ich nicht, daß der Ministerpräsident von irgendeiner Bedeutung ist. Unter dem Blickwinkel menschlicher Bedeutung würde ich sagen, daß er sozusagen gar nicht vorhanden ist. Glauben Sie, daß, wenn er und all die anderen Männer der Öffentlichkeit morgen erschossen würden, andere Männer nicht aufstünden und erklärten, alle nur möglichen Zusammenhänge würden erforscht, oder daß die Regierung die Angelegenheit aufs ernsthafteste erwöge? Die Beherrscher der modernen Welt sind ohne Bedeutung. Sogar die wirklichen Beherrscher sind nicht von großer Bedeutung. Kaum jemand, von dem Sie je in den Zeitungen lesen, ist von irgendeiner Bedeutung.«

Er stand auf und schlug leicht auf den Tisch: eine seiner seltenen Gesten; und wieder veränderte sich seine Stimme.

»Aber Raggley war von Bedeutung. Er war einer aus einer großen Linie von vielleicht einem halben Dutzend Männern, die England hätten retten können. Sie stehen aufrecht, stark und dunkel, wie unbeachtete Wegweiser, entlang der ganzen, sanft herabführenden Straße, die in diesem Sumpf des reinen wirtschaftlichen Zusammenbruchs geendet hat. Dekan Swift und Dr. Johnson und der alte William Cobbett; sie alle hatten ausnahmslos den Ruf, bärbeißig oder weise zu sein, und sie alle wurden von ihren Freunden geliebt, und sie alle verdienten das. Haben Sie denn nicht gesehen, wie dieser alte Mann mit dem Herzen eines Löwen aufgestanden ist und seinem Gegner vergeben hat, wie nur Kämpfer vergeben können? Er hat genau das *getan*, wovon der Temperenzprediger redete; er hat uns Christen ein Beispiel gegeben und war ein Muster der Christlichkeit. Und wenn es einen faulen und geheimen Mord an einem solchen Mann gibt – dann ist das, glaube ich, von Bedeutung, von so großer Bedeutung, daß sogar der moderne Polizeiapparat zu einem Ding wird, dessen sich jede redliche Person bedienen wird … Ach, sagen Sie es nicht. Und deshalb möchte ich für einmal wirklich Gebrauch von Ihnen machen.«

Und so könnten wir über eine gewisse Spanne jener sonderbaren Tage und Nächte fast behaupten, daß die kleine Gestalt Father Browns all die Armeen und Maschinerien der Polizeistreitkräfte der Krone vor sich her in Aktion trieb, wie die kleine Gestalt Napoleons die Batterien und Schlachtreihen jener weitgespannten Strategie vor sich her trieb, die Europa überspannte. Polizeiposten und Postämter arbeiteten Tag und Nacht; der Verkehr wurde aufgehalten, Korrespondenzen wurden abgefangen, Nachforschungen wurden an Hunderten von Stellen durchgeführt, um die flüchtige Spur jener geisterhaften Gestalt ohne Gesicht oder Namen in einem Umhangmantel nach Inverness-Art und mit Fahrschein nach Edinburgh zu verfolgen.

In der Zwischenzeit wurden die anderen Nachforschungslinien natürlich nicht vernachlässigt. Der vollständige Autopsiebericht lag noch nicht vor; aber jedermann schien sicher zu sein, daß es sich um einen Fall von Vergiftung handele. Das warf natürlich den Hauptverdacht auf den Kirschlikör; und das wiederum warf natürlich den Hauptverdacht auf das Hotel.

»Höchstwahrscheinlich der Hotelmanager«, sagte Greenwood grummelnd. »Mir erscheint er als ein widerlicher kleiner Wurm. Natürlich könnte es auch was mit jemandem vom Personal zu tun haben, etwa dem Barmann; der scheint ein reichlich übellauniger Bursche zu sein, und Raggley könnte ihn bei seinem aufflammenden Temperament ein bißchen verflucht haben, obwohl er hinterher immer reichlich großzügig war. Aber trotz allem sage ich, daß die erste Verantwortlichkeit und damit auch der erste Verdacht beim Manager bleibt.«

»Oh, ich wußte, daß der erste Verdacht beim Manager bleiben würde«, sagte Father Brown. »Deshalb habe ich ihn nicht verdächtigt. Sehen Sie, ich stelle mir eher vor, daß ein anderer gewußt hat, es werde der erste Verdacht beim Manager bleiben; oder beim Personal des Hotels. Deshalb habe ich gesagt, es würde leicht sein, in diesem Hotel jemanden zu ermorden ...

Aber ich nehme an, es wäre besser, Sie gingen hin und brächten das mit ihm ins reine.«

Der Inspektor ging hin; aber er kam nach einem erstaunlich kurzen Gespräch zurück und fand seinen geistlichen Freund vor, wie der einige Papiere durchsah, die eine Art Dossier der stürmischen Karriere John Raggleys darzustellen schienen.

»Das lief ulkig«, sagte der Inspektor. »Ich dachte, ich müßte Stunden damit verbringen, diese schlüpfrige kleine Kröte in die Zange zu nehmen, denn wir haben rechtlich praktisch nichts gegen ihn in der Hand. Statt dessen aber brach er sofort zusammen und hat mir, wie ich wirklich glaube, aus schierem Schiß alles berichtet, was er weiß.«

»Ich weiß«, sagte Father Brown. »Genau so ist er auch zusammengebrochen, als er Raggleys Leiche fand, der offenbar im Hotel vergiftet worden war. Deshalb hat er dermaßen den Kopf verloren, daß er etwas so Ungeschicktes tat wie die Leiche mit einem türkischen Dolch zu verzieren, um den Verdacht auf den Nigger zu lenken, wie er sagen würde. Mit dem ist außer Schiß nichts los; der ist wirklich der allerletzte, der jemals wirklich ein Messer in einen lebenden Menschen stecken würde. Ich vermute, er mußte sich sogar zusammenreißen, um eines in einen toten Menschen zu stecken. Aber er ist der allerletzte, der Angst davor hat, einer Sache wegen angeklagt zu werden, die er nicht getan hat; und der sich deshalb selbst zum Narren macht, was er denn auch getan hat.«

»Ich nehme an, ich muß auch den Barmann sprechen«, bemerkte Greenwood.

»Ich nehme das auch an«, antwortete der andere. »Ich glaube zwar nicht, daß es irgendeiner vom Hotelpersonal war – na ja, weil es so arrangiert wurde, als ob es einer von den Hotelleuten gewesen sein *müßte* ... Aber schauen Sie mal her, haben Sie sich irgendwas von diesem Material angesehen, das sie über Raggley zusammengetragen haben? Er hatte wirklich ein interessantes Leben; ich frage mich, ob nicht irgendwer seine Biographie schreiben wird.«

»Ich hab' mir Notizen über alles gemacht, was eine solche

Angelegenheit möglicherweise betreffen könnte«, sagte der Beamte. »Er war ein Witwer; aber er hat mal einen Streit mit einem Mann wegen seiner Frau gehabt; einem schottischen Grundstücksmakler in dieser Gegend; und Raggley scheint recht gewalttätig geworden zu sein. Man behauptet, er habe die Schotten gehaßt; vielleicht war das der Grund ... Oh, ich weiß, worüber Sie grimmig lächeln. Ein Schotte ... Vielleicht ein Mann aus Edinburgh.«

»Vielleicht«, sagte Father Brown. »Es ist sehr wahrscheinlich, von allen privaten Gründen abgesehen, daß er Schotten nicht mochte. Das ist ein merkwürdiges Ding, aber dieses ganze Volk von Tory-Radikalen oder wie immer Sie sie nennen wollen, die sich gegen die Wirtschaftsbewegung der Whigs stemmten, sie alle mochten die Schotten nicht. Cobbett nicht; Dr. Johnson nicht; Swift beschrieb ihren Akzent in einer seiner tödlichsten Passagen; und selbst Shakespeare ist dieses Vorurteils angeklagt worden. Aber die Vorurteile großer Männer haben im allgemeinen etwas mit Grundsätzen zu tun. Und ich glaube, daß es da einen Grund gibt. Der Schotte entstammt einem armen Agrarland, das dann zu einem reichen Industrieland wurde. Er ist begabt und fleißig; er glaubte, er bringe die Industriezivilisation aus dem Norden; er hat einfach nicht gewußt, daß es im Süden bereits seit Jahrhunderten eine ländliche Zivilisation gab. Das Land seiner eigenen Vorfahren war höchst ländlich, aber nicht zivilisiert ... Na gut, na gut, ich nehme an, wir können nur auf weitere Nachrichten warten.«

»Ich kann mir kaum vorstellen, daß Sie die neuesten Nachrichten aus Shakespeare oder Dr. Johnson herausbekommen«, grinste der Polizeibeamte. »Was Shakespeare über die Schotten dachte, ist nicht unbedingt ein Beweis.«

Father Brown zog eine Augenbraue hoch, als ob ihn ein neuer Gedanke überrascht hätte. »Wo ich jetzt so darüber nachdenke«, sagte er, »könnte es noch bessere Beweise sogar aus Shakespeare geben. Er hat nicht oft von Schotten gesprochen. Aber er hat es geliebt, über die Waliser zu spotten.«

Der Inspektor musterte das Gesicht seines Freundes; denn ihm war so, als erkenne er eine bestimmte Wachsamkeit hinter seinem gesetzten Ausdruck.

»Beim Zeus«, sagte er. »Bisher hat niemand daran gedacht, den Verdacht in diese Richtung zu lenken.«

»Nun ja«, sagte Father Brown in toleranter Ruhe, »Sie haben davon angefangen, über Fanatiker zu sprechen; und daß ein Fanatiker alles tun könne. Und ich nehme an, wir hatten die Ehre, gestern in dieser Bierschenke einen der größten und lautesten und verstocktesten Fanatiker der modernen Welt zu Gast zu haben. Wenn die Tatsache, ein verstockter Idiot mit nur einem Gedanken zu sein, der Weg zum Mord ist, dann erhebe ich darauf Anspruch für meinen Amtsbruder Pryce-Jones, den Prohibitionisten, und gebe ihm den Vorzug vor allen Fakiren Asiens, und, wie ich Ihnen schon sagte, ist es absolut zutreffend, daß sein entsetzliches Milchglas auf dem Tresen Seite an Seite mit dem rätselhaften Whiskyglas gestanden hat.«

»Von dem Sie annehmen, daß es in den Mord verwickelt war«, sagte Greenwood starrenden Blicks. »Sagen Sie mal, ich weiß nicht, ob Sie das wirklich ernst meinen oder nicht.«

Noch während er stetig seines Freundes Gesicht fixierte, in dessen Ausdruck er etwas immer noch Unergründliches entdeckte, begann hinter der Bar das Telephon schrill zu klingen. Inspektor Greenwood hob die Klappe im Tresen hoch, glitt rasch hindurch, hob den Hörer ab, lauschte für einen Augenblick und stieß dann einen Schrei aus; nicht an seinen Gesprächspartner gerichtet, sondern ans Universum im allgemeinen. Dann lauschte er noch aufmerksamer und sagte mit Zwischenpausen explosiv: »Ja, ja ... Kommen Sie sofort rüber; bringen Sie ihn wenn möglich her ... Gutes Stück Arbeit ... Gratuliere Ihnen.«

Dann kam Inspektor Greenwood in den Schankraum zurück wie ein Mann, dessen Jugend wiederhergestellt worden war, setzte sich breit auf seinen Platz, die Hände auf die Knie gestützt, starrte seinen Freund an und sagte:

»Father Brown, ich weiß nicht, wie Sie das machen. Sie scheinen schon gewußt zu haben, daß er ein Mörder war, ehe alle anderen auch nur wußten, daß er ein Mensch ist. Er war niemand; er war nichts; er war eine leichte Störung in den Beweisen; niemand im Hotel sah ihn; der Boy auf der Treppe könnte kaum auf ihn schwören; er war nichts als der feine Schatten eines Verdachtes, der sich auf ein schmutziges Extraglas stützte. Aber wir haben ihn, und er ist der Mann, den wir haben wollten.«

Father Brown hatte sich aus einem Gefühl für den Höhepunkt heraus erhoben und umkrampfte mechanisch all jene Papiere, die bestimmt waren, für den Biographen Mr. Raggleys so wertvoll zu sein; und stand da und starrte seinen Freund an. Vielleicht war es diese Geste, die seines Freundes Geist zu weiteren Bestätigungen bewog.

»Ja, wir haben Den Schnellen gefaßt. Und sehr schnell, wie Quecksilber, war er auch beim Vorbereiten seiner Flucht; wir haben ihn erst im letzten Augenblick aufhalten können – auf einem Angeltrip zu den Orkneys, sagte er. Aber er ist schon der richtige Mann; er ist der schottische Grundstücksmakler, der mit Raggleys Frau eine Affäre hatte; er ist der Mann, der in dieser Bar Whisky getrunken hat und dann einen Zug nach Edinburgh nahm. Und niemand würde davon gewußt haben ohne Sie.«

»Nun ja, aber was ich meinte«, begann Father Brown in einem gewissermaßen verstörten Ton; und in diesem Augenblick hörte man vor dem Hotel das Rattern und Rumpeln schwerer Autos; und zwei oder drei weitere untergeordnete Polizisten blockierten die Bar durch ihre Anwesenheit. Einer von ihnen, den sein Vorgesetzter eingeladen hatte, sich zu setzen, tat das in einer ausgreifend-behäbigen Weise wie einer, der zugleich glücklich und müde ist; und auch er betrachtete Father Brown mit bewundernden Blicken.

»Hab' den Mörder erwischt, Sir, o ja«, sagte er, »ich weiß, daß er 'n Mörder is, denn fast hat er mich auch umgebracht. Ich hab' schon früher manchen harten Burschen geschnappt; aber nie einen wie den – schlug mir in 'n Magen wie 'n Pferdehuf, und hat sich fast von fünf Männern losgerissen. O ja, diesmal haben Se 'nen richtigen Killer erwischt, Inspektor.«

»Wo ist er?« fragte Father Brown starräugig.

»Draußen im Wagen, in Handschellen«, erwiderte der Polizist, »und wenn Sie klug sind, lassen Sie ihn da – für den Augenblick.« Father Brown sank in einer Art milden Zusammenbruchs in einen Sessel; und die Papiere, die er krampfhaft festgehalten hatte, flatterten um ihn und schossen und schlitterten über den Fußboden wie Schollen brechenden Eises. Nicht nur sein Gesicht, sein ganzer Körper vermittelte den Eindruck eines durchlöcherten Ballons.

»Oh … Oh«, wiederholte er, als ob jeder andere Fluch unangemessen sei. »Oh … Ich hab' es wieder getan.«

»Wenn Sie damit meinen, daß Sie wieder den Verbrecher gefangen haben«, begann Greenwood, aber sein Freund hielt ihn mit einer schwachen Explosion wie entfauchendes Sodawasser auf.

»Ich meine«, sagte Father Brown, »daß das immer wieder geschieht; und tatsächlich weiß ich nicht warum. Ich versuche immer zu sagen, was ich meine. Aber alle anderen verstehen so viel mehr, als ich sage.«

»Was in aller Welt ist denn jetzt los?« schrie Greenwood, plötzlich verzweifelt.

»Also, ich sage Dinge«, sagte Father Brown mit schwacher Stimme, die schon allein die Schwäche der Worte vermitteln konnte. »Ich sage Dinge, aber alle anderen scheinen zu wissen, daß sie mehr bedeuten, als sie sagen. Einmal habe ich einen zerbrochenen Spiegel gesehen und gesagt: ›Etwas ist geschehen‹, und alle anderen antworteten: ›Ja, ja, wie Sie so richtig feststellen, haben zwei Männer miteinander gerungen, und einer ist in den Garten gerannt‹ und so weiter. Ich verstehe das nicht. ›Etwas ist geschehen‹ und ›Zwei Männer haben miteinander gerungen‹ erscheint mir überhaupt nicht wie das gleiche; aber ich wage dennoch zu behaupten, daß ich alte Bücher über die Logik gelesen habe. Und hier ist es genau so. Sie alle scheinen sich sicher zu sein, daß dieser Mann ein Mörder ist. Aber ich habe niemals gesagt, daß er ein Mörder sei. Ich habe gesagt, er sei der Mann, den wir haben wollten. Er ist es. Ich wollte ihn unbedingt haben. Ich wollte ihn ganz dringend haben. Ich wollte ihn haben als das einzige Ding, das wir in diesem ganzen scheußlichen Fall nicht haben – als Zeugen.«

Sie alle starrten ihn an, aber auf eine stirnrunzelnde Weise wie Männer, die sich bemühen, einer scharfen neuen Wendung in der Argumentation zu folgen; und er war es, der die Argumentation wieder aufnahm.

»Von der ersten Minute an, als ich diese große leere Bar oder den Salon betrat, wußte ich, daß die Eigenart dieser ganzen Vorgänge die Leerheit war; die Einsamkeit; zu viele Möglichkeiten für jeden, allein zu sein. Mit einem Wort: die Abwesenheit von Zeugen. Das einzige, was wir wußten, war, daß weder Manager noch Barmann in der Bar waren, als wir hereinkamen. Aber wann *waren* sie in der Bar? Was brachte es, irgendeine Art von Zeittafel darüber aufzustellen, wann irgendwer irgendwo war? Die ganze Sache blieb aus Mangel an Zeugen leer. Ich nehme an, daß der Barmann oder sonst jemand unmittelbar vor unserer Ankunft in der Bar gewesen ist; und so hat der Schotte seinen schottischen Whisky bekommen. Er hat ihn ganz gewiß nicht bekommen, nachdem wir eingetroffen waren. Wir können aber nicht anfangen nachzuforschen, ob irgendwer vom Hotel den Kirschlikör des armen Raggley vergiftet hat, solange wir nicht wirklich wissen, wer in der Bar war und wann. Nun möchte ich, daß Sie mir einen weiteren Gefallen tun trotz dieses dämlichen Kuddelmuddels, das vermutlich ganz allein meine Schuld ist. Ich möchte, daß Sie all die betroffenen Leute hier in diesem Raum versammeln – ich glaube, daß sie alle noch zur Verfügung stehen, es sei denn, der Asiate wäre nach Asien zurückgekehrt –, und dann befreien Sie den armen Schotten von seinen Handschellen und bringen ihn hier herein, und er soll uns erzählen, wer ihm den Whisky serviert hat, und wer in der Bar war, und wer sonst noch im Raum war, und all das übrige. Er ist der einzige Mensch, dessen Zeugnis eben

53

jene Zeitspanne überbrücken kann, in der das Verbrechen geschah. Und ich sehe nicht den geringsten Grund, an seinen Worten zu zweifeln.«

»Aber hören Sie«, sagte Greenwood. »Damit sind wir doch wieder bei den Hotelleuten; und ich dachte, Sie seien auch der Meinung, daß der Manager der Mörder nicht ist? Ist es der Barmann, oder was?«

»Ich weiß es nicht«, sagte der Priester ausdruckslos. »Ich bin mir nicht einmal hinsichtlich des Managers sicher. Ich weiß gar nichts über den Barmann. Ich könnte mir vorstellen, daß der Manager ein bißchen ein Verschwörer sein könnte, selbst wenn er kein Mörder ist. Aber ich weiß, daß es einen einzigen Zeugen auf Erden gibt, der etwas gesehen haben könnte; und deshalb habe ich all Eure Polizeihunde bis ans Ende der Erde auf seine Spur gesetzt.«

Der geheimnisvolle Schotte war, als er endlich vor der so versammelten Gesellschaft erschien, gewiß eine bemerkenswerte Erscheinung; groß, mit schwerem Schritt, einem langen, sardonischen, scharf geschnittenen Gesicht und mit Büscheln roten Haares; und er trug nicht nur ein Inverness-Cape, sondern auch eine Glengarry-Schottenmütze. Er mochte wegen einer einigermaßen bissigen Haltung entschuldigt sein; aber jedermann konnte sehen, daß er von jener Art war, die sich jeder Verhaftung widersetzt, auch mit Gewalt. Es war nicht überraschend, daß er mit einem kämpferischen Burschen wie Raggley handgemein geworden war. Es war nicht einmal überraschend, daß die Polizei allein durch die Einzelheiten seiner Festnahme davon überzeugt wurde, er sei ein harter und typischer Killer. Aber er behauptete, ein vollkommen rechtschaffener Bauer in Aberdeenshire zu sein, James Grant mit Namen, und irgendwie war nicht nur Father Brown, sondern war auch Inspektor Greenwood, ein gewiefter Mann mit einer großen Erfahrung, ziemlich rasch davon überzeugt, daß die Wildheit des Schotten eher der Zorn der Unschuld als der Schuld war.

»Was wir von Ihnen wollen, Mr. Grant«, sagte der Inspektor

ernst und fiel ohne weiteres Herumgerede in einen höflichen Ton, »ist einfach Ihre Aussage zu einer sehr wichtigen Tatsache. Das Mißverständnis, unter dem Sie zu leiden hatten, tut mir sehr leid, aber ich bin sicher, daß Sie bereit sind, der Gerechtigkeit zu dienen. Ich glaube, Sie sind in diese Bar gekommmen, unmittelbar nachdem sie geöffnet hatte, um halb sechs, und bekamen ein Glas Whisky serviert. Wir sind nicht sicher, welcher Bedienstete des Hotels, ob der Barmann oder der Manager oder ein anderer Untergebener, zu der Zeit in der Bar war. Würden Sie sich bitte umsehen und mir sagen, ob derjenige, der Sie an der Bar bediente, gegenwärtig hier ist.«

»Aye, der ist da«, sagte Mr. Grant und lächelte ingrimmig, nachdem er die Gruppe mit scharfem Auge überflogen hatte. »Ich würde ihn überall wiedererkennen; und Sie werden mir zustimmen, daß er groß genug ist, um gesehen zu werden. Sind all Eure Kneipenkellner so groß wie der?«

Das Auge des Inspektors blieb hart und stetig und seine Stimme farblos und fortlaufend; das Gesicht Father Browns war leer; aber auf manchen anderen Gesichtern lagerte eine Wolke; der Barmann war nicht besonders umfangreich und keinesfalls groß; und der Manager war entschieden klein.

»Wir möchten nur den Barmann identifiziert haben«, sagte der Inspektor ruhig. »Natürlich kennen wir ihn; aber wir möchten, daß Sie das unabhängig bestätigen. Sie meinen ...?« Und plötzlich hielt er inne.

»Nuuu, da steht er doch deutlich genug«, sagte der Schotte erschöpft; und machte eine Geste, und zu dieser Geste erhob sich der riesige Jukes, der Fürst der Handlungsreisenden, wie ein trompetender Elefant; und drei Polizisten hatten sich wie der Blitz an ihn gehängt, wie Hetzhunde an ein wildes Tier.

»Nun, das war alles einfach genug«, sagte Father Brown hinterher zu seinem Freund. »Wie ich Ihnen gesagt habe, war in dem Augenblick, in dem ich den leeren Barraum betrat, mein erster Gedanke, daß wenn der Barmann seine Bar so unbewacht verließ, nichts in der Welt Sie oder mich oder sonstwen daran hindern könnte, die Klappe hochzunehmen und durchzugehen, und Gift in eine beliebige Flasche zu schütten, die da stand und auf Kunden wartete. Natürlich würde ein erfahrener Vergifter es wahrscheinlich so tun, wie Jukes es tat, nämlich eine vergiftete Flasche gegen eine normale austauschen; das konnte im Handumdrehen geschehen. Es war leicht genug für ihn, der in Flaschen reiste, eine vorbereitete Flasche Kirschlikör von derselben Art mitzubringen. Natürlich bedurfte es einer bestimmten Voraussetzung; aber das ist eine ziemlich gewöhnliche Voraussetzung. Es würde nichts nutzen, damit zu beginnen, das Bier oder den Whisky zu vergiften, wovon die Leute am meisten trinken; das würde ein Massenmord werden. Aber wenn bekannt ist, daß ein Mann nur eine ganz bestimmte Sache trinkt wie Kirschlikör, der nicht allzu verbreitet getrunken wird, dann ist es, wie ihn zu Hause zu vergiften. Nur ist es eine ganze Menge sicherer. Denn praktisch fällt der gesamte Verdacht sofort auf das Hotel oder auf jemanden, der mit dem Hotel zu tun hat; und es gibt auf Erden keinerlei Argument zu begründen, daß es einer unter den Hunderten von Gästen getan hat, die in die Bar kommen mochten; sogar dann, wenn den Leuten klar wird, daß ein Kunde es hätte tun können. Es war nahezu ein so absolut anonymer und verantwortungsloser Mord, wie ihn ein Mann nur begehen kann.«

»Und warum genau hat ihn nun der Mörder begangen?« fragte sein Freund.

Father Brown erhob sich und sammelte gravitätisch die Papiere ein, die er zuvor in einem Augenblick der Ablenkung verstreut hatte.

»Darf ich Ihre Aufmerksamkeit«, sagte er lächelnd, »auf die Unterlagen lenken, die mit dem vorauszusehenden *Leben und Briefe des verblichenen John Raggley* zu tun haben? Oder zum Beispiel auch auf seine eigenen gesprochenen Worte? Er sagte genau in dieser Bar, daß er einen Skandal in der Geschäftsführung von Hotels ans Tageslicht bringen wolle; und der Skandal war der sehr gewöhnliche einer korrupten Vereinbarung zwischen

Hotelbesitzern und einem Verkäufer, der insgeheim Kommissionen nahm und gab, so daß sein Geschäft ein Monopol für alle im Haus verkauften Getränke hatte. Es war nicht einmal offene Sklaverei wie bei gewöhnlich gebundenen Häusern; es war ein Schwindel zu Lasten aller, die der Manager eigentlich zu bedienen hatte. Es war ein Gesetzesbruch. Also war der erfindungsreiche Jukes im ersten Augenblick, in dem die Bar leer war wie so oft, hineingegangen und hatte die Flaschen ausgetauscht; unglücklicherweise kam in eben diesem Augenblick ein Schotte im Inverness-Cape herein und verlangte schroff Whisky. Jukes erkannte seine einzige Chance darin, so zu tun, als sei er der Barmann, und den Kunden zu bedienen. Er war sehr erleichtert, daß der Kunde Ein Schneller war.«

»Ich denke, daß Sie selbst Ein Reichlich Schneller sind«, bemerkte Greenwood; »wenn Sie sagen, daß Sie von Anfang an etwas gewittert haben, in der puren Luft eines leeren Raumes. Haben Sie Jukes von Anfang an verdächtigt?«

»Nun ja, er klang irgendwie reich«, antwortete Father Brown vage. »Sie wissen doch, wenn ein Mann eine reiche Stimme hat. Und ich hab' mich sozusagen selbst gefragt, warum er eine so ekelhaft reiche Stimme haben sollte, wo doch all diese ehrlichen Burschen ziemlich arm sind. Aber ich glaube, ich wußte schon, daß er ein Schwindler ist, als ich diese große schimmernde Krawattennadel sah.«

»Sie meinen, weil sie ein Schwindel war?« fragte Greenwood zweifelnd.

»O nein; weil sie echt war«, sagte Father Brown.

DER FLUCH DES BUCHES

Professor Openshaw verlor jedesmal mit einem lauten Knall die Fassung, wenn ihn jemand einen Spiritisten nannte; oder einen Anhänger des Spiritismus. Das aber erschöpfte seine explosiven Elemente keineswegs; denn er verlor auch die Fassung, wenn ihn jemand einen Nichtanhänger des Spiritismus nannte. Es war sein Stolz, sein ganzes Leben der Erforschung psychischer Phänomene gewidmet zu haben; es war auch sein Stolz, niemals einen Hinweis darauf gegeben zu haben, ob er sie wirklich für psychisch oder lediglich für phänomenal hielt. An nichts erfreute er sich mehr, als in einem Kreis gläubiger Spiritisten zu sitzen und niederschmetternde Geschichten davon zu erzählen, wie er Medium nach Medium bloßgestellt und Schwindel nach Schwindel aufgedeckt habe; denn tatsächlich war er ein Mann von hohen detektivischen Gaben und Einsichten, sobald er nur seine Blicke auf ein Objekt gerichtet hatte, und er richtete sie immer auf ein Medium als höchst verdächtiges Objekt. Es gab da die Geschichte, wie er einen spiritistischen Schwindler in drei verschiedenen Verkleidungen erspäht hatte: als Frau verkleidet, als weißbärtiger alter Mann und als Brahmane von einem satten Schokoladebraun. Solche Erzählungen machten die wahren Gläubigen reichlich ruhelos, was ja auch die Absicht war; doch konnten sie sich darüber kaum beschweren, denn kein Spiritist leugnet die Existenz falscher Medien; nur des Professors strömende Erzählung mochte wohl anzudeuten scheinen, daß alle Medien falsch seien.

Aber wehe dem arglosen und unschuldigen Materialisten (und Materialisten als Rasse sind reichlich unschuldig und arglos), der es – die Tendenz solcher Erzählung voraussetzend – wagen sollte, die These vorzutragen, daß Geister gegen die Naturgesetze seien, oder daß solcherlei Dinge lediglich alter

Aberglaube seien, oder daß das alles Quatsch sei, oder alternativ Humbug. Den pflegte der Professor unter jäher Umkehr all seiner wissenschaftlichen Batterien mit einer Kanonade unanzweifelbarer Fälle und unerklärbarer Phänomene vom Felde zu fegen, von denen der unselige Materialist nie in seinem Leben gehört hatte, und unter Angabe aller Daten und Details, und unter Zitierung aller versuchten und verworfenen Erklärungen; alles gab er in der Tat an, abgesehen davon, ob er, John Oliver Openshaw, an Geister glaube oder nicht; und weder Spiritisten noch Materialisten konnten sich jemals rühmen, das herausgefunden zu haben.

Professor Openshaw, eine hagere Gestalt mit fahler Löwenmähne und hypnotischen blauen Augen, stand mit Father Brown, der einer seiner Freunde war, auf den Stufen vor dem Hotel, in dem sie an jenem Morgen gefrühstückt und in der Nacht zuvor geschlafen hatten, und wechselte einige Worte mit ihm. Der Professor war reichlich spät von einem seiner großen Experimente in allgemeiner Erregung zurückgekommen und bebte immer noch von dem Kampf, den er immer allein und gegen beide Parteien zu führen pflegte.

»Ihnen nehm' ich das nicht übel«, sagte er lachend. »Sie glauben ja nicht einmal dann daran, wenn es wahr ist. Aber all diese Leute fragen mich ständig, was ich denn versuchte zu beweisen. Sie scheinen nicht zu begreifen, daß ich ein Mann der Wissenschaft bin. Und ein Mann der Wissenschaft versucht nicht, etwas zu beweisen. Er versucht herauszufinden, was sich selbst beweist.«

»Aber er hat es bisher noch nicht herausgefunden«, sagte Father Brown.

»Nun ja, ich habe da gewisse eigene kleine Vorstellungen, die gar nicht so negativ sind, wie die meisten Leute annehmen«, antwortete der Professor nach einem Augenblick stirnrunzelnden Schweigens. »Jedenfalls habe ich begonnen mir vorzustellen, daß wenn überhaupt etwas herausgefunden werden kann, man es auf falschen Wegen sucht. Das ist alles zu theatralisch;

dieses ganze Getue mit ihrem leuchtenden Ektoplasma und den Trompeten und den Stimmen und dem übrigen Drum und Dran; alles nach dem Muster der alten Melodramen und verschimmelter historischer Romane ums Familiengespenst. Wenn man sich an die Historie hielte statt an historische Romane, dann – beginne ich zu glauben – könnte man wirklich was finden. Aber keine Erscheinungen.«

»Schließlich sind«, sagte Father Brown, »Erscheinungen nur Anscheine. Ich nehme an, Sie würden sagen, daß das Familiengespenst nur den Schein wahrt.«

Das Starren des Professors, das gewöhnlich von leicht abwesender Art war, konzentrierte und sammelte sich plötzlich, wie es das bei einem zweifelhaften Medium tat. Es sah fast so aus, als ob sich der Mann ein starkes Vergrößerungsglas ins Auge klemme. Natürlich meinte er keineswegs, daß der Priester auch nur im geringsten ein zweifelhaftes Medium sei; aber daß seines Freundes Gedanken seinen eigenen so eng folgten, hatte seine Aufmerksamkeit aufgerüttelt.

»Anscheine!« murmelte er. »Verdammt, aber es ist schon komisch, daß Sie das gerade jetzt sagen. Je mehr ich erfahre, desto klarer wird mir, daß man verliert, wenn man nur auf Erscheinungen achtet. Wenn man sich ein bißchen mehr ums Verschwinden kümmerte …«

»Eben«, sagte Father Brown, »schließlich handeln ja die wirklichen Elfenmärchen gar nicht so sehr vom Erscheinen berühmter Elfenwesen; vom Heraufbeschwören Titanias oder der Bloßstellung Oberons durchs Mondenlicht. Aber es gibt ungezählte Märchen vom *Verschwinden* von Leuten, weil sie von den Elfen gestohlen wurden. Sind Sie Kilmeny auf der Spur oder Thomas dem Reimer?«

»Ich bin auf der Spur von gewöhnlichen modernen Leuten, über die Sie in den Zeitungen gelesen haben«, antwortete Openshaw. »Wundern Sie sich ruhig; aber gerade das ist jetzt mein Jagdwild; und dem bin ich schon seit langem hinterher. Offen gestanden glaube ich, daß eine Menge von psychischen

Erscheinungen wegerklärt werden könne. Aber das Verschwinden kann ich nicht erklären, es sei denn ein psychisches. Diese Leute in den Zeitungen, die verschwinden und nie mehr gefunden werden – wenn Sie die Einzelheiten so kennten wie ich ... und erst heute morgen habe ich eine Bestätigung erhalten; einen außergewöhnlichen Brief von einem alten Missionar, einem höchst ehrbaren alten Knaben. Er will mich heute morgen in meinem Büro aufsuchen. Vielleicht möchten Sie mit mir zu Mittag essen oder so; dann könnte ich Ihnen die Ergebnisse berichten – im Vertrauen.«

»Danke; ich möchte – es sei denn«, sagte Father Brown bescheiden, »daß mich die Elfen bis dahin gestohlen haben.«

Damit trennten sie sich, und Openshaw ging um die Ecke zu einem kleinen Büro, das er in der Nachbarschaft gemietet hatte; hauptsächlich zum Zweck der Herausgabe einer dünnen Zeitschrift für psychische und psychologische Anmerkungen der trockensten und agnostischsten Art. Er hatte nur einen Sekretär, der im äußeren Büro an einem Schreibtisch saß und Zahlen und Fakten zum Zweck der Veröffentlichung zusammenstellte; und der Professor blieb stehen und fragte, ob Mr. Pringle gekommen sei. Der Sekretär antwortete mechanisch negativ und fuhr mechanisch fort, Zahlen zu addieren; und der Professor wandte sich dem inneren Raum zu, der sein Arbeitszimmer war. »Ach übrigens, Berridge«, setzte er noch hinzu, ohne sich umzudrehen, »wenn Mr. Pringle kommt, schicken Sie ihn direkt zu mir rein. Sie brauchen dazu Ihre Arbeit nicht zu unterbrechen; ich würde diese Notizen gerne heute abend fertig haben, wenn möglich. Sie können sie mir für morgen auf den Schreibtisch legen, wenn ich später komme.«

Und er ging in sein Arbeitszimmer und brütete immer noch über dem Problem, das der Name Pringle aufgeworfen hatte; oder das er vielmehr, vielleicht, in seinem Geiste ratifiziert und bestätigt hatte. Selbst der abgeklärteste Agnostiker ist irgendwo menschlich; und es ist möglich, daß der Brief des Missionars um so größeres Gewicht haben mochte, da er versprach, seine private und noch tastende Hypothese zu stützen. Er setzte sich in seinen breiten und bequemen Sessel gegenüber dem Stich von Montaigne; und las erneut den kurzen Brief von Hochwürden Luke Pringle, der die Verabredung für diesen Morgen betraf. Niemand kannte die Merkmale eines Briefs von einem Verrückten besser als Professor Openshaw; die Überfülle an Einzelheiten; die spinnwebartige Schrift; überflüssige Länge und Wiederholungen. Nichts davon fand sich in diesem Brief; nur eine kurze und geschäftsmäßig getippte Erklärung, daß der Schreiber Zeuge einiger sonderbarer Fälle von Verschwinden gewesen sei, die in den Arbeitsbereich des Professors als Erforscher psychischer Probleme zu fallen schienen. Der Professor war günstig beeindruckt; auch empfing er keinen ungünstigen Eindruck, als er aufblickte und sah, daß Hochwürden Luke Pringle sich bereits im Zimmer befand.

»Ihr Sekretär hat mir gesagt, ich solle sofort eintreten«, sagte Mr. Pringle entschuldigend, aber mit einem breiten und ziemlich angenehmen Grinsen. Das Grinsen wurde teilweise von den Massen seines rötlich-grauen Bartes und Backenbartes verdeckt, ein wahrer Dschungel von Bart, wie ihn sich manchmal Weiße wachsen lassen, die im Dschungel leben; aber die Augen über der Stupsnase hatten nicht das geringste Wilde oder Exotische in sich. Openshaw hatte sofort den gebündelten Scheinwerfer oder das Brennglas seiner skeptischen Musterung auf sie gerichtet, wie er es bei vielen Männern tat, um zu sehen, ob sie Schwindler oder Narren seien; in diesem Fall hatte er ein sehr ungewöhnliches Gefühl der Beruhigung. Der wilde Bart mochte einem Narren gehören, aber die Augen straften den Bart vollständig Lügen; sie waren voll von jenem sehr offenen und freundlichen Lachen, das man niemals in den Gesichtern jener findet, die entweder ernsthafte Betrüger oder ernsthafte Verrückte sind. Von einem Mann mit solchen Augen erwartete er, ein Philister zu sein, ein heiterer Skeptiker, ein Mann, der seine oberflächliche, aber herzhafte Verachtung für Geister und Gespenster laut herausruft; auf jeden Fall aber konnte sich kein berufsmäßiger Schwindler leisten, dermaßen leichtfertig auszusehen. Der Mann war bis zur Kehle in ein schäbiges altes Cape eingeknöpft, und nur sein breitkrempiger weicher Hut deutete den Kleriker an; aber schließlich bemühen sich Missionare aus wilden Gegenden nicht immer darum, sich wie Geistliche zu kleiden.

»Sie nehmen vermutlich an, Herr Professor, daß das ein weiterer Schwindel ist«, sagte Mr. Pringle in einer gewissen abstrakten Erheiterung, »und ich hoffe, Sie werden mir vergeben, daß ich über Ihren sehr natürlichen Ausdruck der Mißbilligung gelacht habe. Dennoch, ich muß meine Geschichte jemandem erzählen, der Bescheid weiß, weil sie wahr ist. Und allen Scherz beiseite, sie ist nicht nur wahr, sondern auch tragisch. Nun ja, um es kurz zu machen, ich war Missionar in Nya-Nya, einer Station in Westafrika, im dichtesten Urwald, wo fast der einzige andere weiße Mann der Befehlshaber im Distrikt war, ein Hauptmann Wales; und er und ich standen ziemlich dick miteinander. Nicht daß er Missionare liebte; er war, wenn ich so sagen darf, auf vielerlei Weise dick; einer dieser dickschädeligen, breitschultrigen Männer der Tat, die kaum zu denken brauchen, geschweige denn zu glauben. Das macht ja alles nur noch sonderbarer. Eines Tages kehrte er nach einem kurzen Urlaub zu seinem Zelt im Dschungel zurück und sagte, er habe ein reichlich komisches Erlebnis gehabt und wisse nicht, was er jetzt machen solle. Er hielt ein abgeschabtes altes, in Leder gebundenes Buch in den Händen, und er legte es auf einen Tisch neben seinen Revolver und ein altes arabisches Schwert, das er vielleicht als Kuriosität aufbewahrte. Er sagte, dieses Buch habe einem Mann auf dem Schiff gehört, von dem er gerade komme; und der Mann habe felsenfest daran geglaubt, daß niemand das Buch öffnen oder hineinsehen dürfe; sonst werde ihn der Teufel holen oder er würde verschwinden oder so was Ähnliches. Wales sagte natürlich, das sei alles Unsinn; und darüber stritten sie sich; und das Ergebnis davon war, daß dieser Mann, dem man Feigheit oder Aberglauben vorwarf, tatsächlich in das Buch sah; und es sofort fallen ließ; zur Seite des Schiffes ging ...«

»Einen Augenblick«, sagte der Professor, der sich ein oder zwei Notizen gemacht hatte, »bevor Sie mir Weiteres erzählen: Hat dieser Mann Wales erzählt, woher er das Buch hatte oder wem es ursprünglich gehörte?«

»Ja«, antwortete Pringle, jetzt vollkommen ernst. »Er hat wohl gesagt, er bringe es Dr. Hankey zurück, dem Orientreisenden, der jetzt in England lebe, dem es ursprünglich gehört und der ihn vor den geheimnisvollen Kräften des Buches gewarnt habe. Nun, dieser Hankey ist ein fähiger Mann und ein Mann von reichlich nörglerischer und höhnischer Art; was das alles noch sonderbarer macht. Aber die Pointe von Wales' Geschichte ist viel einfacher. Sie lautet, daß der Mann, der in das Buch geblickt hatte, schlicht über Bord ging und niemals wieder gesehen wurde.«

»Das glauben Sie selbst?« fragte Openshaw nach einer Pause.

»Ja, tue ich«, antwortete Pringle. »Ich glaube es aus zwei Gründen. Erstens weil Wales ein vollständig phantasieloser Mensch ist; und er hat etwas hinzugefügt, das nur ein phantasiereicher Mensch hätte hinzufügen können. Er sagte, daß der Mann an einem stillen und ruhigen Tag über Bord gegangen sei; aber es habe keinen Platscher gegeben.«

Der Professor sah einige Sekunden lang seine Notizen schweigend durch; und sagte dann: »Und Ihr anderer Grund, daran zu glauben?«

»Mein anderer Grund«, antwortete Hochwürden Luke Pringle, »ist das, was ich selbst gesehen habe.«

Es gab ein weiteres Schweigen; bis er auf die gleiche sachliche Weise fortfuhr. Was immer er hatte, er hatte nichts von jenem Eifer, mit dem der Spinner, oder auch der Gläubige, andere zu überzeugen sucht.

»Ich habe Ihnen erzählt, daß Wales das Buch auf den Tisch neben das Schwert legte. Es gab nur einen einzigen Eingang ins Zelt; und es fügte sich so, daß ich darin stand und hinaus in den Urwald blickte, den Rücken meinem Gefährten zugekehrt. Der stand beim Tisch und knurrte und murrte über die ganze Geschichte; und sagte, es sei Narretei, sich im 20. Jahrhundert davor zu fürchten, ein Buch zu öffnen; und fragte, warum zum Teufel er es nicht selber aufschlagen sollte. Da regte sich irgendein Instinkt in mir, und ich sagte, er solle das besser nicht tun, es würde besser Dr. Hankey zurückgegeben. ›Welchen Schaden könnte das denn anrichten?‹ fragte er unruhig. ›Welchen Schaden hat es denn getan?‹ erwiderte ich hartnäckig. ›Was ist Ihrem Freund auf dem Schiff denn geschehen?‹ Er antwortete nicht, und ich wußte in der Tat nicht, was er hätte antworten können; doch trieb ich meinen logischen Vorteil aus purer Eitelkeit weiter. ›Apropos‹, sagte ich, ›wie erklären Sie sich denn, was wirklich auf dem Schiff geschehen ist?‹ Er antwortete immer noch nicht; und ich sah mich um und sah, daß er nicht da war.

Das Zelt war leer. Das Buch lag auf dem Tisch; aufgeschlagen, aber mit dem Rücken nach oben, als habe er es umgedreht. Und das Schwert lag auf dem Boden auf der anderen Seite des Zeltes; und die Leinwand des Zeltes wies einen großen Schlitz auf, als ob jemand sich seinen Weg hinaus mit dem Schwert freigehauen habe. Die klaffende Spalte im Zelt gaffte mich an; zeigte aber draußen nur den dunklen Schimmer des Waldes. Und als ich hinüberging und durch den Riß blickte, konnte ich mir nicht klar darüber werden, ob das Durcheinander von hohen Pflanzen und Unterwuchs nun gebogen oder gebrochen worden war; auf keinen Fall weiter als wenige Meter. Seit jenem Tag habe ich Hauptmann Wales weder gesehen noch von ihm gehört.

Ich habe das Buch in Packpapier gewickelt und sehr darauf geachtet, es nicht anzusehen; und ich habe es nach England zurückgebracht und zunächst beabsichtigt, es Dr. Hankey zurückzugeben. Dann las ich einige Anmerkungen in Ihrer Zeitschrift, die eine Hypothese zu diesen Dingen andeuteten; und ich beschloß, auf dem Weg haltzumachen und Ihnen die Angelegenheit vorzulegen; da Sie im Ruf stehen, gelassenen Gemütes und offenen Geistes zu sein.«

Professor Openshaw legte seinen Füllfederhalter nieder und blickte stetig auf den Mann an der anderen Seite des Tisches; und konzentrierte in diesem Starren seine ganze lange Erfahrung mit vielen unterschiedlichen Arten von Schwindlern, und sogar einigen exzentrischen und ungewöhnlichen Arten von rechtschaffenen Männern. Normalerweise würde er von der gesunden Grundannahme ausgegangen sein, daß die Geschichte ein Haufen Lügen sei. Insgesamt neigte er dazu anzunehmen, daß sie ein Haufen Lügen sei. Und doch paßte ihm der Mann nicht zu der Geschichte; und sei es nur, weil er sich einen solchen Lügner nicht vorstellen konnte, der eine solche Lüge erzählte. Der Mann versuchte nicht, nach außen ehrbar zu erscheinen, wie die meisten Schwindler und Betrüger es tun; irgendwie erschien es geradezu umgekehrt: Als *sei* der Mann ehrlich trotz irgend etwas anderem, das sich nur außen befand. Er dachte an einen ehrlichen Mann mit einer unschuldigen Verblendung; aber wiederum entsprachen dem die Symptome nicht; es gab da sogar eine Art männlichen Unbeteiligtseins; als ob der Mann besonderen Wert auf seine Verblendung lege, wenn es denn eine Verblendung war.

»Mr. Pringle«, sagte er scharf, wie ein Anwalt, der einen Zeugen aufschrecken will, »wo ist denn das Buch jetzt?«

Das Grinsen erschien wieder auf dem bärtigen Gesicht, das während des Berichtes ernst geworden war.

»Ich hab' es draußen liegen gelassen«, sagte Mr. Pringle. »Ich meine, im äußeren Büro. Das war vielleicht ein Risiko; aber das kleinere von den beiden.«

»Was meinen Sie damit?« fragte der Professor. »Warum haben Sie es denn nicht sofort mit reingebracht?«

»Weil ich wußte«, sagte der Missionar, »daß Sie es in dem Augenblick öffnen würden, in dem Sie es sähen – und ehe Sie die Geschichte gehört hätten. Und ich hielt es für möglich, daß Sie sich das mit dem Öffnen noch einmal überlegen würden – nachdem Sie die Geschichte gehört hätten.«

Nach einem Schweigen fügte er noch hinzu: »Da draußen war niemand außer Ihrem Sekretär; und der sah wie ein ziemlich stumpfes gemächliches Wesen aus, vollständig in Geschäftsberechnungen versunken.«

Openshaw lachte herzlich. »Oh, Babbage«, rief er, »vor dem ist Ihr Zauberbuch sicher, das versichere ich Ihnen. Eigentlich heißt er Berridge – aber ich nenne ihn oft Babbage; weil er so genau einer Rechenmaschine entspricht. Kein menschliches Wesen, wenn man ihn denn ein menschliches Wesen nennen kann, wäre weniger geneigt, anderer Leute Päckchen in Packpapier zu öffnen. Na schön, gehen wir jetzt und holen es herein; aber ich will Ihnen versichern, daß ich es mir sehr ernsthaft überlegen werde, was damit zu tun ist. Ich will Ihnen offen gestehen«, wieder starrte er den Mann an, »daß ich mir tatsächlich nicht sicher bin, ob wir es hier und jetzt öffnen oder es an diesen Dr. Hankey senden sollten.«

Die beiden waren zusammen aus dem inneren in das äußere Büro gegangen; und noch während sie das taten, stieß Mr. Pringle einen Schrei aus und rannte zum Schreibtisch des Sekretärs. Denn der Schreibtisch des Sekretärs war da; nicht aber der Sekretär. Auf dem Schreibtisch des Sekretärs lag ein verblaßter alter Lederband, aus seiner braunen Verpackung herausgerissen. Er lag geschlossen da, aber so, als ob er eben noch geöffnet gewesen wäre. Der Schreibtisch des Sekretärs stand vor dem großen Fenster zur Straße hin; und das Fenster war zerschmettert mit einem großen gezackten Loch in der Scheibe; als ob ein menschlicher Körper hindurch in die Welt draußen geschossen worden wäre. Eine andere Spur von Mr. Berridge gab es nicht.

Die beiden im Büro hinterlassenen Männer standen still wie Statuen; und dann war es der Professor, der langsam wieder zum Leben erwachte. Er sah noch kritischer aus denn je zuvor in seinem Leben, als er sich langsam umwandte und dem Missionar seine Hand hinstreckte.

»Mr. Pringle«, sagte er, »ich bitte Sie um Vergebung. Ich erbitte Ihre Vergebung nur für die Gedanken, die ich gehabt habe; auch wenn es nur halbe Gedanken waren. Aber niemand könnte sich einen Mann der Wissenschaft nennen und einer solchen Tatsache nicht ins Auge sehen.«

»Ich nehme an«, sagte Pringle nachdenklich, »daß wir einige Nachforschungen anstellen müssen. Können Sie nicht bei ihm anrufen und feststellen, ob er nach Hause gegangen ist?«

»Ich weiß nicht, ob er ein Telephon hat«, antwortete Openshaw ziemlich geistesabwesend; »er lebt irgendwo in Richtung Hampstead, nehme ich an. Aber ich denke, daß irgendwer hier nachfragen wird, wenn seine Freunde oder seine Familie ihn vermissen.«

»Könnten wir eine Beschreibung liefern«, fragte der andere, »wenn die Polizei eine haben will?«

»Die Polizei!« sagte der Professor und schrak aus seiner Träumerei hoch. »Eine Beschreibung ... Nun ja, er sieht allen anderen schrecklich ähnlich, fürchte ich, bis auf die Brille. Einer von diesen glattrasierten Knaben. Aber die Polizei ... hören Sie, was *sollen* wir denn in dieser verrückten Sache tun?«

»Ich weiß, was ich tun sollte«, sagte Hochwürden Mr. Pringle bestimmt, »ich werde dieses Buch direkt zu dem einzigen ursprünglichen Dr. Hankey tragen und ihn fragen, um was es zum Teufel bei all dem geht. Er lebt nicht weit von hier, und ich werde sofort zurückkommen und Ihnen berichten, was er gesagt hat.«

»Nun ja, sehr gut«, sagte der Professor schließlich, während er sich reichlich erschöpft hinsetzte; vielleicht erleichtert, für den Augenblick der Verantwortlichkeit enthoben zu sein. Aber noch lange, nachdem die energischen und hallenden Schritte des kleinen Missionars in der Straße verklungen waren, saß der Professor in derselben Haltung und starrte ins Leere wie ein Mann in Trance.

Er saß noch immer im selben Sessel und fast in derselben Haltung, als dieselben energischen Schritte auf der Pflasterung draußen wieder zu hören waren und der Missionar eintrat, diesmal, wie ihm ein Blick versicherte, mit leeren Händen.

»Dr. Hankey«, sagte er ernst, »möchte das Buch für eine Stunde behalten und die Frage erwägen. Danach bittet er uns beide, zu ihm zu kommen, und dann will er uns seine Entscheidung mitteilen. Er wünscht besonders, Herr Professor, daß Sie mich bei diesem zweiten Besuch begleiten.«

Openshaw starrte weiter schweigend vor sich hin; dann sagte er plötzlich: »Wer zum Teufel ist Dr. Hankey?«

»Sie klingen so, als glaubten Sie, er sei der Teufel«, sagte Pringle lächelnd, »und ich nehme an, daß das schon manche Leute gedacht haben. Er hat auf Ihrem eigenen Gebiet einen beachtlichen Ruf; aber den gewann er vor allem in Indien, wo er örtlichen Zauber und dergleichen studierte, und deshalb ist er hier vielleicht nicht so bekannt. Er ist ein gelbhäutiger magerer kleiner Teufel mit einem lahmen Bein und einem fragwürdigen Temperament; aber er scheint sich hier eine ganz gewöhnliche, respektable Arztpraxis aufgebaut zu haben, und ich weiß nichts wirklich Nachteiliges über ihn – es sei denn, es wäre nachteilig, die einzige Person zu sein, die möglicherweise irgend etwas über diese ganze verrückte Angelegenheit weiß.«

Professor Openshaw erhob sich schwerfällig und ging ans Telephon; er rief Father Brown an, änderte die Verabredung zum Mittagessen in eine zum Abendessen ab, damit er frei sei für diese Expedition zum Haus des angloindischen Arztes; und danach setzte er sich wieder nieder, brannte sich eine Zigarre an und versank erneut in seinen unergründlichen Gedanken.

Father Brown begab sich zu dem Restaurant, das man für das Abendessen vereinbart hatte, und vertrat sich dort in einer Vorhalle voller Spiegel und Palmen in Kübeln eine ganze Weile die Beine; er war über Openshaws Nachmittagsverabredung unterrichtet worden und vermutete, als der Abend sich dunkel und stürmisch um Glas und grüne Pflanzen schloß, daß sich daraus etwas Unerwartetes und unüblich Verlängertes ergeben habe. Er fragte sich sogar einen Augenblick lang, ob der Professor überhaupt auftauchen würde; aber als der Professor das schließlich tat, wurde klar, daß seine allgemeineren Vermutungen berechtigt gewesen waren. Denn es war ein Professor mit sehr verstörtem Blick und sogar mit gesträubtem Haar, der schließlich mit Mr. Pringle von der Expedition in den Norden Londons zurückfuhr; wo die Vorstädte immer noch von unbebautem Heideland und Fetzen von Gemeindeland umgeben sind und deshalb im stürmischen Sonnenuntergang um so düsterer aussehen. Dennoch hatten sie dem Anschein nach schließlich das Haus gefunden, das ein wenig abseits, aber doch in Rufweite von anderen Häusern stand; sie hatten sich des Messingschildes mit der ordnungsgemäßen Gravierung »J. I. Hankey, MD, MRCS« vergewissert. Nur fanden sie J. I. Hankey, MD, MRCS nicht. Sie fanden nur, worauf sie das Geflüster eines Albtraumes bereits im Unterbewußten vorbereitet hatte: ein gewöhnliches Wartezimmer mit dem verfluchten Buch auf dem Tisch, das da lag, als ob es gerade eben erst gelesen worden wäre; und dahinter eine aufgebrochene Hintertür sowie eine schwache Spur von Schritten, die ein kleines Stück einen so steilen Gartenweg hinauflief, daß es unmöglich erschien, ein lahmer Mann habe so leichtfüßig hinaufrennen können. Aber es war ein lahmer Mann, der da gerannt war; denn in diesen wenigen Schritten befand sich der unförmige ungleichmäßige Abdruck eines orthopädischen Stiefels; dann zwei Abdrücke dieses Stiefels alleine (als ob das Geschöpf gehüpft sei), und danach nichts. Es war nichts weiter von Dr. J. I. Hankey zu erfahren, außer daß er seine Entscheidung gefällt hatte. Er hatte das Orakel gelesen und sein Schicksalslos empfangen.

Als die beiden in den Eingang unter den Palmen traten, warf Pringle das Buch plötzlich auf einen kleinen Tisch, als verbrenne es ihm die Finger. Der Priester warf einen neugierigen Blick darauf, auf dem Deckel stand in ungefügen Buchstaben bloß ein Zweizeiler:

Die da mit diesem Buch gespaßt,
Die hat der Fliegende Schrecken gefaßt

und darunter standen, wie er später entdeckte, ähnliche Warnungen in Griechisch, Lateinisch und Französisch. Die beiden anderen hatten sich, einem natürlichen Impuls ihrer Erschöpfung und Verstörung folgend, den Getränken zugewendet; und Openshaw hatte den Kellner gerufen, der auf einem Tablett Cocktails herbeibrachte.

»Sie werden doch mit uns essen, hoffe ich«, sagte der Professor zum Missionar; aber Mr. Pringle schüttelte freundlich den Kopf.

»Ich bitte um Vergebung«, sagte er, »ich werde mich irgendwohin zurückziehen und mit diesem Buch und dieser ganzen Angelegenheit ringen. Ob ich wohl Ihr Büro für eine Stunde oder so benutzen könnte?«

»Ich nehme an – ich fürchte, es ist abgeschlossen«, sagte Openshaw einigermaßen überrascht.

»Sie vergessen, da ist ein Loch im Fenster.« Hochwürden Luke Pringle grinste das breiteste seiner breiten Grinsen und verschwand in der Dunkelheit draußen.

»Trotz allem ein reichlich komischer Bursche, der«, sagte der Professor stirnrunzelnd.

Er stellte ziemlich überrascht fest, daß Father Brown sich mit dem Kellner unterhielt, der die Cocktails gebracht hatte, offenbar über die privatesten Angelegenheiten des Kellners; denn da war die Rede von einem Baby, das jetzt außer Gefahr sei. Er kommentierte diese Tatsache mit einiger Überraschung und fragte, wie es denn dazu gekommen sei, daß der Priester den Mann kenne; aber der sagte nur: »Oh, ich esse hier alle zwei oder drei Monate zu Abend, und ich habe mich dann und wann mit ihm unterhalten.«

Der Professor, der hier etwa fünfmal die Woche zu Abend aß, wurde sich der Tatsache bewußt, daß er niemals daran gedacht hatte, mit dem Mann zu sprechen; aber seine Gedanken wurden durch ein schrilles Klingeln und einen Ruf zum Telephon unterbrochen. Die Stimme am Telephon behauptete, sie sei Pringle; es war eine ziemlich gedämpfte Stimme, aber sie mochte wohl durch all jene Büsche aus Bart und Backenbart gedämpft sein. Ihre Botschaft reichte aus, um ihre Identität sicherzustellen.

»Professor«, sagte die Stimme, »ich kann es nicht länger aushalten. Ich werde jetzt selbst hineinblicken. Ich rufe aus Ihrem Büro an, und das Buch liegt vor mir. Wenn mir irgend etwas zustößt, dann ist das mein Aufwiedersehn. – Nein – es hat keinen Sinn, mich zurückhalten zu wollen. Außerdem würden Sie doch nicht mehr rechtzeitig eintreffen. Ich öffne jetzt das Buch. Ich ...«

Openshaw glaubte, so etwas wie eine Art bibbernden oder flatternden, jedoch kaum hörbaren Krachens zu vernehmen; dann schrie er immer wieder den Namen von Pringle; aber er vernahm nichts mehr. Er legte den Hörer auf und ging – mit wiedererlangter überlegener, akademischer Ruhe, fast wie mit der Ruhe der Verzweiflung – zurück und nahm ruhig seinen Platz an der Dinnertafel ein. Und dann erzählte er so kühl, als berichte er vom Scheitern irgendeines kleinen törichten Tricks bei einer Séance, dem Priester jede Einzelheit dieses monströsen Mysteriums.

»Jetzt sind fünf Männer auf diese unmögliche Weise verschwunden«, sagte er. »Jeder Fall ist außerordentlich; und doch ist der eine, über den ich nicht hinwegkomme, der meines Sekretärs Berridge. Und gerade weil er das ruhigste aller Geschöpfe war, ist er der merkwürdigste Fall.«

»Ja«, erwiderte Father Brown, »es war schon merkwürdig für Berridge, so was zu tun. Er war unglaublich gewissenhaft. Und er war stets so sehr darauf bedacht, alle Geschäftsangelegenheiten säuberlich von all seinen privaten Vergnügungen getrennt zu halten. Es hat ja auch kaum jemand gewußt, daß er privat ein großer Spaßvogel war und ...«

»Berridge!« schrie der Professor. »Wovon in aller Welt reden Sie denn? Haben Sie ihn überhaupt gekannt?«

»O nein«, sagte Father Brown sorglos, »nur so, wie Sie sagen, ich kennte den Kellner. Ich mußte manchmal lange in Ihrem Büro warten, bis Sie erschienen; und dann habe ich mir natürlich zusammen mit dem armen Berridge die Zeit vertrieben. Er war schon ein rechter Spaßvogel. Ich erinnere mich, wie er einmal sagte, er würde gerne wertlose Dinge sammeln, wie Sammler das mit den lächerlichen Dingen tun, die sie für wertvoll halten. Sie kennen doch die alte Geschichte von der Frau, die wertlose Dinge gesammelt hat.«

»Ich glaube nicht, daß mir bekannt ist, wovon Sie reden«, sagte Openshaw. »Aber selbst wenn mein Sekretär exzentrisch war (und ich habe nie jemanden gekannt, von dem ich das noch weniger gedacht hätte), erklärt das immer noch nicht, was ihm zugestoßen ist; und noch weniger würde es die anderen erklären.«

»Welche anderen?« fragte der Priester.

Der Professor starrte ihn an und sprach besonders deutlich, wie zu einem Kind: »Mein lieber Father Brown, *fünf* Männer sind verschwunden.«

»Mein lieber Professor Openshaw, keine Männer sind verschwunden.«

Father Brown starrte seinen Gastgeber ebenso stetig an und sprach mit ebensolcher Deutlichkeit. Dennoch bat der Professor, daß die Worte wiederholt würden, und sie wurden ebenso deutlich wiederholt.

»Ich sage, daß keine Männer verschwunden sind.«

Und nach einem Augenblick des Schweigens fügte Father Brown hinzu: »Ich glaube, am allerschwierigsten ist es, jemanden davon zu überzeugen, daß 0 + 0 + 0 = 0 ist. Menschen glauben die sonderbarsten Dinge, wenn die sich in einer Reihe befinden; deshalb hat Macbeth den drei Hexen die drei Worte geglaubt; obwohl das erste etwas war, das er selbst wußte; und das letzte etwas, das nur er selbst tun konnte. Aber in Ihrem Fall ist das Mittelglied das schwächste.«

»Was wollen Sie damit sagen?«

»Sie haben niemanden verschwinden sehn. Sie haben nicht gesehen, wie der Mann von dem Schiff verschwand. Sie haben nicht gesehen, wie der Mann aus dem Zelt verschwand. Alles das beruht lediglich auf den Worten Mr. Pringles, die ich im Augenblick nicht diskutieren möchte. Aber Sie werden mir eines zugeben; Sie selbst hätten niemals seinen Worten geglaubt, *wenn*

Sie sie nicht durch das Verschwinden Ihres Sekretärs bestätigt gesehen hätten; ebenso wie Macbeth niemals geglaubt hätte, er würde König werden, wenn er nicht in dem Glauben bestärkt worden wäre, er würde Thane von Cawdor sein.«

»Das mag wohl sein«, sagte der Professor und nickte langsam. »Aber *als* es bestätigt wurde, wußte ich, es war die Wahrheit. Sie sagen, ich hätte nichts selbst gesehen. Aber ich habe; ich sah meinen eigenen Sekretär verschwinden. Berridge ist verschwunden.«

»Berridge ist nicht verschwunden«, sagte Father Brown. »Im Gegenteil.«

»Was zum Teufel meinen Sie mit ›Im Gegenteil‹?«

»Ich meine«, sagte Father Brown, »daß er niemals verschwunden ist. Er ist erschienen.«

Openshaw starrte seinen Freund an, aber schon hatte sich der Ausdruck seiner Augen verändert, wie das geschah, wenn er sich auf eine neue Betrachtungsweise eines Problems konzentrierte.

Der Priester fuhr fort:»Er erschien in Ihrem Arbeitszimmer, maskiert durch einen buschigen roten Bart und in ein unförmiges Cape eingeknöpft, und kündigte sich selbst als Hochwürden Luke Pringle an. Und Sie haben sich Ihren eigenen Sekretär niemals genau genug angesehen, um ihn in einer so groben Maskierung wiederzuerkennen.«

»Aber sicher … «, begann der Professor.

»Könnten Sie ihn der Polizei beschreiben?« fragte Father Brown. »Sie nicht. Sie wußten vielleicht, daß er glatt rasiert ist und getönte Brillengläser hat; und nur diese Gläser abzunehmen war eine bessere Maskierung, als sonst irgend etwas aufzusetzen. Sie haben seine Augen ebensowenig gesehen wie seine Seele; fröhlich lachende Augen. Er hat sein absurdes Buch und alle anderen Requisiten vorbereitet; dann hat er seelenruhig das Fenster zerschlagen, den Bart an- und das Cape umgelegt und ist in Ihr Arbeitszimmer gekommen; wohl wissend, daß Sie ihn in Ihrem ganzen Leben nie angeblickt haben.«

»Aber warum sollte er mir einen solchen verrückten Streich spielen?« fragte Openshaw.

»Eben *weil* Sie ihn in Ihrem ganzen Leben nie angeblickt haben«, sagte Father Brown; und seine Hand schloß sich fest, als ob er auf den Tisch hätte schlagen wollen, wenn er zu solchen Gesten geneigt hätte. »Sie haben ihn die Rechenmaschine genannt, weil das alles war, wofür Sie ihn jemals benutzt haben. Sie haben nie herausgefunden, was jeder Fremde, der in Ihr Büro kam, in einem Fünfminutenschwätzchen herausfinden konnte: daß er ein Charakter ist; daß er voller Kaspereien steckt; daß er seine eigenen Ansichten über Sie und Ihre Theorien und Ihren Ruf als Entlarver hat. Können Sie sich nicht vorstellen, wie es ihn reizte, Ihnen zu beweisen, daß Sie nicht einmal Ihren eigenen Sekretär entlarven konnten? Er hatte eine Menge ausgefallener Einfälle. Nutzlose Dinge zu sammeln, zum Beispiel. Kennen Sie denn nicht die Geschichte von der Frau, die die beiden nutzlosesten Dinge auf Erden kaufte: eines alten Doktors Messingschild und ein Holzbein? Damit hat Ihr einfallsreicher Sekretär den Charakter des bemerkenswerten Dr. Hankey erschaffen; ebenso leicht wie den visionären Hauptmann Wales. Indem er sie an seinem eigenen Haus verwendete ...«

»Wollen Sie sagen, daß der Ort, den wir jenseits von Hampstead besuchten, Berridges eigenes Haus war?« fragte Openshaw.

»Haben Sie denn sein Haus *gekannt* – oder auch nur seine Adresse?« gab der Priester zurück. »Hören Sie, glauben Sie bitte nicht, daß ich respektlos von Ihnen und Ihrer Arbeit spräche. Sie sind ein bedeutender Diener der Wahrheit, und Sie wissen, daß ich davor niemals respektlos sein könnte. Sie haben eine Menge Lügner durchschaut, wenn Sie das wollten. Aber blicken Sie doch nicht *nur* auf Lügner. Blicken Sie doch, nur so ab und zu, einmal auf rechtschaffene Menschen – wie den Kellner.«

»Wo ist Berridge jetzt?« fragte der Professor nach einem langen Schweigen.

»Ich habe nicht den geringsten Zweifel«, sagte Father Brown,

»daß er wieder in Ihrem Büro ist. Tatsächlich ist er genau in jenem Augenblick in Ihr Büro zurückgekommen, als Hochwürden Luke Pringle in dem entsetzlichen Band las und sich dann ins Nichts auflöste.«

Es gab ein weiteres langes Schweigen, und dann lachte Professor Openshaw; mit dem Gelächter eines Mannes, der groß genug ist, um einmal klein zu erscheinen. Dann sagte er abrupt: »Ich nehme an, ich habe das verdient; dafür, daß ich nicht einmal meine nächsten Helfer bemerkt habe. Aber Sie müssen zugeben, die Häufung von Indizien war reichlich eindrucksvoll. Haben Sie *niemals* auch nur vorübergehend Entsetzen vor dem entsetzlichen Buch empfunden?«

»Oh, das«, sagte Father Brown. »Ich habe es in dem Augenblick aufgeschlagen, in dem ich es da liegen sah. Es besteht nur aus leeren Seiten. Wissen Sie, ich bin nicht abergläubisch.«

DER GRÜNE MANN

Ein junger Mann in Knickerbockers mit einem eifrigen, lebhaften Gesicht spielte auf dem Platz, der parallel zu den Sandstränden und der See lag, die im Dämmerlicht alle ins Graue gerieten, Golf gegen sich selbst. Er schlug den Ball nicht unbekümmert vor sich her, sondern übte vielmehr in einer Art mikroskopischen Zorns ganz besondere Schläge; wie ein adretter und ordentlicher Wirbelwind. Er hatte schon manches Spiel schnell erlernt, doch hatte er eine Neigung, sie ein bißchen schneller zu erlernen, als man sie erlernen kann. Er war gewissermaßen vorbestimmt, ein Opfer so bemerkenswerter Aufforderungen zu werden, dank deren ein Mann Geigenspielen in sechs Lektionen lernen – oder sich eine vollkommene Aussprache des Französischen per Fernkurs aneignen kann. Er lebte in der windigen Atmosphäre solcher hoffnungsvollen Anzeigen und Abenteuer. Er war zur Zeit Privatsekretär von Admiral Sir Michael Craven, dem das große Haus hinter dem Park gehörte, der bis an den Golfplatz reichte. Er war ehrgeizig und hatte nicht die Absicht, für immer und ewig irgend jemandes Privatsekretär zu bleiben. Aber er war auch vernünftig; und er wußte, daß der beste Weg dazu, kein Sekretär mehr sein zu müssen, der war, ein guter Sekretär zu sein. Folglich war er ein sehr guter Sekretär; und behandelte die ständig wachsenden Rückstände der Korrespondenz des Admirals mit der gleichen schnellen zentripetalen Konzentration, die er dem Golfball widmete. Er hatte gegenwärtig allein und nach eigenem Gutdünken mit der Korrespondenz zu kämpfen; denn der Admiral war seit sechs Monaten auf seinem Schiff; und wurde, obwohl jetzt auf der Rückreise, noch auf Stunden oder vielleicht auch auf Tage hinaus nicht erwartet.

Mit athletischem Schritt erstieg der junge Mann, dessen Name Harold Harker war, den Gipfel jener Rasenböschung, die den Golfplatz begrenzte, und als er über die Sanddünen hinaus auf die See blickte, bot sich ihm ein seltsamer Anblick. Er sah es nicht sehr deutlich; denn die Dämmerung dunkelte von Minute zu Minute unter den stürmischen Wolken; aber ihm erschien es in einer Art momentaner Sinnestäuschung wie ein Traum aus längst vergangenen Tagen oder ein Drama, das Geister aus einem anderen Zeitalter der Geschichte aufführten.

Die letzten Strahlen des Sonnenuntergangs lagen als lange Bänder aus Kupfer und Gold über dem letzten dunklen Streifen der See, die eher schwarz als blau erschien. Doch schwärzer noch hoben sich vor diesem Glanz im Westen wie Figuren in einer Schattenpantomime die Umrisse zweier dahinschreitender Männer mit Dreispitz und Degen ab; als ob sie gerade von einem der hölzernen Schiffe Nelsons an Land gegangen seien. Es war keineswegs jene Art von Halluzinationen, die Mr. Harker natürlich überkommen hätten, wäre er für Halluzinationen empfänglich gewesen. Er gehörte zu jener Art, die gleichzeitig oberflächlich und wissenschaftlich ist; und würde sich eher Flugschiffe der Zukunft als Kampfschiffe der Vergangenheit ertagträumen. Er kam deshalb vernünftigerweise zu dem Schluß, daß sogar ein Zukunftsgläubiger seinen Augen trauen kann.

Seine Sinnestäuschung währte nicht länger als einen Augenblick. Auf den zweiten Blick war das, was er sah, zwar ungewöhnlich, aber nicht unglaublich. Die beiden Männer, die da hintereinander über den Sand schritten, der eine etwa fünfzehn Meter hinter dem anderen, waren gewöhnliche moderne Marineoffiziere; jedoch Marineoffiziere, die jene reichlich extravagante Gala-Uniform trugen, die Marineoffiziere niemals tragen, wenn sie es irgendwie vermeiden können; nur zu großen zeremoniellen Anlässen wie einem Besuch des königlichen Hauses. An dem Mann, der voraufschritt, und der sich des hinter ihm schreitenden Mannes kaum bewußt zu sein schien, erkannte Harker sofort die Hakennase und den Spitzbart seines Arbeitgebers, des Admirals. Den anderen Mann, der in seinen Spuren folgte, kannte er nicht. Aber er wußte einiges über die Umstände des zeremoniellen Anlasses. Er wußte, daß des Admirals Schiff, wenn es im nahegelegenen Hafen vor Anker ging, offiziell von einer hochgestellten Persönlichkeit besucht werden sollte; was einerseits völlig ausreichte, zu erklären, warum die Offiziere in Gala-Uniform waren. Aber er kannte auch die Offiziere; oder auf jeden Fall den Admiral. Und was den Admiral bewogen haben mochte, in diesem Aufzug an Land zu gehen, obwohl man darauf schwören konnte, daß er sich fünf Minuten Zeit nehmen würde, um in Zivil oder wenigstens in seine normale Uniform zu steigen, war mehr, als sein Sekretär sich vorzustellen vermochte. Irgendwie erschien es als das allerletzte, was er tun würde. Und es sollte auch noch für viele Wochen eines der größten Mysterien dieser mysteriösen Angelegenheit bleiben. Jedenfalls gemahnten die Umrisse dieser phantastischen Hofuniformen vor der leeren Landschaft, von der dunklen See und dem dunklen Sand gestreift, suggestiv an eine komische Oper; und erinnerten den Beobachter an *Pinafore*.

Die zweite Gestalt war noch sehr viel eigentümlicher; einigermaßen eigentümlich in der Erscheinung, trotz der korrekten Leutnantsuniform, und noch ungewöhnlicher im Benehmen. Sie bewegte sich auf eine sonderbar unregelmäßige und unbehagliche Weise; manchmal schnell und manchmal langsam; als ob sie sich nicht entscheiden könne, den Admiral einzuholen oder nicht. Der Admiral war ziemlich taub und hatte die Schritte hinter sich in dem weichen Sand sicherlich nicht gehört; aber die Spuren hinter ihm hätten, wenn man sie nach Art der Detektive verfolgte, Anlaß zu zwanzig verschiedenen Schlußfolgerungen vom Hinken bis zum Tanzen geboten. Das Gesicht des Mannes war sowohl gebräunt wie auch von Schatten verdunkelt, und hin und wieder rollten die Augen darin herum und leuchteten auf, wie um seine Erregung zu betonen. Einmal begann er zu laufen und fiel dann jäh wieder in eine großspurige Langsamkeit und Unbekümmertheit zurück. Und dann tat er etwas, was sich Mr. Harker von einem gewöhnlichen Marineoffizier im Dienst Seiner Britannischen Majestät niemals hätte vorstellen können, daß er es täte, selbst nicht in einem Irrenhaus. Er zog seinen Säbel.

Es geschah auf dem Höhepunkt dieses wunderlichen Aufzugs, daß die beiden schreitenden Gestalten hinter einer Landzunge der Küste verschwanden. Der starrende Sekretär hatte gerade noch Zeit zu bemerken, wie der braune Fremde in neuerlicher Sorglosigkeit einer Stranddistel mit seiner glitzernden Klinge den Kopf abschlug. Er schien jeden Gedanken daran aufgegeben zu haben, den anderen Mann einzuholen. Aber Mr. Harold Harkers Gesicht wurde doch sehr nachdenklich; und er stand noch einige Zeit überlegend da, bevor er sich gravitätisch ins Binnenland wendete, auf die Straße zu, die hinter den Toren des großen Hauses entlang und dann in einer langen Biegung hinab zur See lief.

Auf dieser gebogenen Straße von der Küste herauf konnte man den Admiral erwarten, wenn man die Richtung erwog, in die er geschritten war, und die natürliche Annahme traf, daß er auf dem Wege zu seiner eigenen Tür sei. Der Pfad durch die Dünen unterhalb des Golfplatzes wandte sich gerade jenseits der Landzunge landeinwärts und verfestigte sich zu einer Straße, die nach Craven House zurücklief. Diese Straße hinab also schoß der Sekretär mit seinem charakteristischen Ungestüm, um seinen heimkehrenden Patron zu treffen. Doch kehrte der Patron allem Anschein nach nicht heim. Und was noch eigentümlicher war, auch der Sekretär kehrte nicht heim; zumindest erst viele Stunden später; eine Verzögerung, die lang genug war, um in Craven House Alarm und Verwirrung auszulösen.

Hinter den Pilastern und Palmen jenes eigentlich zu palastähnlichen Landhauses ging die Erwartung tatsächlich nach und nach in Unbehagen über. Gryce, der Butler, ein dicker mürrischer Mann, der sowohl in den Herrschaftsräumen wie in den Dienstbotengemächern unnormal schweigsam war, zeigte eine gewisse Unruhe, während er sich durch die Haupthalle bewegte und ab und zu aus den Seitenfenstern des Eingangs hinaus auf die weiße Straße blickte, die hinab zur See strich. Des Admirals

Schwester Marion, die ihm den Haushalt führte, hatte ihres Bruders Hakennase mit einem verächtlicheren Ausdruck; sie war von weitschweifender Geschwätzigkeit, nicht ohne Humor, und zu plötzlichen schrillen Ausbrüchen fähig wie ein Papagei. Des Admirals Tochter Olive war dunkel, und verträumt, und für gewöhnlich geistesabwesend schweigend, vielleicht melancholisch; so daß ihre Tante im allgemeinen das Gespräch bestritt, und zwar ohne Hemmungen. Aber das Mädchen hatte auch die Gabe, plötzlich loszulachen, was sehr anziehend wirkte.

»Ich kann mir nicht denken, warum sie noch nicht hier sind«, sagte die ältere Dame. »Der Briefträger hat mir ausdrücklich gesagt, er habe den Admiral den Strand entlangkommen sehen; zusammen mit dieser schrecklichen Kreatur Rook. Warum in aller Welt sie ihn Leutnant Rook nennen …«

»Vielleicht«, regte die melancholische junge Dame in einem momentanen Aufleuchten an, »vielleicht nennen sie ihn Leutnant, weil er Leutnant ist.«

»Ich kann mir nicht denken, warum der Admiral ihn behält«, schnaubte ihre Tante, als spräche sie von einem Dienstmädchen. Sie war sehr stolz auf ihren Bruder und sprach von ihm immer als dem Admiral; aber ihre Vorstellungen von den Stellungen im Offiziersdienst waren ungenau.

»Nun ja, Roger Rook ist unfreundlich und ungesellig und so«, erwiderte Olive, »aber das hindert ihn doch nicht daran, ein brauchbarer Seemann zu sein.«

»Seemann!« schrillte ihre Tante in einem ihrer ziemlich aufschreckenden Papageientöne. »Der entspricht aber gar nicht meiner Vorstellung von einem Seemann. Das Mädchen, das den Seemann liebt – wie man in meiner Jugend zu singen pflegte … Nun stell dir das bloß vor! Er ist doch nicht fröhlich und frei und dingsda. Er singt keine Shanties und tanzt keinen Hornpipe.«

»Nun ja«, bemerkte ihre Nichte ernsthaft, »der Admiral tanzt auch nicht oft den Hornpipe.«

»Ach du weißt doch, was ich meine – er ist nicht fröhlich oder leichtherzig oder sonstwas«, erwiderte die alte Dame. »Sogar der Bursche von Sekretär könnte das besser.«

Olives ziemlich tragisches Gesicht wurde von einer Welle ihres guten und verjüngenden Lachens verwandelt.

»Ich bin sicher«, sagte sie, »daß Mr. Harker für dich einen Hornpipe tanzen und sagen würde, er habe das binnen einer halben Stunde aus einem Lehrbuch gelernt. Er lernt andauernd solche Sachen.«

Sie hörte plötzlich auf zu lachen und blickte in das angespannte Gesicht ihrer Tante.

»Ich kann mir nicht denken, warum Mr. Harker nicht kommt«, setzte sie hinzu.

»Ich kümmere mich keinen Deut um Mr. Harker«, erwiderte die Tante, erhob sich und sah aus dem Fenster.

Der Abendschein hatte sich schon lange von gelb zu grau gewandelt und wandelte sich jetzt unter dem aufsteigenden Mondlicht über der weiten flachen Landschaft an der Küste fast zu weiß; durch keine Formen unterbrochen, außer durch eine Gruppe seewindzerzauster Bäume um einen Tümpel und weiter draußen, ziemlich verlassen und dunkel vor dem Horizont, die schäbige Fischerkneipe an der Küste, die den Namen ›Der Grüne Mann‹ trug. Und Straße wie Landschaft waren leer von jedem lebenden Wesen. Niemand hatte die Gestalt im Dreispitz gesehen, die früher am Abend gesichtet worden war, als sie an der See entlangging; oder die andere und eigenartigere Gestalt, die erblickt worden war, wie sie ihr nachzog. Und niemand hatte auch nur den Sekretär gesehen, der sie gesehen hatte.

Mitternacht war bereits vorüber, als der Sekretär endlich hereinplatzte und den Haushalt aufschreckte; und sein Gesicht, geisterbleich, sah um so bleicher aus vor dem Hintergrund des unbewegten Gesichtes und der massigen Gestalt eines riesigen Polizeiinspektors. Irgendwie wirkte dieses rote, schwere, ungerührte Gesicht – noch mehr als das weiße und entsetzte – wie eine Maske des Schicksals. Die Neuigkeit wurde den beiden

84

Frauen mit aller nur möglichen Vorsicht und Verschleierung beigebracht. Die Neuigkeit aber war, daß man den Körper des Admirals Craven aus dem fauligen Tang und dem Schaum des Tümpels unter den Bäumen gefischt hatte; und daß er ertrunken und tot war.

Jedermann, der Mr. Harold Harker, den Sekretär, kennt, mochte feststellen, daß er trotz all seiner Aufgeregtheit am Morgen in der Stimmung war, ganz ungeheuer dazusein. Er drängte den Inspektor, den er in der Nacht zuvor unten an der Straße beim ›Grünen Mann‹ getroffen hatte, zum Zweck privater und praktischer Beratungen in ein anderes Zimmer. Er fragte den Inspektor aus, wie der Inspektor einen Dorftrottel ausgefragt haben würde. Aber Inspektor Burns war ein unerschütterlicher Charakter; und entweder zu dumm oder zu klug, um sich über solche Kleinigkeiten aufzuregen. Und bald schien es, als ob er keineswegs so dumm sei, wie er aussah; denn er behandelte Harkers Fragen auf eine Weise, die zwar langsam, aber methodisch und vernünftig war.

»Also«, sagte Harker (den Kopf voller Handbücher mit Titeln wie *Der vollkommene Detektiv in 10 Tagen*), »also, wir haben da das alte Dreieck, nehme ich an. Unfall, Selbstmord oder Mord.«

»Ich kann nichts sehen, was wie ein Unfall aussieht«, antwortete der Polizist. »Es war noch nicht einmal dunkel, und der Teich liegt fünfzig Meter von der geraden Straße, die er wie seine eigene Türschwelle kannte. Er hätte sich ebensowenig in den Tümpel begeben, wie er sich sorgfältig in eine Pfütze inmitten der Straße gelegt hätte. Was Selbstmord angeht, so ist es eine ziemliche Verantwortung, so etwas auszusprechen, und außerdem ziemlich unwahrscheinlich. Der Admiral war ein sehr lebendiger und erfolgreicher Mann und furchtbar reich, tatsächlich fast ein Millionär; obwohl das natürlich überhaupt nichts beweist. In seinem privaten Leben scheint er außerdem ziemlich normal gewesen zu sein und sich wohlgefühlt zu haben; er wäre der letzte Mann, von dem ich annähme, daß er sich selbst ertränkte.«

»Und damit kommen wir«, sagte der Sekretär und senkte die Stimme vor Spannung, »ich nehme an, damit kommen wir zu der dritten Möglichkeit.«

»Wir wollen in diesem Punkt nichts übereilen«, sagte der Inspektor zum großen Mißvergnügen Harkers, der es in allem eilig hatte. »Aber natürlich gibt es da ein oder zwei Dinge, die man gerne wüßte. Man wüßte zum Beispiel gerne etwas über seinen Besitz. Wissen Sie, wer den wohl erben wird? Sie waren sein Privatsekretär; wissen Sie etwas über sein Testament?«

»So sehr war ich nun auch nicht sein Privatsekretär«, antwortete der junge Mann. »Seine Rechtsanwälte sind die Herren Willis, Hardman und Dyke, drüben in der High Street in Suttford; und ich glaube, die heben auch sein Testament auf.«

»Na, dann werde ich wohl besser rübergehen und bald mit ihnen reden«, sagte der Inspektor.

»Dann wollen wir rübergehen und sofort mit ihnen reden«, sagte der ungeduldige Sekretär.

Er wanderte ein paarmal unruhig im Zimmer auf und ab und explodierte dann an einer neuen Stelle.

»Was haben Sie wegen der Leiche unternommen, Inspektor?« fragte er.

»Dr. Straker untersucht sie jetzt auf dem Polizeirevier. Sein Bericht sollte in etwa einer Stunde fertig sein.«

»Er kann gar nicht früh genug fertig sein«, sagte Harker. »Es würde Zeit sparen, wenn wir ihn bei den Rechtsanwälten treffen könnten.« Dann hielt er inne, und sein ungestümer Tonfall wechselte jäh in den einer gewissen Verlegenheit.

»Hören Sie«, sagte er. »Ich sollte … wir sollten die junge Dame berücksichtigen, die Tochter des Admirals, und zwar gerade jetzt soviel wie möglich. Sie hatte einen Einfall, der zwar vollständiger Unsinn sein mag, aber ich würde sie nicht enttäuschen wollen. Da hält sich einer ihrer Freunde derzeit in der Stadt auf, den sie um Rat fragen möchte. Ein Mann namens

Brown; irgendein Priester oder Pastor; sie hat mir seine Adresse gegeben. Ich mach' mir nicht viel aus Priestern oder Pastoren, aber ...«

Der Inspektor nickte. »Ich mach' mir auch nicht viel aus Priestern oder Pastoren; aber ich mach' mir sehr viel aus Father Brown«, sagte er. »Ich hab' zufällig mal in einem eigenartigen Juwelenfall in der Gesellschaft mit ihm zu tun gehabt. Er sollte Polizist sein statt Pastor.«

»Oh, na schön«, sagte der atemlose Sekretär, als er aus dem Zimmer verschwand. »Dann lassen Sie auch ihn zu den Rechtsanwälten kommen.«

So geschah es, daß, als sie in die Nachbarstadt eilten, um Dr. Straker im Büro der Rechtsanwälte zu treffen, sie Father Brown bereits dort sitzend vorfanden, die Hände über seinen schweren Regenschirm gefaltet und freundlich mit dem einzigen verfügbaren Mitglied der Firma schwatzend. Dr. Straker war ebenfalls bereits eingetroffen, aber offenbar erst im gleichen Augenblick, denn er legte gerade sorgsam seine Handschuhe in seinen Zylinder und seinen Zylinder auf ein Beistelltischchen. Und der milde und strahlende Ausdruck auf des Priesters mondähnlichem Gesicht mit Brille zeigte – zusammen mit dem lautlosen Kichern des fröhlichen alten ergrauten Rechtsanwalts, mit dem er sich unterhielt –, zur Genüge, daß der Doktor seinen Mund noch nicht geöffnet hatte, um die Botschaft des Todes zu überbringen.

»Nach allem ein schöner Morgen«, sagte Father Brown gerade. »Dieser Sturm scheint über uns hinweggezogen zu sein. Da gab es ein paar große schwarze Wolken, aber ich habe keinen einzigen Tropfen Regen fallen gesehen.«

»Keinen Tropfen«, bestätigte der Rechtsanwalt und spielte mit einer Feder; er war der dritte Partner, Mr. Dyke; »und jetzt gibt es keine einzige Wolke am Himmel. Genau die Art Tag für einen Ferientag.« Dann bemerkte er die Neuankömmlinge, blickte auf, legte den Füllfederhalter nieder und erhob sich. »Ah, Mr. Harker, wie geht es Ihnen? Ich habe gehört, daß man den Admiral bald zu Hause erwartet.« Dann sprach Harker, und seine Stimme klang hohl durch den Raum.

»Es tut mir leid zu sagen, daß wir Überbringer schlechter Nachrichten sind. Admiral Craven ist ertrunken, bevor er zu Hause eintraf.«

Es geschah eine Veränderung in der eigentlichen Luft in dem stillen Büro, wenngleich nicht in den Haltungen der bewegungslosen Gestalten; beide starrten den Sprecher an, als sei ihnen ein Witz auf den Lippen gefroren. Beide wiederholten das Wort »ertrunken« und sahen einander an, und dann wieder auf den Berichterstatter. Dann gab es ein kleines Durcheinander von Fragen.

»Wann ist es geschehen?« fragte der Priester.

»Wo wurde er gefunden?« fragte der Rechtsanwalt.

»Er wurde«, sagte der Inspektor, »in dem Tümpel nahe der Küste gefunden, nicht weit vom ›Grünen Mann‹, und dermaßen von grünem Schaum und Tang bedeckt herausgezogen, daß er fast nicht zu erkennen war. Aber Dr. Straker hier hat … was ist denn los, Father Brown? Ist Ihnen nicht gut?«

»Der Grüne Mann«, sagte Father Brown mit einem Schaudern. »Tut mir so leid … Ich bitte um Entschuldigung, daß ich mich so aufrege.«

»Was regt Sie denn auf?« fragte der starrende Beamte.

»Daß er mit grünem Schaum bedeckt war, nehme ich an«, sagte der Priester mit einem reichlich zittrigen Lachen. Dann fügte er entschieden fester hinzu: »Ich habe gedacht, es wäre Seegras gewesen.«

Inzwischen blickten alle auf den Priester mit dem nicht abwegigen Verdacht, er sei verrückt geworden; und dennoch sollte die nächste entscheidende Überraschung nicht von ihm kommen. Nach einem tödlichen Schweigen war es der Doktor, der sprach.

Dr. Straker war ein bemerkenswerter Mann, schon in seinem Äußeren. Er war sehr groß und eckig; und förmlich und berufsmäßig in seiner Kleidung, wobei er sich aber an eine Mode hielt, die seit der mittleren viktorianischen Periode kaum mehr bekannt war. Obwohl er noch verhältnismäßig jung war, trug er seinen braunen Bart sehr lang und über die Weste gebreitet; im Gegensatz dazu waren seine Züge, gleichermaßen schroff wie schön, auffallend blaß. Sein gutes Aussehen wurde auch noch durch etwas in seinen tiefen Augen vermindert, das kein Schielen war, aber doch wie der Schatten eines Schielens.

Jedermann nahm alles das an ihm wahr, denn in dem Augenblick, da er sprach, strömte er eine unbeschreibliche Autorität aus. Und doch war alles, was er sagte: »Da gibt es, wenn Sie zu den Einzelheiten kommen, nur noch eine Sache dazu zu sagen, daß Admiral Craven ertrunken ist.« Dann fügte er nachdenklich hinzu: »Admiral Craven ist nicht ertrunken.«

Der Inspektor wandte sich ihm mit einer völlig neuen Schnelligkeit zu und schoß eine Frage ab.

»Ich habe die Leiche gerade untersucht«, sagte Dr. Straker, »die Todesursache war ein Stich durchs Herz mit einer spitzen Klinge wie bei einem Stilett. Die Leiche wurde erst nach dem Tod, und zwar einige Zeit danach, in dem Tümpel versteckt.«

Father Brown betrachtete Dr. Straker mit sehr lebhaften Augen, wie er sie nur selten jemandem zuwandte; und als die Gruppe im Büro aufzubrechen begann, gelang es ihm, sich dem Mann der Medizin für eine weitere kleine Unterhaltung anzuschließen, während sie die Straße hinab zurückgingen. Es hatte nicht sehr viel mehr gegeben, sie festzuhalten, außer der eigentlich nur formellen Frage nach dem Testament. Die Ungeduld des jungen Sekretärs war durch die berufliche Etikette des alten Rechtsanwaltes auf eine harte Probe gestellt worden. Doch wurde der schließlich, und mehr durch den Takt des Priesters als durch die Autorität des Polizisten, dazu bewogen, nicht länger ein Geheimnis aus etwas zu machen, das kein Geheimnis mehr war. Mr. Dyke gab lächelnd zu, daß des Admirals Testament ein sehr normales und gewöhnliches Dokument sei, das alles seinem einzigen Kind Olive hinterließ; und daß es wirklich keinen besonderen Grund gebe, diese Tatsache zu verschweigen.

Der Doktor und der Priester schritten langsam die Straße hinab, die aus der Stadt hinaus Richtung Craven House führte. Harker war mit all seinem angeborenen Eifer, irgendwo hinzukommen, vorausgestürzt; aber die beiden Zurückbleibenden schienen mehr an ihrer Rede als an ihrer Richtung interessiert zu sein.

Und es war ein eher rätselhafter Ton, in dem der lange Doktor den kurzen Geistlichen an seiner Seite fragte: »Nun, Father Brown, was denken Sie denn von einer solchen Sache?«

Father Brown sah ihn einen Augenblick lang sehr aufmerksam an und sagte dann: »Also, ich habe begonnen, an ein oder zwei Dinge zu denken; aber mein Hauptproblem ist, daß ich den Admiral nur flüchtig gekannt habe; obwohl ich seine Tochter des öfteren gesehen habe.«

»Der Admiral«, sagte der Dokter mit grimmer Unbeweglichkeit seines Gesichtes, »gehörte zu jener Art Mann, von der man behauptet, sie habe keine Feinde auf Erden.«

»Ich nehme an, Sie meinen«, antwortete der Priester, »daß es etwas anderes gibt, was nicht gesagt wird.«

»Oh, das ist nicht meine Angelegenheit«, sagte Straker hastig, aber ziemlich harsch. »Er hatte seine Launen, nehme ich an. Er hat mir einmal wegen einer Operation mit einer Anzeige gedroht; aber ich glaube, er hat dann seine Meinung geändert. Ich kann mir vorstellen, daß er mit seinen Untergebenen ziemlich rauh umgesprungen ist.«

Father Browns Blicke hefteten sich an die Gestalt des weit vorauseilenden Sekretärs; und als er so hinsah, erkannte er den besonderen Grund für dessen Eile. Etwa fünfzig Meter weiter voraus schlenderte des Admirals Tochter die Straße entlang dem Haus des Admirals zu. Der Sekretär holte sie bald ein; und während der restlichen Zeit beobachtete Father Brown das schweigende Drama zweier menschlicher Rücken, die in die Entfernung entschwanden. Der Sekretär war offensichtlich wegen etwas sehr erregt; doch wenn der Priester erriet, um was es ging, dann behielt er es für sich. Als er zu der Ecke kam, an der der Weg zum Hause des Doktors abging, sagte er nur kurz: »Ich weiß nicht, ob Sie uns sonst noch etwas zu sagen haben.«

»Warum sollte ich?« antwortete der Doktor recht schroff; und während er davonschritt, ließ er offen, ob er fragte, warum er etwas zu sagen haben sollte oder warum er es sagen sollte.

Father Brown stapfte allein auf der Spur der beiden jungen Leute weiter; aber als er zum Eingang und zu den Wegen des Parks kam, ließ ihn die Handlung des Mädchens innehalten, das sich plötzlich umdrehte und direkt auf ihn zukam; ihr Antlitz war ungewöhnlich blaß, und ihre Augen glänzten von einer neuen und dennoch namenlosen Erregung.

»Father Brown«, sagte sie mit leiser Stimme, »ich muß so schnell wie möglich mit Ihnen sprechen. Sie müssen mich anhören, ich kann keinen anderen Ausweg sehen.«

»Aber gewiß doch«, erwiderte er so gelassen, als habe ihn ein Straßenjunge nach der Zeit gefragt. »Wohin sollen wir gehen, um zu reden?«

Das Mädchen führte ihn eher wahllos zu einer der halbverfallenen Lauben im Park; und da ließen sie sich hinter einer Abschirmung aus großen gezackten Blättern nieder. Sie begann sofort, als müsse sie sich von ihren Gefühlen erleichtern oder ohnmächtig werden.

»Harold Harker«, sagte sie, »hat mir Dinge erzählt. Schreckliche Dinge.«

Der Priester nickte, und das Mädchen fuhr hastig fort. »Über Roger Rook. Wissen Sie von Roger?«

»Man hat mir erzählt«, antwortete er, »daß seine Mitseeleute ihn den Jolly Roger nennen, weil er niemals fröhlich ist; und wie der Schädel des Piraten mit den gekreuzten Knochen aussieht.«

»Er war nicht immer so«, sagte Olive mit leiser Stimme. »Etwas sehr Eigenartiges muß ihm zugestoßen sein. Ich kannte ihn gut, als wir Kinder waren; wir pflegten drüben in den Dünen zu spielen. Er war sehr leichtsinnig und sprach immer davon, Pirat zu werden; fast möchte ich sagen, er gehörte zu jener Sorte, von der man sagt, sie gerate ins Kriminelle durch das Lesen von Reißern; aber in seiner Art von Seeräuberphantasien war etwas Poetisches. Damals war er wirklich ein Jolly Roger. Ich glaube, er war der letzte Junge, der an der alten Legende festhielt, eines Tages aufs Meer durchzubrennen; und schließlich mußte seine Familie zustimmen, daß er zur Marine ging. Nun ja …«

»Ja?« sagte Father Brown geduldig.

»Nun ja«, gab sie zu und geriet in einen ihrer seltenen Augenblicke der Heiterkeit, »ich nehme an, daß der arme Roger es enttäuschend fand. Marineoffiziere haben so selten Messer zwischen den Zähnen oder schwenken blutige Entermesser oder schwarze Flaggen. Aber das erklärt die Veränderung in ihm nicht. Er wurde einfach steif; wurde stumpf und stumm, wie ein Toter, der noch umhergeht. Er weicht mir aus; aber das spielt keine Rolle. Ich nahm an, daß irgendein großer Kummer, der mich nichts angeht, ihn zerbrochen hat. Und jetzt – nun ja, wenn das, was Harold gesagt hat, wahr ist, dann besteht der Kummer in nicht mehr und nicht weniger als darin, verrückt zu werden oder von einem Teufel besessen zu sein.«

»Und was hat Harold gesagt?« fragte der Priester.

»Es ist so entsetzlich, daß ich es kaum sagen kann«, antwortete sie. »Er schwört, er habe Roger gesehen, wie er in jener Nacht hinter meinem Vater herschlich; zögerte und dann seinen Säbel zog … und der Doktor sagt, Vater sei mit einer Stahlspitze erstochen worden … Ich *kann* nicht glauben, daß Roger Rook irgendwas damit zu tun gehabt hat. Seine mürrische Laune und Vaters Temperament haben manchmal zu Streitereien geführt; aber was sind schon Streitereien? Ich kann nicht einmal behaupten, ich setzte mich für einen alten Freund ein; denn er ist nicht einmal mehr freundlich. Aber man kann einfach nicht verhindern, sich einiger Dinge ganz sicher zu sein; selbst was einen alten Bekannten angeht. Und doch schwört Harold …«

»Harold scheint viel zu schwören«, sagte Father Brown.

Es gab ein plötzliches Schweigen; danach sagte sie mit anderer Stimme: »Je nun, er schwört tatsächlich auch andere Dinge. Gerade eben hat Harold Harker mir einen Heiratsantrag gemacht.«

»Darf ich Ihnen gratulieren oder vielmehr ihm?« erkundigte sich ihr Begleiter.

»Ich habe ihm gesagt, er müsse warten. Aber warten ist nicht seine Stärke.« Wieder wurde sie von einer Welle ihres unpassenden Sinnes für das Komische erfaßt: »Er sagte, ich sei sein Ideal und sein Ehrgeiz und so weiter. Er hat in den Staaten gelebt; aber irgendwie erinnere ich mich nie daran, wenn er von Dollars spricht; nur wenn er von Idealen spricht.«

»Und ich nehme an«, sagte Father Brown sehr sanft, »weil Sie sich wegen Harold entscheiden müssen, wollen Sie die Wahrheit über Roger wissen.«

Sie erstarrte und runzelte die Stirn, und dann lächelte sie ebenso abrupt und sagte: »Oh, Sie wissen zu viel.«

»Ich weiß sehr wenig, besonders von dieser Angelegenheit«, sagte der Priester ernst. »Ich weiß nur, wer Ihren Vater ermordet hat.« Sie fuhr hoch und starrte kreidebleich auf ihn hinab. Father Brown schnitt eine Grimasse, als er fortfuhr: »Ich habe einen Narren aus mir gemacht, als es mir zum erstenmal klarwurde; als sie gerade gefragt hatten, wo man ihn gefunden habe, und von grünem Schaum und dem Grünen Mann sprachen.«

Dann erhob er sich ebenfalls; und während er seinen unhandlichen Regenschirm in neuer Entschlossenheit umklammerte, redete er das Mädchen mit neuer Ernsthaftigkeit an.

»Es gibt noch etwas, das ich weiß und das der Schlüssel zu all Ihren Rätselfragen ist; aber das werde ich Ihnen noch nicht erzählen. Ich nehme an, es sind schlechte Nachrichten, aber keineswegs so übel wie die Dinge, die Sie sich eingebildet haben.« Er knöpfte seinen Mantel zu und wandte sich zum Tor. »Ich gehe jetzt und spreche mit diesem Ihrem Mr. Rook. In einer Hütte nahe der Küste, ungefähr da, wo Mr. Harker ihn gehen gesehn hat. Ich nehme an, daß er da wohnt.« Und damit eilte er geschäftig in Richtung Strand von dannen.

Olive war ein phantasiebegabtes Persönchen; vielleicht zu phantasiebegabt, um sie allein über solchen Hinweisen brüten zu lassen, wie ihr Freund sie ihr zugeworfen hatte; er aber war dermaßen in Eile, das beste Mittel gegen ihr Brüten herbeizuschaffen. Die rätselhafte Verbindung zwischen Father Browns erstem Schock der Erleuchtung und dem zufälligen Gerede über Tümpel und Kneipe durchstürmte ihre Phantasie in hundert Formen von häßlicher Bedeutung. Der Grüne Mann wurde zu einem Geist, der widerliche Algen hinter sich herschleppte und das Land unter dem Mond durchstreifte; das Kneipenschild des ›Grünen Mannes‹ wurde zu einer menschlichen Gestalt, die wie von einem Galgen herabhing; und der Tümpel selbst wurde zu einer Taverne, einer dunklen Unterwassertaverne für tote Seeleute. Und doch hatte er die schnellste Methode gewählt, um all solche Nachtmahre durch eine Explosion blendenden Tageslichtes über den Haufen zu werfen, das noch rätselhafter erschien als die Nacht.

Noch bevor die Sonne untergegangen war, war etwas in ihr Leben zurückgekommen, das ihre Welt ein weiteres Mal auf den Kopf stellte; etwas, von dem sie kaum gewußt hatte, wie sehr sie es begehrte, bis es plötzlich in Erfüllung ging; etwas, das wie ein Traum alt und bekannt ist und doch unverständlich und unglaublich bleibt. Denn Roger Rook war über die Dünen herbeigeeilt, und noch als er ein Punkt in der Ferne war, wußte sie schon, daß er sich gewandelt hatte; und als er näher und näher kam, sah sie, daß sein dunkles Gesicht vor Lachen und Frohlocken lebendig war. Er kam geradenwegs auf sie zu, als ob sie sich niemals getrennt hätten, und ergriff ihre Schultern und sagte: »Jetzt kann ich mich endlich um dich kümmern, Gott sei Dank.«

Sie wußte kaum, was sie anwortete; aber sie hörte sich ziemlich stürmisch fragen, warum er denn so verändert und so glücklich erscheine.

»Weil ich glücklich bin«, antwortete er. »Ich habe die schlechte Nachricht gehört.«

Alle Beteiligten, einschließlich einiger, die eher unbeteiligt schienen, fanden sich auf dem Parkweg versammelt, der zum Craven House führte, um der Formalität, der nun wirklich formalen Testamentsverlesung durch den Rechtsanwalt, zuzuhören; und der zu erwartenden und praktischeren Folge von Ratschlägen des Rechtsanwaltes in der Krise. Neben dem grauhaarigen Rechtsgelehrten selbst, der mit dem Dokument des Testamentes bewaffnet war, befand sich der Inspektor, bewaffnet mit umittelbarerer Autorität betreffend das Verbrechen, und Leutnant Rook, der unverhüllt der Dame den Hof machte; einige waren ziemlich erstaunt, als sie die lange Gestalt des Doktors erblickten, andere lächelten etwas, als sie die plumpe Gestalt des Priesters sahen. Mr. Harker, dieser fliegende Götterbote, war zum Parktor hinabgeschossen, um sie zu begrüßen, geleitete sie zurück auf den Rasen und schoß wiederum vor ihnen her, um ihren Empfang zu organisieren. Er sagte, er werde im Handumdrehen zurück sein; und jeder, der diesen Dampfkolben an Energie beobachtete, konnte das wohl glauben; für den Augenblick aber waren sie auf dem Rasen außerhalb des Hauses gewissermaßen gestrandet zurückgelassen worden.

»Erinnert mich an jemanden, der beim Cricket seinen Lauf hat«, sagte der Leutnant.

»Dieser junge Mann«, sagte der Rechtsanwalt, »ist darüber verärgert, daß das Gesetz sich nicht so schnell bewegen kann wie er. Glücklicherweise versteht Miss Craven unsere professionellen Schwierigkeiten und Verzögerungen. Sie hat mir freundlich versichert, daß sie immer noch Zutrauen zu meiner Langsamkeit habe.«

»Ich wollte«, sagte der Doktor plötzlich, »daß ich so viel Zutrauen in seine Schnelligkeit hätte.«

»Wie, was meinen Sie?« fragte Rook und zerknitterte seine Stirn. »Meinen Sie, daß Harker zu schnell sei?«

95

»Zu schnell und zu langsam«, sagte Dr. Straker in seiner reichlich rätselhaften Weise. »Ich kenne zumindest eine Gelegenheit, bei der er gar nicht so sehr schnell war. Warum hing er fast die halbe Nacht beim Tümpel und bei dem ›Grünen Mann‹ herum, ehe der Inspektor kam und die Leiche fand? Weshalb begegnete er dem Inspektor? Wieso hätte er erwarten können, den Inspektor vor dem ›Grünen Mann‹ zu treffen?«

»Ich verstehe Sie nicht«, sagte Rook. »Wollen Sie sagen, daß Harker nicht die Wahrheit gesagt hat?«

Dr. Straker schwieg. Der graue Rechtsanwalt lachte in einer grimmig guten Laune.

»Ich habe nichts Ernsthafteres gegen den jungen Mann vorzubringen«, sagte er, »als daß er einen prompten und lobenswerten Versuch unternommen hat, mich meinen Beruf zu lehren.«

»Was das angeht, so hat er auch versucht, mich den meinen zu lehren«, sagte der Inspektor, der sich gerade der vorderen Gruppe angeschlossen hatte. »Aber das spielt keine Rolle. Wenn aber Dr. Straker mit seinen Hinweisen irgend etwas sagen wollte, dann spielen sie eine Rolle. Ich muß Sie also auffordern, offen zu sprechen, Doktor. Es könnte meine Pflicht sein, ihn sofort zu befragen.«

»Nun, da kommt er«, sagte Rook, als die flinke Gestalt des Sekretärs erneut im Eingang erschien.

In diesem Augenblick überraschte Father Brown, der bisher schweigend und unauffällig am Ende der Prozession geblieben war, jedermann zutiefst; besonders vielleicht jene, die ihn kannten. Er ging nicht nur schnell nach vorne, sondern er wandte sich der ganzen Gruppe mit einem so aufhaltenden und fast bedrohlichen Ausdruck zu wie ein Feldwebel, der seine Soldaten zum Stehen bringt.

»Stop!« sagte er fast streng. »Ich bitte alle um Vergebung; aber es ist absolut notwendig, daß ich Mr. Harker zuerst spreche. Ich habe ihm etwas zu sagen, das ich weiß; und was, glaube ich, sonst niemand weiß; etwas, das er hören muß. Es könnte später ein sehr tragisches Mißverständnis um jemanden verhindern.«

»Was in aller Welt meinen Sie?« fragte Dyke, der alte Rechtsanwalt.

»Ich meine die schlechte Nachricht«, sagte Father Brown.

»Also, hören Sie«, begann der Inspektor unwirsch; und dann
fing er plötzlich den Blick des Priesters auf und erinnerte sich
sonderbarer Dinge, die er an anderen Tagen gesehen hatte. »Na
schön, wenn es irgend sonst jemand außer Ihnen wäre, würde ich
sagen, diese höllische Unverschämtheit …«

Aber da war Father Brown bereits außer Hörweite und stürzte
sich im nächsten Augenblick im Eingang mit Harker ins Gespräch. Sie gingen zusammen ein paar Schritte hin und her und
verschwanden dann im dunklen Inneren. Etwa zwölf Minuten
später kam Father Brown allein heraus.

Zu ihrer Überraschung zeigte er keinerlei Neigung, das Haus
wieder zu betreten, jetzt, da die ganze Gesellschaft schließlich
bereit war, sich hineinzubegeben. Er warf sich auf den reichlich wackligen Sitz in der blättrigen Laube und zündete, als die
Prozession durch den Eingang verschwand, seine Pfeife an und
machte sich daran, abwesend auf die langen gezackten Blätter
über seinem Kopf zu starren und den Vögeln zuzuhören. Es gab
niemanden, der einen herzhafteren und dauerhafteren Appetit
aufs Nichtstun hatte.

Er befand sich augenscheinlich in einer Rauchwolke und einem
Traum der Entrücktheit, als die Eingangstür erneut aufflog und
zwei oder drei Gestalten holterdiepolter herausgestürzt kamen
und auf ihn zurannten, in welchem Rennen die Tochter des
Hauses und ihr junger Anbeter, Mr. Rook, mühelos Gewinner
wurden. Ihre Gesichter leuchteten vor Erstaunen; und das Gesicht von Inspektor Burns, der hinter ihnen schwerfälliger her-
anrückte wie ein Elefant, der den Garten erschüttert, war ebenfalls entflammt, aber aus Entrüstung.

»Was *kann* das alles bedeuten?« rief Olive, als sie keuchend
stehenblieb. »Er ist verschwunden!«

»Ausgebüxt!«, sagte der Leutnant explosiv. »Harker hat es

gerade noch geschafft, einen Koffer zu packen, und ist dann ausgebüxt! Glatt durch die Hintertür und über die Gartenmauer, Gott weiß wohin. Was *haben* Sie ihm gesagt?«

»Sei nicht so dumm!« sagte Olive jetzt mit bekümmerterem Ausdruck. »Natürlich haben Sie ihm erzählt, daß Sie ihn entlarvt haben, und jetzt ist er fort. Ich würde niemals geglaubt haben, daß er so schlecht sein könnte!«

»Also!« keuchte der Inspektor und brach in ihre Mitte ein. »Was haben Sie jetzt angestellt? Warum haben Sie mir das angetan?«

»Also«, wiederholte Father Brown, »was habe ich getan?«

»Sie haben einen Mörder entfliehen lassen«, schrie Burns mit einer Entschlossenheit, die in dem stillen Garten wie ein Donnerkeil wirkte. »Sie haben einem Mörder *geholfen* zu entfliehen. Wie ein Narr habe ich Sie ihn warnen lassen; und jetzt ist er meilenweit weg.«

»Ich habe in meiner Zeit wirklich einigen Mördern geholfen«, sagte Father Brown; dann fügte er in sorgsamer Unterscheidung hinzu: »Nicht, wie Sie verstehen werden, den Mord zu begehen.«

»Aber Sie haben es die ganze Zeit gewußt«, beharrte Olive. »Sie haben es von Anfang an erraten, daß er es sein mußte. Das haben Sie damit gemeint, als Sie sich so über die Geschichte von der Auffindung der Leiche aufregten. Das hat der Doktor gemeint, als er sagte, daß ein Untergebener meinen Vater hätte nicht mögen können.«

»Darüber beklag' ich mich ja«, sagte der Beamte unwirsch. »Sie haben sogar da gewußt, daß er der ...«

»Sie haben sogar da gewußt«, beharrte Olive, »daß der Mörder ...«

Father Brown nickte gewichtig. »Ja«, sagte er, »ich habe sogar da gewußt, daß der Mörder der alte Dyke ist.«

»*Wer* ist?« wiederholte der Inspektor und hielt inne inmitten eines tödlichen Schweigens, das nur vom gelegentlichen Zwitschern der Vögel durchbrochen wurde.

»Ich meine Mr. Dyke, den Rechtsanwalt«, erklärte Father Brown wie einer, der einer Kinderklasse etwas Elementares erklärt. »Jenen Herrn mit den grauen Haaren, der angeblich das Testament verlesen soll.«

Sie alle standen da wie Statuen und starrten ihn an, während er sorgfältig seine Pfeife neu stopfte und ein Streichholz anzündete. Schließlich versammelte Burns die Kräfte seiner Stimme, um das erstickende Schweigen mit einer Anstrengung zu durchbrechen, die einer Gewalttat ähnelte.

»Aber im Namen des Himmels, *warum?*«

»Aha, warum?« sagte der Priester und erhob sich nachdenklich, während er seine Pfeife paffte. »Also, warum er es getan hat … Nun ja, ich glaube, daß die Zeit gekommen ist, um Ihnen oder denen unter Ihnen, die es noch nicht wissen, die Tatsache mitzuteilen, die der Schlüssel zu dieser ganzen Geschichte ist. Es ist das ein großes Unglück; und es ist ein großes Verbrechen; aber es ist nicht der Mord an Admiral Craven.«

Er blickte Olive voll ins Gesicht und sagte sehr ernsthaft: »Ich werde Ihnen die schlechte Nachricht ohne Umschweife und in kurzen Worten sagen; weil ich glaube, daß Sie tapfer genug sind, und vielleicht auch glücklich genug, um sie gut aufzunehmen. Sie haben die Möglichkeit, und ich glaube auch die Kraft, um so etwas wie eine große Frau zu sein. Sie sind keine große Erbin.«

Inmitten des Schweigens, das folgte, war er es, der mit seiner Erklärung fortfuhr.

»Das meiste Geld Ihres Vaters ist, ich muß das leider sagen, verschwunden. Es ist infolge der finanziellen Geschicklichkeit jenes grauhaarigen Herrn namens Dyke verschwunden, der (ich bedaure, das sagen zu müssen) ein Betrüger ist. Admiral Craven wurde ermordet, um ihn zum Schweigen zu bringen über die Art und Weise, in der er betrogen worden war. Die Tatsache, daß er ruiniert war und Sie ohne Erbe sind, ist der einfache, einzige Schlüssel nicht nur zum Mord, sondern zu all den anderen Geheimnissen in dieser Angelegenheit.« Er paffte ein- oder zweimal und fuhr dann fort.

»Ich habe Mr. Rook gesagt, daß Sie ohne Erbe dastünden, und er eilte sofort herbei, um Ihnen zu helfen. Mr. Rook ist eine sehr bemerkenswerte Persönlichkeit.«

»Ach Quatsch«, sagte Mr. Rook auf feindselige Art.

»Mr. Rook ist ein Monstrum«, sagte Father Brown mit wissenschaftlicher Gelassenheit. »Er ist ein Anachronismus, ein Atavismus, ein brutales Überbleibsel aus der Steinzeit. Wenn es denn einen barbarischen Aberglauben gibt, von dem wir alle angenommen haben, daß er in diesen Tagen völlig ausgerottet und tot sei, so war es der von der Idee der Ehre und der Unabhängigkeit. Aber ich habe es ja mit so vielen toten Aberglauben zu tun. Mr. Rook also ist ein ausgestorbenes Wesen. Er ist ein Plesiosaurus. Er wollte nicht von seiner Frau leben oder eine Frau haben, die ihn einen Mitgiftjäger nennen könnte. Deshalb wurde er auf geradezu groteske Weise mürrisch und kam erst wieder ins Leben, als ich ihm die gute Nachricht brachte, daß Sie ruiniert seien. Er wollte für seine Frau arbeiten und nicht von ihr ausgehalten werden. Abstoßend, oder? So wollen wir uns denn dem freundlicheren Thema Mr. Harker zuwenden.

Ich habe Mr. Harker gesagt, daß Sie ohne Erbe dastünden, und er eilte in einer Art Panik von dannen. Urteilen Sie nicht zu hart über Mr. Harker. Er begeisterte sich wirklich für Besseres wie für Schlechteres; aber ihm ging alles durcheinander. Es ist nicht schlimm, Ehrgeiz zu haben; aber er hatte Ehrgeiz und nannte ihn Ideale. Das alte Gefühl der Ehre hat Männer gelehrt, dem Erfolg zu mißtrauen; zu sagen: ›Das ist ein Vorteil; es könnte eine Bestechung sein.‹ Der neue neunmalverfluchte Unfug vom Richtigmachen lehrt die Menschen, Gutsein mit Geldmachen zu identifizieren. Das war alles, was mit ihm los war; in jeder anderen Hinsicht war er ein durch und durch anständiger Kerl, und solche wie ihn gibt es Tausende. In die Sterne träumen und in der Welt emporkommen ist beides für sie Streben nach dem Höheren. Eine gute Frau heiraten und eine reiche Frau heiraten ist beides für sie Richtigmachen. Aber er war kein zynischer Schurke; sonst wäre er einfach zurückgekommen und hätte Ihnen je nach Lage den Laufpaß gegeben oder Sie geschnitten. Er konnte Ihnen nicht ins Gesicht sehen; solange Sie da waren, blieb die Hälfte seines zerbrochenen Ideals zurück.

Ich habe dem Admiral nichts gesagt; aber jemand anderer. Irgendwie hat er während der letzten großen Parade an Bord erfahren, daß sein Freund, der Familienanwalt, ihn betrogen habe. Er kochte dermaßen vor Zorn, daß er tat, was er bei Sinnen niemals getan haben würde; er ging direkt in Dreispitz und Goldstickerei an Land, um den Verbrecher zu fangen; er telegraphierte dem Polizeirevier, und deshalb wanderte der Inspektor um den ›Grünen Mann‹ herum. Leutnant Rook folgte ihm am Ufer, weil er irgendwelche Familienprobleme vermutete und halb hoffte, er könne behilflich sein und dadurch ins Recht kommen. Daher sein zögerliches Verhalten. Was nun sein Ziehen des Säbels angeht, als er zurückfiel und sich allein glaubte, nun, das ist eine Frage der Einbildungskraft. Er ist ein Romantiker, der von Säbeln geträumt hat und zur See durchgebrannt ist; und er fand sich in einem Dienst, wo es ihm nicht gestattet war, seinen Säbel zu tragen, außer etwa alle drei Jahre einmal. Er glaubte sich ganz allein in den Dünen, in denen er als Knabe gespielt hatte. Wenn Sie nicht verstehen, was er tat, dann kann ich nur mit Stevenson sagen: ›Du wirst nie ein Seeräuber sein.‹ Und du wirst nie ein Dichter sein; und du bist nie ein Knabe gewesen.«

»Das bin ich nie«, sagte Olive ernsthaft, »und doch glaube ich zu verstehen.«

»Fast jeder Mann«, fuhr der Priester nachdenklich fort, »wird mit allem herumspielen, was wie ein Degen oder ein Dolch geformt ist, selbst wenn es nur ein Papiermesser ist. Deshalb fand ich es so bemerkenswert, als der Rechtsanwalt das nicht tat.«

»Was meinen Sie damit?« fragte Burns. »Hat was nicht getan?«

»Wie, haben Sie das nicht bemerkt?« antwortete Brown. »Bei jenem ersten Treffen in seinem Büro spielte der Rechtsanwalt mit einer Feder und nicht mit einem Papiermesser; obwohl er ein wunderschönes schimmerndes stählernes Papiermesser in der Form eines Stiletts besaß. Die Federn waren verstaubt und mit Tinte bekleckst; aber das Messer war gerade erst gereinigt worden. Doch er spielte nicht mit ihm herum. Es gibt Grenzen selbst für die Ironie von Mördern.«

Nach einem Schweigen sagte der Inspektor wie einer, der aus einem Traum erwacht: »Hören Sie mal … Ich weiß nicht, ob ich auf meinem Kopf oder auf meinen Füßen stehe; ich weiß nicht, ob Sie glauben, schon am Ende zu sein; aber ich bin noch nicht einmal am Anfang. Wo haben Sie all dieses Zeugs über den Rechtsanwalt her? Was hat Sie auf diese Fährte gesetzt?«

Father Brown lachte kurz und ohne Heiterkeit auf.

»Der Mörder hat am Anfang einen Fehler gemacht«, sagte er, »und ich begreife nicht, warum niemand sonst ihn bemerkt hat. Als Sie die erste Nachricht von dem Tod ins Büro des Rechtsanwaltes brachten, konnte da niemand etwas davon wissen, außer daß der Admiral zu Hause erwartet wurde. Als Sie sagten, er sei ertrunken, habe ich gefragt wann, und Mr. Dyke fragte, wo man die Leiche gefunden habe.«

Er hielt einen Augenblick lang inne, um seine Pfeife auszuklopfen, und fuhr dann nachdenklich fort: »Nun, wenn man Ihnen von einem Seemann auf dem Rückweg von der See einfach sagt, daß er ertrunken sei, ist es ganz natürlich anzunehmen, daß er auf See ertrunken sei. Auf jeden Fall ist zu vermuten, daß er auf See ertrunken sein könnte. Wenn er über Bord gespült worden wäre, oder mit seinem Schiff untergegangen wäre, oder wenn sein Körper ›Der Tiefe übergeben‹ worden wäre, würde es keinen Grund geben zu erwarten, daß sein Leichnam überhaupt je gefunden würde. In dem Augenblick, in dem der Mann fragte, wo er gefunden worden sei, war ich sicher, er wußte, wo man ihn gefunden hatte. Weil er ihn dahin getan hatte. Niemand außer dem Mörder hätte an etwas so Ungewöhnliches denken können, daß ein Seemann in einem Binnenlandtümpel wenige hundert Meter von der See entfernt ertrunken sei. Deshalb fühlte ich mich plötzlich schlecht und wurde grün, wie ich zu behaupten wage; so grün wie Der Grüne Mann. Ich *kann* mich einfach nicht daran gewöhnen, mich selbst plötzlich neben einem Mörder sitzend zu finden. Deshalb mußte ich ablenken, indem ich in Parabeln sprach; aber die Parabel bedeutet nach all dem etwas. Ich habe gesagt, daß die Leiche mit grünem Schaum bedeckt sei, aber daß sie ebensogut mit Seegras hätte bedeckt sein können.«

Ein Glück, daß die Tragödie die Komödie niemals umbringt und daß die beiden Seite an Seite bestehen können; denn während der einzige aktive Partner im Geschäft der Herren Willis, Hardman und Dyke sich das Gehirn auspustete, als der Inspektor das Haus betrat, um ihn zu verhaften, riefen Olive und Roger einander am Abend über die Dünen zu, wie sie es als Kinder getan hatten.

DIE VERFOLGUNG VON MR. BLUE

An einem sonnigen Nachmittag bewegte sich entlang einer Seepromenade eine Person mit dem niederdrückenden Namen Muggleton in angemessener Düsterheit. Seine Stirn zeigte einen Pferdehuf aus Besorgnis, und die zahlreichen Gruppen und Grüppchen von Unterhaltungskünstlern, die sich unten entlang des Strandes hinzogen, sahen vergeblich um Applaus zu ihm empor. Pierrots wandten ihre bleichen Mondgesichter wie die weißen Bäuche toter Fische empor, ohne sein Gemüt aufzuheitern; Neger mit vor schmutzigem Ruß vollkommen grauen Gesichtern waren gleichermaßen erfolglos, seine Phantasie mit helleren Dingen zu füllen. Er war ein trauriger und enttäuschter Mann. Seine übrigen Gesichtszüge waren, abgesehen von der kahlen Stirn mit der tiefen Furche, zurückweichend und fast versunken; und eine gewisse zweifelhafte Feinheit, die von ihnen ausging, ließ den einzigen aggressiven Schmuck seines Antlitzes um so unpassender erscheinen. Das war ein hervorstechender und borstiger militärischer Schnurrbart; und er sah verdächtig nach einem falschen Schnurrbart aus. Es ist in der Tat möglich, daß es ein falscher Schnurrbart war. Es ist andererseits möglich, daß er wo nicht falsch, so doch hervorgezwungen war. Er hätte fast in Hast aufgesprossen sein können, durch einen reinen Willensakt; so sehr war er Teil eher seiner Arbeit denn seiner Persönlichkeit.

Die Wahrheit nämlich ist, daß Mr. Muggleton ein kleiner Privatdetektiv war, und die Wolke auf seiner Stirn verdankte er einem großen Patzer in seiner beruflichen Laufbahn; auf jeden Fall stand sie mit etwas Düstererem in Verbindung als nur dem Besitz eines solchen Familiennamens. Er hätte auf obskure Weise sogar stolz auf seinen Namen sein können; denn er stammte von armen, aber ehrlichen Nonkonformisten ab, die eine gewisse Beziehung zum Gründer der Muggletonier beanspruchten, dem einzigen Mann, der bisher den Mut hatte, mit diesem Namen in der Geschichte der Menschheit aufzutreten.

Der legitimere Grund seiner Verdrießlichkeit (zumindest, wie er sie erklärte) war, daß er soeben der blutigen Ermordung eines weltbekannten Millionärs beigewohnt hatte und gescheitert war, sie zu verhindern, obwohl er für ein Gehalt von 5 Pfund die Woche eingestellt worden war, das zu tun. Und damit können wir die Tatsache erklären, daß selbst der sehnsuchtsvolle Gesang des Songs »Willst du nicht mein Lollipoppi-Tag sein?« scheiterte, ihn mit der Freude des Lebens zu erfüllen.

Was die betrifft, so gab es andere am Strand, die sehr viel mehr Sympathie für sein mörderisches Thema und die Muggletonier-Tradition aufbringen mochten. Seebäder sind ausgesuchte Tummelplätze nicht nur für Pierrots, die an die amourösen Emotionen appellieren, sondern auch für Prediger, die sich oftmals auf einen entsprechend düsteren und schwefligen Predigtstil zu spezialisieren scheinen. Es gab da einen alten Geiferer, den man kaum übersehen konnte, so durchdringend waren die Rufe, um nicht zu sagen Schreie religiöser Prophetie, die sich hoch über alle Banjos und Kastagnetten erhoben. Es war dies ein langer, formloser, schlurfender alter Mann, bekleidet mit etwas einem Fischerpullover Ähnlichem; dazu aber unpassend ausgestattet mit einem Paar jener sehr langen und schlaff herabhängenden Backenbärte, die seit dem Verschwinden gewisser sportiver mittviktorianischer Dandies nicht mehr gesehen wurden. Und wie es Sitte aller Schwindler am Strand war, irgend etwas vorzuführen, als wollten sie es verkaufen, führte auch der alte Mann ein reichlich verrottetes Fischernetz vor, das er im allgemeinen einladend über den Sand ausbreitete, als ob es ein Teppich für Königinnen sei, das er gelegentlich aber auch wild um seinen Kopf wirbelte mit einer fast ebenso schrecklichen Geste wie ein römischer Retiarius, bereit, Menschen auf seinen Dreizack zu spießen. Und er hätte Menschen wohl in der Tat aufspießen mögen, hätte er nur einen

Dreizack gehabt. Seine Worte wiesen immer strikt zur Strafe; seine Hörer hörten nichts außer Bedrohungen des Leibes oder der Seele; er befand sich so sehr in der gleichen Stimmung wie Mr. Muggleton, daß er sehr wohl hätte ein wahnsinniger Henker sein können, der sich an einen Haufen Mörder wendete. Die Jungs nannten ihn Alter Schwefler; aber neben den rein theologischen hatte er noch andere Exzentrizitäten. Eine seiner Exzentrizitäten war es, in das Nest aus Eisenträgern unter der Pier hinaufzuklettern und von dort aus sein Netz durch das Wasser zu ziehen und zu erklären, er gewönne seinen Lebensunterhalt durchs Fischen; doch ist es zweifelhaft, ob ihn jemals jemand Fische fangen gesehen hat. Weltliche Ausflügler allerdings fuhren manchmal zusammen ob einer Stimme in ihren Ohren, die ihnen wie aus einer Donnerwolke das Gericht androhte, in Wirklichkeit aber von der Hühnerstange unter dem Eisendach kam, auf der – wütend funkelnd – der alte Monomane saß und an dem seine phantastischen Backenbärte wie grauer Seetang herabhingen.

Der Detektiv aber hätte sich mit dem Alten Schwefler sehr viel eher abfinden können als mit dem anderen Pastor, dem zu begegnen seine Bestimmung war. Um diese zweite und gewichtigere Begegnung zu erklären, muß darauf hingewiesen werden, daß Muggleton nach seiner bemerkenswerten Erfahrung in Sachen Mord prompt alle seine Karten auf den Tisch gelegt hatte. Er hatte seine Geschichte der Polizei erzählt und dem einzigen verfügbaren Vertreter von Braham Bruce, dem toten Millionär, nämlich dessen sehr adretten Sekretär, einem Mr. Anthony Taylor. Der Inspektor war mitfühlender als der Sekretär; aber die Konsequenz seines Mitgefühls war das letzte, was Muggleton normalerweise mit einem Polizeiratschlag in Verbindung gebracht haben würde. Der Inspektor hatte nach einigem Nachdenken Mr. Muggleton dadurch zutiefst überrascht, daß er ihm riet, einen begabten Amateur zu konsultieren, von dem er wußte, daß er sich in der Stadt befand. Mr. Muggleton hatte Reportagen und Romanzen über den Großen Kriminologen gelesen, der wie eine intellektuelle Spinne in seiner Bibliothek sitzt und die theoretischen Fäden eines Netzes auswirft, so weit wie die Welt. Er war darauf vorbereitet, zu dem einsamen Schloß geführt zu werden, in dem der Experte einen purpurnen Hausmantel trägt, in seine Mansarde, darinnen er von Opium und Akrostichen lebt, in das weitläufige Laboratorium oder den einsamen Turm. Zu seiner Verblüffung wurde er an den äußersten Rand des bevölkerten Strandes bei der Pier geführt, um dort einem untersetzten kleinen Kirchenmann zu begegnen, mit breitem Hut und breitem Grinsen, der in jenem Augenblick mit einem Haufen Armenkinder in den Dünen herumsprang; und aufgeregt mit einem sehr kleinen Holzspaten winkte.

Nachdem der kriminologische Kirchenmann, dessen Name sich als Brown herausstellte, sich schließlich von den Kindern gelöst hatte, nicht aber von dem Spaten, schien er Muggleton immer unbefriedigender zu werden. Er hing hilflos in den idiotischen kleinen Schaubuden des Strandbetriebs herum, schwatzte über Zufallsthemen und beschäftigte sich besonders angelegentlich mit jenen Reihen von Automaten, die an solchen Stellen aufgestellt sind; gab feierlich Penny um Penny aus, um jene Stellvertreterspiele in Golf, Fußball und Cricket durchzuspielen, die von Uhrwerkfiguren ausgeführt werden; und gab sich endlich mit der Miniaturdarstellung eines Rennens zufrieden, in dem die eine metallene Puppe lediglich hinter der anderen herzurennen und herzuhüpfen hatte. Und dennoch lauschte er während der ganzen Zeit aufmerksam der Geschichte, die der besiegte Detektiv vor ihn hinsprudelte. Nur seine Art, die Rechte nicht wissen zu lassen, was die Linke tat mit den Pennies, ging dem Detektiv sehr auf die Nerven.

»Können wir nicht irgendwo hingehen und uns setzen«, sagte Muggleton ungeduldig. »Ich hab' da einen Brief, den Sie unbedingt sehen müssen, wenn Sie überhaupt etwas von diesem Geschäft verstehen wollen.«

Father Brown wandte sich mit einem Seufzer von den springenden Puppen ab, ging hin und setzte sich mit seinem Gefährten auf einen eisernen Sitz am Strand; sein Begleiter hatte den Brief bereits entfaltet und reichte ihn ihm schweigend.

Es war eine abrupte und sonderbare Art von Brief, dachte Father Brown. Er wußte, daß Millionäre sich nicht immer auf gute Manieren spezialisieren, vor allem nicht im Umgang mit Abhängigen wie Detektiven; doch schien es da in dem Brief noch mehr zu geben als reine Schroffheit.

»Lieber Muggleton

Ich habe nie geglaubt, daß es mit mir so weit heruntergehen würde, daß ich die Sorte Hilfe brauchen würde; aber ich bin am Ende meines Lateins. Während der letzten zwei Jahre ist es immer unerträglicher geworden. Ich glaube, alles was Sie von dieser Geschichte wissen müssen, ist dieses. Es gibt da einen schmutzigen Schurken, einen Vetter, wie ich zu meiner Schande eingestehen muß. Er hat Renntips verkauft, war Landstreicher, Quacksalber, Schauspieler und so weiter; er hat sogar die Unverschämtheit besessen, unter unserem Namen aufzutreten und sich Bertrand Bruce zu nennen. Ich nehme an, er hat entweder einen bedeutungslosen Job beim hiesigen Theater, oder er sucht einen. Sie können mir aber glauben, daß der Job nicht sein wirklicher Job ist. Sein wirklicher Job ist es, mich zu finden und umzulegen, wenn er kann. Es ist eine alte Geschichte, die niemanden etwas angeht; es gab eine Zeit, da wir gemeinsam starteten und uns ein Rennen in Sachen Ehrgeiz lieferten – und außerdem eines in dem, was man Liebe nennt. War es mein Fehler, daß er ein Versager ist und ich ein Mann bin, dem alles gelingt? Aber der schmutzige Teufel schwört, daß er doch noch Erfolg haben werde, mich abzuknallen und durchzubrennen mit meiner – ist ja egal. Ich nehme an, er ist eine Art Verrückter, aber er wird sehr bald versuchen, eine Art von Mörder zu sein.

Ich werde Ihnen 5 Pfund pro Woche geben, wenn Sie

mich im Sommerhaus am Ende der Pier treffen, gleich nachdem die Pier heute abend schließt – und meinen Auftrag annehmen. Das ist der einzig sichere Platz für ein Treffen – wenn überhaupt noch was sicher ist.

J. BRAHAM BRUCE«

»Du liebe Güte«, sagte Father Brown milde. »Du liebe Güte. Ein ziemlich hastiger Brief.«

Muggleton nickte; und begann nach einer Pause mit seiner eigenen Geschichte; in einer eigenartig kultivierten Stimme, die im Gegensatz zu seinem unbeholfenen Äußeren stand. Dem Priester waren die geheimen Neigungen zu verborgener Kultiviertheit mancher schäbiger Menschen der Unter- wie der Mittelklasse bekannt; aber selbst er war überrascht von der erwählten, nur einen Hauch zu pedantischen Wortfolge; der Mann redete wie ein Buch.

»Ich traf an dem kleinen Rundbau am Ende der Pier ein, bevor es noch irgendein Anzeichen von meinem erlauchten Klienten gab. Ich öffnete die Tür und trat ein in dem Gefühl, daß er es vorzöge, wenn ich ebenso wie er selbst so unauffällig wie nur möglich sei. Nicht, daß das eine große Rolle gespielt hätte; denn die Pier war viel zu lang, als daß jemand uns vom Strand oder der Promenade aus hätte sehen können, und als ich auf meine Uhr blickte, sagte mir die Zeit, daß der Eingang zur Pier inzwischen geschlossen worden sein mußte. Es war in gewisser Weise schmeichelhaft, wie er auf diese Art sicherstellen wollte, daß wir bei unserem Treffen allein sein würden, da dies zeigte, daß er sich wirklich auf meine Hilfe oder meinen Schutz verließ. Auf jeden Fall war es sein Einfall gewesen, daß wir uns auf der Pier nach der Schließung treffen sollten, und also war ich dazu völlig bereit. Es gab zwei Stühle in dem kleinen Rundpavillon, oder wie immer Sie ihn nennen wollen; also nahm ich mir einfach den einen und wartete. Ich brauchte nicht lange zu warten. Er war berühmt für seine Pünktlichkeit, und wirklich, als ich zu dem einzigen kleinen Rundfenster mir gegenüber aufblickte, sah ich ihn langsam vorübergehen, als vollziehe er eine Vorbesichtigung des Platzes.

Ich hatte bisher nur Porträts von ihm gesehen, und das vor langer Zeit; und natürlich war er sehr viel älter als auf den Porträts, aber an der Ähnlichkeit gab es keinen Zweifel. Das Profil, das an dem Fenster vorüberkam, war von jener Art, die man nach dem Adlerschnabel adlerartig nennt; er erinnerte aber eher an einen grauen und ehrwürdigen Adler; einen Adler im Ruhestand; einen Adler, der schon vor langer Zeit seine Schwingen geschlossen hat. Es gab aber keinen Zweifel an jenem Ausdruck der Autorität oder des stillen Stolzes aus der Befehlsgewohnheit heraus, der schon immer Menschen kennzeichnete, die wie er große Systeme organisiert haben und denen man gehorcht hat. Er war, soweit ich das erkennen konnte, ruhig gekleidet; besonders verglichen mit der Masse der Strandbesucher, die so viel von meinem Tag gefüllt hatten; aber ich stellte mir vor, daß sein Mantel von jener besonders eleganten Art war, die auf die Figur maßgeschneidert ist; an den Aufschlägen wies er einen Streifen von Astrachanfütterung auf. Das alles nahm ich mit einem Blick wahr, denn natürlich war ich schon auf den Beinen und unterwegs zur Tür. Ich streckte die Hand aus und empfing den ersten Schock jenes entsetzlichen Abends. Die Tür war verschlossen. Jemand hatte mich eingeschlossen.

Für einen Augenblick stand ich steinern und starrte weiterhin auf das runde Fenster, aus dem das sich bewegende Profil inzwischen natürlich verschwunden war, und dann erblickte ich plötzlich die Erklärung. Ein anderes Profil schoß, vorgeschoben wie das eines hetzenden Hundes, in den Sichtkreis wie in einen runden Spiegel. In dem Augenblick, da ich es sah, wußte ich, wer es war. Es war der Rächer; der Mörder oder Möchtegern-Mörder, der den alten Millionär so lange über Land und Meer verfolgt hatte und ihm nun bis in diese Sackgasse einer eisernen Pier gefolgt war, die zwischen Meer und Land hing. Und ich wußte natürlich, daß es der Mörder war, der die Tür verschlossen hatte.

Der Mann, den ich zuerst gesehen hatte, war groß, aber sein

Verfolger war noch größer; ein Eindruck, der nur dadurch vermindert wurde, daß er seine Schultern sehr hoch hinaufzog und Hals und Kopf vorwärtsreckte wie ein wahres Raubtier. Der Eindruck dieser Kombination gab ihm fast das Aussehen eines riesigen Buckligen. Aber etwas von den Blutsbanden, die diesen Schlagetot mit seinem berühmten Anverwandten verbanden, zeigte sich in den beiden Profilen, wie sie da durch den Glaskreis glitten. Auch der Verfolger hatte eine Nase wie der Schnabel eines Vogels; doch sein allgemeines Aussehen verlumpten Niedergangs deutete eher den Geier als den Adler an. Er war unrasiert, fast wie ein Bärtiger, und die Buckelform seiner Schultern wurde noch durch die Wulstschlingen eines groben Wollschals verstärkt. Alles dieses sind Trivialitäten und können keinen Eindruck von der gemeinen Energie jenes Umrisses geben noch von dem Gefühl rächenden Schicksals in jener vorwärtsgebeugten und voranstrebenden Gestalt. Haben Sie jemals William Blakes Zeichnung gesehen, die manchmal mit gewisser Leichtfertigkeit ›Der Geist des Flohs‹ genannt wird, aber auch mit größerer Hellsichtigkeit ›Eine Vision von Blutschuld‹ oder so etwas Ähnliches? Das ist genauso eine Nachtmahr von einem verstohlenen Giganten mit hochgezogenen Schultern, der Messer und Schale trägt. Dieser Mann trug keines davon, aber als er zum zweitenmal am Fenster vorüberglitt, sah ich mit meinen eigenen Augen, daß er einen Revolver aus den Falten seines Schals löste und ihn fest und gezielt in seiner Hand hielt. Die Augen in seinem Kopf schweiften und schimmerten im Mondenschein, und das auf eine sehr unheimliche Weise; sie schossen in Blitzessprüngen vorwärts und zurück; fast so, als könne er sie wie Leuchtfühler hervorschießen, wie das bestimmte Reptilien tun.

Dreimal kamen Verfolgter und Verfolger hintereinander an dem Fenster vorüber und durchmaßen ihren engen Kreis, ehe ich ganz zur Notwendigkeit irgendeiner noch so verzweifelten Handlung erwachte. Ich schüttelte die Tür mit ratternder Gewalt; als ich das nächste Mal das Antlitz des ahnungslosen Opfers sah, schlug ich wild gegen das Fenster; und dann versuchte ich, das Fenster zu zerbrechen. Aber es war ein Doppelfenster aus außergewöhnlich dickem Glas, und so tief war es eingelassen, daß ich bezweifle, ob ich das äußere Fenster überhaupt hätte erreichen können. Auf jeden Fall nahm mein erlauchter Klient keine Notiz von meinem Gelärme und meinen Zeichen; und diese sich drehende Schattenpantomime jener beiden Masken des Schicksals fuhr um mich herum fort und fort, bis ich mich fast ebenso schwindelig wie übel befand. Dann hörten sie plötzlich auf wiederzuerscheinen. Ich wartete; und ich wußte, daß sie nicht wiederkommen würden. Ich wußte, daß die Krise gekommen war.

Mehr brauche ich Ihnen nicht zu erzählen. Sie können sich den Rest sicherlich vorstellen; so, wie ich da hilflos saß und versuchte, ihn mir vorzustellen; oder versuchte, ihn mir nicht vorzustellen. Es genügt zu sagen, daß es in jenem entsetzlichen Schweigen, in dem alle Geräusche von Schritten erstorben waren, neben den murrenden Nebengeräuschen des Meeres nur noch zwei andere Geräusche gab. Das eine war das laute Geräusch eines Schusses und das zweite das dumpfere Geräusch eines Aufplatschens.

Mein Klient war wenige Meter entfernt von mir ermordet worden, und ich konnte keine Zeichen geben. Ich will Sie nicht mit dem behelligen, was ich darob empfand. Aber selbst wenn ich mich auch von dem Mord erholen sollte, so bin ich doch immer noch mit dem Mysterium konfrontiert.«

»Ja«, sagte Father Brown sehr sanft, »welchem Mysterium?«

»Dem Mysterium, wie es dem Mörder gelang zu entkommen«, antwortete der andere. »Im gleichen Augenblick, in dem am nächsten Morgen die Leute wieder auf die Pier gelassen wurden, wurde ich aus meinem Gefängnis befreit und raste zurück zu den Eingangspforten, um zu erkunden, wer die Pier verlassen habe, seit sie geöffnet wurde. Ohne Sie mit den Einzelheiten zu belästigen, kann ich doch erklären, daß es sich aufgrund eines ungewöhnlichen Arrangements um vollgültige Eisentore handelt, die jedermann aus- (oder ein)gesperrt halten, bis sie geöffnet werden. Die Bediensteten dort hatten niemanden zurückkommen sehen, der auch nur im entferntesten dem Mörder ähnelte. Und er war wirklich eine unverkennbare Person. Selbst wenn er sich irgendwie verkleidet haben würde, hätte er doch kaum seine ungewöhnliche Größe verbergen oder sich der Familiennase entledigen können. Es ist außerordentlich unwahrscheinlich, daß er versucht haben sollte, ans Ufer zu schwimmen, denn die See war sehr rauh; und es gibt da bestimmt keinerlei Spuren irgendeines Anlandens. Und nachdem ich das Gesicht jenes Höllenfeindes auch nur einmal gesehen hatte, geschweige denn etwa sechsmal, gibt mir irgendwas die überwältigende Überzeugung, daß er in der Stunde seines Triumphes nicht einfach irgendwie ertrunken ist.«

»Ich verstehe durchaus, was Sie damit meinen«, erwiderte Father Brown. »Außerdem paßte das auch gar nicht zu dem Ton seines ursprünglichen Drohbriefes, in dem er sich doch alle möglichen Gewinne aus dem Verbrechen versprach …, und es gibt da noch einen anderen Punkt, den zu verifizieren es sich lohnte. Was ist mit der Unterstruktur der Pier? Piere werden oftmals über einem ganzen Gitterwerk aus eisernen Verstrebungen errichtet, durch die ein Mann klettern könnte, wie ein Affe durch den Urwald klettert.«

»Ja, daran habe ich auch gedacht«, erwiderte der private Nachforscher; »aber unglücklicherweise ist diese Pier in mehr als einer Weise ungewöhnlich gebaut. Sie ist ungewöhnlich lang, und es gibt da diese Eisensäulen mit dem ganzen Gewirr aus Eisenträgern, nur stehen sie sehr weit auseinander, und ich kann keinen Weg erkennen, wie ein Mann von der einen zur anderen klettern könnte.«

»Ich habe das nur erwähnt«, sagte Father Brown nachdenklich, »weil dieser sonderbare Fisch mit den langen Backenbärten, der alte Mann, der in den Dünen predigt, oft auf den am nächsten liegenden Eisenträger klettert. Ich glaube, er sitzt da und fischt, wenn die Flut kommt. Und er ist ein äußerst eigenartiger Fisch, um fischen zu gehn.«

»Wieso, was meinen Sie damit?«

»Nun ja«, sagte Father Brown sehr langsam, und drehte an einem Knopf, und starrte abwesend hinaus auf das tiefe grüne Wasser, das da im letzten Abendschein nach dem Sonnenuntergang glitzerte. »Nun ja ... ich hab versucht, mich mit ihm sozusagen freundlich zu unterhalten – freundlich und nicht zu witzig, wenn Sie verstehen – darüber, wie er die alten Werke des Fischens und des Predigens miteinander verbindet; ich glaube, ich habe die übliche Anspielung gemacht, auf den Text, der sich auf das Angeln lebender Seelen bezieht. Und er antwortete sehr eigenartig und barsch, als er sich auf seine Hockstange zurückschwang: ›Na ja, wenigstens angle ich nach toten Körpern.‹«

»Guter Gott!« rief der Detektiv aus und starrte ihn an.

»Ja«, sagte der Priester. »Das erschien mir als eine eigenartige Bemerkung, gemacht in einem Schwätzchen gegenüber einem Fremden, der in den Dünen mit Kindern spielt.«

Nach einem weiteren starrenden Schweigen stieß sein Gefährte schließlich hervor: »Sie wollen doch nicht sagen, daß Sie glauben, er habe irgendwas mit diesem Tod zu tun?«

»Ich glaube«, antwortete Father Brown, »er könnte einiges Licht darauf werfen.«

»Nun, das geht über meinen Horizont«, sagte der Detektiv. »Es geht über meinen Horizont zu glauben, daß irgendwer da irgendein Licht drauf werfen kann. Es ist wie ein Wirbel wilden Wassers im Pechschwarzen; die Art von Wasser, in das er ... in das er gestürzt ist. Das alles ist einfach blanke Unsinnigkeit; ein großer Mann verschwindet wie eine Blase; niemand könnte wirklich ... Hören Sie mal!« Er hielt plötzlich inne und starrte den Priester an, der sich nicht bewegt hatte, aber immer noch an dem Knopf drehte und auf die Brecher hinausstarrte. »Was meinen Sie eigentlich? Wonach schauen Sie so aus? Sie wollen doch nicht sagen, daß Sie ... daß Sie da Hand und Fuß ausmachen können?«

»Es wäre sehr viel besser, wenn es Unsinn bliebe«, sagte Father Brown mit leiser Stimme. »Nun gut, wenn Sie mich so direkt fragen – ja, ich glaube, ich kann da wohl Hand und Fuß ausmachen.«

Es gab ein langes Schweigen, und dann sagte der Nachforschungsagent mit reichlich seltsamer Abruptheit:»Oh, da kommt der Sekretär des alten Mannes aus dem Hotel. Ich muß los. Ich glaube, ich werde mal runtergehn und mich mit Ihrem verrückten Fischer unterhalten.«

»*Post hoc propter hoc?*« fragte der Priester mit einem Lächeln.

»Nun ja«, sagte der andere mit ruckartiger Offenheit, »der Sekretär mag mich nicht, und ich glaube nicht, daß ich ihn mag. Der hat haufenweise mit Fragen rumgestochert, die uns meiner Meinung nach überhaupt nicht weiterbringen, außer auf 'nen Streit zu. Vielleicht ist er eifersüchtig, weil der alte Mann 'nen anderen reingezogen hat und mit den Ratschlägen seines eleganten Sekretärs nicht zufrieden war. Bis nachher.«

Und er drehte sich um und pflügte durch den Sand bis zu jener Stelle, wo der exzentrische Prediger bereits sein marines Nest erklommen hatte; und in dem grünlichen Dämmer wie ein riesiger Polyp oder eine stechende Qualle aussah, die ihre giftigen Fäden durch die phosphoreszierende See schleppt.

In der Zwischenzeit hatte der Priester feierlich das feierliche Nahen des Sekretärs beobachtet; selbst aus der Ferne in jener volkstümlichen Menge war er auffällig durch die büromäßige Adrettheit und Nüchternheit seines Zylinders und seines Schwalbenschwanzes. Ohne jede Neigung, sich an irgendeiner Auseinandersetzung zwischen dem Sekretär und dem Nachforschungsagenten zu beteiligen, empfand Father Brown doch eine schwache Neigung irrationaler Sympathie für die Vorurteile des letzteren. Mr. Anthony Taylor, der Sekretär, war ein ausnehmend präsentabler junger Mann, in der Haltung ebenso wie in der Kleidung; und die Haltung war ebenso energisch und intellektuell wie auch nur gut aussehend. Er war blaß, mit dunklem Haar, das ihm an den Seiten des Kopfes so herunterkam, als weise es auf mögliche Backenbärtchen; er hielt die Lippen enger zusammengepreßt als die meisten Menschen. Das einzige aber, was Father Browns Einbildungskraft sich als Rechtfertigung sagen konnte, klang seltsamer, als es tatsächlich aussah. Er hatte die Vorstellung, daß der Mann mit seinen Nüstern rede. Irgendwie brachte das starke Zusammenpressen seines Mundes etwas abnorm Sensitives und Flexibles in jene Bewegungen an den Flanken seiner Nase, so daß er zu kommunizieren und das Leben zu dirigieren schien durch Schnüffeln und Schnobern, mit erhobenem Kopf, wie das ein Hund tut. Und irgendwie paßte es zu den anderen Zügen, daß, wenn er sprach, er mit solch schnarrender Schnelligkeit wie ein Maschinengewehr sprach, die bei einer so glatten und gewandten Gestalt beinahe häßlich klang.

Diesmal eröffnete er das Gespräch, indem er sagte: »Keine Leichen angeschwemmt, nehme ich an.«

»Keine sind jedenfalls bisher bekannt gemacht worden«, sagte Father Brown.

»Keine riesige Leiche des Mörders mit dem Schal«, sagte Mr. Taylor.

»Keine«, sagte Father Brown.

Mr. Taylors Mund bewegte sich im Moment nicht mehr; aber seine Nüstern sprachen mit so flinker und flickernder Verachtung für ihn, daß man sie fast geschwätzig hätte nennen können.

Als er nach einigen höflichen Gemeinplätzen des Priesters wieder sprach, war es, um kurz zu sagen: »Hier kommt der Inspektor; ich nehme an, Sie haben England nach dem Schal durchsiebt.«

Inspektor Grinstead, ein Mann mit braunem Gesicht und grauem Spitzbart, sprach Father Brown sehr viel respektvoller an, als es der Sekretär getan hatte.

»Ich nehme an, Sie würden gerne erfahren, Sir«, sagte er, »daß es absolut keine Spur von jenem Mann gibt, der als von der Pier entkommen beschrieben wurde.«

»Oder vielmehr nicht als von der Pier entkommen beschrieben wurde«, sagte Taylor. »Die Pier-Bediensteten, die einzigen Leute, die ihn hätten beschreiben können, haben nie jemanden, den sie hätten beschreiben können, gesehen.«

»Nun gut«, sagte der Inspektor, »wir haben alle Bahnhöfe angerufen und alle Straßen überwacht, und es wird für ihn nahezu unmöglich sein, aus England zu entkommen. Für mich sieht es wirklich so aus, als ob er auf diesem Wege nicht hätte herauskommen können. Er scheint nirgendwo zu sein.«

»Er ist nie irgendwo gewesen«, sagte der Sekretär mit plötzlich kratzender Stimme, die klang, als löse sich an jener einsamen Küste ein Schuß.

Der Inspektor sah verständnislos aus; aber im Gesicht des Priesters leuchtete nach und nach ein Licht auf, bis er schließlich mit fast betonter Unbekümmertheit sagte:

»Wollen Sie sagen, daß der Mann ein Mythus ist? Oder vielleicht eine Lüge?«

»Aha«, sagte der Sekretär und inhalierte durch seine hochmütigen Nüstern, »also haben Sie zuletzt auch daran gedacht.«

»Ich habe daran zuerst gedacht«, sagte Father Brown. »Das ist das erste, an das jeder denken würde, wenn er von einem Fremden eine durch nichts belegte Geschichte über einen fremden Mörder auf einer einsamen Pier hört, oder nicht? In einfachen Worten, Sie glauben, daß der kleine Muggleton nie jemanden den Millionär ermorden gehört hat. Vielleicht glauben Sie, daß der kleine Muggleton ihn selbst ermordet hat.«

»Nun ja«, sagte der Sekretär, »Muggleton sieht mir wie ein schäbiger abgewirtschafteter Bursche aus. Es gibt nur seine Geschichte über das, was sich auf der Pier abgespielt hat; und seine Geschichte besteht aus einem Riesen, der verschwunden ist; eine schöne Märchenerzählung. Nicht eben eine glaubwürdige Erzählung, selbst so nicht, wie er sie erzählt. Er hat seinen Fall nach seinem eigenen Zugeständnis versiebt und zugelassen, daß sein Auftraggeber wenige Meter entfernt getötet worden ist. Er ist nach seinem eigenen Bekenntnis ein ziemlich verkommener Narr und Nichtsnutz.«

»Ja«, sagte Father Brown. »Ich mag eigentlich Leute, die Narren und Nichtsnutze nach ihrem eigenen Bekenntnis sind.«

»Ich verstehe nicht, was Sie meinen«, schnappte der andere.

»Vielleicht«, sagte Father Brown versonnen, »weil es so viele Narren und Nichtsnutze ganz ohne Bekenntnis gibt.«

Und dann fuhr er nach einer Pause fort: »Aber selbst wenn er ein Narr und ein Nichtsnutz ist, beweist das noch nicht, daß er ein Lügner und ein Mörder ist. Und Sie haben vergessen, daß es ein Stück externer Evidenz gibt, das seine Geschichte wirklich stützt. Ich meine den Brief des Millionärs, der die ganze Geschichte von seinem Vetter und dessen Rache erzählt. Solange Sie nicht beweisen, daß dieses Dokument selbst eine Fälschung ist, müssen Sie zugeben, daß es einige Wahrscheinlichkeit für eine Verfolgung von Bruce durch irgend jemanden gab, der ein wirkliches Motiv hatte. Oder ich sollte besser sagen, das einzige tatsächlich zugestandene und aufgezeichnete Motiv.«

»Ich bin nicht ganz sicher, daß ich Sie verstehe«, sagte der Inspektor, »was das Motiv betrifft.«

»Mein lieber Freund«, sagte Father Brown, erstmals von seiner Ungeduld zu einem familiären Ton angestachelt, »jedermann hat irgendwie ein Motiv. Angesichts der Art, wie Bruce sein Geld machte, angesichts der Art, wie die meisten Millionäre ihr Geld machen, hätte fast jeder auf Erden etwas so völlig Natürliches tun können, wie ihn ins Meer schmeißen. Bei vielen, so könnte man sich fast vorstellen, wäre das beinahe automatisch geschehen. Bei fast allen muß dieser Gedanke irgendwann einmal gekommen sein. Mr. Taylor hätte es tun können.«

»Was ist los?«, schnappte Mr. Taylor, und seine Nüstern blähten sich sichtlich.

»Ich hätte es tun können«, fuhr Father Brown fort, »*nisi me constringeret ecclesiæ auctoritas.* Jedermann hätte, gäbe es die einzige wahre Moral nicht, versucht sein können, eine so offensichtliche, so einfache soziale Lösung anzunehmen. Ich hätte es tun können; Sie hätten es tun können; der Bürgermeister oder der Brötchenbäcker hätten es tun können. Der einzige Mensch auf dieser Erde, der es nach meiner Meinung wahrscheinlich nicht getan hat, ist der private Nachforschungsagent, den Bruce gerade für 5 Pfund die Woche eingestellt hatte und der noch keinen Pfennig seines Geldes bekommen hat.«

Der Sekretär schwieg eine Weile; dann schnaubte er und sagte: »Wenn das das Angebot in dem Brief ist, dann sollten wir besser überprüfen, ob der eine Fälschung ist. Denn tatsächlich wissen wir nicht, ob nicht die ganze Geschichte ebenso falsch ist wie eine Fälschung. Der Bursche gibt doch selbst zu, daß das Verschwinden seines buckligen Riesen äußerst unglaubwürdig und unerklärlich ist.«

»Ja«, sagte Father Brown, »das mag ich gerade an Muggleton. Er gibt Dinge zu.«

»Dennoch«, beharrte Taylor, und seine Nüstern vibrierten vor Erregung, »dennoch geht es doch einzig und allein darum: Er kann nicht beweisen, daß dieser große Mann mit Schal jemals existiert hat oder noch existiert; und jede einzelne von der Polizei und den Zeugen aufgetane Tatsache beweist, daß er nicht existiert. Nein, Father Brown. Es gibt nur einen einzigen Weg, wie Sie diesen kleinen Taugenichts, von dem Sie so viel zu halten scheinen, rechtfertigen können. Und das ist, indem Sie seinen imaginären Mann beibringen. Und genau das ist es, was Sie nicht tun können.«

»Übrigens«, fragte der Priester abwesend, »ich nehme an, Sie sind aus dem Hotel gekommen, in dem Bruce seine Zimmer hat, Mr. Taylor?«

Taylor sah ein bißchen bestürzt aus und schien fast zu stottern. »Nun ja, er hatte immer diese Zimmer; sie sind praktisch sein Eigentum. Ich hab' ihn da aber tatsächlich diesmal nicht gesehen.«

»Ich nehme an, Sie sind mit ihm im Auto hergefahren«, bemerkte Brown, »oder sind Sie beide mit dem Zug gekommen?«

»Ich bin mit dem Zug gekommen und habe das Gepäck mitgebracht«, sagte der Sekretär ungeduldig. »Irgendwas hat ihn wohl aufgehalten. Ich habe ihn tatsächlich nicht mehr gesehen, seit er vor ein oder zwei Wochen Yorkshire allein verlassen hat.«

»Demnach sieht es so aus«, sagte der Priester sehr sanft, »daß, wenn nicht Muggleton ihn als letzter vor den wilden Meereswellen gesehen hat, Sie ihn als letzter auf den ebenso wilden Yorkshire-Mooren gesehen haben.«

Taylor wurde kreidebleich, aber er zwang seine kratzende Stimme zur Stetigkeit: »Ich habe niemals gesagt, daß Muggleton *Bruce* nicht auf der Pier gesehen hätte.«

»Nein; und warum haben Sie nicht?« fragte Father Brown. »Wenn er den einen Mann auf der Pier erfunden hat, warum sollte er dann nicht beide Männer auf der Pier erfinden? Natürlich wissen wir, daß Bruce existiert hat; aber wir scheinen nicht zu wissen, was ihm in den letzten Wochen zugestoßen ist. Vielleicht hat man ihn in Yorkshire zurückgelassen.«

Die reichlich schrille Stimme des Sekretärs steigerte sich fast zu einem Kreischen. Sein ganzer Lack gesellschaftlicher Gewandtheit schien abgegangen.

»Sie weichen nur aus! Sie kneifen ja nur! Sie versuchen ja nur, verrückte Andeutungen gegen mich an den Haaren herbeizuzerren, weil Sie einfach meine Frage nicht beantworten können.«

»Lassen Sie mal sehen«, sagte Father Brown, sich erinnernd. »Was war doch noch Ihre Frage?«

»Sie wissen gut genug, was sie war; und Sie wissen, daß die Sie verdammt in die Klemme gebracht hat. Wo ist der Mann mit dem Schal? Wer hat ihn gesehen? Wer hat je von ihm gehört oder gesprochen, außer diesem Ihrem kleinen Lügner? Wenn Sie uns überzeugen wollen, müssen Sie ihn herbeischaffen. Wenn er jemals existiert hat, dann könnte er sich auf den Hebriden verstecken oder nach Callao geflohen sein. Aber Sie müssen ihn herbeischaffen, und ich weiß, daß er nicht existiert. Alsdann! Wo ist er?«

»Ich glaube, daß er da drüben ist«, sagte Father Brown, und spähte und blinzelte in die näheren Wellen, die rund um die eisernen Pfeiler der Pier wuschen; wo sich die beiden Gestalten des Agenten und des alten Fischers und Predigers immer noch dunkel vor dem grünen Glühen des Wassers abhoben. »Ich meine in dieser Art von Netz, das da im Meer herumtreibt.«

Wie verblüfft auch immer, Inspektor Grinstead ergriff blitzschnell die Initiative und strebte zum Strand hinab.

»Wollen Sie sagen«, schrie er, »daß die Leiche des Mörders sich in dem Netz des alten Burschen befindet?«

Father Brown nickte, während er den kiesigen Abhang hinab folgte; und noch während sie sich vorwärtsbewegten, wandte sich Klein Muggleton, der Agent, um und begann, denselben Abhang hinaufzuklimmen, sein ganzer dunkler Umriß eine einzige Pantomime der Verblüffung und der Entdeckung.

»Es ist trotz allem, was wir gesagt haben, wahr«, keuchte er. »Der Mörder hat versucht, ans Ufer zu schwimmen, und ist bei dem Wetter natürlich ertrunken. Oder aber er hat wirklich Selbstmord begangen. Auf jeden Fall ist er tot ins Fischernetz vom Alten Schwefler getrieben, und das hat der alte Irre gemeint, als er sagte, er angle nach toten Männern.«

Der Inspektor rannte das Ufer hinab mit einer Behendigkeit, die sie alle übertraf, und wurde gehört, wie er Befehle schrie. In wenigen Augenblicken hatten die Fischer und einige Müßiggänger mit Hilfe der Polizisten das Netz eingeholt und rollten es mit seiner Last auf den nassen Sand, der im Licht des Sonnenunterganges schimmerte. Der Sekretär blickte auf das, was da im Sand lag, und die Worte erstarben ihm auf den Lippen. Denn was da auf dem Sand lag, war in der Tat der Körper eines riesigen Mannes in Lumpen, mit etwas buckligen mächtigen Schultern und einem knochigen Adlergesicht; und ein großer roter zerfetzter Wollschal erstreckte sich über den Sonnenuntergangssand wie ein großer Blutfleck. Aber Taylor starrte nicht auf den blutbesudelten Schal oder die märchenhafte Gestalt, sondern auf das Gesicht; und sein eigenes Gesicht war ein Kampfplatz von Ungläubigkeit und Mißtrauen.

Der Inspektor wandte sich Muggleton sofort mit einer neuen Miene der Höflichkeit zu.

»Das bestätigt allerdings Ihre Geschichte«, sagte er. Und bis er den Tonfall dieser Worte vernahm, hatte Muggleton niemals geahnt, daß seiner Geschichte fast überall nicht geglaubt worden war. Niemand hatte ihm geglaubt. Niemand außer Father Brown.

Deshalb machte er, als er sah, daß Father Brown sich von der Gruppe davonstahl, eine Bewegung, um in seiner Gesellschaft zu verschwinden; aber sogar da ließ ihn die Entdeckung fast stocken, daß der Priester erneut von der tödlichen Anziehungskraft der spaßigen kleinen Automaten fortgezogen wurde. Er sah sogar den ehrwürdigen Herrn nach einem Penny fummeln. Er hielt jedoch mit der Münze zwischen Zeigefinger und Daumen inne, als der Sekretär zum letztenmal mit seiner lauten, mißtönenden Stimme sprach.

»Und ich nehme an, wir können hinzufügen«, sagte er, »daß die monströsen und dämlichen Vorwürfe gegen mich ebenfalls erledigt sind.«

»Mein lieber Herr«, sagte der Priester, »ich habe niemals Vorwürfe gegen Sie erhoben. Ich bin kein solcher Narr, anzunehmen, daß Sie zuerst Ihren Arbeitgeber in Yorkshire ermordeten und dann herkamen, um wie ein Narr mit seinem Gepäck herumzumachen. Alles, was ich gesagt habe, war, daß ich einen viel besseren Fall gegen Sie aufbauen könnte, als Sie das so energisch gegen den armen Mr. Muggleton taten. Dennoch kann ich Ihnen, wenn Sie wirklich die Wahrheit über diese Angelegenheit erfahren wollen (und ich versichere Ihnen, daß die Wahrheit keineswegs schon allgemein erfaßt wird), einen Hinweis sogar aus Ihren eigenen Angelegenheiten geben. Es *ist* eine reichlich komische und bedeutungsvolle Sache, daß Mr. Bruce, der Millionär, an keinem seiner üblichen Aufenthaltsorte seit Wochen gesehen wurde, bevor er wirklich getötet wurde. Und da Sie ein vielversprechender Amateurdetektiv zu sein scheinen, rate ich Ihnen, in dieser Richtung zu arbeiten.«

»Was meinen Sie damit?« fragte Taylor scharf.

Aber er bekam keine Antwort von Father Brown, der sich aufs neue vollständig darauf konzentrierte, den Handgriff der kleinen Maschine zu führen, der zuerst eine Puppe herausspringen und dann eine andere hinterherspringen machte.

»Father Brown«, sagte Muggleton, dessen alter Ärger schwach wieder auflebte, »würden Sie mir wohl sagen, warum Sie dieses dämliche Ding so sehr lieben?«

»Aus einem einzigen Grunde«, erwiderte der Priester und spähte aufmerksam in den Glaskasten der Puppenschau. »Weil er das Geheimnis dieser Tragödie enthält.«

Dann richtete er sich plötzlich auf und sah seinen Gefährten ernsthaft an.

»Ich habe die ganze Zeit über gewußt«, sagte er, »daß Sie die Wahrheit erzählten und das Gegenteil der Wahrheit.«

Muggleton konnte ob der Wiederkehr all der Rätsel nur erstaunt starren.

»Es ist ganz einfach«, fügte der Priester hinzu und senkte seine Stimme. »Die Leiche da drüben mit dem blutroten Schal ist die Leiche von Braham Bruce, dem Millionär. Und es wird keine andere geben.«

»Aber die beiden Männer«, begann Muggleton, und dann blieb ihm der Mund offen stehen.

»Ihre Beschreibung der beiden Männer war bewunderungswürdig lebhaft«, sagte Father Brown. »Ich versichere Ihnen, ich werde sie bestimmt so schnell nicht vergessen. Sie haben, wenn ich so sagen darf, literarische Talente; vielleicht würde Ihnen der Journalismus mehr Spielraum geben als das Detektivsein. Ich glaube, ich erinnere mich an praktisch jede Einzelheit einer jeden Person. Nur hat mich, wissen Sie, jeder Punkt sonderbarerweise genau entgegengesetzt angesprochen wie Sie. Beginnen wir mit dem ersten, den Sie erwähnten. Sie sagten, daß der erste Mann, den Sie gesehen haben, einen unbeschreiblichen Ausdruck von Autorität und Würde zeigte. Und da sagten Sie zu sich selbst: ›Das ist der Trustmagnat, der große Kaufmannskönig, der Beherrscher der Märkte.‹ Als aber ich von diesem Ausdruck der Würde und der Autorität hörte, sagte ich zu mir selbst: ›Das ist der Schauspieler; alles an ihm ist Schauspieler.‹ Einen solchen Ausdruck bekommen Sie nicht, wenn Sie Präsident der Chain Store Amalgamation Company sind. Diesen Ausdruck bekommen Sie, wenn Sie der Geist von Hamlets Vater sind, oder Julius Caesar, oder König Lear, und Sie werden ihn nie wieder ganz verlieren. Sie konnten von seiner Kleidung nicht genug sehen, um sagen zu können, ob sie wirklich abgerissen war, aber Sie haben einen Streifen Pelz gesehen und einen einigermaßen modischen Schnitt erkannt; und wieder sagte ich zu mir: ›Der Schauspieler‹. Als nächstes, und bevor wir in die Einzelheiten des anderen Mannes gehen, bemerkten Sie das eine Ding an ihm, das sich augenscheinlich an dem ersten Mann nicht befand. Sie haben gesagt, der zweite Mann sei nicht nur zerlumpt gewesen, sondern auch unrasiert, fast wie ein Bärtiger. Nun haben wir alle abgerissene Schauspieler gesehen, schmutzige Schauspieler, betrunkene Schauspieler, aufs übelste beleumundete Schauspieler. Aber ein stoppelbärtiger Schauspieler, mit Job oder gar auf der Suche nach einem, ist etwas, was man auf dieser Erde kaum je erblickt hat. Andererseits ist das Rasieren fast immer das erste, was ein Herr oder ein wohlhabender Exzentriker aufgibt, der sich wirklich aufgibt. Nun haben wir allen Grund anzunehmen, daß unser Freund, der Millionär, sich wirklich aufgegeben hat. Sein Brief war der Brief eines Mannes, der sich schon aufgegeben hatte. Aber es war nicht nur Vernachlässigung, die ihn armselig und schäbig aussehen ließ. Begreifen Sie denn nicht, daß der Mann sich praktisch verkroch? Deshalb ist er nicht in sein Hotel gegangen; und deshalb hat ihn sein eigener Sekretär seit Wochen nicht mehr gesehen. Er war ein Millionär; aber sein einziges Ziel war es, ein vollkommen verkleideter Millionär zu sein. Haben Sie je *Die Frau in Weiß* gelesen? Erinnern Sie sich nicht daran, daß der modische und luxusliebende Graf Fosco, der vor einer Geheimgesellschaft um sein Leben floh, in der blauen Bluse eines einfachen französischen Arbeiters erstochen aufgefunden wurde? Kommen wir nun für einen Augenblick auf das Benehmen dieser beiden Männer zurück. Sie sahen den ersten Mann ruhig und gesammelt und sagten zu sich: ›Das ist das unschuldige Opfer‹; obwohl der Brief des unschuldigen Opfers alles andere als ruhig und gesammelt war; und ich sagte zu mir: ›Das ist der Mörder.‹ Warum sollte der auch etwas anderes als ruhig und gesammelt sein? Er wußte, was er zu tun vorhatte. Er hatte sich schon vor langer Zeit entschlossen, es zu tun; wenn er jemals einen Anflug von Zögern oder von Reue gehabt hat, so hatte er sich dagegen schon ver- . härtet, ehe er die Szene betrat – oder wie wir in diesem Fall sagen könnten, die Bühne. Es war nicht anzunehmen, daß er besonderes Lampenfieber haben würde. Er zog seine Pistole nicht hervor und wedelte nicht damit umher; warum hätte er sollen? Er behielt sie in der Tasche, bis er sie brauchte; sehr wahrscheinlich schoß er durch die Tasche. Der andere Mann fummelte mit seiner Pistole herum, weil er so nervös wie eine Katze war und sehr wahrscheinlich niemals zuvor eine Pistole gehabt hat. Er tat das aus demselben Grund, aus dem er mit den Augen rollte; und ich erinnere daran, daß selbst in Ihrer unbewußten Zeugenaussage ausdrücklich festgehalten wird, daß er sie *rückwärts* rollte. Tatsächlich blickte er hinter sich. Tatsächlich war er nicht der Verfolger, sondern der Verfolgte. Aber weil Sie zufällig den ersten Mann zuerst gesehen haben, konnten Sie nicht anders als annehmen, der andere Mann komme hinter ihm her. Nach der reinen Mathematik und der reinen Mechanik rannte jeder von ihnen hinter dem anderen her – genau wie die anderen.«

»Welche anderen?« erkundigte sich der verwirrte Detektiv.

»Was denn, diese hier«, schrie Father Brown und schlug mit dem kleinen hölzernen Spaten, der während dieser ganzen mörderischen Mysterien so unpassend in seiner Hand verblieben war, auf die Maschine. »Diese kleinen Uhrwerkpuppen, die einander auf ewig rundherum jagen. Wir wollen sie nach den Farben ihrer Jacken Mr. Blue und Mr. Red nennen. Ich hatte zufällig mit Mr. Blue angefangen, und also sagten die Kinder, Mr. Red renne hinter ihm her; es würde aber genau andersherum ausgesehen haben, wenn ich mit Mr. Red begonnen hätte.«

»Ja, ich fange an zu verstehen«, sagte Muggleton; »und ich vermute, daß alles übrige dazu paßt. Die Familienähnlichkeit richtet sich natürlich nach beiden Seiten, und sie haben den Mörder die Pier nicht verlassen sehen ...«

»Sie haben niemals nach dem Mörder gesucht, der die Pier verließ«, sagte der andere. »Niemand hat ihnen gesagt, nach einem ruhigen, sauber rasierten Herrn im Astrachanmantel Ausschau zu halten. Das ganze Geheimnis seines Verschwindens hing an Ihrer Beschreibung eines mächtigen Kerls mit rotem Halsschal. Die einfache Wahrheit aber war, daß der Schauspieler im Astrachanmantel den Millionär in den roten Lumpen ermordete, und da liegt die Leiche des armen Kerls. Es ist wie mit der roten und der blauen Puppe; und nur weil Sie den einen zuerst sahen, rieten Sie falsch, was rot vor Rache war und was blau vor Angst.«

An diesem Punkt begannen zwei oder drei Kinder über die Dünen zu krabbeln, und der Priester winkte ihnen mit dem hölzernen Spaten zu und pochte dabei theatralisch auf den Automaten. Muggleton erriet, daß das hauptsächlich geschah, um sie davon abzuhalten, zu dem entsetzlichen Haufen auf dem Strand zu strolchen.

»Noch ein einziger Penny übrig in der Welt«, sagte Father Brown, »und dann müssen wir zum Tee nach Hause. Weißt du, Doris, ich mag diese Drehspiele, die einfach herum und herum gehen wie das Maulbeerbaumspiel. Schließlich hat Gott all die Sonnen und die Sterne gemacht, damit sie Maulbeerbaum spielen. Aber all diese anderen Spiele, bei denen einer den anderen einholen muß, bei denen die Läufer Rivalen sind und Kopf an Kopf rennen und sich einander ausstechen wollen, na ja – es scheint, als ob sich noch viel üblere Dinge ereigneten. Ich mag es, mir vorzustellen, wie Mr. Red und Mr. Blue stets mit ungedämpftem Spaß springen, beide frei und gleich; und keiner tut je dem anderen weh. ›Zärtlicher Liebhaber, niemals, niemals wirst du küssen – oder töten.‹ Glücklicher, glücklicher Mr. Red!

›Er kann sich nicht verwandeln; und obwohl
du dein Glück nicht hast,
Wirst du auf ewig springen; und er wird Blue sein.‹«

Und nachdem er dieses bemerkenswerte Zitat von Keats mit
einigem Gefühl vorgetragen hatte, schob sich Father Brown den
kleinen Spaten unter den einen Arm, gab zweien von den Kindern die Hand und stapfte mit ihnen feierlich das Ufer hinan,
teewärts.

DAS VERBRECHEN
DES KOMMUNISTEN

*D*rei Männer kamen unter den niedriggeschwungenen Tudorarkaden in der lieblichen Fassade des Mandeville College
heraus in das starke Sonnenlicht eines Sommertages, der niemals enden zu wollen schien; und in jenem Sonnenlicht sahen
sie etwas, das sie wie ein Blitzschlag traf; wohl geeignet, der
Schock ihres Lebens zu sein.

Noch ehe ihnen etwas in der Art einer Katastrophe klar wurde,
wurden sie sich eines Gegensatzes bewußt. Sie selbst stimmten
auf sonderbar ruhige Weise mit ihrer Umgebung überein. Obwohl
die Tudorarkaden, die wie ein Kreuzgang um die Collegegärten
liefen, vor vierhundert Jahren erbaut worden waren, zu jenem
Zeitpunkt, da die Gotik aus dem Himmel zurückstürzte und sich
über die gemütlicheren Gemächer des Humanismus und der Wie-
derbelebung des Lernens beugte oder geradezu duckte – obwohl
sie selbst moderne Kleidung trugen (also Kleidung, deren Häß-
lichkeit jedes der vier Jahrhunderte verblüfft haben würde) –, war
da doch etwas im Geist des Ortes, der sie alle zu einem machte. Die
Gärten waren so sorgfältig gepflegt, daß sie den höchsten Triumph
feierten, unbesorgt auszusehen; die Blumen selbst schienen
schön durch Zufall, wie elegante Unkräuter; und die moderne
Kleidung wies zumindest all jenes Pittoreske auf, das durch Un-
ordentlichkeit hervorgerufen werden kann. Der erste der drei, ein
großer, kahler, bärtiger Maibaum von einem Mann, war mit Barett
und Talar eine bekannte Erscheinung im Binnenhof; der Talar
glitt ihm von einer seiner hängenden Schultern. Der zweite war
sehr breitschultrig, klein und massiv, mit einem ziemlich fröhlichen Grinsen, normal mit Jackett bekleidet, den Talar über dem
Arm. Der dritte war noch kleiner und in seiner schwarzen kleri-
kalen Kleidung sehr viel schäbiger. Doch sie alle schienen zum

Mandeville College zu passen; und zu der unbeschreiblichen Atmosphäre der beiden alten und einzigartigen Universitäten Englands. Sie paßten dazu, und sie gingen in ihr auf; was dort als das Passendste betrachtet wird.

Die beiden Männer, die da auf Gartenstühlen an einem kleinen Tischchen saßen, bildeten eine Art brillanten Schmutzflecks in dieser grau-grünen Landschaft. Sie waren fast vollständig in Schwarz gekleidet, und doch glitzerten sie vom Kopf bis zu den Füßen, von ihren glänzenden Zylindern bis zu ihren perfekt polierten Stiefeletten. Es wurde undeutlich als Frevel empfunden, daß jemand sich so wohlbekleidet in der so wohlerzogenen Freiheit des Mandeville College bewegte. Die einzige Entschuldigung war, daß sie Ausländer waren. Der eine war ein Amerikaner, ein Millionär namens Hake, gekleidet auf die makellose und glänzende Herrenweise, die lediglich die Reichen New Yorks beherrschen. Der andere, der zu alldem auch noch den Frevel eines Astrachanüberziehers hinzufügte (von dem Paar üppiger Backenbärte ganz zu schweigen), war ein deutscher Graf von immensem Reichtum, dessen Name mit seinem kürzesten Teil von Zimmern lautete. Das Rätsel dieser Geschichte ist jedoch nicht das Rätsel, warum sie da waren. Sie waren da aus jenem Grund, der gemeinhin das Zusammentreffen von unvereinbaren Dingen erklärt; sie wollten dem College Geld stiften. Sie waren zur Unterstützung eines Planes erschienen, den eine Reihe von Finanziers und Magnaten aus vielen Ländern unterstützte, nämlich einen neuen Lehrstuhl für Wirtschaft im Mandeville College zu gründen. Sie hatten sich das College mit jener unermüdlich gewissenhaften Besichtigungsweise angesehen, zu der kein Sohn Evas fähig ist außer dem Amerikaner und dem Deutschen. Und nun erholten sie sich von ihren Anstrengungen und betrachteten feierlich die Collegegärten. So weit, so gut.

Die drei anderen Männer, die ihnen bereits begegnet waren, gingen mit flüchtigem Gruß vorüber; doch dann blieb einer von ihnen stehen; der kleinste der drei, in der schwarzen Klerikerkleidung.

»Ich muß sagen«, sagte er mit dem Ausdruck eines ziemlich erschreckten Kaninchens, »mir gefällt der Anblick dieser Männer gar nicht.«

»Guter Gott! Wem sollte er?« stieß der große Mann hervor, der zufällig der Master von Mandeville College war. »Wir wenigstens haben einige reiche Männer, die nicht wie Schneiderpuppen aufgeputzt herumlaufen.«

»Ja«, zischte der kleine Kleriker, »das meine ich ja. Wie Schneiderpuppen.«

»Warum, was meinen Sie denn?« fragte der kürzere der beiden anderen Männer scharf.

»Ich meine, sie sehen aus wie scheußliche Wachspuppen«, sagte der Kleriker mit schwacher Stimme. »Ich meine, sie bewegen sich nicht. Warum bewegen sie sich nicht?«

Plötzlich brach er aus seiner undeutlichen Zurückhaltung aus, schoß quer durch den Garten und berührte den deutschen Freiherrn am Ellbogen. Der deutsche Freiherr fiel um, mit Stuhl und allem, und die behosten Beine, die in die Luft ragten, waren so steif wie die Beine des Stuhls.

Mr. Gideon P. Hake fuhr fort, mit glasigen Augen in die Collegegärten zu starren; und die Ähnlichkeit mit einer Wachspuppe bestätigte den Eindruck, daß sie wie Augen aus Glas aussahen. Irgendwie verstärkten das reiche Sonnenlicht und der bunte Garten den unheimlichen Eindruck einer förmlich gekleideten Puppe; einer Marionette auf einer italienischen Bühne. Der kleine Mann in Schwarz, der ein Priester namens Brown war, berührte versuchsweise die Schulter des Millionärs, und der Millionär fiel zur Seite, scheußlich in einem Stück, wie eine Holzskulptur.

»*Rigor mortis*«, sagte Father Brown, »und so rasch. Aber da gibt es große Unterschiede.«

Der Grund dafür, daß die drei Männer sich den beiden anderen Männern so spät (um nicht zu sagen zu spät) angeschlossen hatten, wird am besten verstanden werden, wenn man zur Kenntnis nimmt, was sich innerhalb des Gebäudes gerade hinter den

Tudorarkaden ereignet hatte, nur kurze Zeit, bevor sie heraus-
kamen. Sie hatten alle zusammen im Speisesaal an der Hohen
Tafel gegessen; aber die beiden ausländischen Philantropen,
Sklaven der Pflicht, alles zu sehen, waren feierlich zurück in die
Kapelle geschritten, von der ein Säulengang und ein Treppenauf-
gang noch ununtersucht geblieben waren, mit dem Versprechen,
die anderen im Garten zu treffen, um dann ebenso ernsthaft die
Collegezigarren zu untersuchen. Die anderen hatten sich in ehr-
furchtsvollerem und rechtgläubigerem Geist wie üblich an die
lange schmale Eichentafel zurückgezogen, um die der Nach-
tischwein kreiste, nach bestem Wissen aller, seit das College im
Mittelalter von Sir John Mandeville gegründet worden war, zur
Förderung des Erzählens von Geschichten. Der Master mit dem
üppigen blonden Bart und der kahlen Stirn nahm Platz am Kopf-
ende der Tafel, und der untersetzte Mann in der eckigen Jacke
saß zu seiner Linken; denn er war der Quästor oder Geschäftsver-
walter des College. Neben ihm auf jener Seite der Tafel saß ein
sonderbar aussehender Mann mit einem Gesicht, das man nur
krumm nennen kann, denn die dunklen Büschel des Schnurrbarts
und der Augenbrauen, die sich in entgegengesetzte Winkel neig-
ten, schufen eine Art Zickzack, als ob sein Gesicht zur Hälfte ge-
kräuselt oder gelähmt wäre. Sein Name war Byles; er war Lek-
tor für Römische Geschichte, und seine politischen Ansichten
gründeten auf denen Coriolans, von Tarquinius Superbus ganz zu
schweigen. Dieses saure Torytum und diese rabiat reaktionäre
Sicht auf alle aktuellen Probleme ist unter der eher altmodisch
gesonnenen Art von Dozenten nicht eben unbekannt; doch im
Falle von Byles gab es Andeutungen, daß sie eher das Ergebnis denn der Grund seiner Bitterkeit waren. Mehr als ein scharfer Beobachter hatte den Eindruck gewonnen, daß mit Byles
wirklich etwas nicht stimmte; daß irgendein Geheimnis oder
irgendein großes Unglück ihn verbittert hatte; als ob jenes halb-
verwitterte Gesicht tatsächlich zerschmettert worden sei wie ein
vom Sturm zerfetzter Baum. Wiederum neben ihm saß Father
Brown, und am Ende der Tafel ein Professor der Chemie, groß

und blond und gleichgültig, mit Augen, die schläfrig waren und vielleicht ein bißchen verschlagen. Es war wohl bekannt, daß dieser Naturphilosoph die anderen Philosophen von klassischerer Tradition als verknöcherte Mummelgreise ansah. Auf der anderen Seite der Tafel befand sich gegenüber von Father Brown ein schweigsamer junger Mann von sehr dunklem Teint mit einem schwarzen Spitzbart, der eingeführt worden war, weil jemand darauf bestanden hatte, daß es einen Lehrstuhl für Persisch gebe; gegenüber dem düsteren Byles gab es einen sehr milde blickenden kleinen Kaplan mit einem Kopf wie ein Ei. Gegenüber dem Quästor und zur Rechten des Masters gab es einen leeren Sessel; und von den Anwesenden waren viele froh, ihn leer zu sehen.

»Ich weiß nicht, ob Craken kommen wird«, sagte der Master, nicht ohne einen nervösen Blick zu dem Sessel hin, der in Widerspruch zu seinem üblichen trägen Verhalten stand. »Ich bin selbst dafür, den Leuten möglichst lange Leine zu geben; aber ich gestehe, daß ich den Punkt erreicht habe, an dem ich froh bin, wenn er hier ist, weil er dann wenigstens nirgendwo anders sein kann.«

»Weiß nie, was er als nächstes anstellt«, sagte der Quästor fröhlich, »vor allem, wenn er die Jungen unterrichtet.«

»Brillanter Kerl, aber natürlich voll feuriger Leidenschaften«, sagte der Master und fiel geradezu abrupt in seine Zurückhaltung zurück.

»Feuerwerk ist feurig, und auch brillant«, grummelte der alte Byles, »aber ich lege keinen Wert darauf, in meinem Bett zu verbrennen, nur damit Craken als ein wirklicher Guy Fawkes auftreten kann.«

»*Glauben* Sie wirklich, er würde sich einer Revolution der physischen Gewalt anschließen, wenn es denn eine gäbe?« fragte der Quästor lächelnd.

»Nun, *er* jedenfalls glaubt, er würde«, sagte Byles scharf. »Hat doch einem ganzen Saal voller Studenten dieser Tage vorgeredet, jetzt könne nichts mehr verhindern, daß der Klassenkampf in einen wirklichen Kampf umschlage, mit Töten in den Straßen der Stadt; und das spiele auch keine Rolle, solange es nur im Kommunismus und dem Sieg der Klasse der Werktätigen ende.«

»Der Klassenkampf«, murmelte der Master nachdenklich mit einer gewissen durch Abstand gemilderten Abneigung; denn er hatte vor langer Zeit William Morris gekannt und war mit den künstlerischeren und gemächlicheren Sozialisten vertraut genug gewesen. »Ich werde das mit diesem ganzen Klassenkampf nie verstehen. Als ich jung war, ging man davon aus, der Sozialismus behaupte, daß es keine Klassen gebe.«

»Nur 'ne andere Art zu sagen, daß Sozialisten keine Klasse haben«, sagte Byles mit saurem Vergnügen.

»Natürlich müssen Sie ihnen feindseliger gegenüberstehen als ich«, sagte der Master nachdenklich, »aber ich nehme an, daß mein Sozialismus wohl fast ebenso altmodisch ist wie Ihr Torytum. Frage mich nur, was unsere jüngeren Freunde wirklich denken. Was denken Sie, Baker?« fragte er abrupt den Quästor zu seiner Linken.

»Oh, ich denke *nicht*, wie man vulgär sagt«, sagte der Quästor lachend. »Sie sollten daran denken, daß ich eine sehr vulgäre Person bin. Ich bin kein Denker. Ich bin nur Geschäftsmann; und als Geschäftsmann denke ich, daß das alles Quatsch ist. Man kann die Menschen nicht gleichmachen, und es ist 'ne verdammt schlechte Geschäftsführung, sie gleich zu bezahlen; vor allem all die, die es überhaupt nicht wert sind, bezahlt zu werden. Worum es auch immer geht, Sie müssen den praktischen Ausweg nehmen, weil es der einzige Ausweg ist. Ist ja schließlich nicht unser Fehler, wenn die Natur alles als Durcheinander angerührt hat.«

»Darin stimme ich Ihnen zu«, sagte der Professor der Chemie mit einem Lispeln, das bei einem so großen Mann kindisch wirkte. »Der Kommunismus gibt sich ach so modern; aber ist es nicht. Rückfall in den Aberglauben von Mönchen und primitiven Stämmen. Eine wissenschaftliche Regierung mit einer wirklich ethischen Verantwortung gegenüber der Nachwelt würde immer nach der Linie des Versprechens und des Fortschritts suchen; nicht danach, alles einzuebnen und wieder in den Schlamm zurückzudrücken. Sozialismus ist Sentimentalismus; und gefährlicher als die Pest, denn die würden wenigstens die Geeignetsten überleben.«

Der Master lächelte ein wenig traurig. »Sie wissen, daß Sie und ich niemals die gleiche Meinung über Meinungsverschiedenheiten haben werden. Hat nicht irgendwer hier über das Spazierengehen mit einem Freund am Fluß gesagt: ›Nicht viel Meinungsunterschied, außer in den Ansichten.‹ Ist nicht das das Motto einer Universität? Hunderte von Meinungen zu haben und nicht meinungsstarr zu sein? Wenn Leute hier stürzen, dann durch das, was sie sind, und nicht durch das, was sie denken. Vielleicht bin ich ein Überbleibsel des 18. Jahrhunderts, aber ich neige der alten sentimentalen Häresie zu: ›Um Glaubensformen mögen ohne Grazie Zeloten fechten; nicht irre geht, deß Leben ist im Rechten.‹ Was halten Sie davon, Father Brown?«

Er blickte etwas boshaft zu dem Priester hinüber und schrak leicht zusammen. Denn bisher hatte er den Priester immer fröhlich und liebenswürdig und angenehm im Umgang gefunden; und sein rundes Gesicht war meistens voller guter Laune. Aus irgendwelchen Gründen aber war des Priesters Gesicht in diesem Augenblick von einem sehr viel düstereren Unbehagen durchrunzelt, als je einer der Gesellschaft zuvor auf ihm erblickt hatte; so, daß für einen Augenblick jenes gewöhnliche Aussehen tatsächlich düsterer und ominöser wirkte als das sorgenverzerrte Gesicht von Byles. Einen Augenblick später schien indes die Wolke vorübergezogen zu sein; doch Father Brown sprach immer noch mit einer gewissen Nüchternheit und Festigkeit.

»Ich halte davon überhaupt nichts«, sagte er kurz. »Wie kann sein Leben im Rechten sein, wenn seine ganze Ansicht vom Leben falsch ist? Das ist ein moderner Wirrwarr, daraus entstanden, weil die Leute keine Ahnung haben, wie sehr sich die

Ansichten vom Leben unterscheiden können. Baptisten und Methodisten wußten, daß sie sich in Fragen der Moral nicht sehr unterscheiden; aber sie unterschieden sich schließlich auch nicht sehr in Fragen der Religion oder der Philosophie. Ganz anders wird das, wenn man von den Baptisten zu den Anabaptisten kommt; oder von den Theosophisten zu den Thugs. Häresien verändern immer die Moralität, wenn sie nur häretisch genug sind. Ich nehme an, daß ein Mann ehrlich glauben kann, Diebstahl sei nichts Falsches. Aber welchen Sinn hat es zu sagen, daß er ehrlich an die Unehrlichkeit glaubt?«

»Verflucht richtig«, sagte Byles mit einer wilden Verzerrung seines Gesichts, von der manche glaubten, sie sei als freundliches Lächeln gedacht. »Und deshalb bin ich gegen die Einrichtung eines Lehrstuhls für Theoretisches Stehlen an diesem College.«

»Na ja, natürlich sind Sie alle sehr gegen den Kommunismus«, sagte der Master mit einem Seufzen. »Aber glauben Sie wirklich, daß darin genug stecke, um dagegen zu sein? Erscheinen Ihnen diese Häresien wirklich groß genug, um gefährlich zu sein?«

»Ich glaube, sie sind schon so groß geworden«, sagte Father Brown gewichtig, »daß sie in manchen Kreisen bereits als selbstverständlich erachtet werden. Sie sind tatsächlich unbewußt. Das heißt ohne Gewissen.«

»Und die Folge davon«, sagte Byles, »wird der Ruin dieses Landes sein.«

»Die Folge davon wird etwas viel Schlimmeres sein«, sagte Father Brown.

Ein Schatten schoß oder glitt rasch über die gegenüberliegende holzgetäfelte Wand, dem ebenso rasch die Gestalt folgte, die ihn geworfen hatte; eine große, aber gebeugte Gestalt mit einem undeutlichen Umriß wie ein Greifvogel; betont noch durch die Tatsache, daß ihr plötzliches Erscheinen und ihr rasches Vorübergleiten dem eines aufgeschreckten und aus dem Busch auffliegenden Vogels glich. Es war nur die Gestalt eines langgliedrigen, hochschultrigen Mannes mit lang herabhängendem Schnurrbart und ihnen allen eigentlich vertraut genug; aber irgendwas in diesem Dämmerlicht und Kerzenlicht und in dem flüchtigen und dahinstreifenden Schatten verband es auf sonderbare Weise mit des Priesters unbewußten Schicksalsworten; für alle Welt, als ob jene Worte tatsächlich ein Vorzeichen gewesen wären, im altrömischen Sinn; und ihr Zeichen der Flug eines Vogels. Vielleicht hätte Mr. Byles eine Vorlesung über solche römischen Vorzeichen geben können; und besonders über jenen Vogel von übler Vorbedeutung.

Der große Mann schoß wie sein eigener Schatten an der Wand entlang, bis er in den leeren Sessel zur Rechten des Masters sank und hinüber auf den Quästor und die übrigen mit hohlen und tiefliegenden Augen blickte. Seine herabhängenden Haare waren ebenso wie sein herabhängender Schnurrbart ziemlich blond, aber seine Augen lagen so tief in ihren Höhlen, daß sie schwarz hätten sein können. Jeder wußte, oder konnte erraten, wer der Neuankömmling war; aber es erfolgte sofort ein Zwischenfall, der die Situation ausreichend beleuchtete. Der Professor für Römische Geschichte erhob sich steif auf seine Füße, stolzierte steifbeinig aus dem Raum und deutete so mit wenig *finesse* seine Gefühle darüber an, mit dem Professor für Theoretischen Diebstahl – anders ausgedrückt dem Kommunisten –, Mr. Craken, an einem Tisch zu sitzen.

Der Master von Mandeville überspielte die unbehagliche Situation mit nervösem Takt. »Ich habe Sie verteidigt, mein lieber Craken, oder wenigstens einige Ihrer Ansichten«, sagte er lächelnd, »obwohl ich sicher bin, daß Sie an mir nichts Verteidigungswürdiges finden würden. Aber ich kann nicht vergessen, daß die alten Sozialistenfreunde meiner Jugend ein sehr schönes Ideal von Brüderlichkeit und Kameradschaft hatten. William Morris hat das in einem Satz zusammengefaßt: ›Kameradschaftlichkeit ist der Himmel; und Mangel an Kameradschaftlichkeit ist die Hölle.‹«

»Dozenten als Demokraten; siehe die Überschrift«, sagte Mr. Craken reichlich unangenehm. »Und wird Hartkern-Hake den neuen Wirtschaftsstuhl der Erinnerung an William Morris widmen?«

»Nun«, sagte der Master und hielt immer noch eine verzweifelte Freundlichkeit aufrecht, »ich hoffe doch, wir können in einem gewissen Sinn sagen, daß alle unsere Lehrstühle Lehrstühle der guten Kameradschaftlichkeit sind.«

»Ja; das ist die akademische Version der Morris-Maxime«, grummelte Craken. »Eine Inhaberschaft ist der Himmel; und Mangel an Inhaberschaft die Hölle.«

»Seien Sie doch nicht so widerspenstig, Craken«, mischte sich der Quästor munter ein. »Nehmen Sie sich einen Port. Tenby, geben Sie Mr. Craken den Port.«

»Na schön, ich werde mir ein Glas nehmen«, sagte der Kommunisten-Professor ein wenig weniger unfreundlich. »Ich bin tatsächlich runtergekommen, um im Garten zu rauchen. Aber dann habe ich aus dem Fenster geschaut und gesehen, daß Ihre beiden wertvollen Millionäre zur Zeit im Garten blühen; frische, unschuldige Knospen. Es könnte trotz allem der Mühe wert sein, ihnen einiges von meinen Gedanken zu vermitteln.«

Der Master hatte sich unter dem Deckmantel seiner letzten konventionellen Kordialität erhoben und war nur zu froh, es dem Quästor zu überlassen, sein Bestes bei dem Wilden Mann auszurichten. Auch andere hatten sich erhoben, und die Gruppen um die Tafel begannen aufzubrechen, und der Quästor und Mr. Craken blieben mehr oder weniger allein am Ende der langen Tafel zurück. Nur Father Brown saß weiterhin da und starrte mit reichlich umwölktem Ausdruck ins Leere.

»Ach, was das angeht«, sagte der Quästor, »ich bin sie selbst herzlich leid, um die Wahrheit zu sagen; ich habe den größeren Teil des Tages damit verbracht, mit ihnen Fakten und Zahlen und den ganzen Geschäftskram um diese neue Professur durchzugehen. Aber hören Sie mal, Craken«, und er lehnte sich über die Tafel und sprach in einer Art sanfter Nachdrücklichkeit, »Sie brauchen wegen dieser neuen Professur wirklich nicht so grob zu werden. Die berührt Ihr Thema doch wirklich nicht. Sie sind der einzige Professor für Politische Ökonomie im Mandeville, und obwohl ich nicht behaupten will, mit Ihren Überlegungen übereinzustimmen, weiß doch jeder, daß Sie einen europäischen Ruf haben. Das hier ist ein Sonderthema, das sie Angewandte Ökonomie nennen. Na ja, wie ich Ihnen schon gesagt habe, habe ich heute mehr als reichlich Angewandte Ökonomie gehabt. Mit anderen Worten, ich mußte mit zwei Geschäftsleuten Geschäfte besprechen. Würde es Ihnen besonderen Spaß machen, das zu tun? Würden Sie darauf neidisch sein? Würden Sie das durchstehen? Ist das nicht Beweis genug, daß es sich um ein eigenes Thema handelt und deshalb durchaus einen eigenen Lehrstuhl verdient?«

»Guter Gott«, rief Craken in der intensiven Anrufung des Atheisten aus. »Glauben Sie denn, ich wollte die Ökonomie nicht anwenden? Aber wenn wir sie anwenden, nennen Sie sie roter Ruin und Anarchie; und wenn Sie sie anwenden, nehme ich mir die Freiheit, das Ausbeutung zu nennen. Wenn Ihr Kerle nur bereit wäret, die Ökonomie anzuwenden, dann wäre es vielleicht möglich, daß die Menschen etwas zu essen bekommen. Wir sind die praktischen Leute; und deshalb habt Ihr Angst vor uns. Deshalb müßt Ihr Euch zwei schmierige Kapitalisten beschaffen, um eine neue Professur zu starten, nur weil ich die Katze aus dem Sack gelassen habe.«

»Eher eine wilde Katze«, sagte der Quästor lächelnd, »die Sie da aus dem Sack gelassen haben, oder nicht?«

»Und eher ein Goldsack«, sagte Craken, »in den Sie die Katze wieder einschnüren wollen, oder nicht?«

»Na schön, ich nehme nicht an, daß wir uns jemals über all dieses einig werden«, sagte der andere. »Aber diese Burschen sind aus der Kapelle in den Garten gegangen; und wenn Sie da rauchen wollen, kommen Sie jetzt besser mit.« Er beobachtete mit einiger Erheiterung, wie sein Gefährte in all seinen Taschen herumkramte, bis er seine Pfeife herausbrachte; dann erhob sich Craken und starrte sie mit abwesender Miene an, aber selbst darob schien er sich erneut überall abzutasten. Mr. Baker, der

Quästor, beendete die Auseinandersetzung mit einem glücklichen Versöhnungslachen.»Ihr seid die praktischen Leute, und
Ihr wollt die ganze Stadt mit Dynamit in die Luft jagen. Nur
werdet Ihr vermutlich das Dynamit vergessen, wie Sie – ich
wette – auch Ihren Tabak vergessen haben. Tut nichts, hier, nehmen Sie von meinem. Streichhölzer?« Er warf den Tabaksbeutel
mit Zubehör über die Tafel; damit ihn Mr.Craken mit jener
Geschicklichkeit auffangen konnte, die ein Cricketspieler niemals verlernt, selbst wenn er sich Ansichten zulegt, die allgemein als nicht cricketgemäß angesehen werden. Die beiden
Männer standen zusammen auf; aber Baker konnte sich die
Bemerkung nicht verkneifen:»Seid Ihr wirklich die einzigen
praktischen Leute? Gibt es nicht doch etwas zugunsten der An-
gewandten Ökonomie zu sagen, die daran denkt, einen Tabaksbeutel zunebst der Pfeife mitzuführen?«

Craken sah ihn mit glühenden Augen an; und sagte schließlich, nachdem er langsam den Rest seines Weines ausgetrunken
hatte:»Wollen wir sagen, es gibt noch eine andere Art des Prak-
tischseins. Ich gebe zu, daß ich Einzelheiten vergesse und so
weiter. Was ich möchte, das Sie verstünden, ist –«, er gab den
Tabaksbeutel automatisch zurück; aber seine Augen waren weit
weg und funkelten tiefschwarz, geradezu schrecklich,»weil das
Innere unseres Intellekts sich geändert hat, weil wir wirklich
eine neue Vorstellung von Recht haben, werden wir Dinge tun,
die Sie wirklich für falsch halten. Und es werden sehr praktische
Dinge sein.«

»Ja«, sagte Father Brown, der plötzlich aus seiner Versunken-
heit auftauchte.»Das ist genau das, was ich gesagt habe.«

Er blickte mit einem glasigen und eher verzerrten Lächeln zu
Craken hinüber und sagte:»Mr.Craken und ich sind in voller
Übereinstimmung.«

»Gut«, sagte Baker,»Craken will rausgehen und mit den
Plutokraten eine Pfeife rauchen; aber ich bezweifle, daß es eine
Friedenspfeife sein wird.«

Er wandte sich ziemlich abrupt um und rief einen bejahrten

Bediensteten aus dem Hintergrund herbei. Mandeville war eines der letzten der sehr altmodischen Colleges; und Craken war gar einer der ersten Kommunisten; vor dem Bolschewismus von heute. »Das erinnert mich daran«, hörte man den Quästor sagen, »da Sie Ihre Friedenspfeife nicht herumgehen lassen werden, müssen wir unseren erlauchten Gästen Zigarren nach draußen schicken. Wenn sie Raucher sind, werden sie nach einem Zug giepern; denn sie haben seit der Fütterung in der Kapelle herumgeschnüffelt.«

Craken brach in ein wildes und kreischendes Gelächter aus. »Oh, ich werde ihnen ihre Zigarren schon raustragen«, sagte er. »Ich bin ja bloß ein Proletarier.«

Baker und Brown und der Bedienstete waren alle Zeugen der Tatsache, daß der Kommunist wütend in den Garten strebte, um den Millionären entgegenzutreten; doch ward von ihnen nichts weiter gesehen oder gehört, bis Father Brown sie, wie bereits berichtet, tot auf ihren Stühlen fand.

Es wurde vereinbart, daß der Master und der Priester zurückbleiben sollten, um die Szene der Tragödie zu bewachen, während der Quästor, jünger und von rascheren Bewegungen, losrannte, um Ärzte und Polizisten herbeizuholen. Father Brown trat an den Tisch heran, auf dem eine der Zigarren bis auf einen oder zwei Zentimeter abgebrannt war, die andere war aus der Hand geglitten und auf dem Mosaikfußboden in sterbende Funken zerstoben. Der Master von Mandeville setzte sich ziemlich zittrig auf einen ausreichend entfernten Sitz und vergrub seine kahle Stirn in seinen Händen. Dann sah er zuerst etwas erschöpft auf; und dann sah er reichlich verstört aus und brach die Stille des Gartens mit einem Wort wie eine kleine Explosion des Entsetzens.

Es gab da eine gewisse Eigenschaft in Father Brown, die einem manchmal das Blut stocken ließ. Er dachte immer an das, was er gerade tat, und niemals daran, ob man etwas Derartiges üblicherweise tat; er konnte die widerlichsten oder schrecklichsten oder unwürdigsten oder schmutzigsten Dinge ebenso gelassen tun wie ein Chirurg. Es gab da in seinem simplen Gemüt eine gewisse Leere von all jenen Dingen, die man gewöhnlich mit abergläubisch oder sentimental verbindet. Er setzte sich auf den Stuhl, von dem die Leiche herabgefallen war, nahm die Zigarre auf, die die Leiche teilweise geraucht hatte, klopfte sorgfältig die Asche ab, untersuchte den Stummel und steckte ihn sich dann in den Mund und brannte ihn an. Es sah aus wie eine obszöne und groteske Hanswurstiade, um den Toten lächerlich zu machen; und dabei erschien es ihm als die gewöhnlichste Vernünftigkeit. Eine Wolke trieb aufwärts wie der Rauch eines wilden Opfers und Götzendienstes; und dabei erschien es Father Brown als eine vollkommen selbstverständliche Tatsache, daß der einzige Weg, herauszufinden, wie eine Zigarre schmeckt, der ist, sie zu rauchen. Auch verminderte es das Entsetzen seines alten Freundes, des Masters von Mandeville, keineswegs, daß er undeutlich, aber klug erriet, Father Brown riskiere angesichts der Möglichkeiten des Falles sein eigenes Leben.

»Nein; ich glaube, das ist in Ordnung«, sagte der Priester und legte den Stummel wieder nieder. »Verdammt gute Zigarren. Ihre Zigarren. Keine amerikanischen oder deutschen. Ich glaube nicht, daß es mit den Zigarren irgendwas auf sich hat; aber man sollte sich um die Asche kümmern. Diese Männer wurden irgendwie mit der Art von Zeugs vergiftet, das den Körper rasch steif werden läßt ... Übrigens, da geht jemand, der davon mehr weiß als wir.«

Der Master setzte sich mit einem eigenartig unbehaglichen Ruck aufrecht; denn in der Tat ging der große Schatten, der über den Gartenpfad gefallen war, einer Gestalt voraus, die, wie gewichtig auch immer, fast ebenso leichtfüßig war wie ein Schatten. Professor Wadham, der eminente Inhaber des Lehrstuhls für Chemie, bewegte sich trotz seiner Größe immer sehr leise, und daran, daß er durch den Garten schlenderte, war nichts Seltsames; und doch schien in seinem Auftauchen just zu dem Augenblick, da die Chemie genannt wurde, etwas unnatürlich Elegantes zu liegen.

Professor Wadham brüstete sich mit seiner Gelassenheit; manche würden es seine Gefühllosigkeit nennen. Er zuckte mit keinem Härchen auf seinem geglätteten Flachskopf, sondern stand da und blickte auf die toten Männer hinab mit so etwas wie einem Schatten der Gleichgültigkeit auf seinem breiten Froschgesicht. Nur als er die Zigarrenasche ansah, die der Priester aufgehoben hatte, berührte er sie mit einem Finger; danach schien er noch ruhiger als zuvor dazustehen; doch im Schatten seines Gesichtes schienen seine Augen für einen Augenblick teleskopisch hervorzuschießen wie eines seiner Mikroskope. Er hatte sicherlich etwas begriffen oder erkannt; aber er sagte nichts.

»Ich habe keine Ahnung, wo man in dieser Angelegeheit anfangen sollte«, sagte der Master.

»Ich würde«, sagte Father Brown, »damit anfangen zu fragen, wo sich diese unglücklichen Männer heute die meiste Zeit aufgehalten haben.«

»Sie haben sich während einer langen Zeit in meinem Laboratorium herumgetrieben«, sagte Wadham und redete zum erstenmal. »Baker kommt oft zu einem Schwätzchen rauf, und diesmal brachte er die beiden Kerle mit, um sich meine Abteilung anzusehen. Ich glaube aber, sie haben sich überall herumgetrieben; richtige Touristen. Ich weiß, daß sie in die Kapelle gegangen sind und sogar in den Tunnel unter der Krypta, wo man sich Kerzen anstecken muß; statt ihr Essen wie vernünftige Menschen zu verdauen. Baker hat sie scheint's überall hingebracht.«

»Waren sie in Ihrer Abteilung an irgendwas besonders interessiert?« fragte der Priester. »Was haben Sie da gerade gemacht?« Der Professor der Chemie murmelte chemische Formeln vor sich hin, die mit »Sulphat« begannen und mit etwas endeten, das wie »Silenium« klang; unverständlich für seine beiden Zuhörer. Dann wanderte er müde von dannen, und setzte sich auf eine entfernte Bank in die Sonne, und schloß die Augen, wandte aber sein breites Gesicht mit schwerer Vorbedeutung empor.

In diesem Augenblick überquerte als scharfer Gegensatz eine lebhafte Gestalt den Rasen, die so schnell und so geradenwegs wie eine Kugel daherschoß; und Father Brown erkannte die adrette schwarze Kleidung und das kluge hundeähnliche Gesicht eines Polizeiarztes, dem er bereits in den ärmeren Vierteln der Stadt begegnet war. Dr. Blake traf als erster vom amtlichen Kontingent ein.

»Hören Sie«, sagte der Master zum Priester, ehe der Arzt in Hörweite war, »ich muß etwas wissen. Meinten Sie wirklich, was Sie gesagt haben, nämlich daß der Kommunismus eine wirkliche Gefahr sei und zu Verbrechen führe?«

»Ja«, sagte Father Brown und lächelte reichlich grimmig, »ich habe die Verbreitung bestimmter kommunistischer Verhaltensweisen und Einflüsse wirklich wahrgenommen; und dies ist auf gewisse Art ein kommunistisches Verbrechen.«

»Danke«, sagte der Master. »Dann muß ich gehen und mich sofort um etwas kümmern. Sagen Sie den Behörden, ich werde in 10 Minuten zurücksein.«

Der Master war gerade in dem Augenblick in einem der Tudorbögen verschwunden, als der Polizeiarzt den Tisch erreichte und fröhlich Father Brown erkannte. Auf dessen Anregung hin, man solle sich an dem tragischen Tischchen niederlassen, warf Dr. Blake einen scharfen und unschlüssigen Blick auf den großen, gleichgültigen und offenbar schläfrigen Chemiker, der einen weiter entfernten Sitz besetzte. Er wurde pflichtgemäß von des Professors Identität unterrichtet und von dem, was bisher aus des Professors Zeugenschaft einzusammeln gewesen war; und lauschte dem schweigend, während er eine vorläufige Untersuchung der Leichen vornahm. Natürlich konzentrierte er sich mehr auf die tatsächlichen Leichen als auf das Zeugnis vom Hörensagen, bis ihn eine Einzelheit plötzlich völlig von der Wissenschaft der Anatomie ablenkte.

»Woran hat der Professor gearbeitet, sagte er?« erkundigte er sich.

Father Brown wiederholte geduldig die chemische Formel, die er nicht verstand.

»*Was?*« explodierte Dr. Blake, wie ein Pistolenschuß. »Mannomann. Das ist ganz schön scheußlich!«

»Weil es Gift ist?« fragte Father Brown.

»Weil es Quatsch ist«, erwiderte Dr. Blake. »Das ist einfach Unsinn. Der Professor ist ein ziemlich berühmter Chemiker. Warum redet ein berühmter Chemiker absichtlich Unsinn?«

»Nun, ich glaube, darauf weiß ich die Antwort«, sagte Father Brown milde. »Er redet Unsinn, weil er lügt. Er verbirgt etwas; und er wollte es vor allem vor diesen beiden Männern und ihren Vertretern verbergen.«

Der Doktor hob seinen Blick von den beiden Männern und blickte hinüber zu der fast unnatürlich unbeweglichen Gestalt des großen Chemikers. Er hätte wohl eingeschlafen sein können; ein Schmetterling hatte sich auf ihm niedergelassen und schien seine Bewegungslosigkeit in die eines steinernen Götzenbildes zu verwandeln. Die großen Falten in seinem Froschgesicht erinnerten den Doktor an die schlaffe Haut eines Nashorns.

»Ja«, sagte Father Brown mit sehr leiser Stimme. »Er ist ein verruchter Mensch.«

»Verdammt noch mal!« schrie der Doktor, jählings bis in sein tiefstes Innere aufgestört. »Wollen Sie damit sagen, daß ein großer Wissenschaftler wie der da sich mit Mord abgibt?«

»Heikle Kritiker würden bemäkeln, wie er sich mit Mord abgibt«, sagte der Priester leidenschaftslos. »Ich könnte auch nicht behaupten, daß mir Leute besonders liegen, die sich auf diese Weise mit Mord abgeben. Aber was viel wichtiger ist – ich bin sicher, daß *diese* armen Kerle zu seinen heiklen Kritikern gehörten.«

»Sie glauben, die haben sein Geheimnis herausgefunden und er hat sie zum Schweigen gebracht?« sagte Blake stirnrunzelnd. »Aber was beim Teufel ist denn sein Geheimnis? Wie kann ein Mann an einem Ort wie diesem in großem Maßstab morden?«

»Ich habe Ihnen sein Geheimnis erzählt«, sagte der Priester.

»Es ist ein Geheimnis der Seele. Er ist ein schlechter Mann. Nun glauben Sie um Himmels willen nicht, ich sagte das, weil er und ich gegensätzlichen Schulen oder Traditionen angehören. Ich habe eine Menge wissenschaftlicher Freunde; und die meisten unter ihnen sind geradezu heroisch uninteressiert. Selbst von den skeptischsten würde ich höchstens sagen, sie seien ziemlich irrational uninteressiert. Hin und wieder aber begegnet man einem Menschen, der Materialist ist, im tierischen Sinn. Ich wiederhole, er ist ein schlechter Mensch. Und noch viel schlimmer ...« Und Father Brown schien um ein Wort zu zögern.

»Meinen Sie, noch viel schlimmer als der Kommunist?« regte der andere an.

»Nein; ich meine viel schlimmer als der Mörder«, sagte Father Brown.

Er erhob sich ziemlich abwesend; und nahm kaum wahr, daß sein Begleiter ihn anstarrte.

»Aber wollten Sie denn nicht sagen«, fragte Blake schließlich, »daß dieser Wadham der Mörder ist?«

»O nein«, sagte Father Brown fröhlicher. »Der Mörder ist eine viel sympathischere und verständlichere Person. Er war wenigstens verzweifelt; und er hat die Entschuldigung des jähen Zorns und der Verzweiflung.«

»Nun«, schrie der Doktor, »glauben Sie, es war schließlich doch der Kommunist?«

Und genau in diesem Augenblick erschienen, angemessen genug, die Polizeibeamten mit einer Bekanntmachung, die den Fall in der entschiedensten und zufriedenstellendsten Weise abzuschließen schien. Ihre Fahrt zum Ort des Verbrechens war durch die einfache Tatsache ziemlich verzögert worden, daß sie den Verbrecher bereits gefaßt hatten. Tatsächlich hatten sie ihn fast vor den Toren ihrer eigenen offiziellen Residenz gefaßt. Sie hatten bereits Gründe gehabt, den Tätigkeiten von Craken, dem Kommunisten, während verschiedener Unruhen in der Stadt zu mißtrauen; als sie von der Freveltat erfuhren, hielten sie es für sicherer, ihn zu verhaften; und fanden die Verhaftung vollkommen gerechtfertigt. Denn, wie Inspektor Cook den Dozenten und Doktoren auf dem Rasen des Mandeville-Gartens strahlend erklärte, kaum wurde der notorische Kommunist durchsucht, als man auch schon herausfand, daß er eine Schachtel mit vergifteten Streichhölzern bei sich trug.

In dem Augenblick, da Father Brown das Wort »Streichhölzer« hörte, sprang er auch schon von seinem Platz auf, als ob man unter ihm ein Streichholz angezündet hätte.

»Ah«, rief er in einer Art allgemeinen Strahlens, »und jetzt ist alles klar.«

»Was meinen Sie mit ›alles klar‹?« fragte der Master von Mandeville, der in allem Pomp seines eigenen Amtes zurückgekehrt war, um dem Pomp der Polizeibeamten zu begegnen, die das College jetzt wie eine siegreiche Armee besetzt hielten. »Meinen Sie, daß Sie jetzt davon überzeugt sind, der Fall gegen Craken sei klar?«

»Ich meine, daß Craken geklärt ist«, sagte Father Brown fest, »und daß der Fall gegen Craken weggeklärt ist. Glauben Sie wirklich, Craken sei der Mann, der herumläuft und Menschen mit Streichhölzern vergiftet?«

»Das ist ja alles ganz schön«, erwiderte der Master mit jenem sorgenvollen Ausdruck, den er seit dem Eintreten der ersten Sensation nie mehr verloren hatte. »Aber Sie selbst haben doch gesagt, daß Fanatiker mit falschen Grundsätzen verruchte Dinge tun könnten. Und Sie selbst waren es auch, der gesagt hat, daß der Kommunismus sich überall erhebe und daß kommunistische Bräuche sich verbreiteten.«

Father Brown lachte auf eine ziemlich kleinlaute Weise.

»Was diesen letzten Punkt angeht«, sagte er, »muß ich mich wohl bei Ihnen allen entschuldigen. Mir scheint, ich bringe die Dinge immer durch meine kleinen törichten Späßchen durcheinander.«

»Späßchen!« wiederholte der Master und sah reichlich empört aus.

»Nun ja«, erklärte der Priester und rieb sich den Kopf. »Als ich davon sprach, daß sich ein kommunistischer Brauch ausbreite, meinte ich nur einen Brauch, den ich sogar heute zwei- oder dreimal bemerkt habe. Es ist ein kommunistischer Brauch, der aber keineswegs nur auf Kommunisten beschränkt ist. Es ist der außergewöhnliche Brauch von vielen Männern, vor allem auch englischen Männern, sich die Streichholzschachteln anderer Leute in die eigene Tasche zu stecken, ohne daran zu denken, sie zurückzugeben. Natürlich scheint es eine schrecklich törichte kleine Belanglosigkeit zu sein, um darüber überhaupt zu sprechen. Aber es ist nun einmal so, daß das Verbrechen auf diese Weise verübt wurde.«

»Für mich klingt das völlig verrückt«, sagte der Doktor.

»Nun ja, wenn fast jeder Mann vergißt, Streichhölzer zurückzugeben, dann können Sie Ihre Stiefel darauf wetten, daß auch Craken vergessen würde, sie zurückzugeben. Also spielte der Giftmörder die vorbereiteten Streichhölzer Craken zu, einfach indem er sie ihm lieh und nicht zurückbekam. Ein wirklich bewunderungswürdiger Weg, die Verantwortung loszuwerden; denn Craken selbst würde vollkommen unfähig sein, sich vorzustellen, von wem er sie hat. Als er sie aber ganz unschuldig benutzte, um unseren beiden Besuchern die Zigarren anzubrennen, die er ihnen angeboten hatte, verfing er sich in einer offenkundigen Falle; in einer jener zu offenkundigen Fallen. Er war der kühne böse Revolutionär, der zwei Millionäre ermordete.«

»Gut, aber wer sonst hätte sie denn ermorden wollen?« brummte der Doktor.

»Aha, ja wer wohl?« erwiderte der Priester; und seine Stimme wurde sehr viel ernster. »Damit kommen wir zu der anderen Sache, die ich Ihnen erzählt habe; und die ist, lassen Sie mich das sagen, kein Spaß. Ich habe Ihnen erzählt, daß Häresien und falsche Doktrinen allgemein geworden und angenommen sind; daß jedermann sich an sie gewöhnt hat; daß niemand sie noch wirklich wahrnimmt. Haben Sie gedacht, ich hätte den *Kommu-*

nismus gemeint, als ich das gesagt habe? Nein, es war genau anders herum. Sie sind dem Kommunismus gegenüber alle nervös wie die Katzen; und Sie haben Craken wie einen Wolf beobachtet. Natürlich, der Kommunismus ist eine Häresie; aber er ist keine Häresie, die Ihr Leute hinnehmt. Ihr nehmt den Kapitalismus hin; oder vielmehr die Laster des Kapitalismus in der Verkleidung eines toten Darwinismus. Erinnern Sie sich daran, was Sie alle im Speisesaal sagten, daß das Leben nur ein einziges Durcheinander sei und die Natur das Überleben der Geeignetsten fordere und daß es keine Rolle spiele, ob die Armen gerecht bezahlt werden oder nicht? Nun, *das* ist die Häresie, an die Ihr Euch alle gewöhnt habt, meine Freunde; und sie ist Strich für Punkt eine ebensolche Häresie wie der Kommunismus. Es ist diese antichristliche Moralität oder Immoralität, die Ihr für ganz natürlich nehmt. Und das ist die Immoralität, die einen Mann heute zu einem Mörder gemacht hat.«

»Welchen Mann?« schrie der Master, und seine Stimme brach in jäher Schwäche.

»Lassen Sie es mich andersherum angehen«, sagte der Priester gelassen. »Sie alle reden so, als sei Craken davongelaufen; ist er aber nicht. Als die beiden Männer umfielen, rannte er die Straße hinab, alarmierte den Doktor, indem er einfach durchs Fenster schrie, und versuchte kurz danach, die Polizei zu alarmieren. So kam es, daß er festgenommen wurde. Aber fällt Ihnen dabei nicht auf, wenn man darüber nachdenkt, wie lange der Quästor, Mr. Baker, braucht, um die Polizei zu rufen?«

»Was tut er denn dann?« fragte der Master scharf.

»Ich nehme an, daß er Papiere vernichtet; oder vielleicht die Zimmer dieser Männer durchsucht, ob sie uns nicht vielleicht einen Brief hinterlassen haben. Oder vielleicht hat es etwas mit unserem Freund Wadham zu tun. Was aber spielt der hier für eine Rolle? Das ist wirklich ganz einfach, und außerdem auch eine Art Witz. Mr. Wadham experimentiert mit Giften für den nächsten Krieg; und hat da etwas, von dem ein Hauch in einer Flamme einen Mann in den Tod erstarren läßt. Natürlich hat er nichts mit der Tötung dieser Männer zu tun; aber er hat sein chemisches Geheimnis aus einem ganz einfachen Grund verborgen. Der eine von ihnen war ein puritanischer Yankee und der andere ein kosmopolitischer Jude; und diese beiden Typen sind oftmals fanatische Pazifisten. Sie hätten es die Vorbereitung zu Morden genannt und sich wahrscheinlich geweigert, dem College zu helfen. Aber Baker war ein Freund von Wadham, und für ihn war es einfach, Streichhölzer in das neue Material zu tauchen.«

Eine andere Eigenschaft des kleinen Priesters bestand darin, daß sein Geist aus einem Guß war, und er selbst war sich vieler Unvereinbarkeiten nicht bewußt; er konnte das Thema seines Gesprächs ohne jede Verlegenheit von etwas sehr Öffentlichem zu etwas sehr Privatem machen. Bei dieser Gelegenheit ließ er die meisten der Anwesenden vor Verblüffung erstarren, indem er mit einer Person zu sprechen begann, nachdem er gerade zu zehn gesprochen hatte; völlig unberührt durch die Tatsache, daß lediglich diese eine Person eine Vorstellung davon haben konnte, worüber er sprach.

»Tut mir leid, Doktor, wenn ich Sie durch meine ausschweifende metaphysische Abschweifung über den Mann der Sünde in die Irre geführt habe«, sagte er entschuldigend. »Natürlich hatte das mit dem Mord nichts zu tun; die Wahrheit ist, daß ich den Mord für den Augenblick völlig vergessen hatte. Ich hatte alles vergessen, wissen Sie, mit Ausnahme einer Vision von jenem Burschen mit seinem weiten unmenschlichen Gesicht, wie er da zwischen den Blumen kauerte wie ein blindes Monster aus der Steinzeit. Und ich dachte daran, daß manche Männer recht monströs sind, wie Steinzeitmenschen; das war aber alles unwichtig. Im Inneren verkommen zu sein hat sehr wenig damit zu tun, im Außenleben Verbrechen zu verüben. Die übelsten Verbrecher haben nie ein Verbrechen verübt. Der praktische Punkt ist, warum hat der praktische Verbrecher dieses Verbrechen verübt? Warum wollte Baker, der Quästor, diese Männer ermorden? Das allein geht uns jetzt etwas an. Die Antwort ist die Antwort auf die Frage, die ich zweimal gestellt habe. Wo haben diese Männer den größten Teil ihrer Zeit verbracht, abgesehen davon, daß sie in der Kapelle oder in den Laboratorien herumschnüffelten? Nach dem eigenen Bericht des Quästors haben sie mit dem Quästor Geschäftliches besprochen.

Nun, bei allem Respekt vor den Toten, vor dem Intellekt dieser beiden Finanziers krieche ich nicht gerade im Staub. Ihre Ansichten über Wirtschaft und Ethik waren heidnisch und herzlos. Ihre Ansichten über Frieden waren Blech. Ihre Ansichten über Portwein waren noch beklagenswerter. Aber etwas verstanden sie; und das waren Geschäfte. Und sie brauchten nur eine bemerkenswert kurze Zeit, um herauszufinden, daß der für die Fonds dieses Colleges verantwortliche Geschäftsmann ein Schwindler war. Oder sollte ich vielleicht besser sagen, ein wahrer Anhänger der Doktrin von dem unbegrenzten Kampf ums Leben und vom Überleben des Geeignetsten.«

»Wollen Sie damit sagen, daß sie ihn bloßstellen wollten und er sie umbrachte, ehe sie sprechen konnten?« sagte der Doktor stirnrunzelnd. »Es gibt da eine Menge Einzelheiten, die ich nicht begreife.«

»Es gibt da einige Einzelheiten, bei denen ich mir selbst nicht sicher bin«, sagte der Priester freimütig. »Ich vermute, daß dieses ganze Getue um die Kerzen unter der Erde etwas damit zu tun hatte, den Millionären ihre Streichhölzer wegzunehmen oder vielleicht sicherzustellen, daß sie keine eigenen Streichhölzer hatten. Sicher bin ich mir aber hinsichtlich der Hauptgeste, der fröhlichen und unbesorgten Geste, mit der Baker dem unbesorgten Craken seine Streichhölzer zuwarf. Diese Geste war der Todesstreich.«

»Es gibt da eine Sache, die ich nicht verstehe«, sagte der Inspektor. »Woher wußte Baker, daß Craken sich nicht selbst da an der Tafel sofort eine anbrennen und so eine unerwünschte Leiche werden würde?«

Das Gesicht von Father Brown wurde von Vorwürfen fast

schwer; und seine Stimme trug in sich eine Art trauervoller, doch hochherziger Wärme.

»Ach zum Teufel«, sagte er, »er war doch nur ein Atheist.«

»Ich fürchte, ich verstehe nicht, was Sie meinen«, sagte der Inspektor höflich.

»Er wollte doch nur Gott abschaffen«, erklärte Father Brown mit gemäßigter und vernünftiger Stimme. »Er wollte doch nur die Zehn Gebote zerstören und all die Religion und die Zivilisation ausreißen, die ihn geformt haben, und alles vernünftige Verständnis für Eigentum und Ehre fortspülen; und mag seine Kultur, mag sein Land danach von Wilden von den Rändern der Erde plattgemacht werden. Das ist alles, was er wollte. Sie haben kein Recht, ihm irgend etwas darüber hinaus vorzuwerfen. Zum Teufel, schließlich zieht jeder irgendwo seine Grenze! Und da kommen Sie her und wagen es, ruhig anzudeuten, daß ein Mandeville-Mann der alten Generation (denn Craken war unbeschadet seiner Ansichten von der alten Generation) angefangen hätte zu rauchen oder auch nur ein Streichholz anzuzünden, während er noch den College-Portwein schlürfte, den vom Jahrgang 1908 – nein, o nein; kein Mensch ist so vollständig ohne Gesetz und Grenzen! Ich war da; ich habe ihn gesehen; er hatte seinen Wein noch nicht ausgetrunken, und Sie fragen mich, warum er nicht *geraucht* habe! Noch nie hat eine so anarchische Frage die Gewölbe vom Mandeville College erschüttert … Komischer Ort, dieses Mandeville College. Komischer Ort, dieses Oxford. Komischer Ort, dieses England.«

»Haben Sie denn irgendeine besondere Beziehung zu Oxford?« fragte der Doktor neugierig.

»Ich habe Beziehungen zu England«, sagte Father Brown. »Ich komme da her. Und das Komischste daran ist, daß selbst wenn Sie es lieben und dazugehören, Sie doch nie Hand oder Fuß daraus machen können.«

DIE SPITZE EINER NADEL

Father Brown hat immer behauptet, daß er dieses Problem im Schlaf gelöst habe. Und das ist richtig, obwohl auf eine reichlich sonderbare Weise; denn es geschah zu einer Zeit, da sein Schlaf reichlich gestört war. Er wurde sehr früh am Morgen gestört durch das Gehämmere, das in dem großen Gebäude – oder Halbgebäude – begann, welches sich gegenüber seiner Wohnung im Zustand der Errichtung befand; ein riesiger Stapel von Stockwerken, immer noch weitgehend verdeckt von Baugerüsten und Tafeln, die die Herren Swindon & Sand als Erbauer und Eigentümer bekanntgaben. Das Gehämmere wurde in regelmäßigen Abständen erneuert und war leicht zu begreifen: die Herren Swindon & Sand spezialisierten sich nämlich auf irgendein neues amerikanisches System von Zementfußböden, die – trotz ihrer daraus entstehenden Glätte, Solidität, Undurchlässigkeit und dauerhaften Behaglichkeit (so in den Werbeanzeigen beschrieben) – an bestimmten Stellen doch mit wuchtigem Werkzeug festgeschlagen werden mußten. Father Brown gelang es jedoch, daraus einen bescheidenen Trost zu ziehen; und sagte, es wecke ihn immer rechtzeitig für die früheste Frühmesse und sei daher fast etwas von der Art eines Glockenspiels. Denn schließlich, sagte er, sei es für Christenmenschen fast ebenso poetisch, durch Hämmer wie durch Glocken aufgeweckt zu werden. Tatsache ist aber, daß ihm die Bauarbeiten dennoch etwas auf die Nerven gingen, wenngleich aus einem anderen Grund. Denn über dem halbfertigen Wolkenkratzer hing wie eine Wolke die Möglichkeit einer Arbeitskrise, die die Zeitungen hartnäckig als Streik zu bezeichnen beliebten. Tatsächlich aber würde es, wenn es denn je dazu kommen sollte, eine Aussperrung sein. Aber er sorgte sich sehr darum, ob es denn wirklich eintreten würde. Und es mag fraglich sein, ob Gehämmere mehr an den Nerven zerrt, weil es für ewig andauern oder weil es jeden Augenblick aufhören könnte.

»Aus Gründen des Geschmacks und der Vorstellungskraft allein«, sagte Father Brown und starrte durch seine eulenhafte Brille zu dem Gebäude hinauf, »wünschte ich mir eher, es würde aufhören. Ich wollte, man würde an allen Häusern aufhören, solange die Gerüste noch stehen. Eigentlich ist es fast schade, daß Häuser jemals fertig werden. Sie sehen so frisch und hoffnungsfroh aus mit all dem feinen Filigran aus weißem Holz, so leicht und leuchtend in der Sonne; und die Menschen stellen so oft ein Haus nur dadurch fertig, daß sie es in ein Grab verwandeln.«

Als er sich von dem Objekt seiner Betrachtung abwandte, rannte er beinahe in einen Mann hinein, der gerade über die Straße auf ihn zugeschossen kam. Es war ein Mann, den er nur flüchtig, aber doch ausreichend kannte, um ihn (unter den obwaltenden Umständen) als einen Vogel übler Vorbedeutung anzusehen. Mr. Mastyk war ein vierschrötiger Mann mit einem viereckigen Schädel, der gar nicht europäisch aussah, kleidete sich aber mit solcher Stutzerhaftigkeit, daß es fast zu bewußt europäisch wirkte. Brown hatte ihn aber kürzlich mit dem jungen Sand von der Baufirma reden gesehen; und er mochte das gar nicht. Dieser Mann Mastyk war der Leiter einer in der englischen Industriepolitik ziemlich neuartigen Organisation; von Extremen auf beiden Seiten hervorgerufen; einer ganzen Armee von nicht der Gewerkschaft angehörenden und meistens ausländischen Arbeitern, die in kleinen Mannschaften an die verschiedenen Firmen vermietet wurden; und hier hing er offensichtlich herum in der Hoffnung, sie auch an diese vermieten zu können. Kurz, er mochte irgend etwas aushandeln, um die Gewerkschaft auszumanövrieren und die Baustelle mit Streikbrechern zu überschwemmen. Father Brown war in einige der Auseinandersetzungen hineingezogen worden, gewissermaßen von beiden Seiten angerufen. Und da die Kapitalisten alle behaupteten, er sei ihrer sicheren Kenntnis nach Bolschewist; und da die Bolschewisten alle bezeugten, er sei als Reaktionär streng der *bourgeoisen* Ideologie verpflichtet – mag daraus geschlossen werden, daß er sozusagen mit der Stimme der Vernunft gesprochen hatte, ohne irgendeine merkliche Wirkung auf irgend jemanden. Die Nachricht jedoch, die Mr. Mastyk überbrachte, war geeignet, jedermann aus den üblichen Gleisen der Auseinandersetzung zu reißen.

»Die wollen, daß Sie sofort rüberkommen«, sagte Mr. Mastyk in unbeholfen akzentuiertem Englisch. »Es gibt da eine Morddrohung.«

Father Brown folgte seinem Führer schweigend über eine Reihe von Treppen und Leitern hinauf auf eine Plattform des unfertigen Gebäudes, auf der die mehr oder weniger bekannten Gestalten der führenden Männer des Baugewerbes versammelt waren. Unter ihnen sogar, was einstmals ihrer aller Oberhaupt gewesen war; obwohl das Haupt seit einiger Zeit eher ein Haupt in den Wolken war. Es war zumindest in einer Adelskrone, die es wie eine Wolke vor menschlichen Blicken verbarg, Lord Stanes mit anderen Worten, der sich nicht nur aus dem Geschäftsleben zurückgezogen hatte, sondern der vom Oberhaus eingefangen worden und der darin verschwunden war. Seine seltenen Auftritte waren gelangweilt und irgendwie trübselig; doch dieser, im Zusammenhang mit dem von Mastyk, erschien darum nicht weniger bedrohlich. Lord Stanes war ein hagerer, langschädliger, hohläugiger Mann mit sehr dünnem blondem Haar, das sich in Glatzköpfigkeit auflöste; und er war die ausweichendste Person, die der Priester jemals getroffen hatte. Er entbehrte seinesgleichen, wenn es um das wahre Oxforder Talent ging zu sagen »Sicherlich haben Sie recht«, und dabei so zu klingen, als sage er »Sicherlich glauben Sie, daß Sie recht haben«, oder lediglich zu bemerken »Meinen Sie?« und dabei den bissigen Zusatz »Typisch« einzuschließen. Doch hatte Father Brown das Gefühl, der Mann sei nicht nur gelangweilt, sondern auch leicht verbittert, obwohl schwierig zu erraten war, ob wegen der Tatsache, daß man ihn vom Olymp herabgerufen hatte, um solches Gewerkschaftsgezänk unter

Kontrolle zu bringen, oder weil er es in der Tat längst nicht mehr kontrollierte.

Insgesamt zog Father Brown eher die *bourgoisere* Gruppe von Partnern vor, Sir Hubert Sand und seinen Neffen Henry; obwohl er privat bezweifelte, daß sie tatsächlich überhaupt irgendwelchen Ideologien nahestanden. Gewiß, Sir Hubert Sand hatte in den Zeitungen beachtliche Berühmtheit gewonnen; sowohl als Sportmäzen wie als Patriot in mancherlei Krisen während und nach dem Großen Krieg. Für einen Mann in seinen Jahren hatte er in Frankreich bemerkenswerte Auszeichnungen errungen und war nach dem Krieg als triumphierender Industriekapitän herausgestellt worden, dem es gelungen war, Schwierigkeiten mit den Munitionsarbeitern zu überwinden. Man hatte ihn einen Starken Mann genannt; aber das lag nicht an ihm. In Wirklichkeit war er ein gewichtiger herzhafter Engländer; ein großer Schwimmer; ein ausgezeichneter Gutsherr; ein bewunderungswürdiger Oberst der Reserve. Und wirklich durchdrang etwas, das man nur als militärisches Make-up bezeichnen kann, sein Äußeres. Er wurde dick, hielt sich aber in den Schultern straff; sein gelocktes Haar und sein Schnurrbart waren noch braun, während die Farbe seines Gesichtes bereits welkte und schwand. Sein Neffe war ein stämmiger junger Mann von der schubsenden oder besser drängelnden Art, mit einem relativ kleinen Kopf, den er auf einem dicken Nacken vorstieß, als ob er die Dinge mit gesenktem Kopf anginge; eine Haltung, die durch den Zwicker, der auf seiner kampflustigen Stupsnase balancierte, ziemlich komisch und jungenhaft wirkte.

Father Brown hatte alle diese Dinge schon früher angesehen; und in jenem Augenblick schaute jedermann auf etwas vollständig Neues. In der Mitte der Holzverschalung war ein großer flappender Papierfetzen aufgenagelt worden, auf den in groben und fast verrückten Großbuchstaben etwas gekritzelt war, als ob der Schreiber entweder nahezu Analphabet sei oder Analphabetentum vortäusche oder parodiere. Die Worte aber lauteten: »Der Arbeiterrat warnt Hubert Sand, daß er auf eigene

Gefahr die Löhne senkt und Arbeiter aussperrt. Falls die Ent-
lassungen morgen hinausgehen, wird er durch die Volksjustiz
tot sein.«

Lord Stanes trat gerade von seiner Untersuchung des Stücks
Papier zurück und sagte, indem er zu seinem Partner hin-
überblickte, mit merkwürdiger Betonung:»Alsdann, Sie sind es,
den sie umbringen wollen. Ich bin offenbar des Umbringens
nicht für wert erachtet worden.«

Einer jener lautlosen elektrischen Schläge der Phantasie, die
manchmal Father Browns Geist in einer fast sinnlosen Weise
erregten, durchzuckte ihn in jenem bestimmten Augenblick. Er
hatte eine eigenartige Vorstellung, daß der Mann, der da sprach,
nicht mehr ermordet werden könne, weil er bereits tot sei. Es
war, wie er heiter einräumte, eine vollkommen sinnlose Idee.
Doch gab es da in der kalten, illusionslosen Gleichgültigkeit
des adligen Seniorpartners etwas, das ihn immer schaudern
machte; in seiner leichenhaften Blässe und seinen unwirtlichen
Augen.»Der Bursche«, dachte er in der gleichen wunderlichen
Stimmung, »hat grüne Augen und sieht aus, als hätte er grünes
Blut.«

Jedenfalls aber war sicher, daß Sir Hubert Sand kein grünes
Blut hatte. Sein Blut, das in jedem Sinn rot genug war, kroch mit
all jener warmen Fülle des Lebens in seine verwelkten oder ver-
witterten Wangen, die zur natürlichen und unschuldigen Em-
pörung der Gutherzigen gehört.

»In meinem ganzen Leben«, sagte er mit starker Stimme und
doch leicht zittrig, »hat man mir gegenüber so was weder gesagt
noch getan. Ich mag anderer Meinung ...«

»Keiner von uns kann hierin anderer Meinung sein«, mischte
sich sein Neffe ungestüm ein.»Ich hab' versucht, mit ihnen klar-
zukommen, aber das ist denn doch zu stark.«

»Sie glauben doch nicht wirklich«, begann Father Brown,
»daß Ihre Arbeiter ...«

»Ich sagte, wir mögen unterschiedlicher Meinung gewesen
sein«, sagte der alte Sand, immer noch leicht zitternd, »und Gott

weiß, daß ich den Gedanken, englischen Arbeitern mit billige-
ren Arbeitskräften zu drohen, nie gemocht habe ...«

»Keiner von uns hat das gemocht«, sagte der junge Mann,
»aber so, wie ich dich kenne, Onkel, ist die Sache hiermit entschieden.«

Nach einer Pause fügte er dann hinzu: »Ich glaube, wir waren,
wie du gesagt hast, in den Einzelheiten uneinig; aber was die politische Linie ...«

»Mein lieber Junge«, sagte sein Onkel beruhigend. »Ich habe
immer gehofft, daß es da niemals wirkliche Meinungsverschiedenheiten geben würde.« Woraus jeder, der die englische
Nation versteht, rechtens den Schluß ziehen kann, daß es da
sehr erhebliche Meinungsverschiedenheiten gegeben hatte. Tatsächlich unterschieden sich Onkel und Neffe fast ebenso wie
ein Engländer und ein Amerikaner. Der Onkel hing dem englischen Ideal an, aus dem Geschäftsleben auszusteigen und sich
in einer Art Alibi als Landedelmann niederzulassen. Der Neffe
hing dem amerikanischen Ideal an, in das Geschäftsleben hinein-
zusteigen; hineinzukriechen in dessen Mechanismus selbst, wie
ein Mechaniker. Und tatsächlich hatte er mit den meisten Mecha-
nikern gearbeitet und war mit den meisten Verfahrensweisen
und Kniffen des Geschäfts vertraut. Und auch darin war er wiederum Amerikaner, daß er das zum Teil als Arbeitgeber tat, um
seine Leute zu Höchstleistungen anzuhalten, in einer gewissen
undeutlichen Weise aber auch als ein Gleicher oder zumindest
mit einem gewissen Stolz darauf, sich selbst als ein Arbeiter zu
zeigen. Aus diesem Grunde war er oftmals fast wie ein Vertreter
der Arbeiter aufgetreten, in technischen Fragen, die himmelweit
von seines Onkels volkstümlichem Ruhm auf dem Gebiet des
Sports oder der Politik entfernt waren. Die Erinnerung an jene
zahlreichen Gelegenheiten, bei denen der junge Henry praktisch in Hemdsärmeln aus den Werkstätten gekommen war, um
irgendwelche Konzessionen hinsichtlich der Arbeitsbedingun-
gen zu fordern, verlieh seiner jetzigen gegensätzlichen Reaktion
eine besondere Kraft und sogar Gewalttätigkeit.

»Verdammt nochmal«, schrie er, »diesmal haben sie sich selbst ausgesperrt. Nach einer solchen Drohung bleibt doch einfach nichts anderes übrig, als ihnen entgegenzutreten. Es bleibt nichts anderes übrig, als sie jetzt alle rauszuschmeißen; sofort; auf der Stelle. Sonst machen wir uns vor aller Welt lächerlich.« Der alte Sand runzelte gleichermaßen empört die Stirn, begann aber langsam: »Man wird mich heftig kritisieren ...«

»Kritisieren!« schrie der junge Mann schrill. »Kritisieren, wenn Du einer Morddrohung entgegentrittst! Hast Du denn eine Vorstellung davon, wie man Dich kritisieren wird, wenn Du ihr nicht entgegentrittst? Wie würden Dir denn dann die Schlagzeilen gefallen ›Großkapitalist terrorisiert‹ – ›Arbeitgeber gibt Morddrohung nach‹?«

»Besonders«, sagte Lord Stanes mit leicht unangenehmem Unterton, »besonders, wo er doch in so vielen Schlagzeilen bereits ›Der Starke Mann Des Stahlbaus‹ war.«

Sand wurde wieder sehr rot, und seine Stimme kam dick unter seinem dicken Schnurrbart hervor. »Natürlich haben Sie da recht. Wenn diese Bestien glauben, ich fürchtete mich ...«

An dieser Stelle gab es eine Unterbrechung im Gespräch der Gruppe; ein schlanker junger Mann kam schnell auf sie zu. Das erste, was an ihm auffiel, war, daß er zu jenen gehörte, von denen Männer – und auch Frauen – meinen, daß sie ein klein wenig zu gut aussähen, um gut auszusehen. Er hatte prächtiges dunkles lockiges Haar und einen seidigen Schnurrbart, und er sprach wie ein Gentleman, aber mit einem fast zu kultivierten und zu genau modulierten Akzent. Father Brown erkannte ihn sofort als Rupert Rae, den Sekretär von Sir Hubert, den er oftmals in Sir Huberts Haus hatte herumhantieren sehen; niemals aber mit solcher Ungeduld in seinen Bewegungen oder solchen Runzeln auf der Stirn.

»Tut mir leid, Sir«, sagte er zu seinem Arbeitgeber, »aber da drüben hängt ein Mann herum. Ich habe mein Bestes getan, um ihn loszuwerden. Er hat nur einen Brief, aber er schwört, er müsse ihn an Sie persönlich aushändigen.«

»Wollen Sie sagen, daß er zuerst zu meinem Haus gekommen ist?« sagte Sand und warf seinem Sekretär rasch einen Blick zu. »Ich nehme doch an, daß Sie sich den ganzen Morgen über dort aufgehalten haben.«

»Ja, Sir«, sagte Mr. Rupert Rae.

Es gab ein kurzes Schweigen; und dann deutete Sir Hubert Sand kurz an, daß es besser sei, den Mann herzubringen; und der Mann erschien prompt.

Niemand, nicht einmal die anspruchsloseste Dame, würde gesagt haben, daß der Neuankömmling zu gut aussähe. Er hatte sehr große Ohren und ein Gesicht wie ein Frosch, und er starrte mit fast gespenstischer Starrheit vor sich hin, was Father Brown der Tatsache zuschrieb, daß er ein Glasauge hatte. Tatsächlich war seine Phantasie versucht, den Mann mit zwei Glasaugen auszustatten, mit einem so glasigen Starren betrachtete er die Gesellschaft. Aber des Priesters Erfahrung, von seiner Phantasie verschieden, war in der Lage, eine Anzahl natürlicher Gründe für dieses unnatürliche Wachspuppenstarren anzugeben; einer davon war der Mißbrauch der göttlichen Gabe vergorener Getränke. Der Mann war klein und heruntergekommen und trug in der einen Hand einen großen Hut vom Typ Melone und in der anderen einen großen versiegelten Brief.

Sir Hubert Sand sah ihn an; und sagte dann gelassen genug, aber mit einer Stimme, die sonderbar klein erschien, wie sie da aus der Fülle seiner körperlichen Gegenwart kam: »Oh – Sie sind es.«

Er streckte die Hand nach dem Brief aus und sah sich dann mit bereitem Finger entschuldigend um, ehe er ihn aufriß und las. Nachdem er ihn gelesen hatte, schob er ihn in seine Innentasche und sagte hastig und ein bißchen harsch: »Na ja, ich glaube, daß diese ganze Geschichte jetzt erledigt ist, wie du gesagt hast. Jetzt sind keine Verhandlungen mehr möglich; außerdem könnten wir die Löhne, die sie fordern, gar nicht bezahlen. Aber ich will noch mal mit dir sprechen, Henry, über … über die Abwicklung der Dinge insgesamt.«

»In Ordnung«, sagte Henry, vielleicht ein bißchen schmollend, als ob er es vorgezogen hätte, sie ganz allein abzuwickeln. »Ich werde nach dem Mittagessen oben in Nr. 188 sein; muß wissen, wie weit sie da gekommen sind.«

Der Mann mit dem Glasauge, wenn es denn ein Glasauge war, stapfte steif von dannen; und das Auge Father Browns (das keineswegs ein Glasauge war) folgte ihm nachdenklich, wie er sich zwischen den Leitern hindurchwand und dann in der Straße verschwand.

Es war am folgenden Morgen, als Father Brown die ungewöhnliche Erfahrung machte zu verschlafen; oder zumindest aus dem Schlaf hochzuschrecken mit der subjektiven Überzeugung, daß er sich sehr verspätet habe. Das war teilweise darauf zurückzuführen, daß er sich der Tatsache erinnerte, wie sich ein Mann an einen Traum erinnern mag, zu einer ordentlicheren Zeit halb aufgewacht, dann aber wieder in den Schlaf gesunken zu sein; für die meisten von uns ein durchaus gewöhnlicher Vorfall, für Father Brown aber ein sehr ungewöhnlicher Vorfall. Und er war später mit jener mystischen Seite seines Wesens, die normalerweise der Welt abgewandt war, sonderbar davon überzeugt, daß auf jener losgelösten Insel des Traumlandes zwischen den beiden Erwachen wie ein vergrabener Schatz die Wahrheit dieser Geschichte liege.

Er sprang jedenfalls umgehend auf, stürzte sich in seine Kleider, griff sich seinen großen knubbeligen Schirm und hastete hinaus in die Straße, wo sich der öde weiße Morgen wie splitterndes Eis an dem hohen schwarzen Gebäude ihm gegenüber brach. Es überraschte ihn, daß die Straßen in dem kalten kristallenen Licht fast leer schimmerten; und dieser Anblick sagte ihm, daß es kaum so spät sein könne, wie er befürchtet hatte. Dann wurde die Stille plötzlich durch die pfeilartige Geschwindigkeit eines langen grauen Wagens gespalten, der vor dem großen verlassenen Wohnblock anhielt. Lord Stanes entfaltete sich aus dem Inneren und näherte sich der Tür, wobei er (ziemlich kraftlos) zwei große Koffer trug. Im gleichen Augenblick öffnete sich die Tür, und dann schien jemand rückwärts zurück zu treten, statt heraus auf die Straße. Stanes rief dem Mann im Innern zweimal etwas zu, bevor diese Person ihre ursprüngliche Absicht auszuführen schien und auf die Türschwelle heraustrat; dann führten die beiden eine kurze Unterredung, die damit endete, daß der Adlige seine Koffer treppauf trug und der andere ins volle Tageslicht herauskam, wobei er die schweren Schultern und den spähenden Kopf des jungen Henry Sand enthüllte.

Father Brown dachte über diese reichlich sonderbare Begegnung nicht weiter nach, bis der junge Mann zwei Tage später in seinem eigenen Auto neben ihm anhielt und den Priester anflehte einzusteigen. »Etwas Schreckliches ist passiert«, sagte er, »und darüber möchte ich lieber mit Ihnen als mit Stanes sprechen. Wissen Sie, Stanes ist neulich mit dem verrückten Einfall angekommen, in einem der Apartments zu kampieren, das gerade fertig geworden war. Deshalb mußte ich so früh hingehen und ihm die Tür öffnen. All das hat aber Zeit. Ich möchte, daß Sie jetzt sofort mit zum Haus meines Onkels kommen.«

»Ist er krank?« erkundigte sich der Priester rasch.

»Ich glaube, er ist tot«, antwortete der Neffe.

»Was soll das heißen, Sie glauben, daß er tot ist?« fragte Father Brown ein bißchen scharf. »Haben Sie einen Arzt gerufen?«

»Nein«, antwortete der andere. »Ich habe weder einen Arzt noch einen Patienten … Es hat keinen Sinn, einen Arzt zu holen, um die Leiche zu untersuchen; denn die Leiche ist weggelaufen. Aber ich fürchte, ich weiß, wo sie hingelaufen ist … die Wahrheit ist – wir haben es für zwei Tage im dunkeln gelassen; aber er ist verschwunden.«

»Wäre es nicht besser«, sagte Father Brown sanft, »wenn Sie mir von Anfang an erzählten, was wirklich geschehen ist?«

»Ich weiß«, antwortete Henry Sand; »es ist eine höllische Schande, so leichtfertig über den armen alten Burschen zu reden; aber die Leute werden so, wenn sie aufgeregt sind. Ich kann Dinge nicht gut geheimhalten; der langen Rede kurzer

Sinn ist – na ja, ich werde Ihnen die lange Rede jetzt nicht halten. Sie wäre das, was manche Leute eine vage Vermutung nennen würden; willkürlich Verdächtigungen herumschmeißen und so. Aber der kurze Sinn ist, daß mein unglücklicher Onkel Selbstmord begangen hat.«

Zu diesem Zeitpunkt sausten sie im Wagen durch die letzten Ausläufer der Stadt und die ersten Ausläufer von Wald und Park hinter ihr; die Pforten zu Sir Hubert Sands kleinem Landgut befanden sich etwa einen Kilometer weiter, inmitten der immer dichter werdenden Reihen von Rotbuchen. Das Landgut bestand vor allem aus einem kleinen Park und einem großen Ziergarten, der in Terrassen von einem gewissen Gepränge genau bis ans Ufer des Hauptflusses des Bezirks hinabführte. Sobald sie an dem Haus ankamen, führte Henry den Priester ziemlich hastig durch die alten georgianischen Räume und auf der anderen Seite hinaus; wo sie schweigend den Abhang hinunterstiegen, einen ziemlich steilen Abhang, der von Blumen eingefaßt war, und von wo aus sie den fahlen Fluß fast so flach wie aus der Vogelperspektive vor sich gespreitet sehen konnten. Sie umrundeten gerade eine Biegung des Pfades unter einer riesigen klassischen Urne, die von einer ziemlich unpassenden Girlande aus Geranien gekrönt war, als Father Brown in den Büschen und dünnen Bäumen gerade unter ihm eine Bewegung bemerkte, die so schnell wie die Bewegung aufgeschreckter Vögel erschien.

In dem Gewirr dünner Bäume am Fluß schienen sich zwei Gestalten zu trennen oder auseinanderzuhuschen; die eine von ihnen glitt schnell in den Schatten, und die andere trat hervor und kam ihnen entgegen; und brachte sie zum Halten und zu einem jähen und unerklärlichen Schweigen. Dann sagte Henry Sand in seiner schwerfälligen Weise. »Ich nehme an, du kennst Father Brown ... Lady Sand.«

Father Brown kannte sie; aber in jenem Augenblick hätte er fast sagen können, er kennte sie nicht. Die Blässe und Erstarrung ihres Gesichtes war wie eine tragische Maske; sie war sehr viel jünger als ihr Gatte, aber in jenem Augenblick sah sie irgendwie älter aus als alles in diesem alten Haus und seinem alten Garten. Und der Priester erinnerte sich mit einem unterbewußten Erschauern, daß sie in der Tat nach Art und Abstammung älter und die wirkliche Besitzerin des Gutes war. Denn ihre eigene Familie hatte es als verarmte Adlige besessen, ehe sie seinen Wohlstand wieder herstellte, indem sie einen erfolgreichen Geschäftsmann heiratete. Wie sie so dastand, hätte sie ein Ahnengemälde oder sogar ein Ahnengespenst sein können. Ihr blasses Gesicht war von jenem spitzen, jedoch ovalen Schnitt, den man auf einigen alten Bildern von Maria, der Königin von Schottland, sieht; und sein Ausdruck schien fast noch über die natürliche Unnatürlichkeit einer Situation hinauszugehen, in der ihr Gatte unter dem Verdacht des Selbstmordes verschwunden war. Father Brown fragte sich in derselben unterbewußten Geistesbewegung, mit wem sie dort unter den Bäumen gesprochen haben mochte.

»Ich nehme an, Sie kennen die ganze schreckliche Nachricht schon«, sagte sie in untröstlicher Fassung. »Der arme Hubert muß unter all diesen revolutionären Verfolgungen zusammengebrochen und bis in den Wahnsinn getrieben worden sein, sich selbst das Leben zu nehmen. Ich weiß nicht, ob Sie irgend etwas tun können oder ob man diese scheußlichen Bolschewiken dafür verantwortlich machen kann, ihn in den Tod gehetzt zu haben.«

»Ich bin zutiefst erschüttert, Lady Sand«, sagte Father Brown. »Und zugleich, wie ich gestehen muß, auch etwas verwirrt. Sie reden von Verfolgungen; glauben Sie, daß irgend jemand ihn nur dadurch in den Tod hätte hetzen können, indem er jenes Papier an die Wand heftete?«

»Ich vermute«, sagte sie mit düsterer werdendem Blick, »daß es außer dem Papier auch noch andere Verfolgungen gegeben hat.«

»Das zeigt, welche Fehler man machen kann«, sagte der Priester traurig. »Ich hätte niemals gedacht, daß er so unlogisch wäre zu sterben, um dem Tod zu entgehen.«

»Ich weiß«, antwortete sie und blickte ihn ernsthaft an. »Ich hätte es auch nie geglaubt, wenn es nicht mit seiner eigenen Handschrift niedergeschrieben gewesen wäre.«

»Was?« schrie Father Brown mit einem kleinen Hüpfer wie ein Kaninchen, auf das geschossen wird.

»Ja«, sagte Lady Sand gelassen. »Er hat ein Geständnis seines Selbstmordes hinterlassen; deshalb gibt es, fürchte ich, keinerlei Zweifel.« Und sie stieg allein den Abhang hinauf, in all jener unantastbaren Unzugänglichkeit eines Familiengespenstes.

Die Brille Father Browns war in stummer Frage dem Zwicker von Mr. Henry Sand zugewandt. Und dieser Gentleman sprach nach einem Augenblick des Zögerns erneut in seiner eher unbesonnenen und stürmischen Art: »Ja, sehen Sie, jetzt scheint ziemlich klar zu sein, was er getan hat. Er war immer ein großer Schwimmer und pflegte jeden Morgen in seinem Bademantel herabzukommen, um in den Fluß einzutauchen. Gut, er ist wie üblich runtergekommen und hat seinen Bademantel am Ufer liegengelassen; der liegt immer noch da. Aber er hat auch eine Botschaft hinterlassen, daß er zu seinem letzten Schwimmen gehe und dann in den Tod, oder so ähnlich.«

»Wo hat er die Botschaft hinterlassen?« fragte Father Brown.

»Er hat sie in den Baum da gekratzt, der über das Wasser hängt, wohl der letzte Gegenstand, den er erfaßt hat; genau unterhalb des Bademantels. Kommen Sie und sehen Sie selbst.«

Father Brown rannte den letzten kurzen Abhang zum Ufer hinab und spähte unter den überhängenden Baum, dessen Blattfedern fast in den Fluß tauchten. Und richtig, er sah in die glatte Rinde auffällig und unmißverständlich die Worte eingeritzt: »Noch einmal schwimmen und dann ertrinken. Lebt wohl. Hubert Sand.« Father Browns Blick wanderte langsam das Ufer entlang, bis er an einem prächtigen Stück Bekleidung hängenblieb, ganz rot und gelb mit goldenen Quasten. Es war der Bademantel, und der Priester hob ihn auf und begann, ihn umzudrehen. Und eben während er das tat, wurde ihm bewußt, daß eine Gestalt durch sein Gesichtsfeld gehuscht war; eine große dunkle Gestalt, die von einer Baumgruppe zur anderen glitt, als ob sie der Spur der verschwindenden Lady folge. Er hatte kaum Zweifel, daß es sich um jenen Gefährten handelte, von dem sie sich jüngst erst getrennt hatte. Er hatte noch weniger Zweifel, daß es der Sekretär des toten Mannes war, Mr. Rupert Rae.

»Schon möglich, daß ihm als letztes der Gedanke kam, diese Botschaft zu hinterlassen«, sagte Father Brown, ohne aufzusehen, den Blick auf das rot-goldene Gewand geheftet. »Wir haben alle schon von Liebesbotschaften gehört, die in Bäume geritzt wurden; und also nehme ich an, daß es auch Todesbotschaften gibt, die in Bäume geritzt werden.«

»Na ja, er wird ja sonst nichts in den Taschen seines Bademantels gehabt haben«, sagte der junge Sand. »Und da könnte ein Mann seine Botschaft natürlich schon in einen Baum kratzen, wenn er weder Feder noch Tinte, noch Papier bei sich hat.«

»Hört sich an wie eine Französischübung«, sagte der Priester düster. »Aber daran hab ich gar nicht gedacht.« Und nach einem Schweigen sagte er mit veränderter Stimme: »Um die Wahrheit zu sagen, ich habe darüber nachgedacht, ob ein Mann nicht ganz natürlich seine Botschaft in einen Baum ritzt, selbst wenn er Haufen von Federn, Liter von Tinte, und ein ganzes Ries Papier bei sich hat.«

Henry sah ihn mit reichlich verblüffter Miene an, sein Zwicker saß ihm krumm auf der Stupsnase. «Und was wollen Sie damit sagen?«, fragte er scharf.

»Nun ja«, sagte Father Brown langsam, »ich will nicht gerade sagen, daß Briefträger Briefe in der Form von Baumstämmen austragen oder daß Sie jemals einem Freund eine Nachricht schicken, indem Sie eine Briefmarke an eine Fichte kleben. Es wäre schon eine besondere Art von Lage nötig – in der Tat wäre auch eine besondere Art von Person nötig, die tatsächlich diese Art von bäumlicher Korrespondenz bevorzugte. Aber angesichts der Lage und der Person wiederhole ich, was ich gesagt habe. Er würde immer noch auf einen Baum schreiben, selbst wenn, wie es im Liede heißt, die ganze Welt papieren wär', und alles Meer aus Tinte; wenn dieser Fluß voll unlöschbarer Tinte flösse oder alle diese Bäume ein Wald aus Federn oder Füllfederhaltern wären.«

Es war offensichtlich, daß es Sand angesichts der phantasievollen Bilderwelt des Priesters unheimlich wurde; ob nun, weil er sie unverständlich fand oder weil er zu verstehen begann.

»Sehn Sie«, sagte Father Brown und drehte den Bademantel langsam um, während er sprach, »man erwartet von einem Mann nicht, daß er in seiner schönsten Handschrift schreibt, wenn er sie in einen Baum hackt. Und wenn der Mann nicht der Mann wäre, falls Sie verstehen, was ich meine ... Hallo!«

Er blickte auf den roten Bademantel hinab, und für einen Augenblick schien es, als habe etwas von dem Rot auf seinen Finger abgefärbt; aber beide Gesichter, die nun darauf blickten, waren bereits um einen Schatten blasser geworden.

»Blut!« sagte Father Brown; und für einen Augenblick war da eine tödliche Stille, abgesehen von den melodischen Geräuschen des Flusses.

Henry Sand klärte Kehle und Nase mit Geräuschen, die keineswegs melodisch waren. Dann fragte er ziemlich rauh: »Wessen Blut?«

»Oh, meins«, sagte Father Brown, aber er lächelte nicht.

Einen Augenblick später sagte er: »Da war eine Nadel in diesem Ding, und ich hab mich selbst gestochen. Aber ich glaube nicht, daß Ihnen die Spitze ganz klar ist ... die Spitze der Nadel; mir wohl«; und er saugte an seinem Finger wie ein Kind.

»Sehn Sie«, sagte er nach einem weiteren Schweigen, »der Bademantel war zusammengefaltet und zusammengesteckt; und niemand hätte ihn auseinanderfalten können – zumindest nicht, ohne sich zu stechen. Mit anderen Worten, Hubert Sand hat diesen Bademantel nie *getragen*. Ebensowenig wie Hubert Sand je auf jenen Baum geschrieben hat. Oder sich selbst in diesem Fluß ertränkt hat.«

Der Zwicker, der auf Henrys fragender Nase kippelte, fiel mit einem Klick herab; davon abgesehen war er bewegungslos, wie vor Überraschung erstarrt.

»Und damit«, fuhr Father Brown heiter fort, »sind wir wieder bei jemandes Vorliebe, seine Privatkorrespondenz in Bäume zu ritzen wie Hiawatha mit seiner Bilderschrift. Sand hatte jede beliebige Zeit, bevor er sich ertränkte. Warum hat er da seiner Frau keine Nachricht hinterlassen wie ein vernünftiger Mensch? Oder sollen wir sagen … Warum hat der Andere Mann keine Nachricht für die Frau hinterlassen wie ein vernünftiger Mensch? Weil er dann die Handschrift des Gatten hätte fälschen müssen; besonders heikel, seit die Fachleute da so gerne dran rumschnüffeln. Aber man kann von niemandem erwarten, daß er auch nur seine eigene Handschrift nachmachen kann, geschweige denn die eines anderen, wenn er Großbuchstaben in die Rinde eines Baumes ritzt. Dies ist kein Selbstmord, Mr. Sand. Wenn überhaupt etwas, ist es ein Mord.«

Farne und Büsche des Unterholzes brachen und krachten, als der große junge Mann aus ihnen auftauchte wie ein Leviathan und vornübergebeugt dastand, den dicken Hals vorwärtsgestreckt.

»Ich eigne mich nicht dazu, Dinge geheimzuhalten«, sagte er, »und halb und halb hab' ich so was vermutet – Sie könnten fast sagen, seit langem erwartet. Um die Wahrheit zu sagen, ich konnte zu dem Burschen kaum höflich sein – übrigens zu ihnen beiden nicht.«

»Was genau wollen Sie damit sagen?« fragte der Priester und blickte ihm ernst voll ins Gesicht.

»Ich will damit sagen«, sagte Henry Sand, »daß Sie mir den Mord gezeigt haben, und ich glaube, ich könnte Ihnen die Mörder zeigen.«

Father Brown schwieg, und der andere fuhr reichlich fahrig fort.

»Sie haben gesagt, daß die Leute manchmal Liebesbotschaften in Bäume ritzen. Nun, es gibt davon tatsächlich einige in jenem Baum; es gibt da zwei Sorten von Monogrammen, die da

168

oben unter den Blättern ineinandergeschlungen sind – ich nehme an, Sie wissen, daß Lady Sand die Erbin dieses Gutes war, lange bevor sie heiratete; und schon damals kannte sie diesen verdammten Fatzke von einem Sekretär. Ich nehme an, daß sie sich hier zu treffen pflegten und ihre Liebesschwüre in den Treffbaum ritzten. Sie scheinen den Treffbaum später für einen anderen Zweck benutzt zu haben. Vielleicht aus Sentimentalität, vielleicht aus Sparsamkeit.«

»Das müssen ganz entsetzliche Menschen sein«, sagte Father Brown.

»Hat es denn in der Geschichte keine entsetzlichen Menschen gegeben, oder in den Polizeinachrichten?« fragte Sand in ziemlicher Erregung. »Hat es denn da nicht Liebesleute gegeben, die Liebe entsetzlicher als Haß aussehen ließ? Wissen Sie denn nichts von Bothwell und von all den blutigen Legenden über jene Liebesleute?«

»Ich kenne die Legende über Bothwell«, antwortete der Priester. »Und ich weiß auch, daß es nur eine Legende ist. Aber natürlich ist es wahr, daß Ehemänner manchesmal auf so eine Weise aus dem Weg geräumt wurden. Übrigens, wohin hat man ihn geräumt? Ich meine, wo haben sie die Leiche versteckt?«

»Ich nehme an, sie haben ihn ertränkt oder ihn ins Wasser geschmissen, nachdem er tot war«, schnaubte der junge Mann ungeduldig.

Father Brown blinzelte nachdenklich und sagte dann: »Ein Fluß ist ein guter Ort, um eine eingebildete Leiche zu verstecken. Er ist ein verdammt schlechter Ort, um eine wirkliche zu verstecken. Ich meine, es ist leicht zu *sagen*, man hat sie reingeworfen, weil sie ja ins Meer gespült werden *könnte*. Wenn man sie aber wirklich reinwirft, steht es hundert gegen eins, daß sie es nicht wird; die Wahrscheinlichkeit, daß sie irgendwo angeschwemmt wird, ist ungeheuer groß. Ich meine, sie müssen einen besseren Plan als den gehabt haben, die Leiche zu verstecken – oder die Leiche wäre inzwischen schon gefunden worden. Und wenn es da irgendwelche Spuren von Gewalt gäbe …«

»Ach, pfeif doch aufs Versteck der Leiche«, sagte Henry einigermaßen gereizt; »haben wir denn nicht Beweise genug in der Schrift auf ihrem eigenen teuflischen Baum?«

»Die Leiche ist der Hauptbeweis bei jedem Mord«, antwortete der Andere. »Das Verstecken der Leiche ist in neun von zehn Fällen das praktische Problem, das gelöst werden muß.«

Es gab ein Schweigen; und Father Brown fuhr damit fort, den roten Bademantel umzudrehen und ihn auf dem schimmernden Gras am sonnigen Ufer auszubreiten; er sah nicht auf. Aber ihm war schon seit einiger Zeit bewußt geworden, daß sich für ihn die ganze Landschaft durch die Anwesenheit einer dritten Partei verändert hatte; die so still dastand wie eine Statue im Garten.

»Übrigens«, sagte er und senkte seine Stimme, »wie erklären Sie den kleinen Kerl mit dem Glasauge, der Ihrem armen Onkel neulich einen Brief gebracht hat? Mir schien es so, als sei er durch dessen Lektüre völlig verändert worden; deshalb war ich durch den Selbstmord nicht überrascht, als ich noch dachte, es sei ein Selbstmord. Der Bursche ist ein ganz fieser Privatdetektiv, wenn ich mich nicht irre.«

»Nun«, sagte Henry in einer zögerlichen Weise, »nun ja, könnte er sein – Eheleute setzen manchmal bei solchen häuslichen Tragödien Detektive ein, oder nicht? Ich nehme an, er hatte die Beweise für ihre Intrige aufgetrieben; und sie also …«

»Ich würde nicht zu laut reden«, sagte Father Brown, »denn Ihr Detektiv beobachtet uns in diesem Augenblick aus einer Distanz von etwa einem Meter hinter diesen Büschen.«

Sie sahen beide auf, und richtig, da stand der Gnom mit dem Glasauge, und fixierte sie mit jener unangenehmen Optik, und sah um so grotesker aus, wie er da in den weißen wächsernen Blumen des klassischen Gartens stand.

Henry Sand rappelte sich mit einer für jemanden von seiner Massigkeit atemberaubenden Geschwindigkeit wieder auf und fragte den Mann höchst ärgerlich und abrupt, was er da treibe, und erklärte ihm zugleich, er solle sofort verschwinden. »Lord Stanes«, sagte der Gnom des Gartens, »wäre Father Brown sehr verbunden, wenn er ins Haus kommen und mit ihm sprechen würde.«

Henry Sand wandte sich wütend ab, aber der Priester schrieb seine Wut der Feindseligkeit zu, von der bekannt war, daß sie zwischen ihm und dem fraglichen Edelmann herrschte. Als sie sich anschickten, den Abhang hinaufzusteigen, blieb Father Brown für einen Augenblick stehen, als verfolge er Spuren auf dem glatten Baumstamm, blickte einmal empor zu den dunkleren und verborgeneren Hieroglyphen, die angeblich Zeichen einer Romanze waren; und starrte dann auf die größeren und ausladenderen Lettern des Geständnisses oder angeblichen Geständnisses eines Selbstmordes.

»Erinnern Sie diese Lettern nicht an etwas?« fragte er. Und als sein mürrischer Begleiter den Kopf schüttelte, fügte er hinzu: »Mich erinnern sie an die Schrift auf jenem Plakat, das ihm die Rache der Streikenden androhte.«

»Das ist das härteste Rätsel und die verquerste Geschichte, die ich je anzupacken hatte«, sagte Father Brown einen Monat später, als er Lord Stanes in dem eben erst eingerichteten Apartment in Nr. 188 gegenübersaß, der Wohnung am Ende des Blocks, die als letzte vor dem Interregnum des Lohnstreits und der von der Gewerkschaft verschobenen Arbeit fertiggestellt worden war. Sie war behaglich eingerichtet; und Lord Stanes präsidierte über Grog und Zigarren, als der Priester mit einer Grimasse sein Geständnis ablegte. Lord Stanes war auf eine kühle und lässige Art überraschend freundlich geworden.

»Das will bei Ihrem Ruf einiges heißen«, sagte Stanes, »aber die Detektive, einschließlich unseres verführerischen Freundes mit dem Glasauge, scheinen wirklich keine Lösung sehen zu können.«

Father Brown legte seine Zigarre hin und sagte behutsam: »Es geht nicht darum, daß sie die Lösung nicht sehen können. Es geht darum, daß sie das Problem nicht sehen können.«

»Aha«, sagte der andere, »vielleicht kann auch ich das Problem nicht sehen.«

»Das Problem ist aus folgendem Grunde allen anderen Problemen unähnlich«, sagte Father Brown. »Es sieht so aus, als habe der Verbrecher absichtlich zwei unterschiedliche Dinge getan, deren jedes einzeln hätte erfolgreich sein können; die aber, wenn gemeinsam betrieben, sich gegenseitig nur unwirksam machen konnten. Ich setze voraus und bin fest davon überzeugt, daß es der Mörder war, der gleichermaßen die Proklamation annagelte, mit der eine Art bolschewistischen Mordes angedroht wurde, und das Geständnis eines gewöhnlichen Selbstmordes in den Baum ritzte. Nun können Sie immerhin sagen, es sei nach allem möglich, daß die Proklamation eine proletarische Proklamation war; daß irgendwelche extremistischen Arbeiter ihren Arbeitgeber töten wollten und ihn getötet haben. Selbst wenn das wahr wäre, würde alles an dem Geheimnis hängen, warum sie, oder sonst jemand, eine gegenläufige Spur der privaten Selbstzerstörung hinterließen. Aber es ist ganz sicher nicht wahr. Keiner von diesen Arbeitern, wie verbittert auch immer, würde so was getan haben. Ich kenne sie recht gut, ich kenne ihre Führer ganz gut. Sich vorzustellen, daß ein Tom Bruce oder Hogan jemanden umbringen würden, den sie in den Zeitungen anprangern und dem sie auf alle möglichen Arten Schaden zufügen könnten, ist jene Art von Psychologie, die vernünftige Leute Wahnsinn nennen. Nein; es gibt da jemanden, der nicht ein empörter Arbeiter war, der zuerst die Rolle eines empörten Arbeiters spielte und dann die Rolle eines selbstmörderischen Arbeitgebers. Aber im Namen alles Wundersamen, warum? Wenn er glaubte, er könne es glatt als Selbstmord hinbiegen, warum hat er sich das dann zuallererst dadurch verdorben, daß er eine Morddrohung veröffentlichte? Nun könnten Sie sagen, es handele sich bei dem Gedanken, es als einen Selbstmord auszugeben, um einen Nachgedanken, weil das weniger provokativ wäre als die Mordgeschichte. Aber es war *nach* der Mordgeschichte nicht weniger provokativ. Er muß gewußt haben, daß er unsere Gedanken bereits auf Mord gerichtet hatte, als es sein einziges Anliegen hätte sein müssen, unsere Gedanken davon fernzuhalten. Wenn es ein Nachgedanke war, dann war es der Nachgedanke einer sehr gedankenlosen Person. Und ich habe so eine Ahnung, als ob dieser Mörder eine sehr gedankenvolle Person sei. Können Sie sich aus all dem einen Reim machen?«

»Nein; aber ich verstehe, was Sie meinen«, sagte Stanes, »wenn Sie sagen, daß ich nicht einmal das Problem sähe. Es geht nicht nur darum, wer Sand tötete; es geht darum, warum jemand einen anderen der Tötung Sands beschuldigt und dann Sand beschuldigt, sich selbst getötet zu haben.«

Father Browns Gesicht war verkniffen, und die Zigarre war zwischen seine Zähne geklemmt; ihr Ende glühte rhythmisch auf und wurde wieder dunkel wie das Signal eines brennenden Impulses im Gehirn.

»Wir müssen dem sehr dicht und sehr deutlich folgen. Es ist, als müsse man Denksträngen voneinander trennen; so was Ähnliches. Weil die Mordanklage tatsächlich die Selbstmordanklage so ziemlich verdarb, würde er die Mordanklage normalerweise nicht erhoben haben. Aber er hat sie erhoben; also hatte er irgendeinen anderen Grund, sie zu erheben. Es war ein so starker Grund, daß er ihn vielleicht sogar damit versöhnen konnte, seine andere Verteidigungslinie zu schwächen: daß es Selbstmord sei. Mit anderen Worten, die Mordanklage war gar keine wirkliche Mordanklage. Ich will sagen, er verwendete sie gar nicht als Mordanklage; er handelte nicht deshalb so, um die Schuld am Mord einem anderen zuzuschieben; er handelte so aus einem ureigensten ungewöhnlichen Grund. Sein Plan mußte die Proklamation enthalten, daß Sand ermordet werden würde, gleichgültig, ob dadurch andere in Verdacht gerieten oder nicht. Aus irgendeinem Grunde war die Proklamation selbst nötig. Aber warum?«

Er schmauchte und schwelte mit der gleichen vulkanischen Energie ganze fünf Minuten vor sich hin, bevor er wieder sprach.

»Was könnte eine Mordproklamation bewirken, außer anzudeuten, daß die Streikenden die Mörder seien? Was *hat* sie bewirkt? Eines ist offensichtlich; sie bewirkte unausweichlich das Gegenteil von dem, was sie sagte. Sie sagte zu Sand, er solle seine Leute nicht aussperren; und das war vielleicht das einzige auf Erden, was ihn dazu bringen konnte, es wirklich zu tun. Man muß dabei an die Art dieses Mannes und die Art seines Rufes denken. Wenn in unserer saudummen Sensationspresse ein Mann ein Starker Mann genannt worden ist, wenn er von all den hervorragendsten Eseln Englands liebevoll als Sportsmann angesehen wird, dann kann er nicht einfach nachgeben, weil man ihn mit der Pistole bedroht hat. Das wäre, als ob er in Ascot mit einer weißen Feder an seinem absurden weißen Hut herumliefe. Es würde jenes innere Idol oder Ideal von sich selbst zerbrechen, das jeder Mann, der nicht ein ausgesprochener Feigling ist, dem Leben vorzieht. Und Sand war kein Feigling; er war mutig; er war auch impulsiv. Es wirkte auf der Stelle wie ein Zauber; sein Neffe, der sich ja mit den Arbeitern mehr oder weniger eingelassen hatte, schrie auf der Stelle, daß man der Bedrohung absolut und augenblicklich entgegentreten müsse.«

»Ja«, sagte Lord Stanes, »das ist mir aufgefallen.« Sie sahen sich einen Augenblick lang an, und dann fügte Stanes achtlos hinzu: »Sie glauben also, das, was der Verbrecher wirklich wollte, war ...«

»Die Aussperrung!« schrie der Priester energisch. »Den Streik, oder wie immer Sie das nennen wollen; auf jeden Fall die Einstellung der Arbeit. Er wollte, daß die Arbeit sofort aufhöre; vielleicht, daß die Streikbrecher sofort übernähmen; auf jeden Fall, daß die Gewerkschaftsmitglieder sofort abzögen. Das ist es, was er wirklich wollte; Gott weiß warum. Und ich glaube, er brachte das fertig, ohne sich viel um die Folgerung der Existenz bolschewistischer Meuchelmörder zu kümmern. Dann aber ... ich glaube, dann ging etwas schief. Hier kann ich nur herumraten und ganz langsam herumtasten; aber die einzige Erklärung, die ich mir ausdenken kann, ist die, daß irgend etwas begann, die Aufmerksamkeit auf den wahren Ort seiner Schwierigkeiten zu lenken; auf den Grund, was immer das war, der ihn wünschen ließ, die Bauarbeiten zum Stillstand zu bringen. Und dann versuchte er – verspätet, verzweifelt und reichlich inkonsequent –, die andere Spur zu legen, die zum Fluß führte, einzig und allein, weil sie von den Apartments fortführte.«

Er sah durch seine mondähnlichen Brillengläser auf und nahm die ganze Qualität des Hintergrundes und der Einrichtung wahr; den zurückhaltenden Luxus eines gelassenen Mannes von Welt; und verglich ihn mit den beiden Koffern, mit denen der Bewohner kürzlich in einem gerade erst fertiggestellten und noch unmöblierten Apartment eingetroffen war. Dann sagte er reichlich abrupt: »Kurz, der Mörder ängstigte sich vor irgend etwas oder irgend jemandem in den Wohnungen. Übrigens, warum sind *Sie* eigentlich hier eingezogen? ... Und bei dieser Gelegenheit, der junge Henry hat mir erzählt, Sie hätten sich mit ihm sehr früh verabredet, als Sie eingezogen sind. Stimmt das?«

»Keineswegs«, sagte Stanes. »Ich habe den Schlüssel am Abend zuvor von seinem Onkel bekommen. Ich habe keine Ahnung, warum Henry an jenem Morgen hergekommen ist.«

»Aha«, sagte Father Brown, »aber dann habe ich eine Ahnung, warum er hergekommen ist ... Ich habe mir schon *gedacht*, Sie hätten ihn dadurch aufgeschreckt, als Sie gerade hereinkamen, als er hinauskam.«

»Und dennoch«, sagte Stanes, der mit einem Glitzern in seinen graugrünen Augen herüberblickte, »meinen Sie, daß ich ebenfalls ein Geheimnis habe.«

»Ich meine, daß Sie zwei Geheimnisse haben«, sagte Father Brown. »Das erste ist, warum Sie sich ursprünglich aus Sands Geschäften zurückgezogen haben. Das zweite ist, warum Sie danach zurückgekommen sind, um in Sands Gebäuden zu wohnen.«

Stanes rauchte nachdenklich, klopfte die Asche ab und läutete eine Glocke auf dem Tisch vor ihm. »Wenn Sie erlauben«, sagte er, »werde ich noch zwei zu unserer Beratung hinzuziehen. Jackson, der kleine Detektiv, von dem Sie bereits wissen, achtet auf die Glocke; und ich habe Henry Sand gebeten, etwas später herzukommen.«

Father Brown erhob sich aus seinem Sessel, ging durch den Raum und starrte stirnrunzelnd in den offenen Kamin.

»Inzwischen«, fuhr Stanes fort, »will ich Ihnen gerne beide Fragen beantworten. Ich habe Sands Geschäft verlassen, weil ich überzeugt war, daß es da faulen Zauber gab und jemand das ganze Geld beiseite brachte. Ich bin zurückgekommen und habe mir diese Wohnung genommen, weil ich an Ort und Stelle nach der Wahrheit über den Tod des alten Sand Ausschau halten wollte.«

Father Brown blickte sich um, als der Detektiv den Raum betrat; er stand da, und starrte auf den Kaminvorleger, und wiederholte: »An Ort und Stelle.«

»Mr. Jackson wird Ihnen berichten«, sagte Stanes, »daß Sir Hubert ihn beauftragt hatte herauszufinden, wer der Dieb war, der die Firma beraubte; und er brachte ihm eine Notiz über seine Entdeckungen am Tag, bevor der alte Hubert verschwand.«

»Ja«, sagte Father Brown, »und jetzt weiß ich auch, wohin er verschwunden ist. Ich weiß jetzt, wo seine Leiche ist.«

»Wollen Sie damit sagen …?« begann sein Gastgeber hastig.

»Sie ist hier«, sagte Father Brown und stampfte auf den Kaminvorleger. »Hier, unter diesem eleganten Perserteppich, in diesem behaglichen und bequemen Raum.«

»Wie in aller Welt haben Sie denn das herausgefunden?«

»Ich habe mich gerade daran erinnert«, sagte Father Brown, »daß ich das in meinem Schlaf gefunden habe.«

Er schloß die Augen, als versuche er, sich einen Traum vorzustellen, und fuhr träumerisch fort: »Das ist eine Mordgeschichte, die sich um die Frage dreht: Wie verstecke ich die Leiche? Und ich habe sie in meinem Schlaf gefunden. Ich wurde jeden Morgen vom Gehämmere aus diesem Gebäude aufgeweckt. An jenem Morgen wachte ich nur halb auf, schlief wieder ein und erwachte erneut in der Annahme, es sei schon spät; aber das war es nicht. Warum? Weil es an jenem Morgen Gehämmere *gegeben* hatte, obwohl die ganze übliche Arbeit eingestellt worden war; kurzes eiliges Gehämmere in den frühen Morgenstunden gerade vor Tagesanbruch. Ein schlafender Mensch rührt sich bei solch vertrautem Geräusch automatisch. Aber er schläft wieder ein, weil das übliche Geräusch nicht zur üblichen Stunde stattfindet. Warum wollte nun ein bestimmter geheimer Verbrecher, daß die gesamte Arbeit plötzlich eingestellt würde; und nur neue Arbeiter übernähmen? Weil die alten Arbeiter, wären sie am nächsten Tag hereingekommen, festgestellt hätten, daß während der Nacht ein neues Stück Arbeit getan worden war. Die alten Arbeiter hätten gewußt, wo sie aufgehört hatten; und sie hätten den ganzen Fußboden dieses Raumes bereits festgehämmert vorgefunden. Festgehämmert von einem Mann, der wußte, wie man das tut; nachdem er sich oft genug unter die Arbeiter gemischt und ihre Verfahren gelernt hatte.«

Während er redete, wurde die Tür aufgestoßen und ein Kopf mit einer stoßenden Bewegung hereingesteckt; ein kleiner Kopf auf einem dicken Hals und ein Gesicht, das sie durch Gläser anblinzelte.

»Henry Sand sagte«, bemerkte Father Brown und starrte auf die Decke, »daß er sich nicht dazu eigne, Dinge geheimzuhalten. Aber ich glaube, da war er ungerecht gegen sich selbst.«

Henry Sand drehte sich um und bewegte sich rasch den Korridor hinab.

»Er hat nicht nur jahrelang seine Unterschlagungen ziemlich erfolgreich vor seinem Onkel geheimgehalten«, fuhr der Priester mit abwesender Miene fort, »sondern hat auch, als sein Onkel sie entdeckte, seines Onkels Leiche auf eine vollkommen neue und originelle Weise versteckt.«

Im gleichen Augenblick läutete Stanes erneut eine Glocke

mit einem langen schrillen stetigen Klingeln; und der kleine
Mann mit dem Glasauge schoß geradezu durch den Korridor hinter dem Fliehenden her, mit ähnlich rotierenden Bewegungen
wie die einer mechanischen Gestalt in einem Stroboskop. Im
gleichen Augenblick schaute Father Brown aus dem Fenster,
wozu er sich über einen kleinen Balkon lehnte, und erblickte
fünf oder sechs Männer, die unten in der Straße hinter Büschen
und Zäunen hervorkamen und sich gleichermaßen mechanisch
wie ein Fächer oder ein Netz ausbreiteten, das sich zu dem
Fliehenden hin öffnete, der wie eine Kugel aus der Vordertür
herausgeschossen war. Father Brown sah nur das Muster der Geschichte, die sich niemals aus diesem Raum entfernt hatte; wo
Henry Hubert erwürgt und seine Leiche unter dem undurchläs-
sigen Fußboden versteckt und dafür die ganze Arbeit an dem
Gebäude aufgehalten hatte. Eine Nadelspitze hatte sein eigenes
Mißtrauen erweckt; aber nur, um ihm zu sagen, daß man ihn die
lange Schlinge einer Lüge hinabgeleitet hatte. Die spitze Pointe
der Nadel war, daß sie keine Pointe hatte.

Er bildete sich ein, er verstehe endlich Stanes, und er liebte
es, eigenartige Menschen zu sammeln, die schwierig zu verstehen waren. Er begriff, daß in diesem müden Gentleman, den er
einst beschuldigt hatte, grünes Blut zu haben, tatsächlich eine
Art kalter grüner Flamme der Gewissenhaftigkeit und der
konventionellen Ehre brannte, die ihn zunächst dazu bewogen
hatte, sich aus einem zweifelhaften Geschäft zurückzuziehen,
und sich dann zu schämen, es anderen aufgebürdet zu haben;
und als gelangweilter fleißiger Detektiv zurückzukommen; sein
Lager eben da an Ort und Stelle aufzuschlagen, wo die Leiche
vergraben worden war; so daß der Mörder, als er ihn so nahe der
Leiche herumschnüffeln fand, in Panik das Gegendrama mit
dem Bademantel und dem Ertrunkenen aufführte. Das alles war
jetzt klar genug, aber ehe er seinen Kopf von der Nachtluft und
den Sternen zurückzog, warf Father Brown noch einen Blick
an der mächtigen schwarzen Masse des zyklopischen Baues empor, der sich da so hoch in die Nacht häufte und an Ägypten und

Babylon und alles erinnerte, was am Werk des Menschen zugleich ewig und ephemer ist.

»Ich hatte recht mit dem, was ich zuallererst gesagt habe«, sagte er. »Das erinnert einen an Coppées Gedicht über den Pharao und die Pyramiden. Dieses Haus soll hundert Häuser sein; und doch ist dieses ganze Gebirge von Bauwerk nur das Grab eines einzigen Mannes.«

DAS UNLÖSBARE PROBLEM

Dieser eigenartige Vorfall, in mancher Hinsicht vielleicht der eigenartigste der vielen, die ihm begegneten, widerfuhr Father Brown in jener Zeit, da sein französischer Freund Flambeau den Beruf des Verbrechers aufgegeben und mit viel Eifer und Erfolg den Beruf des Verbrechensaufklärers ergriffen hatte. Nun war es so, daß sich Flambeau sowohl als Dieb wie als Diebsfänger ziemlich auf Juwelendiebstähle spezialisiert hatte, wobei er als Fachmann anerkannt war, sowohl in der Frage, Juwelen zu identifizieren, wie in der ebenso praktischen Frage, Juwelendiebe zu identifizieren. Und es geschah im Zusammenhang mit seinen speziellen Kenntnissen auf diesem Gebiet wie auch mit einem Auftrag, den sie ihm eingebracht hatten, daß er an jenem Morgen, an dem diese Geschichte beginnt, seinen Freund, den Priester, anrief.

Father Brown war entzückt, die Stimme seines alten Freundes zu hören, sogar am Telephon; aber im allgemeinen, und zumal in jenem besonderen Augenblick, mochte Father Brown das Telephon gar nicht sehr. Er zog es bei weitem vor, die Gesichter der Menschen zu beobachten und soziale Atmosphären zu empfinden, und er wußte sehr wohl, daß ohne diese Dinge Wortmitteilungen sehr leicht in die Irre führen können, vor allem solche von völlig Fremden. Und es schien, als habe an jenem besonderen Morgen ein Schwarm von völlig Fremden seine Ohren mit mehr oder weniger unverständigen Wortmitteilungen vollgesummt; das Telephon schien von einem Dämon der Trivialität besessen. Die vielleicht eindeutigste Stimme war eine, die ihn fragte, ob er nicht gegen Zahlung nach einem in seiner Kirche aufgehängten regulären Tarif reguläre Erlaubnisscheine für Mord und Diebstahl ausstelle; und da der Fremde das Gespräch, nachdem er unterrichtet worden war, dem sei nicht so, mit einem hohlen Gelächter beendete, kann wohl angenommen werden, daß er nicht überzeugt worden war. Dann rief eine aufgeregte und ziemlich inkonsequente weibliche Stimme an, die ihn aufforderte, sofort zu einem bestimmten, ihm bekannten Hotel, etwa 45 Meilen auf der Straße zu einer benachbarten Kathedralstadt, zu kommen; welcher Forderung unmittelbar darauf von derselben Stimme der Widerruf folgte, die noch aufgeregter und noch inkonsequenter mitteilte, es spiele keine Rolle mehr und er werde nicht mehr gewünscht. Dann kam als Zwischenspiel der Anruf einer Presseagentur, die ihn fragte, ob er etwas zu dem zu sagen habe, was eine Filmschauspielerin über Schnurrbärte für Männer gesagt habe; und schließlich noch eine dritte Wiederkehr der aufgeregten und inkonsequenten Dame in dem Hotel, die mitteilte, daß er jetzt doch gewünscht werde. Er hatte eine vage Vermutung, daß dadurch einiges von jenen Zögerlichkeiten und panischen Ängsten gekennzeichnet werde, die jenen nicht unbekannt sind, die sich vage in Richtung zur Wahrheit wenden, doch er bekannte sich zu einer beträchtlichen Erleichterung, als die Stimme Flambeaus die Reihe von Anrufen mit der herzhaften Drohung beendete, sofort zum Frühstück zu erscheinen.

Father Brown zog es eindeutig vor, mit einem Freund in bequemen Sesseln bei einer Pfeife zu plaudern, doch wurde sehr bald deutlich, daß sein Besucher auf dem Kriegspfad und voller Energie war, und fest entschlossen, sich des kleinen Priesters zu bemächtigen und ihn auf eine für ihn wichtige Expedition mitzuschleppen. Es trifft zu, daß ein bestimmter Umstand mitspielte, von dem man annehmen durfte, daß er des Priesters Aufmerksamkeit beanspruchen würde. Flambeau war in jüngster Zeit wiederholt dadurch hervorgetreten, daß er den Diebstahl berühmter wertvoller Steine verhindert hatte; er hatte dem Banditen die Tiara der Duchess of Dulwich aus der Hand gerissen, während er durch den Garten stürmte. Er hatte für jenen Kriminellen, der geplant hatte, das berühmte Saphirhalsband zu stehlen, eine so geniale Falle aufgestellt, daß der fragliche Künstler tatsächlich mit jener Kopie abzog, die er als Ersatz zurückzulassen geplant hatte.

Das waren zweifellos die Gründe, die dazu geführt hatten, daß man ihn aufforderte, die Ablieferung einer ganz anderen Art von Schatz zu überwachen; vielleicht dem Materialwert nach noch kostbarer, zugleich aber auch von einer ganz anderen Art von Wert. Ein weltberühmtes Reliquiar, das angeblich eine Reliquie der heiligen Märtyrerin Dorothea enthielt, sollte im katholischen Kloster einer Kathedralstadt abgeliefert werden; und einer der berühmtesten internationalen Juwelendiebe sollte angeblich ein Auge darauf geworfen haben; oder wahrscheinlich eher auf das Gold und die Rubine der Fassung als auf ihre rein hagiographische Bedeutung. Vielleicht gab es irgend etwas in dieser Assoziation von Gedanken, das Flambeau glauben machte, der Priester wäre bei diesem Abenteuer ein besonders geeigneter Gefährte, aber wie auch immer, er stürzte sich auf ihn und war ganz Feuer und Flamme und äußerst gesprächig hinsichtlich seiner Pläne, den Diebstahl zu verhindern.

Flambeau betrat auf wahrhaftig gewaltige Art des Priesters Heim und ganz in der alten großspurigen Manier des Musketiers seinen großen Schnurrbart zwirbelnd.

»Sie können das nicht«, schrie er und spielte auf die 65 Straßenmeilen bis nach Casterbury an, »Sie können doch nicht zulassen, daß ein so gotteslästerlicher Raub unmittelbar vor Ihrer eigenen Nase stattfindet.«

Die Reliquie sollte das Kloster erst am Abend erreichen; und daher gab es keine Notwendigkeit für ihre Verteidiger, früher einzutreffen; denn in der Tat würde die Autofahrt den größeren Teil des Tages beanspruchen. Darüber hinaus bemerkte Father Brown beiläufig, daß da ein Gasthaus an der Straße liege, in dem er gerne zu Mittag essen würde, da er bereits gebeten worden sei, dort so bald wie möglich hereinzuschauen.

Während sie durch eine dicht bewaldete, aber kaum bewohnte Landschaft fuhren, in der Gasthäuser und andere Gebäude seltener und seltener zu werden schienen, begann das

Tageslicht in der Mittagshitze den Charakter eines stürmischen Zwielichts anzunehmen; und dunkelpurpurne Wolken sammelten sich über den dunkelgrauen Wäldern. Und wie das gewöhnlich in der fahlen Ruhe dieser Art von Licht geschieht, gewannen alle Farben in der Landschaft eine Art geheimnisvollen Glühens, das man bei Objekten im vollen Sonnenschein nicht findet; und zackige rote Blätter oder goldene oder orangene Pilze schienen in einem dunklen Feuer aus sich heraus zu brennen. In solchem Halblicht kamen sie zu einer Waldlichtung wie ein großer Riß in einer grauen Mauer und sahen hinter ihr und oberhalb der Lücke das große und ziemlich fremdartige Gasthaus, das den Namen ›Grüner Drache‹ trug.

Die beiden alten Gefährten waren schon oft zusammen bei Gasthäusern und anderen menschlichen Behausungen angekommen und hatten dort nicht eben übliche Umstände vorgefunden; selten aber hatten sich die Zeichen des Unüblichen so früh bemerkbar gemacht. Denn noch während ihr Auto einige hundert Meter von der dunkelgrünen Tür entfernt war, die den dunkelgrünen Fensterläden des hohen und schmalen Gebäudes entsprachen, wurde die Tür heftig aufgerissen, und eine Frau mit einem wilden Wust roter Haare stürzte ihnen entgegen, als sei sie bereit, das Fahrzeug in voller Fahrt zu besteigen. Flambeau brachte den Wagen zum Halten, aber fast noch ehe er das getan hatte, stieß sie ihr weißes und tragisches Gesicht durch das Fenster und rief: »Sind Sie Father Brown?« und dann fast im gleichen Atemzug: »Wer ist der Mann da?«

»Der Name dieses Herrn ist Flambeau«, sagte Father Brown gelassen, »und was kann ich für Sie tun?«

»Kommen Sie ins Gasthaus«, sagte sie mit einer selbst unter diesen Umständen außerordentlichen Abruptheit. »Es ist ein Mord geschehen.«

Sie stiegen schweigend aus dem Wagen und folgten ihr zu der dunkelgrünen Tür, die sich nach innen zu einer Art dunkelgrüner Allee öffnete, gebildet aus Latten und Pfählen, umschlungen von Wein und Efeu, die eckige Blätter in Schwarz und

Rot und vielen dunklen Farben zeigten. Diese wiederum führte durch eine innere Tür in eine Art großen Salons, in dem rostige Ritterwaffen hingen und dessen Möblierung sehr altmodisch und wild durcheinander erschien wie in einer Rumpelkammer. Einen Augenblick lang schraken sie zusammen; denn es schien so, als ob sich ein großes Stück Gerümpels erhebe und sich auf sie zu bewege; so verstaubt und schäbig und linkisch war der Mann, der solchermaßen verließ, was wie ein Zustand immerwährender Bewegungslosigkeit aussah.

Merkwürdigerweise schien der Mann eine gewisse höfliche Behendigkeit zu besitzen, sobald er sich einmal bewegte; selbst wenn sie an die hölzernen Scharniere einer höfischen Trittleiter oder eines unterwürfigen Handtuchhalters erinnerte. Sowohl Flambeau wie Father Brown fühlten, daß sie kaum je zuvor einem Mann begegnet waren, der so schwierig einzuordnen war. Er war nicht, was man einen Gentleman nennt; doch besaß er etwas von der staubigen Verfeinerung eines Gelehrten; da war etwas leicht Anrüchiges oder *déclassé* um ihn; und doch roch er eher nach Büchern als nach Bohème. Er war dünn und bleich, mit einer spitzen Nase und einem dunklen Spitzbart, er hatte eine kahle Stirn, aber hinten waren seine Haare lang und glatt und strähnig, und der Ausdruck seiner Augen wurde fast vollständig von einer blauen Brille verborgen. Father Brown fühlte, daß er irgend etwas dieser Art schon irgendwo und vor langer Zeit getroffen hatte; aber er konnte dem inzwischen keinen Namen mehr beilegen. Das Gerümpel, darinnen er saß, war zum größten Teil literarisches Gerümpel; vor allem Bündel von Flugschriften aus dem 17. Jahrhundert.

»Habe ich die Dame richtig verstanden«, fragte Flambeau feierlich, »daß hier ein Mord geschehen ist?«

Die Dame nickte ziemlich ungeduldig mit ihrem roten zerraufften Kopf; abgesehen von diesen flammenden Elfenlocken hatte sie etwas von ihrem wilden Aussehen verloren; ihr dunkles Kleid war von einer gewissen Würde und Adrettheit; ihre Züge waren stark und gut geschnitten; und es umgab sie etwas, das auf jene doppelte Stärke des Körpers wie des Geistes hinweist, die Frauen mächtig macht, vor allem im Gegensatz zu Männern wie dem Mann mit der blauen Brille. Und dennoch war er es, der die einzige artikulierte Antwort gab, indem er sich mit einer gewissen grotesken Galanterie einmischte.

»Es ist wahr, daß meine unglückliche Schwägerin«, erklärte er, »fast in diesem Augenblick einen höchst entsetzlichen Schock erlitten hat, den wir alle ihr erspart zu sehen gewünscht hätten. Ich wollte nur, daß ich selbst die Entdeckung gemacht hätte und nur den weiteren Schmerz hätte erleiden müssen, die schreckliche Nachricht zu überbringen. Unglücklicherweise war es Frau Flood selbst, die ihren hochbetagten Großvater, seit langem krank und in diesem Hotel bettlägrig, tot im Garten fand; unter Umständen, die nur zu deutlich auf Gewalt und Überfall zeigen. Sonderbare Umstände, möchte ich sagen, in der Tat sehr sonderbare Umstände.« Und er hüstelte leise, als ob er sich dafür entschuldigen wolle.

Flambeau verneigte sich vor der Dame und drückte ihr sein aufrichtiges Mitgefühl aus; dann sagte er zu dem Mann: »Ich denke, Sir, daß Sie sagten, Sie seien Frau Floods Schwager.«

»Ich bin Dr. Oscar Flood«, erwiderte der andere. »Mein Bruder, der Gatte dieser Dame, weilt gegenwärtig geschäftlich auf dem Kontinent, und sie führt das Hotel. Ihr Großvater war teilweise gelähmt und schon sehr hoch betagt. Man hat ihn niemals sein Schlafzimmer verlassen sehen; so daß diese außerordentlichen Umstände tatsächlich ...«

»Haben Sie nach einem Arzt oder der Polizei geschickt?« fragte Flambeau.

»Ja«, erwiderte Dr. Flood, «wir haben angerufen, nachdem wir die entsetzliche Entdeckung gemacht hatten; aber sie können erst in einigen Stunden hier sein. Dieses Rasthaus steht so entlegen. Es steigen hier nur Leute ab, die nach Casterbury oder sogar noch weiter reisen. Deshalb dachten wir, wir könnten Sie um Ihre wertvolle Hilfe bitten, bis ...«

»Wenn wir von irgendeiner Hilfe sein sollen«, sagte Father

Brown, der auf eine viel zu abwesende Weise unterbrach, um unhöflich zu erscheinen, »sollten wir lieber gleich gehen und uns die Umstände ansehen.«

Er ging beinahe mechanisch auf die Tür zu und rannte beinahe in einen Mann, der sich gerade seinen Weg herein bahnte; ein großer, schwerer junger Mann mit ungebürstetem und unordentlichem Haar, der dennoch ganz gut ausgesehen hätte, wäre da nicht eine leichte Verunstaltung eines Auges gewesen, die ihm ein ziemlich unheimliches Aussehen gab.

»Was zum Teufel tut Ihr denn da?« platzte er heraus. »Erzählt jedem Dahergelaufenen ... Ihr solltet wenigstens auf die Polizei warten.«

»Die Polizei übernehme ich«, sagte Flambeau mit einer gewissen Großartigkeit und dem plötzlichen Gebaren, als habe er den Befehl über alles übernommen. Er schritt auf die Tür zu, und da er noch viel größer als der große junge Mann war und da seine Schnurrbartspitzen so furchteinflößend wie die Hörner eines spanischen Stieres waren, trat der große junge Mann vor ihm beiseite, mit dem folgewidrigen Ausdruck von jemandem, den man hinausgeworfen hat, und blieb zurück, als die Gruppe hinaus in den Garten stürmte und den mit Steinplatten belegten Pfad hinan zur Maulbeerpflanzung. Und nur Flambeau hörte, wie der kleine Priester zu dem Doktor sagte: »Er scheint uns nicht sehr zu mögen, oder? Übrigens, wer ist er?«

»Sein Name ist Dunn«, sagte der Doktor mit einer gewissen Zurückhaltung. »Meine Schwägerin hat ihm die Verwaltung des Gartens übertragen, weil er im Krieg ein Auge verloren hat.«

Als sie durch die Maulbeerbüsche gingen, bot die Landschaft des Gartens jenen reichen, aber unheilschwangeren Effekt dar, den man antrifft, wenn das Land tatsächlich heller als der Himmel ist. In dem von hinten kommenden gebrochenen Sonnenlicht standen die Baumwipfel vor ihnen wie blaßgrüne Flammen vor einem Himmel, den Sturmwetter durch alle Schattierungen von Purpur und Violett hindurch immer schwärzer machte. Dasselbe Licht trieb Streifen über Rasen und Gartenbeete und was immer es beleuchtete, schien auf noch rätselhaftere Weise düster und geheimnisvoll. Das Gartenbeet war mit Tulpen übersät, die wie Tropfen dunklen Blutes aussahen, und von einigen hätte man geschworen, daß sie wahrhaft schwarz seien; und die Reihe endete angemessen mit einem Tulpenbaum; den Father Brown als das zu identifizieren geneigt war – wenngleich teilweise durch eine verwirrte Erinnerung –, was man gemeinhin den Judasbaum nennt. Was der Gedankenverbindung Beistand leistete, war die Tatsache, daß von einem der Äste, wie eine vertrocknete Frucht der vertrocknete dünne Körper eines alten Mannes mit einem langen Bart herabhing und der da grotesk im Wind baumelte.

Darauf lag mehr als nur der Schrecken der Dunkelheit: der Schrecken des Sonnenlichtes, denn die launische Sonne färbte Baum und Mann in den fröhlichsten Farben wie eine Bühnendekoration; der Baum stand in Blüte, und der Leichnam hing da in einem verschossenen pfauengrünen Morgenmantel und hatte auf seinem wackelnden Kopf ein scharlachrotes Hauskäppchen. Auch trug er rote Pantoffeln, deren einer abgefallen war und auf dem Rasen lag wie ein Blutfleck.

Doch weder Flambeau noch Father Brown sahen sich dies vorderhand an. Sie starrten beide auf einen sonderbaren Gegenstand, der mitten aus dem zusammengeschrumpften Körper des Mannes herauszuragen schien; und den sie nach und nach als den schwarzen, aber reichlich rostigen Eisengriff eines Schwertes aus dem 17. Jahrhundert erkannten, das den Körper vollständig durchbohrt hatte. Sie beide blieben fast bewegungslos, während sie es anstarrten; bis den unruhigen Dr. Flood ihre Unerschütterlichkeit ziemlich ungeduldig zu machen schien.

»Was *mir* am unerklärlichsten ist«, sagte er und schnalzte nervös mit den Fingern, »ist der gegenwärtige Zustand des Körpers. Und doch hat er mir bereits eine Idee eingetragen.«

Flambeau war an den Baum herangetreten und untersuchte den Schwertgriff durch ein Vergrößerungsglas. Doch seltsamerweise hatte sich der Priester im gleichen Augenblick aus reiner Perversität wie ein Kreisel herumgedreht, wandte der Leiche den Rücken zu und blickte spähend genau in die entgegengesetzte Richtung. Er tat dies gerade zur rechten Zeit, um am fernen Ende des Gartens den roten Kopf von Frau Flood einem dunklen jungen Mann zugewandt zu sehen, in der Entfernung zu undeutlich, um identifiziert zu werden, der in diesem Augenblick ein Motorrad bestieg, verschwand und hinter sich nur das ersterbende Getöse dieses Vehikels ließ. Dann wandte sich die Frau um und begann, quer durch den Garten auf sie zuzugehen, eben als sich auch Father Brown umwandte und begann, sorgfältig den Schwertgriff und den hängenden Leichnam zu untersuchen.

»Wenn ich recht verstehe, haben Sie ihn erst vor etwa einer halben Stunde gefunden«, sagte Flambeau. »War irgendwer unmittelbar vorher hier? Ich meine, irgendwer in seinem Schlafzimmer, oder in jenem Teil des Hauses, oder in diesem Teil des Gartens – sagen wir etwa eine Stunde zuvor?«

»Nein«, sagte der Doktor entschieden. »Das ist doch der so tragische Zufall. Meine Schwägerin war in der Vorratskammer, einer Art Nebengebäude auf der anderen Seite; dieser Mann Dunn war im Küchengarten, der auch in jener Richtung liegt; und ich selbst stöberte in Büchern herum, in einem Raum genau hinter dem, in dem Sie mich gefunden haben. Es gibt zwei weibliche Dienstboten, aber die eine war zur Post gegangen, und die andere befand sich auf dem Dachboden.«

»Und stand irgendeine dieser Personen«, fragte Flambeau sehr ruhig, »ich sagte *irgend*eine dieser Personen auf irgendwie schlechtem Fuß mit dem armen alten Herrn?«

»Er war der Gegenstand von fast allgemeiner Zuneigung«, erwiderte der Doktor feierlich. »Wenn es irgendwelche Mißverständnisse gab, dann waren sie belanglos und von einer in modernen Zeiten gewöhnlichen Art. Der alte Mann hing an den alten religiösen Gebräuchen; und vielleicht hatten seine Tochter und sein Schwiegersohn etwas freiere Ansichten. Alles das kann aber mit einer so gräßlichen und phantastischen Ermordung wie dieser nichts zu tun haben.«

»Das hängt davon ab, um wieviel freier die modernen Ansichten sind«, sagte Father Brown, »oder um wieviel enger.«

In diesem Augenblick hörten sie Frau Flood, während sie näher kam, hallo und ihren Schwager mit einer gewissen Ungeduld zu sich rufen. Er hastete zu ihr hin und war bald außer Hörweite; doch als er ging, winkte er entschuldigend mit der Hand und wies noch mit einem langen Finger auf den Boden.

»Sie werden die Fußabdrücke sehr beunruhigend finden«, sagte er; mit demselben sonderbaren Gesichtsausdruck wie ein Leichenbitter.

Die beiden Amateurdetektive sahen einander an. »Ich finde eine ganze Menge anderer Dinge beunruhigend«, sagte Flambeau.

»O ja«, sagte der Priester und starrte ziemlich töricht das Gras an.

»Ich frage mich«, sagte Flambeau, »warum sie einen Mann am Hals aufhängen, bis er tot ist, und sich dann die Mühe machen, ihn mit einem Schwert zu durchbohren.«

»Und ich frage mich«, sagte Father Brown, »warum sie einen Mann mit einem Schwertstoß durchs Herz töten und sich dann die Mühe machen, ihn am Hals aufzuhängen.«

»Ach, Sie wollen einfach nur widersprechen«, protestierte sein Freund. »Ich kann auf einen Blick sehen, daß sie ihn nicht lebend erstochen haben. Er würde stärker geblutet und die Wunde sich nicht so geschlossen haben.«

»Und ich konnte auf einen Blick sehen«, sagte Father Brown und spähte bei seiner kurzen Gestalt und seiner Kurzsichtigkeit recht linkisch empor, »daß sie ihn nicht lebend aufgehängt haben. Wenn Sie sich den Knoten der Schlinge anschauen, werden Sie sehen, daß er ungeschickt geknüpft worden ist und ein Teil des Stricks sie vom Halse fern hält, so daß sie einen Mann überhaupt nicht erdrosseln könnte. Er war tot, bevor sie ihm die Schlinge umlegten, und er war tot, bevor sie das Schwert durch ihn hindurchstachen. Und wie ist er wirklich getötet worden?«

»Ich glaube«, sagte der andere, »wir sollten besser ins Haus zurückgehen und uns sein Schlafzimmer ansehen – und andere Dinge.«

»Das tun wir«, sagte Father Brown. »Aber unter anderen Dingen sollten wir uns vielleicht diese Fußabdrücke ansehen. Vielleicht sollten wir besser am anderen Ende anfangen, bei seinem Fenster. Schön, auf dem gepflasterten Pfad sind keine Fußspuren, obwohl da welche sein könnten oder wiederum auch nicht. Aha, das hier ist der Rasen genau unter seinem Schlafzimmerfenster. Und hier sind seine Fußabdrücke deutlich zu sehen.«

Er blinzelte die Fußabdrücke bedenklich an; und begann dann, sorgsam den Weg zum Baum zurückzugehen, und bückte sich hin und wieder auf eine unwürdige Weise, um irgendwas auf dem Boden anzusehen. Schließlich kehrte er zu Flambeau zurück und sagte im Plauderton:

»Alsdann, kennen Sie die Geschichte, die da ganz klar aufgeschrieben ist? Obwohl es gar keine klare Geschichte ist.«

»Ich wäre nicht damit zufrieden, sie klar zu nennen«, sagte Flambeau. »Ich würde sie sehr häßlich nennen.«

»Nun«, sagte Father Brown, »die Geschichte, die da sehr klar mit den genauen Abdrücken der Pantoffeln des alten Mannes in die Erde gestampft ist, ist folgende. Der bejahrte Gelähmte sprang aus dem Fenster und rannte über die Beete neben dem Pfad her, höchst begierig auf den Spaß, erhängt und erstochen zu werden, so begierig, daß er vor lauter Freude auf einem Bein hüpfte; und gelegentlich sogar Purzelbäume schlug ...«

»Halt!« rief Flambeau ärgerlich. »Was zur Hölle soll denn diese höllische Pantomime?«

Father Brown zog nur die Augenbrauen hoch und wies milde auf die Hieroglyphen im Staub. »Ungefähr auf der Hälfte des Weges gibt es nur die Abdrücke von einem Pantoffel; und an manchen Stellen den Abdruck einer Hand, der ganz von allein dahin gekommen ist.«

»Kann er denn nicht gehinkt haben und dann gefallen sein?«
fragte Flambeau.

Father Brown schüttelte den Kopf. »Dann hätte er wenigstens
versucht, beide Hände und Füße oder Knie und Ellenbogen
zu benutzen, um wieder hochzukommen. Andere Abdrücke
irgendwelcher Art gibt es nicht. Natürlich ist der mit Steinplatten belegte Pfad sehr nahe, und auf dem gibt es keine Abdrücke;
obwohl auf dem Boden in den Ritzen welche sein könnten: Die
Platten sind verrückt unregelmäßig verlegt.«

»Bei Gott, ein verrücktes Pflaster; und ein verrückter Garten;
und eine verrückte Geschichte!« Und Flambeau blickte düster
über den düsteren und sturmgepeitschten Garten, durch den
gekrümmte, zusammengestückelte Pfade liefen, die dem wunderlichen alten englischen Adjektiv eine sonderbare Berechti-
gung verliehen.

»Und jetzt«, sagte Father Brown, »wollen wir raufgehn und
uns sein Zimmer ansehn.« Sie traten durch eine Tür nahe dem
Schlafzimmerfenster ein, und der Priester blieb einen Augenblick lang stehen, um sich den gewöhnlichen Stiel eines Gar-
tenbesens zum Zusammenfegen von Blättern anzusehen, der an
der Wand lehnte. »Haben Sie das gesehen?«

»Das ist ein Besenstiel«, sagte Flambeau mit heftiger Ironie.

»Das ist ein Schnitzer«, sagte Father Brown; »der erste Schnitzer, den ich in diesem komischen Komplott entdeckt habe.«

Sie stiegen die Treppe hinauf und betraten das Schlafzimmer
des alten Mannes; und ein Blick hinein ließ die Haupttatsachen
sehr klar werden, sowohl die für die Begründung der Familie wie
auch die für ihre Uneinigkeit. Father Brown hatte vom ersten
Moment an gespürt, daß er sich in einem Haus befand, das
katholisch war, oder gewesen war, aber wenigstens teilweise von
abgefallenen oder sehr lauen Katholiken bewohnt wurde. Die
Bilder und Skulpturen im Zimmer des Großvaters machten klar,
daß sich praktisch auf ihn beschränkte, was an positiver Fröm-
migkeit verblieben war; und daß seine Familie, aus welchen
Gründen auch immer, wieder heidnisch geworden war. Aber er

gab zu, daß das eine hoffnungslos unangemessene Erklärung selbst für einen gewöhnlichen Mord war; von einem so besonders ungewöhnlichen Mord wie diesem ganz zu schweigen. »Beim Henker«, brummte er vor sich hin, »der Mord ist wirklich der am wenigsten ungewöhnliche Teil des Ganzen.« Aber noch während er diesen Zufallsausdruck verwendete, begann langsam ein Licht auf seinem Gesicht aufzudämmern.

Flambeau hatte sich auf einen Stuhl neben dem Tischchen gesetzt, das beim Bett des toten Mannes stand. Er runzelte über den drei oder vier weißen Pillen und Kügelchen, die auf einem kleinen Tablett neben einer Wasserflasche lagen, nachdenklich die Stirn.

»Der Mörder oder die Mörderin«, sagte Flambeau, »hatte den einen oder anderen unverständlichen Grund dafür, uns glauben machen zu wollen, daß der tote Mann erdrosselt oder erstochen wurde oder beides. Er wurde weder erdrosselt noch erstochen, noch sonst was von der Art. Warum also wollten sie das vortäuschen? Die einzige logische Erklärung ist, daß er auf eine so eigenartige Weise gestorben ist, die aus sich heraus auf einen Zusammenhang mit einer bestimmten Person hinweisen würde. Nehmen wir beispielsweise an, er wäre vergiftet worden. Und nehmen wir weiter an, jemand sei in die Sache verwickelt, der mehr als alle anderen wie ein Giftmischer aussieht.«

»Schließlich«, sagte Father Brown sanft, »ist unser Freund mit der blauen Brille Arzt.«

»Ich werde mir diese Pillen verdammt sorgfältig ansehen«, fuhr Flambeau fort. »Aber ich will sie auch nicht unnütz verschwenden. Sie sehen aus, als wären sie in Wasser löslich.«

»Es könnte Sie einige Zeit kosten, damit irgendwas Wissenschaftliches anzustellen«, sagte der Priester, »und der Polizeiarzt könnte schon vorher eintreffen. Also würde ich Ihnen ganz bestimmt raten, sie nicht zu verschwenden. Wenn Sie überhaupt auf den Polizeiarzt warten wollen.«

»Ich werde hierbleiben, bis ich das Problem gelöst habe«, sagte Flambeau.

»Dann werden Sie für immer hierbleiben«, sagte Father Brown und sah ruhig aus dem Fenster. »Ich glaube jedenfalls nicht, daß ich in diesem Zimmer bleiben werde.«

»Wollen Sie sagen, daß ich das Problem nicht lösen werde?« fragte sein Freund. »Warum sollte ich das Problem denn nicht lösen?«

»Weil es nicht in Wasser löslich ist. Nein, und auch nicht in Blut«, sagte der Priester; und er stieg die dunkle Treppe hinunter in den dunkelnden Garten. Da sah er erneut, was er bereits durch das Fenster gesehen hatte.

Die Hitze und das Gewicht und die Dunkelheit des Unwetterhimmels schienen noch drückender auf der Landschaft zu liegen; die Wolken hatten die Sonne überwältigt, die da oben in einer sich verengenden Himmelslichtung bleicher als der Mond stand. Es lag das Beben des Donners in der Luft, aber kein Wind, kein Lüftchen regte sich mehr; und selbst die Farben des Gartens erschienen nur noch wie reichere Schattierungen der Dunkelheit. Eine Farbe aber glühte immer noch mit einer gewissen düsteren Lebhaftigkeit, und das war das rote Haar der Frau des Hauses, die da irgendwie versteift stand, starrend, die Hände in ihr Haar vergraben. Diese Szene der Finsternis, zusammen mit etwas, das sich tief in seinen Zweifeln an ihrer Bedeutung rührte, brachten die Erinnerung an einige quälende und mystische Zeilen an die Oberfläche; und er fand sich selbst murmeln: »Geheimer Ort, so wild und so verzaubert, als je unter dem Wandelmond von einer Frau begangen ward, die klagend nach dem Teufelsbuhlen rief.« Sein Gemurmel wurde aufgeregter. »Heilige Mutter Gottes, bitte für uns Sünder … das ist es; das ist es entsetzlich genau; *klagend nach dem Teufelsbuhlen rief.*«

Er zögerte und zitterte fast, als er sich der Frau näherte; aber er sprach in seiner üblichen ruhigen Haltung. Er blickte sie sehr stetig an, als er ihr ernstlich zuredete, sich von den rein zufälligen Beigaben der Tragödie in all ihrer verrückten Gräßlichkeit nicht in Wahnvorstellungen treiben zu lassen. »Die Bilder im Zimmer Ihres Großvaters werden ihm viel gerechter als das gräßliche Bild, das wir gesehen haben«, sagte er ernst. »Etwas sagt mir, daß er ein guter Mensch war; und es spielt keine Rolle, was seine Mörder mit seinem Körper trieben.«

»Oh, mich machen seine Bilder und Statuen von Heiligen krank!« sagte sie und wandte ihren Kopf ab. »Warum verteidigen sie sich nicht selbst, wenn sie sind, was Sie behaupten? Krawallbrüder können der Gebenedeiten Jungfrau den Kopf abschlagen, und nichts geschieht ihnen. Was ist das Gute? Sie können uns nicht verurteilen, Sie wagen nicht, uns zu verurteilen, weil wir herausgefunden haben, daß der Mensch stärker ist als Gott.«

»Sicherlich«, sagte Father Brown sehr sanft, »ist es nicht eben großmütig, sogar Gottes Geduld mit uns zu einem Argument gegen ihn zu machen.«

»Gott mag geduldig sein und der Mensch ungeduldig«, antwortete sie, »und nehmen wir an, daß uns die Ungeduld lieber ist. Sie können es Gotteslästerung nennen; aber Sie können es nicht aufhalten.«

Father Brown tat einen komischen kleinen Hüpfer. »Gotteslästerung!« sagte er; und wandte sich plötzlich mit einem neuen frischen Ausdruck der Entschlossenheit der Tür zu. Im gleichen Augenblick erschien Flambeau bleich vor Erregung in der Tür, mit einem Papiertütchen in der Hand. Father Brown hatte schon den Mund geöffnet, um zu reden, aber sein ungestümer Freund kam ihm zuvor.

»Endlich bin ich auf der richtigen Spur!« schrie Flambeau. »Diese Pillen sehen die eine wie die andere aus, aber in Wirklichkeit sind es verschiedene. Und wissen Sie was? Im selben Augenblick, in dem ich darauf gekommen bin, hat dieses einäugige Vieh von Gärtner sein weißes Gesicht ins Zimmer geschoben; und er hatte eine große Sattelpistole bei sich. Ich hab' sie ihm aus der Hand geschlagen und ihn die Treppe runtergeworfen, aber ich fange an, alles zu begreifen. Wenn ich noch ein oder zwei Stunden hierbleibe, werde ich meine Arbeit getan haben.«

»Dann werden Sie sie nie tun«, sagte der Priester, mit einem Klang in der Stimme, den man bei ihm wirklich nur sehr selten hörte. »Wir werden hier keine weitere Stunde bleiben. Wir werden hier keine weitere Minute bleiben. Wir müssen diesen Ort sofort verlassen!«

»Was!« schrie der verblüffte Flambeau. »Jetzt, wo wir uns der Wahrheit nähern! Ja, man kann sehen, daß wir uns der Wahrheit nähern, weil sie Angst vor uns haben.«

Father Brown sah ihn mit steinernem und undurchdringlichem Gesicht an und sagte: »Sie haben keine Angst vor uns, wenn wir hier sind. Sie werden nur Angst vor uns haben, wenn wir nicht hier sind.«

Es war ihnen beiden bewußt geworden, daß die zappelige Gestalt von Dr. Flood in dem düsteren Dunst herumlungerte; jetzt stürzte sie mit den wildesten Gesten vorwärts.

»Halt! Hören Sie!« schrie der erregte Doktor. »Ich habe die Wahrheit entdeckt!«

»Dann können Sie die Ihrer eigenen Polizei erklären«, sagte Father Brown kurz. »Die müßte bald eintreffen. Wir aber müssen gehen.«

Der Doktor schien in einen Wirbelstrom der Gefühle gestürzt und tauchte dann schließlich mit einem verzweifelten Schrei wieder an die Oberfläche. Er breitete die Arme wie ein Kreuz aus und versperrte ihnen den Weg.

»So sei es denn!« schrie er. »Ich will Sie jetzt nicht betrügen, indem ich sage, ich habe die Wahrheit entdeckt. Ich will die Wahrheit nur beichten.«

»Dann beichten Sie sie Ihrem eigenen Priester«, sagte Father Brown und strebte dem Gartentor zu, gefolgt von seinem starräugigen Freund. Bevor er das Tor erreichte, hatte sich ihm eine andere Gestalt wie der Wind entgegengestürzt; und Dunn, der Gärtner, schrie ihm irgendwelche unverständlichen Spottreden über Detektive zu, die vor ihrer Aufgabe davonlaufen. Dann duckte sich der Priester gerade rechtzeitig weg, um einem Hieb mit der Sattelpistole zu entgehen, die wie eine Keule geführt wurde. Aber Dunn duckte sich gerade nicht rechtzeitig weg, um einem Fausthieb Flambeaus zu entgehen, der wie die Keule des Herkules war. Die beiden ließen Mr. Dunn flach auf dem Pfad ausgestreckt hinter sich, und durchschritten das Tor, und gingen hinaus, und bestiegen schweigend ihr Auto. Flambeau stellte nur eine kurze Frage, und Father Brown antwortete nur: »Casterbury.«

Schließlich bemerkte der Priester nach einem langen Schweigen: »Fast möchte ich glauben, daß der Sturm nur in jenen Garten gehört und aus dem Sturm in einer Seele kam.«

»Mein Freund«, sagte Flambeau, »ich kenne Sie jetzt seit langem, und wenn Sie bestimmte Zeichen der Bestimmtheit zeigen, folge ich Ihrer Führung. Aber ich hoffe, Sie wollen mir nicht erzählen, daß Sie mich von jener faszinierenden Arbeit wegholten, nur weil Ihnen die Atmosphäre nicht gefiel.«

»Nun, es war ganz bestimmt eine schreckliche Atmosphäre«, erwiderte Father Brown gelassen. »Schauerlich und leidenschaftlich und bedrückend. Und das Schauerlichste von allem war – daß es da nirgends Haß gibt.«

»Irgendwer«, regte Flambeau an, »scheint aber doch eine kleine Abneigung gegen Großpapa gehabt zu haben.«

»Niemand hatte eine Abneigung gegen irgendwen«, sagte Father Brown mit einem Seufzer. »Das war ja das Schauerliche in jener Dunkelheit. Es war Liebe.«

»Komische Weise, Liebe zu zeigen – jemanden zu erdrosseln und mit dem Schwert zu durchbohren«, bemerkte der andere.

»Es war Liebe«, wiederholte der Priester, »und sie erfüllte das Haus mit Entsetzen.«

»Erzählen Sie mir nur nicht«, protestierte Flambeau, »daß jene wunderschöne Frau diese Brillenspinne liebt.«

»Nein«, sagte Father Brown und seufzte wieder. »Sie liebt ihren Mann. Das ist entsetzlich.«

»Das ist ein Stand der Dinge, den ich Sie oftmals habe empfehlen hören«, erwiderte Flambeau. »Das können Sie nicht gesetzlose Liebe nennen.«

»Gesetzlos nicht in diesem Sinn«, antwortete Father Brown; dann drehte er sich scharf auf seinem Ellbogen um und sprach mit neuer Wärme. »Glauben Sie, ich wüßte nicht, daß die Liebe zwischen einem Mann und einer Frau das erste Gebot Gottes war und auf ewig herrlich ist? Sind Sie einer von jenen Idioten, die glauben, wir bewunderten Liebe und Ehe nicht? Müssen Sie mir vom Garten Eden und der Hochzeit zu Kana erzählen? Gerade weil die Kraft in dem Ding die Kraft Gottes ist, kann es mit dieser furchtbaren Energie toben, sogar wenn es sich von Gott losreißt. Wenn der Garten zum Dschungel wird, doch immer noch zu einem herrlichen Dschungel; wenn die zweite Gärung den Wein von Kana in den Essig von Golgatha verwandelt. Glauben Sie, ich wüßte das alles nicht?«

»Ich bin sicher, Sie wissen es«, sagte Flambeau, »aber ich weiß immer noch nicht viel über mein Mordproblem.«

»Der Mord kann nicht gelöst werden«, sagte Father Brown.

»Und warum nicht?« fragte sein Freund.

»Weil es keinen Mord zu lösen gibt«, sagte Father Brown.

Flambeau schwieg vor reiner Verblüffung; und es war sein Freund, der in ruhigem Ton fortfuhr: »Ich will Ihnen etwas Merkwürdiges erzählen. Ich habe mit jener Frau gesprochen, als sie vor Verzweiflung ganz verstört war; aber sie hat kein einziges Mal von Mord gesprochen. Sie hat Mord nicht erwähnt, sie hat nicht einmal auf Mord angespielt. Was sie wiederholt erwähnte, war Gotteslästerung.«

Und dann fügte er mit einem weiteren Sprung der verbalen Zusammenhanglosigkeit hinzu: »Haben Sie je von Tiger Tyrone gehört?«

»Ob ich was habe?« schrie Flambeau. »Das ist doch der Mann, der angeblich hinter dem Reliquiar her ist und den zu überlisten ich den ausdrücklichen Auftrag übernahm. Er ist der gewaltsamste und waghalsigste Gangster, der je dieses Land heimgesucht hat; Ire, natürlich, aber von jener Art, die geradezu verrückt antiklerikal ist. Vielleicht hat er sich in diesen Geheimgesellschaften auch ein bißchen mit Satanismus beschäftigt, jedenfalls hat er den makabren Geschmack, alle Arten von wilden Tricks auszuspielen, die übler aussehen, als sie sind. Sonst ist er der Übelste nicht; er tötet selten, und nie aus Grausamkeit; aber er liebt es über alles, die Leute zu schockieren, vor allem seine eigenen; Kirchen ausrauben, oder Skelette ausgraben, oder was nicht alles.«

»Ja«, sagte Father Brown, »das paßt alles zusammen. Ich hätte das von Anfang an sehen müssen.«

»Ich kann nicht sehen, wie wir nach nur einer Stunde Untersuchung irgendwas hätten sehen sollen«, sagte der Detektiv defensiv.

»Ich hätte es sehen müssen, bevor es noch etwas zu untersuchen gab«, sagte der Priester. »Ich hätte es wissen müssen, bevor Sie heute morgen eingetroffen sind.«

»Was in aller Welt meinen Sie damit?«

»Das zeigt nur, wie falsch Stimmen am Telephon klingen«, sagte Father Brown nachdenklich. »Ich habe heute morgen alle drei Phasen der Angelegenheit gehört; und ich hielt sie für Belanglosigkeiten. Zuerst rief mich eine Frau an und bat mich, so schnell wie möglich zu jenem Gasthaus zu kommen. Was bedeutete das? Natürlich bedeutete das, daß der alte Großvater im Sterben lag. Dann rief sie wieder an und sagte, jetzt brauchte ich nicht mehr zu kommen. Was bedeutete das? Natürlich bedeutete das, daß der alte Großvater tot war. Er war ganz friedlich in seinem Bett gestorben; vermutlich an Herzversagen, schlicht aus hohem Alter. Und dann rief sie ein drittes Mal an und sagte, ich solle jetzt doch kommen. Was bedeutete das? Ah, das ist sehr viel interessanter!«

Nach einer kleinen Pause fuhr er fort: »Tiger Tyrone, dessen Frau ihn anbetet, hatte einen seiner verrückten Einfälle, und doch war es auch ein gerissener Einfall. Er hatte gerade gehört, daß Sie hinter ihm her sind, daß Sie ihn und seine Methoden kennen, und daß Sie kämen, das Reliquiar zu retten; er mag auch gehört haben, daß ich Ihnen manchmal ein bißchen helfen konnte. Er wollte uns unterwegs aufhalten; und sein Trick, das

zu tun, bestand darin, einen Mord vorzutäuschen. Es war eine
ziemlich scheußliche Sache; aber es war kein Mord. Seine Frau
hat er wahrscheinlich mit brutaler Vernunft eingeschüchtert, indem er behauptete, er könne einer Zuchthausstrafe nur dadurch
entgehen, daß er eine Leiche benutze, die sowieso keinerlei
Schmerzen ob solcher Nutzung mehr empfinden könne. Seine
Frau würde ohnedies alles für ihn tun; aber dennoch empfand
sie die ganze unnatürliche Scheußlichkeit dieser Hängefarce;
und deshalb hat sie von Gotteslästerung gesprochen. Sie dachte
an die Entweihung der Reliquie; aber auch an die Entweihung
des Totenbettes. Der Bruder ist einer von jenen fragwürdigen
›wissenschaftlichen‹ Rebellen, die an Blindgängern herum-
basteln, ein ins Kraut geschossener Idealist. Aber er ist Tiger ergeben; und so auch der Gärtner. Vielleicht ist das ein Punkt
zu seinen Gunsten, daß ihm so viele Leute ergeben zu sein
scheinen.

Eine Kleinigkeit hat mich sehr früh auf die richtige Spur
gebracht. Unter den alten Büchern, zwischen denen der Doktor
herumstöberte, war ein Bündel Flugschriften aus dem 17. Jahrhundert; und da habe ich einen Titel mitbekommen: *Wahrhafter
Bericht über Prozeß und Hinrichtung von My Lord Stafford.* Nun
wurde Stafford im Rahmen der Jesuitenverschwörung hingerichtet, die mit einer der großen Detektivgeschichten der Geschichte begann; dem Tod von Sir Edmund Berry Godfrey. Godfrey wurde tot in einem Graben aufgefunden, und ein Teil des
Rätsels war, daß er Spuren der Erdrosselung aufwies, aber zugleich mit seinem eigenen Schwert durchbohrt worden war. Ich
habe sofort daran gedacht, daß jemand im Haus den Einfall daher haben könnte. Aber er kann ihn nicht als Mittel zu einem
Mord gewollt haben. Er kann ihn nur als Mittel zur Erschaffung
eines Rätsels gewollt haben. Dann begriff ich, daß das auch auf
all die anderen frevlerischen Einzelheiten zutraf. Sie waren teuf-
lisch genug; aber es war nicht nur bloße Teufelei; da gab es Spuren von Schabernack; weil sie das Rätsel so widersprüchlich und
kompliziert wie nur möglich machen mußten, um sicherzustel-

len, daß wir lange Zeit brauchten, es zu lösen – oder besser, es zu durchschauen. Also zerrten sie den armen alten Mann von seinem Totenbett und ließen die Leiche hüpfen und Purzelbäume schlagen und alles mögliche tun, das sie *nicht getan* haben konnte. Sie mußten uns ein unlösbares Problem vorwerfen. Sie fegten ihre eigenen Spuren vom Pfad ab, aber vergaßen den Besen. Glücklicherweise haben wir das rechtzeitig durchschaut.«

»Sie haben es rechtzeitig durchschaut«, sagte Flambeau. »Ich hätte wohl noch ein wenig länger über der zweiten Spur herumgelungert, die sie, bestreut mit ausgesuchten Pillen, hinterlassen haben.«

»Na, wie auch immer, wir sind davongekommen«, sagte Father Brown gemütlich.

»Und das, nehme ich an«, sagte Flambeau, »ist der Grund, weshalb ich jetzt in diesem Tempo über die Straße nach Casterbury fahre.«

In jener Nacht kam es in Kloster und Kirche zu Casterbury zu Ereignissen, die darauf berechnet waren, die klösterliche Abgeschiedenheit ins Wanken zu bringen. Das Reliquiar der Heiligen Dorothea – in einem prachtvollen Schrein aus Gold und Rubinen – war zeitweilig in einem Nebenraum nahe der Kapelle des Klosters untergebracht worden, um nach der Segnung in feierlicher Prozession zu einer besonderen Messe hereingebracht zu werden. Es wurde für den Augenblick von einem Mönch bewacht, der es gespannt und wachsam beobachtete, denn er und seine Mitbrüder wußten alles über den Schatten der Gefahr, die vom beutegierig herumschnürenden Tiger Tyrone ausging. So geschah es, daß der Mönch blitzartig auf den Beinen war, als er sah, wie sich eines der unten vergitterten Fenster langsam zu öffnen begann und ein dunkles Objekt wie eine schwarze Schlange durch den Spalt kroch. Er stürzte heran, ergriff es und entdeckte Arm und Ärmel eines Mannes, die in einer schönen Manschette und einem eleganten dunkelgrauen Handschuh endeten. Er umklammerte sie und schrie nach Hilfe, und während er das noch tat, schoß ein

Mann durch die Tür hinter seinem Rücken in den Raum und schnappte sich den Schrein, den er hinter sich auf dem Tisch hatte stehenlassen. Fast im gleichen Augenblick löste sich der im Fenster festgeklemmte Arm, und er stand da und hielt das ausgestopfte Glied einer Puppe in der Hand.

Tiger Tyrone hatte den Trick schon früher verwendet, aber für den Mönch war er neu. Glücklicherweise gab es wenigstens eine Person, der die Tricks des Tigers nicht neu waren; und diese Person erschien, mit kampfschnaubendem Schnurrbart und gewaltig vom Türstock umrahmt, in gerade dem Augenblick, in dem Tiger Tyrone durch ihn entwischen wollte. Flambeau und Tiger Tyrone sahen einander mit steten Blicken an und tauschten einen fast militärischen Salut aus.

In der Zwischenzeit war Father Brown in die Kapelle geschlüpft, um ein Gebet für einige der in diese ungehörigen Ereignisse verwickelten Personen zu sprechen. Doch zeigte er eher ein Lächeln als etwas anderes, und er war, um die Wahrheit zu sagen, hinsichtlich des Herrn Tyrone und seiner beklagenswerten Familie keineswegs ohne Hoffnung, vielmehr sehr viel hoffnungsvoller, als er für viele sehr viel ehrenwertere Personen war. Dann weiteten sich seine Gedanken mit den größeren Perspektiven von Ort und Anlaß. Vor dem schwarzen und grünen Marmor am Ende der Rokokokapelle hoben sich die dunkelroten Meßgewänder zu Ehren des Festes eines Märtyrers und dienten ihrerseits als Hintergrund eines noch feurigeren Rots; eines Rots wie rotglühende Kohle: die Rubine des Reliquiars; die Rosen der Heiligen Dorothea. Und erneut hatte er einen Gedanken, der zurückwies auf die sonderbaren Ereignisse des Tages und auf die Frau, der es schauderte ob der Gotteslästerungen, bei denen sie geholfen hatte. Schließlich hatte, dachte er, auch die heilige Dorothea einen heidnischen Liebhaber; aber er hatte sie weder beherrscht noch ihren Glauben zerstört. Sie war frei und für den Glauben in den Tod gegangen, und dann hatte sie ihm Rosen aus dem Paradies zugesandt …

Er hob den Blick und sah durch den Schleier des Weihrauchs und der flackernden Kerzen, daß der Segen sich seinem Ende zuneigte, während die Prozession wartete. Ein Gefühl für die angehäuften Reichtümer aus Zeit und Tradition zog an ihm vorüber wie eine Menge, die Reihe um Reihe einzog, durch niemals endende Jahrhunderte; und hoch über ihnen allen flammte wie eine Girlande aus unvergänglichen Flammen, wie die Sonne unserer sterblichen Mitternacht, die große Monstranz gegen die Dunkelheit der gewölbten Schatten, genau so, wie sie gegen das schwarze Rätsel des Universums flammte. Denn einige sind überzeugt, daß dieses Rätsel ebenfalls ein unlösbares Problem ist. Und andere besitzen die gleiche Sicherheit, daß es nur eine Lösung gibt.

DER DORFVAMPIR

An der Biegung eines Weges durch die Hügel, an der zwei
Pappeln wie Pyramiden aufragten und das winzige Dörfchen
Potter's Pond zwergenhaft erscheinen ließen, ein Häufchen nur
von Häusern, da wanderte einst ein Mann daher in einer Bekleidung höchst auffälligen Zuschnitts und ebensolcher Farben,
trug er doch einen Überwurf aus lebhaftem Magentarot und
einen weißen Hut, den er sich schräg auf seine ambrosischen
schwarzen Locken gestülpt hatte, die in einer Art byroneskem
Schnörkel von Backenbart endeten.

Das Rätsel, warum er solch phantastisch altmodische Kleider anhatte, sie aber dennoch mit einer Miene der modischen
Sicherheit und sogar des stolzen Auftretens trug, ist nur eines der
vielen Rätsel, die schließlich mit der Lösung des Geheimnisses
seines Schicksals gelöst wurden. Hier geht es darum, daß er,
nachdem er an den Pappeln vorüber war, verschwunden zu sein
schien; so als ob er in die abnehmende und aufhellende Dämmerung geschwunden sei oder vom Morgenwind davongetragen
worden wäre.

Nur etwa eine Woche später wurde sein Körper etwa eine
Viertelmeile entfernt gefunden, zerschellt auf dem steilen
Steingarten einer terrassierten Gartenanlage, die zu einem verlassenen und verschlossenen Gebäude hinaufführte, das man
›The Grange‹ nannte. Unmittelbar vor seinem Verschwinden
hatte man zufällig mitgehört, wie er sich offenbar mit irgendwelchen Herumstehenden stritt und dabei insbesondere ihr
Dorf als »mieses kleines Kaff« beschimpfte; und es wurde angenommen, er habe so Exzesse des Lokalpatriotismus ausgelöst
und sei diesen schließlich zum Opfer gefallen. Zumindest be-
zeugte der Dorfarzt, daß der Schädel einen derart heftigen Hieb
erlitten habe, daß er den Tod hätte herbeigeführt haben können,

wenngleich wohl nur durch eine Art Knüttel oder Keule beigefügt.

Das wiederum paßte ausgezeichnet zu der Vorstellung eines Angriffs durch wildgewordene Bauerntölpel. Doch hatte nie jemand einen Weg gefunden, irgendeinen bestimmten Bauerntölpel zu ermitteln; und die Totenschau erbrachte den Spruch: Mord durch Unbekannt.

Ein oder zwei Jahre später wurde die Frage auf eine merkwürdige Weise neu eröffnet; durch eine Reihe von Ereignissen, die einen gewissen Dr. Mulborough, den seine Freunde in annehmbarer Anspielung auf etwas Sattes und Fruchtiges in seiner dunklen Rundlichkeit und eher purpurnen Gesichtsfarbe Maulbeer nannten, dazu brachten, per Zug nach Potter's Pond zu reisen, und zwar mit einem Freund, den er schon oft bei Problemen dieser Art konsultiert hatte. Trotz seines etwas portweinseligen und massigen Äußeren hatte der Doktor einen scharfen Blick und war in der Tat ein Mann von beachtlichem Verstand, den er seiner Meinung nach dadurch bewies, daß er einen kleinen Priester namens Brown konsultierte, dessen Bekanntschaft er vor langer Zeit anläßlich eines Giftmordes gemacht hatte. Der kleine Priester saß ihm gegenüber mit der Miene eines geduldigen Kleinkindes, das Anweisungen aufnimmt; und der Doktor erklärte ausführlich die wirklichen Gründe für diese Reise.

»Ich kann mit dem Herrn im Magentamantel nicht übereinstimmen, daß Potter's Pond nur ein mieses kleines Kaff sei. Aber es ist gewißlich ein sehr abgelegenes und abgeschiedenes Dorf; so daß es reichlich fremdartig wirkt, wie ein Dorf von vor hundert Jahren. Die alten Jungfern sind wirklich alte Jungfern – verdammt, man kann sie sich fast am Spinnrad vorstellen. Die Damen sind nicht nur Damen. Sie sind Edelfrauen; und ihr Drogist ist kein Drogist, sondern ein Apotheker, ausgesprochen Poteka. Sie lassen die Existenz eines gewöhnlichen Arztes, wie ich es bin, gerade mal zu, damit er dem Apotheker assistiere. Doch werde ich als eine ziemlich jugendliche Neuerung betrachtet, weil ich erst siebenundfünfzig bin und erst seit achtundzwanzig Jahren in der Grafschaft lebe. Der Rechtsanwalt sieht aus, als kennte er sie schon seit achtundzwanzigtausend Jahren. Dann gibt es da den alten Admiral, der wie eine Illustration zu Dickens ist; mit einem Haus voller Entermesser und Tintenfischen und ausgestattet mit einem Teleskop.«

»Ich nehme an«, sagte Father Brown, »daß es immer eine bestimmte Anzahl von Admirälen gibt, die am Ufer angeschwemmt werden. Aber ich habe nie verstanden, warum sie so weit im Binnenland stranden.«

»Sicherlich wäre keiner dieser halbtoten Flecken in den Tiefen des Landes vollständig ohne eines dieser kleinen Geschöpfe«, sagte der Doktor. »Und dann gibt es da natürlich die angemessene Art Kirchenmann; Tory und Hochkirche jener muffigen Art aus der Zeit des Erzbischofs Laud; mehr altes Weib als jedes alte Weib. Ein weißhaariger gelehrter alter Vogel, leichter zu schockieren als die alten Jungfern. Tatsächlich sind die Edeldamen, obwohl dem Grundsatz nach puritanisch, in ihrer Rede reichlich deutlich; wie es die wahren Puritanner waren. Ein- oder zweimal habe ich erlebt, wie die alte Miss Carstairs-Carew so deftige Ausdrücke verwendete wie nur je die Bibel. Der liebe alte Kirchenmann liest unverdrossen in der Bibel; aber ich stelle mir fast vor, wie er die Augen schließt, wenn er an jene Stellen kommt. Nun wissen Sie ja, daß ich nicht allzu modern bin. Ich finde keinen Gefallen an dem Herumgewirbel und den Spritztouren der Hellen Jungen Leute ...«

»Die Hellen Jungen Leute finden auch keinen Gefallen daran«, sagte Father Brown. »Das ist die wirkliche Tragödie.«

»Nun stehe ich natürlich in engerem Kontakt mit der Welt als die Leute in diesem prähistorischen Dorf«, fuhr der Doktor fort. »Und ich war an einem Punkt angelangt, wo ich den Großen Skandal fast willkommen geheißen habe.«

»Nun sagen Sie bloß nicht, die Hellen Jungen Leute hätten Potter's Pond schließlich doch gefunden«, bemerkte der Priester lächelnd.

»Ach, sogar unser Skandal bewegt sich entlang altüberkommener melodramatischer Linien. Muß ich sagen, daß der Sohn unseres Kirchenmannes unser Problem zu werden verspricht? Es wäre ja fast unordentlich, wenn der Sohn des Kirchenmannes ganz ordentlich wäre. Soweit ich das überblicken kann, ist er nur ganz milde und sozusagen lendenlahm unordentlich. Er wurde zunächst gesehen, wie er außerhalb des ›Blauen Löwen‹ Ale getrunken hat. Und dann scheint er ein Dichter zu sein, was in dieser Gegend fast schon an einen Wilderer grenzt.«

»Aber sicher«, sagte Father Brown, »kann das selbst in Potter's Pond nicht den Großen Skandal darstellen.«

»Nein«, erwiderte der Doktor ernst. »Der Große Skandal fing so an. In dem Haus namens ›The Grange‹, das am äußersten Ende von ›The Grove‹ liegt, lebt eine Dame. Eine Einsame Dame. Sie nennt sich selbst Frau Maltravers (wie wir das sehen); sie ist aber erst vor ein oder zwei Jahren gekommen, und niemand weiß irgendwas über sie. ›Ich kann mir überhaupt nicht denken‹, sagt Miss Castairs-Carew, ›warum sie hier leben möchte; wir besuchen sie doch überhaupt nicht‹.«

»Vielleicht möchte sie deshalb hier leben«, sagte Father Brown.

»Na gut, jedenfalls wird ihre Abgeschiedenheit mit Argwohn betrachtet. Sie ärgert sie durch ihr gutes Aussehen und sogar durch das, was man guten Stil nennt. Und alle jungen Männer werden vor ihr als einem Vamp gewarnt.«

»Menschen, die ihre christliche Nächstenliebe verlieren, verlieren im allgemeinen auch ihre Logik«, bemerkte Father Brown. »Es ist reichlich lächerlich, sich darüber zu beschweren, daß sie für sich bleibt; und sie dann anzuklagen, die gesamte männliche Bevölkerung zu becircen.«

»Das stimmt«, sagte der Doktor. »Und doch ist sie tatsächlich eine ziemlich verwirrende Person. Ich habe sie gesehen und sie irritierend gefunden; eine jener brünetten Frauen, groß und elegant und auf schöne Weise häßlich, wenn Sie verstehen, was ich meine. Sie ist ziemlich witzig, und obwohl noch jung

genug, hat sie mir doch den Eindruck vermittelt, daß sie –
nun ja, Erfahrung hat. Was die alten Damen eine Vergangenheit
nennen.«

»Während all die alten Damen erst in diesem Augenblick
geboren wurden«, bemerkte Father Brown. »Ich vermute, ich
darf annehmen, daß sie angeblich den Sohn des Pastors becirct
hat.«

»Ja, und das scheint für den armen alten Pastor ein scheuß-
liches Problem zu sein. Man hält sie für eine Witwe.«

Father Browns Gesicht zeigte ein Aufblitzen und Aufzucken
einer bei ihm sehr seltenen Irritation. »Man hält sie für eine
Witwe, und man hält den Sohn des Pastors für den Sohn des
Pastors, und man hält den Rechtsanwalt für einen Rechtsanwalt,
und man hält Sie für einen Arzt. Warum zum Donnerwetter
sollte sie denn keine Witwe sein? Haben die denn auch nur eine
Spur eines Beweises *prima facie* dafür, anzuzweifeln, daß sie ist,
was sie sagt, sie sei?«

Dr. Mulborough straffte abrupt seine breiten Schultern und
setzte sich aufrecht.

»Natürlich haben Sie wieder recht«, sagte er. »Aber wir sind
immer noch nicht zu dem Skandal gekommen. Nun also, der
Skandal ist, daß sie eine Witwe ist.«

»Oh«, sagte Father Brown, und sein Gesicht veränderte sich,
und er sagte sanft und leise etwas, das fast ein »Mein Gott!«
hätte sein können.

»Zunächst«, sagte der Doktor, »haben sie etwas über Frau
Maltravers herausgefunden. Sie ist eine Schauspielerin.«

»Das dachte ich mir«, sagte Father Brown. »Egal warum. Ich
hatte mir über sie noch etwas anderes gedacht, das sogar noch
unwesentlicher aussehen würde.«

»Nun, in diesem Augenblick war es Skandal genug, daß
sie eine Schauspielerin ist. Dem lieben alten Kirchenmann ist
natürlich das Herz bei der Vorstellung gebrochen, daß seine
weißen Haare von einer Schauspielerin und Abenteurerin betrauert zu Grabe getragen werden sollten. Die alten Jungfern

quieken im Chor. Der Admiral räumt ein, daß er in der Stadt manchmal ein Theater besucht hat; widersetzt sich aber solchen Dingen in dem, was er ›unsere Mitte‹ nennt. Na schön, ich selbst habe natürlich keine besonderen Einwände dieser Art. Diese Schauspielerin ist sicherlich eine Dame, wenn auch ein bißchen von einer Dunklen Dame, in der Art der Sonette; der junge Mann liebt sie sehr; und ich bin zweifellos ein sentimentaler alter Narr, daß ich eine verstohlene Sympathie für den mißgeleiteten Jungen hege, der sich verstohlen um das ›Umwallte Grange‹ schleicht; und ich geriet geradezu in einen ländlichen Gemütszustand ob dieser Idylle, als plötzlich der Donnerschlag niederfuhr. Und ich, die einzige Person, die je irgendwelche Sympathie mit diesen Leutchen hatte, werde als Bote des Unheils hingeschickt.«

»Ja«, sagte Father Brown, «und warum *hat* man Sie hingeschickt?«

Der Doktor antwortete sozusagen stöhnend: »Frau Maltravers ist nicht nur eine Witwe, sie ist auch noch die Witwe von Herrn Maltravers.«

»So, wie Sie das sagen, klingt es wie eine schockierende Enthüllung«, räumte der Priester ernsthaft ein.

»Und Herr Maltravers«, fuhr sein medizinischer Freund fort, »war der Mann, der offenbar in eben diesem Dorf vor ein oder zwei Jahren ermordet wurde; von dem man annimmt, daß ihm einer der einfachen Dörfler heftig auf den Kopf schlug.«

»Ich erinnere mich, daß Sie mir das erzählt haben«, sagte Father Brown. »Der Arzt, oder irgendein Arzt, hat gesagt, daß er wahrscheinlich an einem Hieb mit einem Knüttel auf den Kopf gestorben sei.«

Dr. Mulborough schwieg einen Augenblick in stirnrunzelndem Unbehagen und sagte dann barsch: »Hund frißt nicht Hund, und Ärzte beißen nicht Ärzte, selbst wenn es verrückte Ärzte sind. Ich würde niemals daran denken, meinem eminenten Vorgänger in Potter's Pond auch nur einen einzigen Gedanken zu widmen, wenn ich es vermeiden könnte; aber ich weiß, daß Geheimnisse bei Ihnen wirklich sicher sind. Alsdann im Vertrauen, mein eminenter Vorgänger in Potter's Pond war ein verdammter Narr; ein betrunkener alter Quacksalber und absolut unfähig. Ich wurde ursprünglich vom Chief Constable der Grafschaft gebeten (denn ich habe lange in der Grafschaft gelebt, wenn auch erst kurze Zeit in dem Dorf), die ganze Sache durchzusehen; die Vernehmungsprotokolle und die Berichte der Totenschau und so weiter. Und da besteht überhaupt keine Frage. Maltravers mag einen Schlag auf den Kopf bekommen haben, er war ein Schauspieler, der auf einer Wanderung durch das Dorf kam; und in Potter's Pond hält man es vermutlich für ganz natürlich, daß man solchen Leuten auf den Kopf hauen sollte. Aber wer ihm auch immer auf den Kopf gehauen hat, getötet hat er ihn nicht; für eine Verletzung wie die beschriebene ist es einfach unmöglich, mehr zu bewirken, als ihn für einige Stunden bewußtlos zu machen. Aber unlängst ist es mir gelungen, einige andere Tatsachen auszugraben, die in Beziehung zu der Angelegenheit stehen; und das Ergebnis davon ist ziemlich grausig.«

Er saß da und starrte finster in die Landschaft, wie sie vor dem Fenster vorbeiglitt, und sagte dann noch barscher: »Ich bin hergekommen und habe um Ihre Hilfe gebeten, weil es eine Exhumierung geben wird. Es besteht der starke Verdacht auf einen Giftmord.«

»Und hier sind wir im Bahnhof«, sagte Father Brown heiter. »Ich nehme an, Sie stellen sich vor, daß das Vergiften des armen Mannes ganz natürlich unter die Haushaltpflichten seiner Frau gefallen ist.«

»Nun, es scheint niemals jemand anderen hier gegeben zu haben, der in irgendeiner besonderen Beziehung zu ihm stand«, erwiderte Mulborough, als sie aus dem Zug stiegen. »Es gibt aber zumindest einen kauzigen alten Freund von ihm, einen heruntergekommenen Schauspieler, der hier herumlungert; aber die Polizei wie der Anwalt am Ort scheinen davon überzeugt zu sein, daß er ein haltloser Wichtigtuer ist; mit einer *idée fixe* von einem Streit mit einem Schauspieler, der sein Feind war; der aber ganz sicher nicht Maltravers war. Ein wandernder Zufall sozusagen, der aber ganz gewiß nichts mit dem Problem des Giftes zu tun hat.«

Father Brown hatte damit die Geschichte vernommen. Aber ihm war bekannt, daß er eine Geschichte niemals kannte, ehe er die Personen der Geschichte nicht kannte. Die nächsten zwei oder drei Tage verbrachte er damit, seine Runden zu ziehen und mit der einen oder anderen höflichen Entschuldigung die Hauptpersonen des Dramas zu besuchen. Seine erste Unterredung mit der geheimnisvollen Witwe war kurz, aber erhellend. Er trug daraus wenigstens zwei Tatsachen mit sich von dannen; die eine, daß Frau Maltravers manchmal in einer Weise redete, die das viktorianische Dorf zynisch nennen würde; und die zweite, daß sie – wie nicht eben wenige Schauspielerinnen – seiner eigenen religiösen Gemeinschaft angehörte.

Er war nicht so unlogisch (und erst recht nicht so orthodox), daraus allein zu folgern, sie sei an dem behaupteten Verbrechen unschuldig. Er war sich wohl bewußt, daß sich seine alte religiöse Gemeinschaft einer ganzen Reihe ausgezeichneter Giftmörder rühmen konnte. Aber er hatte keine Schwierigkeit damit, in dieser Art von Fällen ihre Verbindung mit einer gewissen intellektuellen Liberalität zu begreifen, die diese Puritaner als Lockerheit bezeichnen würden; und die diesem beschränkten Fleckchen eines älteren England sicherlich als geradezu weltläufig erscheinen mußte. Auf jeden Fall war er sicher, daß ihr große Bedeutung zukam, sei es im guten oder im schlechten. Ihre braunen Augen waren tapfer bis zur Kampfbereitschaft, und ihr rätselhafter Mund, humorvoll und ziemlich groß, deutete an, daß ihre Absichten im Hinblick auf des Pastors poetischen Sohn, was immer sie sein mochten, auf jeden Fall sehr tief wurzelten.

Des Pastors poetischer Sohn selbst, interviewt inmitten weitläufigen Dorfgeklatsches auf einer Bank vor dem ›Blauen Löwen‹, vermittelte den Eindruck puren Schmollens. Hurrel Horner, ein Sohn von Reverend Samuel Horner, war ein breitschultriger junger Mann in einem blaßgrauen Anzug mit einem

Anhauch von etwas Künstlerischem in Gestalt einer blaßgrünen Krawatte, und ansonsten vor allem bemerkenswert ob seiner Mähne kastanienbraunen Haares und seines ständig finsteren Blickes. Father Brown hatte aber seine eigene Art, Menschen dazu zu bringen, ausführlich zu erklären, warum sie sich weigerten, auch nur ein einziges Wort zu sagen. Über das allgemeine Geklatsche im Dorf begann der junge Mann recht freizügig zu fluchen. Er fügte sogar seinerseits ein wenig Geklatsche hinzu. Er bezog sich bitterlich auf einige angeblich der Vergangenheit angehörende Liebeleien zwischen der Puritanerin Miss Carstairs-Carew und dem Anwalt Herrn Carver. Er beschuldigte diesen Rechtsvertreter sogar des Versuches, Frau Maltravers seine Bekanntschaft aufzuzwingen. Doch als er auf seinen eigenen Vater zu sprechen kam, schnappte er, ob nun aus saurer Sittsamkeit oder aus Ehrfurcht, oder weil sein Zorn zu tief saß für die Sprache, nur einige Worte heraus.

»Also, das ist so. Er denunziert sie Tag und Nacht als angemalte Abenteurerin; eine Art Bardame mit goldenem Haar. Ich sage ihm, sie ist das nicht; Sie haben sie selbst getroffen, und Sie wissen, daß sie das nicht ist. Aber er will sie nicht einmal treffen. Er will sie nicht einmal auf der Straße ansehen oder sie sich aus dem Fenster anschauen. Eine Schauspielerin würde sein Haus und sogar seine heilige Anwesenheit beschmutzen. Wenn man ihn einen Puritaner nennt, dann sagt er, er sei stolz darauf, ein Puritaner zu sein.«

»Ihr Vater«, sagte Father Brown, »hat ein Recht darauf, seine Ansichten respektiert zu sehen, was immer sie auch sein mögen; es sind dies keine Ansichten, die ich selbst sehr gut verstünde. Ich stimme aber zu, daß er kein Recht darauf hat, eine Dame zu verurteilen, die er nie gesehen hat, und sich dann auch noch zu weigern, sie anzusehen, um zu sehen, ob er recht hat. Das ist unlogisch.«

»Das ist seine unbeugsamste Position«, erwiderte der junge Mann. »Nicht einmal eine flüchtige Begegnung. Natürlich wettert er genauso gegen meine anderen Theaterinteressen.«

Father Brown folgte flink dieser neuen Eröffnung und erfuhr vieles, das er zu wissen wünschte. Die unterstellte Poesie, die einen solchen Fleck auf dem Charakter des jungen Mannes darstellte, stellte sich als überwiegend dramatische Dichtung heraus. Er hatte Tragödien in Versen geschrieben, die von guten Kritikern bewundert wurden. Er war kein bloßer bühnenversessener Narr; er war in der Tat überhaupt kein Narr. Er hatte einige wirklich originelle Ansichten über die Aufführung von Shakespeare; es war leicht zu verstehen, wie betört und beglückt er gewesen war, die brillante Dame in ›The Grange‹ vorzufinden. Und des Priesters intellektuelle Sympathie vermochte schließlich den Rebellen von Potter's Pond so weit zu erweichen, daß er beim Abschied tatsächlich lächelte.

Es war dieses Lächeln, das Father Brown plötzlich enthüllte, wie elend sich der junge Mann in Wirklichkeit fühlte. Solange er finster blickte, mochte alles reines Schmollen sein; doch als er lächelte, war das eine viel deutlichere Darbietung seines Kummers.

Etwas an dieser Unterredung mit dem Poeten fuhr fort, an dem Priester zu nagen. Ein innerer Instinkt bestätigte, daß den kraftvollen jungen Mann von innen heraus ein Kummer größer noch zerfraß als die konventionelle Geschichte von konventionellen Eltern, die dem Fortgang wahrer Liebe Hindernis sind. Es war dies um so mehr der Fall, als es keine ersichtlichen anderen Gründe gab. Der Junge war als Literat und Dramatiker bereits ziemlich erfolgreich; von seinen Büchern konnte man sagen, daß sie sich vorzüglich verkauften. Auch trank er nicht noch verschleuderte er seinen wohlerworbenen Wohlstand. Seine berüchtigten Ausschweifungen im ›Blauen Löwen‹ schrumpften auf ein Glas helles Ale; und er schien mit seinem Geld eher sorgfältig umzugehen. Father Brown überdachte eine andere mögliche Komplikation im Zusammenhang mit Hurrels großen Einkünften und kleinen Ausgaben; und seine Stirn verfinsterte sich.

Das Geplaudere von Miss Carstairs-Carew, die er als nächste aufsuchte, war bestimmt darauf berechnet, des Pastors Sohn in den düstersten Farben zu pinseln. Doch da es ganz dem Bemühen gewidmet war, ihn durch all die besonderen Laster zu verfluchen, von denen Father Brown ganz sicher war, daß der junge Mann sie nicht besaß, schob er das einem gewöhnlichen Gemenge von Puritanismus und Dorfklatsch zu. Die Dame war aber, obwohl hochmütig, auch sehr huldvoll und bot dem Besucher ein kleines Glas Portwein und ein Stück Mohnkuchen nach der Art von jedermanns allerältesten Großtanten an, ehe es ihm gelang, einer Predigt über den allgemeinen Verfall von Moral und Manieren zu entkommen.

Sein nächster Anlaufhafen stellte einen erheblichen Gegensatz dar; denn er verschwand in einer dunklen und dreckigen Seitengasse, wohin Miss Carstairs-Carew ihm auch nur in Gedanken zu folgen verweigert haben würde, und dann in einem engen Mietshaus, das durch eine hohe und deklamierende Stimme in einer Dachkammer lauter wurde ... Daraus tauchte er mit einem reichlich verdutzten Ausdruck wieder auf, bis aufs Pflaster verfolgt von einem sehr aufgeregten Mann mit blauem Kinn und schwarzem Gehrock, zu Flaschengrün verblaßt, der streitlustig schrie: »Er ist nicht verschwunden! Maltravers ist niemals verschwunden! Er ist erschienen: Er ist tot erschienen, und ich bin lebendig erschienen. Aber wo ist die ganze übrige Gesellschaft geblieben? Wo ist jener Mann geblieben, jenes Monstrum, das mir absichtlich meine Zeilen stahl, meine besten Szenen verpatzte und meine Laufbahn zerstörte? Ich war der beste Tubal, der je die Bretter betrat. Er spielte den Shylock – den brauchte er nicht sehr zu spielen! Und das bei der größten Gelegenheit meiner Laufbahn. Ich könnte Ihnen Presseausschnitte über meine Darbietungen des Fortinbras zeigen ...«

»Ich bin sicher, daß sie ausgezeichnet und wohlverdient waren«, keuchte der kleine Priester. »Ich hatte es so verstanden, daß die Truppe das Dorf bereits verlassen hatte, bevor Maltravers gestorben ist. Aber es ist gut so, es ist sehr gut so.« Und er hub an, die Straße wieder hinabzuhasten.

»Er sollte den Polonius geben«, fuhr der unstillbare Redner hinter ihm fort. Father Brown blieb wie vom Blitz getroffen stehen. »Oh«, sagte er sehr langsam, »er sollte den Polonius geben.« »Dieser Schurke Hankin!« kreischte der Schauspieler. »Verfolgen Sie dessen Spur. Verfolgen Sie ihn bis ans Ende der Welt! Natürlich hat er das Dorf verlassen; das dürfen Sie ihm zutrauen. Verfolgen Sie ihn – finden Sie ihn; und dann mögen die Flüche …« Aber wieder hastete der Priester die Straße hinab von dannen.

Zwei sehr viel prosaischere und vielleicht praktischere Unterredungen folgten auf diese melodramatische Szene. Zunächst ging der Priester in die Bank, in der er sich für zehn Minuten mit dem Manager einschloß; und dann stattete er dem alten und liebenswürdigen Kirchenmann einen sehr geziemenden Besuch ab. Hier erneut erschien ihm alles wie beschrieben, unverändert und anscheinend unveränderlich; eine Spur oder zwei der Verehrung herberer Traditionen in dem schmalen Kreuz an der Wand, in der mächtigen Bibel auf dem Buchpult und in des alten Herrn Eröffnungsklage über die zunehmende Mißachtung des Sonntags; das alles aber mit einem Beigeschmack von Vornehmheit, der nicht ohne seine kleinen Verfeinerungen und verblichenen Üppigkeiten war.

Auch der Kirchenmann bot seinem Gast ein Glas Portwein an; begleitet aber von einem altmodischen britischen Biskuit statt von Mohnkuchen. Und wieder hatte der Priester das unheimliche Gefühl, alles sei fast zu vollkommen und daß er sich ein Jahrhundert vor seiner Zeit befinde. Nur in einem Punkt weigerte sich der liebenswürdige alte Pastor, sich zu einer weiteren Liebenswürdigkeit erweichen zu lassen; sanft, doch fest bestand er darauf, daß sein Gewissen ihm nicht gestatte, mit einer Schauspielerin zusammmmenzutreffen. Father Brown aber setzte sein Portglas mit dem Ausdruck der Anerkennung und des Dankes nieder; und ging davon, seinen Freund den Arzt verabredungsgemäß an der Ecke der Straße zu treffen; von wo aus beide das Büro von Mr. Carver, dem Anwalt, aufsuchen wollten.

»Ich nehme an, daß Sie die trübselige Runde gegangen sind«, begann der Doktor, »und es ein sehr trostloses Dorf gefunden haben.«

Father Browns Erwiderung klang scharf und fast schrill.

»Nennen Sie Ihr Dorf nicht trostlos. Ich versichere Ihnen, es ist in der Tat ein ungemein ungewöhnliches Dorf.«

»Ich habe mich mit der einzigen ungewöhnlichen Sache befaßt, die sich hier jemals ereignet hat, glaube ich«, bemerkte Dr. Mulborough. »Und selbst die widerfuhr jemandem von außerhalb. Ich darf Ihnen sagen, daß man gestern abend die Exhumierung ungestört vorgenommen hat; und ich habe heute morgen die Autopsie vorgenommen. In einfachen Worten, wir haben eine Leiche ausgebuddelt, die bis obenhin mit Gift vollgestopft war.«

»Eine Leiche mit Gift vollgestopft«, wiederholte Father Brown ziemlich abwesend. »Glauben Sie mir, Ihr Dorf enthält viel Ungewöhnlicheres als das.«

Es gab ein jähes Schweigen, gefolgt von einem ebenso jähen Zerren an dem altmodischen Klingelzug im Portal des Anwaltshauses; und bald wurden sie in die Präsenz jenes Gentleman vom Gesetz geführt, der sie seinerseits einem weißhaarigen, gelbgesichtigen Gentleman mit einer Narbe präsentierte, welcher sich als der Admiral herausstellte.

Zu diesem Zeitpunkt war die Dorfatmosphäre bereits sozusagen ins Unterbewußte des kleinen Priesters abgesunken; doch war er sich bewußt, daß der Anwalt tatsächlich die Art von Anwalt war, die als Berater von Leuten wie Miss Carstairs-Carew geeignet sind. Doch obwohl er ein archaischer alter Kauz war, schien er mehr als nur ein Fossil zu sein. Vielleicht war es die Einheitlichkeit des Hintergrundes; aber der Priester hatte erneut das komische Gefühl, er selbst sei eher in das frühe 19. Jahrhundert zurückversetzt worden, als daß der Anwalt bis in das frühe 20. überlebt habe. Kragen und Krawatte gelang es, fast wie ein Stehkragen auszusehen, als er sein langes Kinn in sie bettete; aber sie waren ebenso sauber wie sauber geschnitten; und es umgab ihn sogar etwas von einem sehr vertrockneten alten Dandy. Kurz, er war das, was man wohlerhalten nennt, wenn auch durch teilweise Versteinerung.

Der Anwalt und der Admiral, und sogar der Doktor, zeigten sich einigermaßen überrascht, als sie entdeckten, daß Father Brown eher dazu neigte, des Pastors Sohn gegen die örtlichen Klagelieder zugunsten des Pastors zu verteidigen.

»Ich selbst habe unseren jungen Freund ziemlich anziehend gefunden«, sagte er. »Er ist ein guter Redner, und ich möchte annehmen, auch ein guter Dichter; und Frau Maltravers, der es zumindest darin sehr ernst ist, sagt, er sei auch ein sehr guter Schauspieler.«

»Aha«, sagte der Anwalt. »Potter's Pond hingegen neigt, abgesehen von Frau Maltravers, eher zu der Frage, ob er ein guter Sohn ist.«

»Er ist ein guter Sohn«, sagte Father Brown. »Das ist das Ungewöhnliche.«

»Verdammt noch mal«, sagte der Admiral. »Wollen Sie sagen, daß er seinen Vater wirklich gern hat?«

Der Priester zögerte. Dann sagte er: »Darüber bin ich mir nicht so sicher. Das ist das andere Ungewöhnliche.«

»Was zum Teufel wollen Sie damit sagen?« fragte der Seemann mit nautischer Ruchlosigkeit.

»Ich will damit sagen«, sagte Father Brown, »daß der Sohn von seinem Vater immer noch auf eine harte und unversöhnliche Weise spricht; aber trotz allem scheint er ihm gegenüber mehr als nur seine Pflicht erfüllt zu haben. Ich habe mich mit dem Bankmanager unterhalten, und da wir im Auftrag der Polizei vertraulich ein schweres Verbrechen untersuchen, hat er mir die Tatsachen berichtet. Der alte Kirchenmann hat sich von der Gemeindearbeit zurückgezogen; tatsächlich aber ist das niemals wirklich seine Gemeinde gewesen. Wer von der Bevölkerung, die reichlich heidnisch ist, überhaupt zur Kirche geht, geht nach Dutton-Abbot, nicht ganz eine Meile entfernt. Der alte Mann hat keinerlei eigene Einkünfte, aber der Sohn verdient gutes

Geld; und für den alten Mann wird gut gesorgt. Er hat mir einen Portwein von absolut erstklassigem Jahrgang angeboten, ich habe davon reihenweise verstaubte alte Flaschen gesehen; und ich verließ ihn, als er sich zu einem kleinen Mahl niederließ, das auf eine altmodische Weise recht *recherché* war. Das alles muß aus dem Geld des jungen Mannes kommen.«

»Welch ein vorbildlicher Sohn«, sagte Carver mit einem Hauch von Hohn.

Father Brown nickte, runzelte die Stirn, als grüble er über einem nur ihm bekannten Geheimnis; und sagte dann: »Ein vorbildlicher Sohn. Aber ein ziemlich mechanisches Vorbild.«

In diesem Augenblick brachte ein Schreiber einen unfrankierten Brief für den Anwalt; einen Brief, den der Anwalt nach einem einzigen Blick darauf ungeduldig zerriß. Als er auseinanderfiel, sah der Priester eine spinnenhafte, mosaikhaft zusammengeballte Art von Handschrift und die Unterschrift »Phoenix Fitzgerald«; und äußerte eine Vermutung, die der andere schroff bestätigte.

»Das ist dieser melodramatische Schauspieler, der uns ständig belästigt«, sagte er. »Er liegt in irgendeiner Dauerfehde mit irgendeinem Toten und Verschwundenen seiner Mitmimen, die mit unserem Fall nicht das geringste zu tun haben kann. Wir alle weigern uns, ihn zu empfangen, mit Ausnahme des Doktors, der mit ihm gesprochen hat; und der Doktor sagt, er ist verrückt.«

»Ja«, sagte Father Brown und spitzte nachdenklich die Lippen. »Ich würde sagen, daß er verrückt ist. Aber es kann natürlich keinen Zweifel geben, daß er recht hat.«

»Recht?« schrie Carver scharf. »Recht womit?«

»Damit, daß das hier mit der alten Theatertruppe in Zusammenhang steht«, sagte Father Brown. »Wissen Sie, was mich als erstes an dieser Geschichte stutzig gemacht hat? Das war jene Vorstellung, Maltravers sei von Dörflern erschlagen worden, weil er ihr Dorf beleidigt habe. Es ist schon ungewöhnlich, was amtliche Leichenbeschauer die Geschworenen glauben machen können; und Journalisten sind natürlich ganz unglaublich leicht-gläubig. Sie können nicht viel von englischen Landmenschen wissen. Ich selbst bin ein englischer Landmensch; zumindest bin ich mit anderen Bauerntrampeln zusammen in Essex auf-gewachsen. Können Sie sich einen englischen Landarbeiter vorstellen, wie der sein Dorf idealisiert und personifiziert wie einst die Bürger eines alten griechischen Stadtstaates; und sein Schwert zieht für sein geheiligtes Banner wie ein Mann in der winzigen mittelalterlichen Republik einer italienischen Stadt? Können Sie einen fröhlichen alten Dorfopa sagen hören: ›Nur Blut allein kann einen solchen Flecken vom Wappenschild von Potter's Pond abwaschen?‹ Beim heiligen Georg und seinem Drachen, ich wünschte mir, er sagte so was! Tatsache aber ist, daß ich ein praktischeres Argument für eine andere Vorstellung habe.«

Er hielt einen Augenblick inne, als wolle er seine Gedanken sammeln, und fuhr dann fort:»Man hat die Bedeutung jener wenigen letzten Worte mißverstanden, die man den armen Mal-travers sagen hörte. Er erzählte nicht den Dörflern, daß ihr Dorf nur ein Kaff sei. Er sprach mit einem Schauspieler; sie bereite-ten eine Aufführung vor, in der Fitzgerald den Fortinbras geben sollte, der unbekannte Hankin den Polonius und Maltravers zweifellos den Prinzen von Dänemark. Vielleicht wollte jemand anders die Rolle haben oder hatte zumindest eine andere Auf-fassung von der Rolle; und Maltravers hat ärgerlich gesagt: ›Du wärst ein miserabler kleiner Hamlet.‹ Das ist alles.«

Dr. Mulborough starrte vor sich hin; er schien diese Ver-mutung langsam, aber ohne Schwierigkeiten zu verdauen. Schließlich sagte er, noch ehe die anderen sprechen konnten: »Und was sollten wir nach Ihrer Meinung jetzt tun?«

Father Brown erhob sich reichlich abrupt; aber er sprach höf-lich genug. »Wenn diese Herren uns für einen Augenblick ent-schuldigen würden, schlage ich vor, daß Sie und ich, Doktor, sofort hinüber zu den Horners gehen. Ich weiß, daß der Pastor und sein Sohn gerade jetzt da sein werden. Und was ich tun möchte, Doktor, ist dieses. Ich glaube, daß bisher niemand im Dorf von Ihrer Autopsie und deren Ergebnissen weiß. Ich möchte, daß Sie einfach beiden, dem Pastor und seinem Sohn, während sie dort beisammen sind, die exakten Tatsachen des Falles erzählen; daß Maltravers an Gift und nicht an einem Schlag gestorben ist.«

Dr. Mulborough sollte Gelegenheit haben, seine Ungläubigkeit angesichts der Behauptung, es handele sich um ein ungewöhnliches Dorf, zu überdenken. Die Szene, die folgte, nachdem er tatsächlich des Priesters Programm durchgeführt hatte, gehörte wahrlich zu der Sorte, bei der ein Mann, wie man so sagt, seinen Augen kaum glauben mag.

Der Reverend Samuel Horner stand da in seiner schwarzen Soutane, die das Silber seines ehrwürdigen Hauptes noch hervorhob; seine Hand ruhte in jenem Augenblick auf dem Lesepult, an dem er so oft stand, um die Heiligen Schriften zu studieren, jetzt möglicherweise nur zufällig; aber das gab ihm einen größeren Anschein der Würde. Und ihm gegenüber saß sein aufrührerischer Sohn in einen Stuhl gefläzt und rauchte eine billige Zigarette zu ungewöhnlich finsteren Blicken; ein lebhaftes Bild jugendlicher Respektlosigkeit.

Der alte Mann winkte Father Brown höflich zu einem Sitz, den er sich nahm und wo er schweigend saß und ausdruckslos gegen die Decke starrte. Irgend etwas aber ließ Mulborough spüren, daß er seine bedeutsamen Neuigkeiten beeindruckender stehend vortragen könne.

»Ich bin der Ansicht«, sagte er, »daß Sie als in gewissem Sinne der geistige Vater dieser Gemeinschaft davon unterrichtet werden sollten, daß eine schreckliche Tragödie in ihrer Geschichte eine neue Bedeutung gewonnen hat; vermutlich eine noch schrecklichere. Sie werden sich der traurigen Angelegenheit des Todes von Maltravers erinnern, der nach dem Urteil der Totenschau durch den Schlag eines Knüppels getötet wurde, den vermutlich ein ländlicher Feind geschwungen hat.«

Der Kirchenmann machte mit bebender Hand eine Geste.

»Gott verhüte«, sagte er, »daß ich irgend etwas sage, was mörderische Gewalt in irgendeinem Fall zu beschönigen schiene. Wenn aber ein Schauspieler seine Verworfenheit in dieses unschuldige Dorf schleppt, dann fordert er den Richtspruch Gottes heraus.«

»Vielleicht«, sagte der Doktor ernst. »Auf jeden Fall aber fiel der Urteilsspruch nicht auf diese Weise. Ich bin gerade erst beauftragt worden, an der Leiche ein *post mortem* durchzuführen; und ich kann Ihnen erstens versichern, daß der Schlag auf den Kopf unmöglich den Tod verursacht haben kann; und daß zweitens der Leichnam voller Gift steckte, das unzweifelhaft den Tod verursacht hat.«

Der junge Hurrel Horner schleuderte seine Zigarette von sich und war mit der Behendigkeit und Geschwindigkeit einer Katze auf den Füßen. Sein Sprung trug ihn bis auf knapp einen Meter an das Lesepult heran.

»Sind Sie dessen sicher?« keuchte er. »Sind Sie absolut sicher, daß der Schlag den Tod nicht verursacht hat?«

»Absolut sicher«, sagte der Doktor.

»Gut«, sagte Hurrel, »fast wünschte ich, daß dieser es täte.«

Und blitzschnell schlug er, noch ehe jemand einen Finger rühren konnte, dem Pastor einen betäubenden Hieb über den Mund, der ihn wie eine verrenkte schwarze Puppe rückwärts gegen die Tür schleuderte.

»Was tun Sie da?« schrie Mulborough und erzitterte von Kopf bis Fuß von dem Schock und dem bloßen Geräusch des Hiebes. »Father Brown, was tut dieser Irre?«

Fahter Brown aber hatte sich nicht gerührt, er starrte immer noch friedlich gegen die Decke.

»Ich habe darauf gewartet, daß er das tut«, sagte der Priester friedlich. »Ich habe mich schon gefragt, warum er das nicht früher getan hat.«

»Guter Gott«, schrie der Doktor. »Ich weiß, wir haben uns gedacht, es sei ihm auf irgendeine Weise Unrecht widerfahren;

aber seinen Vater zu schlagen; einen Kirchenmann und Nicht-kombattanten zu schlagen ...«

»Er hat seinen Vater nicht geschlagen; und er hat keinen Kirchenmann geschlagen«, sagte Father Brown. »Er hat einen erpresserischen Schuft von Schauspieler geschlagen, der sich als Kirchenmann verkleidet hat und seit Jahren wie ein Blutegel von ihm lebt. Jetzt, da er weiß, daß er von der Erpressung befreit ist, hat er zugeschlagen; und ich kann nicht behaupten, daß ich ihn deshalb tadelte. Insbesondere, da ich den starken Verdacht hege, daß der Erpresser zugleich auch der Giftmörder ist. Ich glaube, Mulborough, Sie rufen besser die Polizei an.«

Sie verließen das Zimmer, von den beiden anderen ungehindert, deren einer immer noch benommen und schwankend, deren anderer immer noch blind und schnaubend und keuchend vor leidenschaftlicher Erleichterung und Wut war. Als sie aber an ihm vorübergingen, wandte Father Brown kurz sein Gesicht dem jungen Mann zu; und der junge Mann war eines der wenigen menschlichen Wesen, die jenes Gesicht je unnachgiebig gesehen haben.

»Er hatte darin völlig recht«, sagte Father Brown. »Wenn ein Schauspieler seine Verworfenheit in dieses unschuldige Dorf schleppt, dann fordert er den Richtspruch Gottes heraus.«

»Nun gut«, sagte Father Brown, als er und der Doktor wieder in einem Eisenbahnwaggon Platz genommen hatten, der im Bahnhof von Potter's Pond stand. »Wie Sie sagen, es ist eine sonderbare Geschichte; aber ich glaube nicht, daß es immer noch eine rätselhafte Geschichte ist. Wie dem auch sei, die Geschichte scheint sich mir in groben Zügen so zugetragen zu haben. Maltravers kam mit einem Teil seiner Tourneetruppe hier an; einige von ihnen gingen direkt nach Dutton-Abbot, wo sie alle zusammen irgendein Melodram über das frühe 19. Jahrhundert aufführen wollten; er selbst lungerte aus irgendwelchen Gründen in seinem Bühnenkostüm herum, in dem sehr auffälligen Anzug eines Dandys jener Zeit. Eine andere Bühnengestalt war ein altmodischer Pastor, dessen dunkler Anzug weniger auffällig war und als nur altmodisch durchgehen konnte. Diese Rolle hatte ein Mann übernommen, der meistens alte Männer spielte; der Shylock gespielt hatte und später den Polonius spielen sollte.

Eine dritte Gestalt in dem Drama war unser dramatischer Dichter, der auch noch ein dramatischer Schauspieler war und sich mit Maltravers herumstritt, wie man den *Hamlet* geben sollte, mehr noch aber auch über persönliche Dinge. Ich halte es für sehr wahrscheinlich, daß er schon damals in Frau Maltravers verliebt war; ich glaube nicht, daß es damals irgend etwas Unrechtes zwischen ihnen gab; und ich hoffe, daß es jetzt zwischen ihnen zum Rechten kommt. Aber er mag sehr wohl Maltravers sein eheliches Verhalten verübelt haben; denn Maltravers war ein Tyrann und liebte es, Streitereien vom Zaun zu brechen. In irgendeinem solchen Streit fochten sie mit Stöcken, und der Poet hieb Maltravers sehr hart über den Schädel und hatte im Lichte der Totenschau allen Grund anzunehmen, er habe ihn getötet.

Eine dritte Person war bei dem Zwischenfall zugegen oder wenigstens ihr Mitwisser, der Mann, der den alten Pastor spielte; und er begann, den vermeintlichen Mörder zu erpressen, und erzwang sich von ihm die Kosten für ein Leben in einigem Luxus als zurückgetretener Kirchenmann. Es war das die offensichtliche Maskerade für solch einen Mann an solch einem Ort, einfach damit fortzufahren, seine Bühnengarderobe als zurückgetretener Kirchenmann zu tragen. Aber er hatte seine eigenen Gründe, ein sehr zurückgetretener Kirchenmann zu sein. Denn die wahre Geschichte von Maltravers Tod ist, daß er in einen tiefen Unterwuchs von Farnkraut rollte, nach und nach wieder zu sich kam, versuchte, ein Haus zu erreichen, und schließlich nicht von dem Schlag überwältigt wurde, sondern von der Tatsache, daß der wohlwollende Kirchenmann ihm etwa eine Stunde zuvor Gift gereicht hatte, vermutlich in einem Glas Portwein. Ich begann, mich mit diesem Gedanken vertraut zu machen, als ich ein Glas vom Port des Pastors trank. Das machte mich etwas nervös. Die Polizei arbeitet jetzt nach dieser Theorie; aber ob sie imstande sein wird, diesen Teil der Geschichte zu beweisen, weiß ich nicht. Sie wird das ganze Motiv herausfinden müssen; aber es ist ganz offensichtlich, daß es in diesem Verein von Schauspielern vor Streitereien nur so summte und Maltravers reichlich verhaßt war.«

»Die Polizei mag jetzt manches beweisen, nachdem sie den Verdacht hat«, sagte Dr. Mulborough. »Was ich aber nicht verstehe, ist, wieso Sie überhaupt je Verdacht geschöpft haben. Warum in aller Welt sollten Sie diesen makellosen schwarzberockten Herrn verdächtigen?«

Father Brown lächelte schwach. »Ich vermute gewissermaßen«, sagte er, »daß es sich um eine Frage der speziellen Kenntnisse handelte; sozusagen eine Berufsfrage, aber in einem ganz besonderen Sinn. Wie Sie wissen, beklagen unsere Polemiker immer wieder, daß es ein Großteil Unwissen über das gebe, was unsere Religion wirklich ist. Aber es ist wirklich noch komischer als das. Es ist wahr und keineswegs unnatürlich, daß England nicht viel über die Kirche von Rom weiß. Aber England weiß auch nicht viel über die Kirche von England. Nicht einmal soviel wie ich. Sie würden erstaunt darüber sein, wie wenig die allgemeine Öffentlichkeit von den anglikanischen Kontroversen begreift; viele von ihnen wissen nicht einmal, was es mit einem Mann der Hochkirche oder einem Mann der Niederkirche auf sich hat, weder betreffend die besonderen Punkte der Praxis noch die beiden Theorien von Geschichte und Philosophie dahinter. Sie können dieses Unwissen in jeder Zeitung sehen; in jedem einigermaßen populären Roman und in jedem Theaterstück.

Nun fiel mir als erstes auf, daß dieser ehrwürdige Kleriker die ganze Sache unglaublich durcheinanderwarf. Kein anglikanischer Pastor hätte sich in jedem anglikanischen Problem dermaßen irren können. Er sollte angeblich ein alter Tory der Hochkirche sein; und dann brüstete er sich damit, ein Puritaner zu sein. Ein solcher Mann mag persönlich reichlich puritanisch sein; aber er würde sich niemals einen Puritaner nennen. Er bekundete Abscheu vor der Bühne; er wußte nicht, daß Männer der Hochkirche diese spezielle Abscheu gar nicht haben, wohl aber Männer der Niederkirche. Er sprach wie ein Puritaner über den Sabbat; und dann hatte er ein Kruzifix in seinem Zimmer. Er hatte offenkundig gar keine Ahnung davon, wie ein sehr frommer Pastor sein müßte, abgesehen davon, daß er sehr feierlich und ehrwürdig sein sollte und die Freuden der Welt ablehnend.

Während dieser ganzen Zeit bewegte sich eine unbewußte Ahnung in meinem Kopf; etwas, das ich in meiner Erinnerung nicht festmachen konnte; und dann überkam es mich plötzlich. Das ist ein Bühnenpastor. Das ist genau der undeutlich ehrwürdige alte Narr, den sich ein volkstümlicher Schauspielschreiber oder Schauspieler der alten Schule als äußerste Annäherung an etwas so Absonderliches wie einen Mann der Religion vorstellen könnte.«

»Um von einem Arzt der alten Schule ganz zu schweigen«, sagte Mulborough gutgelaunt, »der aber auch nicht vorgibt, viel vom Wesen eines Mannes der Religion zu wissen.«

»Tatsächlich«, fuhr Father Brown fort, »gab es noch einen einfacheren und auffälligeren Grund zum Mißtrauen. Der betraf die Dunkle Dame von ›The Grange‹, die man für den Dorfvampir hielt. Ich gewann sehr früh den Eindruck, daß dieser dunkle Fleck viel eher die helle Stelle im Dorf war. Sie wurde als ein Geheimnis behandelt; tatsächlich aber gab es an ihr nichts Geheimnisvolles. Sie war vor ganz kurzer Zeit ganz offen unter ihrem eigenen Namen hergezogen, um bei den neuen Untersuchungen über ihren Mann behilflich zu sein. Er hatte sie nicht allzu gut behandelt; aber sie hat Grundsätze, die darauf hinwiesen, daß sie ihrem Ehenamen und der allgemeinen Gerechtigkeit verpflichtet sei. Aus demselben Grund wohnte sie in dem Haus, vor dem ihr Mann tot aufgefunden worden war. Der andere unschuldige und offene Fall neben dem des Dorfvampirs war der des Dorfskandals, des Pastors liederlichem Sohn. Auch er verhehlte seinen Beruf ebensowenig wie seine früheren Beziehungen zur Schauspielwelt. Deshalb habe ich ihn nicht verdächtigt, wie ich es mit dem Pastor tat. Aber Sie haben sicherlich bereits den wirklichen und wichtigen Grund dafür erraten, den Pastor zu verdächtigen.«

»Ja, ich glaube, ich sehe ihn«, sagte der Doktor, »und deshalb haben Sie den Namen der Schauspielerin hereingezogen.«

»Ja, ich meine seine fanatische Festigkeit, die Schauspielerin nicht sehen zu wollen«, bemerkte der Priester. »Eigentlich hatte er nichts dagegen, sie zu sehen. Er hatte etwas dagegen, von ihr gesehen zu werden.«

»Ja, das begreife ich«, stimmte der andere zu.

»Wenn sie Reverend Samuel Horner erblickt hätte, würde sie ihn sofort als den sehr unehrwürdigen Schauspieler Hankin erkannt haben, verkleidet als falscher Pastor mit einem sehr üblen Charakter hinter der Verkleidung. Na ja, ich denke, das ist wohl die ganze Geschichte dieser einfachen Dorfidylle. Aber Sie werden mir zugestehen, daß ich mein Versprechen gehalten habe; ich habe Ihnen in dem Dorf etwas gezeigt, das sehr viel grausiger als eine Leiche ist; selbst als eine mit Gift vollgestopfte Leiche. Der schwarze Rock eines Pastors, ausgestopft mit einem Erpresser, ist zumindest bemerkenswert, und mein lebender Mann ist um etliches tödlicher als Ihr toter.«

»Ja«, sagte der Doktor und kuschelte sich komfortabel in die Kissen. »Wenn es sich um eine kleine gemütliche Gesellschaft während einer Eisenbahnfahrt handelt, ziehe ich die Leiche vor.«

DIE DONNINGTON-AFFÄRE

(Max Pemberton präsentiert das Rätsel der Donnington-Affäre)

*D*ie folgende Darstellung der Donnington-Affäre wurde nach den Originalnotizen des Hilfspfarrers in der Gemeinde Borrow-in-the-Vale geschrieben.

John Barrington Cope war vom King's College in Cambridge zu einer Zeit nach Sussex gekommen, als der alte Vikar nicht einmal mehr die angenehmen Pflichten jenes ländlichen Amtes alleine zu bewältigen vermochte.

Er befand sich bereits fast zwei Jahre in Borrow, als sich die Tragödie ereignete. Als Mann von beachtlicher Gelehrsamkeit scheint er sofort die Tiefe des Geheimnisses erfaßt und ohne jeden Zeitverlust eine ordentliche Darstellung der Tatsachen niedergelegt zu haben, wie sie sich ihm darboten.

Als anerkannter Verehrer von Evelyn Donningtons Schwester Harriet genoß er die Großzügigkeit von Borrow Close und befand sich fast täglich im Hause. Auf seine Anregung hin wurde »ein anderer« aus London herbeigerufen, um einen Fall zu untersuchen, der bereits in einem frühen Stadium sowohl die Aufmerksamkeit der Polizei wie die Neugier des Publikums zu verblüffen versprach.

Die Notizen von Mr. Cope wurden hautpsächlich zum Zwecke der sorgfältigen Prüfung durch Father Brown geschrieben. Ihre Erweiterung scheint der schnellste Weg, um das lesende Publikum in den Besitz der hervorstechendsten Merkmale dieses erstaunlichen Vorfalls zu setzen.

I

Mein Name ist John Barrington Cope, und ich bin seit 21 Monaten Hilfspfarrer in der Gemeinde Borrow-in-the-Vale.

Ich habe Evelyn Donnington zuletzt lebend am Sonntagabend um Viertel nach 10 gesehen. Ich hatte in Borrow Close zu Abend gegessen, wie das mein Privileg an fast jedem Sonntagabend ist, seit ich in die Gemeinde gekommen bin. Die Tatsache, daß meine Verlobte, Harriet Donnington, in Bath war und ist, machte da keinen Unterschied.

Sir Borrow Donnington hat wenige Freunde. Er ist nicht der Mann, der die Gesellschaft anderer Männer mag, aber auch nicht die von Frauen. Es kann sein, daß ich ihn ein bißchen besser verstehe als seine Standesgenossen. Ich bin in Borrow Close willkommen, und es gibt kein anderes Haus, das einen vorrangigen Anspruch auf mich hätte.

Ich sah Evelyn Donnington lebendig und wohlauf um ein Viertel nach 10 am Abend des letzten Sonntags, dem 24. Tag im Juli. Sie begleitete mich zum Portal, um mir von einem Brief zu erzählen, den sie am Vortag von Harriet erhalten hatte, und dort sagte ich ihr gute Nacht.

Das Pfarrhaus steht etwa eine drittel Meile quer durch den Park entfernt und ist am besten über einen schmalen Reitweg durch das sogenannte Adams-Dickicht zu erreichen. Der Weg ist dunkel und von den herrlichen Buchen eingefaßt, für die Borrow berühmt ist. Als ich zum Pfarrhaus zurückkehrte, habe ich nichts Lebendiges gesehen noch irgendeinen verdächtigen Laut gehört.

Zwei Stunden später weckte mich ein Lakai vom Close auf, um mir zu sagen, daß Evelyn tot sei. »Ermordet, Sir!« keuchte er, und ohne ein weiteres Wort rannte er schnurstracks weiter zum Haus des Doktors.

Ich war in einen leichten Schlaf gesunken, als mich das Läuten dieses Mannes aufweckte. Seit ich in die Gemeinde gekommen war, hatte es in Borrow Close mancherlei Schwierigkeiten gegeben. Der Welt ist deren Natur wohlbekannt, und sie weiß viel von der Schande, die über die Donnington-Familie gekommen ist. Welche Sympathien sie aber auch immer Sir Borrow Donnington selbst vorenthalten haben mag, sie hat sie freigiebig über seine Töchter ausgegossen.

Für mich war Evelyn bereits wie eine Schwester. Ich hätte Harriet im September heiraten sollen, obwohl Gott allein weiß, was uns jetzt bevorstehen mag.

Menschen verlachen Vorzeichen, obwohl sie oftmals nichts anderes sind als ein Kriegszug der Logik des Geistes wider unseren Optimismus. Obwohl die Affäre um Southby Donnington durch seine Verurteilung und Inhaftierung entschieden zu sein schien, habe ich doch von Anfang an gefürchtet, daß das nicht ihr Ende sein konnte; und von Southby Donnington, Sir Borrows einzigem Sohn, hatte ich geträumt, als der Lakai mich aus meinem Schlaf aufweckte.

Welch ein sardonisches Kapitel in der Geschichte der menschlichen Natur! Ein einziger Sohn – ein reicher Vater! Auf der einen Seite eine fast beispiellose Verschwendungssucht, auf der anderen Seite ein in seiner ironischen Selbstsucht verblüffender Geiz.

Southby Donnington war zunächst nach Eton und dann als Offiziersanwärter auf das Trinity College in Cambridge geschickt worden. Eine häßliche Affäre in einer Spielhölle zu London, mit dem nachfolgenden Erscheinen vor einem Polizeigericht, hatte seine Universitätslaufbahn bereits während seines ersten Semesters beendet. Nun konnte er sich nicht einmal mehr der trivialen Prüfung stellen, die man jetzt für Sandhurst verlangt. Er wollte sich für keinen anderen Beruf entscheiden. Der Mann verkam in den gefährlichen Seen der Londoner Unterwelt. Vergeblich flehten seine Schwestern Sir Borrow an. Der Baronet hatte mit seinem Sohn Schluß gemacht. Als Mann von eiserner Entschlossenheit, die nichts zu beugen vermochte, hatte er geschworen, daß Southby niemals wieder sein Haus betreten solle. Dem folgte die Katastrophe.

Wir vernahmen, daß der Junge in London wegen einer Anklage auf Fälschung verhaftet worden war. Man machte ihm den Prozeß, ihn verteidigte das Geld, das seine Schwestern für ihn aufbringen konnten, er stand in Old Bailey vor Gericht, er wurde verurteilt. Das Urteil lautete auf drei Jahre Zuchthaus. Wir erfuhren, daß man ihn nach Wormwood Scrubs gebracht habe, und neun Monate später, daß er in Parkhurst sei.

Es ist hier nicht der Ort, von den Geheimnissen des schwergeprüften Hauses zu berichten oder von den Nachwirkungen dieses fürchterlichen Sturzes.

Borrow Close ist ein alter Landsitz, der zwischen Ashdown Forest und Crowborough liegt. Er war immer fern von den Menschen und ihren Angelegenheiten, und es gibt in ganz Südengland kein Herrengut, das in seiner Einsamkeit so wunderbar ist.

Um ihn herum liegt der Wald. Der Park selbst ist urtümlicher Wald; hier quillt er von so dichtem Unterwuchs über, daß des Menschen Fuß noch niemals hineingesetzt worden sein kann; dort kennzeichnen ihn sumpfige Tümpel und Wäldchen so dicht, daß in ihnen der Mittag nur der Schimmer eines widersträubenden Lichtes ist. Wenige nur wurden selbst in jenen Tagen im Haus empfangen, in denen Lady Donnington die Hausherrin war. Seit ihrem Tode ist es in seiner Abgeschlossenheit mittelalterlich geworden. Der alte Baronet hatte nichts gemein mit seinen Nachbarn; seine Töchter hatten ihn immer gefürchtet, und sie gehen durchs Leben wie auf Zehenspitzen und befürchten, daß wenn sie lauter als mit einem Flüstern sprächen, sie die Neugier der Welt außerhalb der eigenen Tore erwecken würden.

Es ist wahr, daß Southby der Heiligkeit dieser Abgeschiedenheit spottete, trotz des Mißfallens des Baronets. Gruppen von wilden Studenten machten während der Ferien die »schreiende Runde«; der Ruf der Schönheit Evelyns und Harriets war in den Universitätshöfen von Cambridge nicht unbekannt. Wenige der Jungen hatten aber den Mut zur Beharrlichkeit, und ich glaube, daß selbst Southby überrascht war, als Hauptmann Willy Kennington plötzlich auf der Szene erschien als Bewerber um Evelyns Hand und nicht einmal durch Sir Borrows wüste Entmutigungen zurückgeschlagen werden konnte.

Hauptmann Kennington hatte Evelyn im Haus ihrer Tante in

Kensington etwa drei Monate vor dem Niedergang kennengelernt. Ihre weiblichen Gaben würden einen jeden Mann angezogen haben, der mit ihnen vertraut wurde, und ich wundere mich nicht, daß der junge Soldat sich dem Zauber ergab.

Sehr einfach in all ihren Gedanken, nicht wenig geängstigt durch die Welt, doch begabt mit einer Einbildungskraft, die Jahre der einsamen Lektüre angeregt hatten, schien sie gleichzeitig Frau und Kind zu sein; weise über ihr Alter hinaus, und doch von jenen Idealen bewegt, für die Frauen oftmals so teuer bezahlen müssen. Die Furcht vor ihrem Vater verbot die unmittelbare Annahme der Bewerbung des Soldaten, die ihr Herz ihr befahl. Sie kehrte nach Borrow Close zurück, wohin ihr kurz danach der Hauptmann selbst folgte.

Wie groß war mein Erstaunen, ein paar Tage später zu hören, daß Sir Borrow jedes Gespräch über diese Frage zurückgewiesen und in einem jener wüsten Ausbrüche seines Temperamentes, die weder Gott noch Mensch zu ergründen vermögen, den Hauptmann des Hauses verwiesen hatte.

Southby hat, um ihm Gerechtigkeit widerfahren zu lassen, in dieser Angelegenheit seinen Mann gestanden. Er trat warm für seine Schwester ein und war zu diesem Zweck sogar aus Südafrika zurückgekommen. Der Szene zwischen Vater und Sohn erinnert man sich im Close als des Höhepunktes einer Entfremdung, die für den einen wie den anderen gleichermaßen unrühmlich ist. Leidenschaft beherrschte sie und verlieh ihr Endgültigkeit. Zwischen diesen beiden Männern wurde bis zum Ende kein Wort mehr gesprochen.

Drei Monate später war Southby ein Häftling, und ich blieb der einzige Mann, der den Baronet in den Tagen seiner Schande besuchte.

II

Es waren dies die Geschehnisse vor sechzehn Monaten. Ich habe bereits jede Absicht bestritten, bei den intimen Tagen des Kummers zu verweilen, die darauf folgten. »Die Übeltat der

Menschen überlebt sie«, und während für die Welt die Tragödie lediglich ein neuntägiges Verwundern war, lastete sie schwer auf dem Hause Borrow. Der alte Baronet empfing die Besuche seiner wenigen Freunde, die bisher im Close zugelassen waren, nicht mehr. Er verschloß seine Tür gleichermaßen vor der alten wie vor der neuen Welt. Seine Töchter sahen niemanden außer der Dienerschaft und mir. Ihrerseits zogen sich seine Nachbarn vor ihm zurück. Die Menschen waren dazu gekommen zu sagen, daß die Gier nach Gold Southby zu dem Verbrechen getrieben habe, und zu glauben, daß der Sohn weniger schuldig sei als der Vater.

Der einzige Mann, der zu der heimgesuchten Familie stand, war Hauptmann Kennington, der dem Baronet gar wenig schuldete. Jetzt kam er in der dunkelsten Stunde zurück, um aufs neue um Evelyns Hand zu bitten. Es versteht sich von selbst, daß sie ihn nicht erhörte. Ihrem seltenen Typus von Weiblichkeit war schon die Tatsache, daß sie ihn liebte, eine Schranke zwischen ihnen. Nichts, empfand sie, würde jemals die Schande des Ereignisses auslöschen oder seine Konsequenzen mindern können. Die Ernte der Sünde ward nicht im Parkhurst Prison eingefahren, sondern hier in dem alten Haus, in dem die Frauen mit den Sicheln der Tränen ernteten.

Meine eigenen Beziehungen zu Harriet wurden, Gott sei gepriesen, durch den Sturz von Southby nur oberflächlich berührt. Wir hatten einander bereits so gut kennengelernt, bevor die Schwierigkeiten kamen, daß sie unser gegenseitiges Gefühl der Hilfe und der Hingabe lediglich besiegelten, und obwohl ich wußte, daß sie mich jetzt nicht sofort heiraten würde, überließ ich es der Zukunft, uns nach ihrem Belieben zu leiten. Sir Donnington selbst schien in meiner Gesellschaft den einzigen Trost seiner abnehmenden Jahre zu finden. Er ging nicht zur Kirche, aber ich besuchte die Familie zu einer Morgenmesse an jedem Sonntag früh, und kam immer, wenn ich mich im Pfarrhaus befand, ins Close zum Abendessen.

So strömten die Monate dahin, und die Zeit, die Heilerin, kam uns zu Hilfe. Die Bitterkeit von Furcht und Zweifel waren versunken und hatte einem mutigen Versuch, der Zukunft entgegenzusehen, Platz gemacht. Wir schmiedeten allerlei Pläne für Southby nach seiner Entlassung und waren entschlossen, ihn auf einer Farm in Südafrika neu beginnen zu lassen, wenn wir könnten. Kennington ging so weit, das Gefängnis aufzusuchen und den Verurteilten zu sprechen. Der Zufall wollte es, daß sein eigener Vater einer der Kontrollinspekteure war, und so wurde ihm dieser Vorzug eingeräumt.

Er berichtete uns, daß er Southby ganz in sein Schicksal ergeben gefunden habe, und er sprach von ihm als von einem Mann, der überzeugt war, kein Verbrechen begangen zu haben, sondern das Opfer jener geworden zu sein, die ihn verraten hatten, nachdem sie entdeckt hatten, daß aus dem Baronet nichts herauszupressen war.

Parkhurst, scheint es, ist ein Gefängnis für Gentlemen, und Southby befand sich dort in aristokratischer Gesellschaft. Ich gestehe, daß diese Mitteilung nicht ohne erleichternden Humor war und einige Erwägungen über die Dauerhaftigkeit jener gesellschaftlichen Ambitionen gestattete, die Menschen selbst noch in einem Gefängnis heimsuchen können. Besser, so scheint es, mit einem Lord Werg zupfen, als sich ein ehrliches Leben unter Plebejern verdienen.

Kennington sprach von Heiterkeit und Zufriedenheit, später aber erinnerte ich mich eines Satzes in seinem Brief, der mir als bedeutungsvoll hätte auffallen sollen. Das Gefängnis schafft sonderbare Genossen, und soweit ein Mann in der Gefangenschaft einen Vertrauten haben kann, hatte Southby einen in einem Mann namens Mester gefunden.

»Dieser Busche«, sagte Kennington, »ist die denkbar fröhlichste Seele. Er hat in Frankreich eine gute Erziehung genossen, erlebte dann aber schlimme Zeiten. Danach wurde er Fahrer eines österreichischen Barons, trat in eine Autofabrik in Suresnes ein, wandte sich in Issy der Fliegerei zu und wurde schließlich angeklagt, einen rohen Überfall mit versuchtem

Raub auf eine alte Dame in Dover begangen zu haben, die gerade dabei war, ihm dort ein Automobilgeschäft einzurichten.«

Mester beteuerte bis zum Schluß, das Verbrechen sei das Werk anderer gewesen. Er erklärte, daß er ein Opfer der Umstände sei und daß die Indizien, aufgrund derer die Polizei ihn überführte, gefälscht seien. Dennoch aber wurde er für schuldig befunden und am Tag nach Southbys Schuldigsprechung zu vier Jahren Zuchthaus verurteilt.

Zwischen diesen Männern entwickelte sich eine sonderbare Freundschaft. Jeder glaubte sich zu Unrecht verurteilt; jeder konnte mit dem anderen mitfühlen. Und so wie Mester erklärte, er werde den alten Baronet zur Vernunft bringen, sobald er herauskomme, so konnte Southby sich für Mesters Geschichte interessieren und gewisse ehemalige Freunde bei der Presse beschwören, sie zu untersuchen.

Wie wir wissen, hat sich bereits ein großer Romancier mit der Angelegenheit beschäftigt und ist von der Unschuld des Mannes überzeugt. Obwohl er zugegebenermaßen ein Mensch von unstetem Charakter ist und unfraglich der Genosse von Dieben, scheint es dennoch einen Zweifel zu geben, ob das schwerere Verbrechen begangen worden ist, und eine recht vernünftige Vermutung, daß sich die Polizei geirrt haben könnte.

Mester selbst zögerte nicht zu bekräftigen, daß wenn er auf einen Monat frei wäre, er seine Unschuld über allen Zweifel hinaus beweisen würde. Davon war er so überzeugt, daß er Southby ganz offen gesagt zu haben scheint, daß er aus Parkhurst fliehen werde, sobald sich die Gelegenheit biete.

Ich habe mir zu jener Zeit über diese Angelegenheit keine Gedanken gemacht, und tatsächlich muß diese Drohung oftmals von solchen Gefangenen ausgestoßen werden, für die das Verbrechen noch keine Gewohnheit und die Zelle kein Zufluchtsort geworden ist. Doch gestehe ich, daß das Wort Erstaunen nicht ausreichte, als ich einige Wochen später beim Aufschlagen meiner Morgenzeitung las, daß zwei Männer aus Parkhurst ausgebrochen seien und sich trotz aller Bemühungen der Polizei noch in Freiheit befänden.

»Southby und Mester«, sagte ich mir. Ich irrte mich nicht, wie Sie sogleich vernehmen werden.

III

Dies war, wenn Sie so wollen, eine Überraschung, und zwar einee, die mich mit der Kunde nach Close rennen ließ. Sir Borrow selbst wollte ich sie nicht erzählen, da ich Auswirkungen dieser Neuigkeit auf einen so verwirrten Geist befürchtete; aber Evelyn und Harriet lauschten mir begierig, und ich bekam den Verdacht, daß die erstere bereits im Besitz der Geschichte war. Diese Tatsache beeindruckte mich zunächst nicht so sehr, wie sie es hätte tun sollen. Ein Brief, dachte ich mir, muß von Southby selbst gekommen sein, doch hätte ich darüber nachgedacht, wäre mir aufgegangen, daß das unter den gegebenen Umständen kaum möglich sein konnte.

Der Mann war erst gestern entsprungen, und selbst wenn ein Brief am Vorabend von der Isle of Wight oder auf dem Festland aufgegeben worden wäre, würde er Borrow Close nicht um 9 Uhr erreicht haben. Später entdeckte ich ganz zufällig, daß Hauptmann Kennington eine solche Möglichkeit in einem Brief andeutete, der am Vortag eingetroffen war, doch welche Gedanken auch immer diese Entdeckung nahelegte, ich hielt sie striktest für mich. Unmittelbare Tatsachen waren die Aufregung, welche die Neuigkeiten im Close verursachten, und die Ereignisse von großer Tragweite, die folgen mußten.

Ich für meinen Teil war schnell zu der Auffassung gelangt, daß die Flüchtigen rasch eingeholt würden und daß dies das Ende der Angelegenheit sein werde. Ihre Flucht, über die in den Zeitungen kurz berichtet wurde, war bewunderungswürdig entworfen worden. Sie hatten eine hohe Mauer offenbar in eben dem Augenblick überklettert, in dem ein schwerer Nebel vom Festland her über die Insel zog, danach eine Einfriedung durchquert, in der andere Häftlinge bei der Arbeit waren, sodann eine zweite

Mauer mit Hilfe einer seidenen Strickleiter überstiegen, die sie zurückließen, und so ihren Weg zur See erreicht.

Die Behörden glaubten, daß ihre Flucht da ein Ende fand und daß sie das Festland nicht zu erreichen vermochten; ein anderer Bericht aber sprach von einem geheimnisvollen Motorboot, das jüngst vor St. Catherine's Point gesehen worden war, und in Erinnerung an Mesters Bekanntschaft mit der Motorenbruderschaft und deren weniger wünschenswerten Charakteren war der Verfasser des Berichts anscheinend der Meinung, daß dies in irgendeinem Zusammenhang mit der Angelegenheit stehen könnte. Das hinwiederum, muß ich gestehen, erschien mir eine einleuchtende Schlußfolgerung. Diese fliegenden Leute sind ungewöhnlich schlau. Sie sind von erprobter Kühnheit, und ihre Hilfsmittel sind zahlreich. Jetzt entdeckte ich die Bedeutung der Freundschaft Southbys für diesen unerwünschten Mechaniker, und ich begriff, daß die Männer sich verpflichtet hatten, die Flucht gemeinsam zu unternehmen. Für den Augenblick sah es so aus, als wären sie erfolgreich.

Kurz vor 9 Uhr kam ich im Close an und ging erst wieder nach dem Mittagessen. Wie üblich verbrachte Sir Borrow den Morgen in seinen Gärten, und behielt mich einige Zeit bei sich, und redete über diese oder jene Pflanze, womit ich stets vertraut war, erwähnte aber niemals den Sohn, der einst diese großartige Erbschaft antreten würde. Als er sich um 12 Uhr in sein Arbeitszimmer zurückzog, nahm ich die Mädchen beiseite und führte eine Unterhaltung fort, die für uns alle so voller Bedeutung war. Natürlich stellten wir einander viele Fragen, die wir nicht beantworten konnten. Wohin würde Southby gehen, wenn er das Festland erreichte? Könnte er an Geld kommen? Würde er nach Borrow zurückkehren?

»Wenn er hierher kommt«, sagte ich, »ist er verloren! Dies hier wird die erste Stelle sein, die die Polizei überwachen wird!«

Harriet stimmte mir darin bei. Doch wohin sonst könnte er mit Aussicht auf Geld gehen, durch das allein endgültiger Erfolg gesichert werden könnte?

Wir dachten an viele Orte, doch nur an einen mit Überzeugung. Sir Borrows Schwester, die alte Lady Rosmar, lebte damals in Bath. Sie hatte getreu zu dem Jungen gestanden, soweit es ihr ihre Mittel erlaubten, und würde ihm wohl in einem Notfall wie diesem immer noch freundschaftlich zugetan sein. Wir beschlossen, daß Harriet unverzüglich nach Bath gehen sollte, für den Fall, daß sie dort von Hilfe sein könnte. Evelyn und ich würden in der Zwischenzeit in Borrow warten und wachen. Gott weiß, was wir zu tun hofften, sollte der Junge herkommen, aber ich glaube, daß wir beide für sein Kommen beteten.

Es erschien als eine solche Unmöglichkeit, daß er der lärmenden Verfolgung entgehen könnte, die seine Flucht zur Folge haben mußte. Doch wenn er ihr entginge, müßten dann nicht wir seine Bürde übernehmen und ihm in jenes neue Leben helfen, darin soviel erreicht werden mochte, falls die Lektion wirklich gelernt worden war? Töricht mag die Hoffnung gewesen sein, doch kam sie ganz natürlich zu jenen, die so viel gelitten hatten und über denen die Gefängnistore immer das Zeichen eines entsetzlichen Kummers waren. Wir glaubten daran, daß Southby kommen würde, und nach zehn Tagen wurde unser Glaube gerechtfertigt. Er war da in Borrow Close, die Polizei auf seinen Fersen, sein eigener Vater unwissend, daß das Haus ihn barg. Von so schrecklichen Dingen habe ich nun in der folgenden Geschichte zu berichten.

IV

Ich habe gesagt, daß wir annahmen, das Haus werde von der Polizei überwacht, und darin hatten wir uns nicht geirrt.

Häufig hatte ich in den wenigen Tagen unmittelbar vor Southbys Rückkehr fremde Männer im Park gesehen, und mehr als einmal war ich unter einem müßigen Vorwand angehalten und nach Sir Borrow und seinen Angelegenheiten gefragt worden. Eine solche List würde niemanden getäuscht haben, und glücklicherweise war ich imstande, mit den Männern ganz offen umzugehen.

»Sie sind ein Polizeibeamter«, sagte ich zu einem von ihnen. Und er leugnete es nicht.

»Der Bursche wird sicherlich herkommen, Sir«, war seine Antwort, »und wenn er das tut, werden wir ihn schnappen. Es gibt innerhalb von zehn Meilen keine Straße, die wir nicht beobachten.«

Wir sprachen über anderes und vor allem über die Flucht. Offiziell dachte die Polizei, daß es auf der Seite der Aufseher irgendein stillschweigendes Einverständnis gegeben haben müsse, aber davon wußte ich natürlich nichts.

»Diese jungen Leute haben einen Haufen Freunde«, sagte der Detektiv, »und was Lionel Mester angeht, so kennt der die Hälfte aller Gauner Europas!«

Ich erwiderte, daß in einem solchen Fall die fraglichen Freunde ihre Kameraden vermutlich verstecken würden.

»Und deshalb«, sagte ich, »ist es müßig, daß Sie hier nach Ihren Männern suchen. Sicherlich wissen Sie von den Beziehungen zwischen Sir Borrow und seinem Sohn?«

Daran war er sehr interessiert und fragte mich genau aus – ein Vorgehen, gegen das ich unter diesen Umständen nichts einzuwenden hatte. Einige Tage später hielten mich im Park eine amerikanische Dame und ihre Tochter an, die vorgaben, sehr an dem alten Landsitz interessiert zu sein, und mich fragten, ob es nicht möglich sei, die Erlaubnis zu bekommen, ihn zu besichtigen. Auch in ihnen erkannte ich Agentinnen der Polizei und wies sie mit allen mir möglichen Entschuldigungen ab; wenngleich es zu jener Zeit keine Rolle gespielt haben würde, denn Southby war damals noch nicht zurückgekehrt. Er sollte erst drei Tage später kommen, in der tiefsten Nacht, und die beiden, die von seiner Ankunft erfahren sollten, wären für ihn vor nichts zurückgeschreckt. Es waren dies seine Schwester Evelyn und Wellman, der Butler, der Southby wie seinen eigenen Sohn liebte.

Von Wellman selbst erfuhr ich am darauffolgenden Morgen um 9 Uhr die Nachricht. Er kam und brachte mir ein angebliches Schreiben von Sir Borrow, und nicht ehe wir in meinem Arbeitszimmer waren und die Türe hinter uns geschlossen hatten, wagte er frei zu sprechen.

»Mr. Southby ist zu Hause, Sir«, sagte er flüsternd. »Er ist in der Priesterkammer.«

Ich fürchtete mich einen Augenblick lang zu sprechen. Sofort standen mir Visionen des gejagten Jungen vor Augen, wie er von Dickicht zu Dickicht durch den Wald floh, den er so gut kannte, und schließlich jenes enge Tal gewann, darin sich der unterirdische Eingang zum Close befindet. Daß er daran gedacht hatte, als sich niemand von uns dessen erinnerte! Natürlich würde die Polizei davon nichts wissen. Selbst die Dienerschaft, mit der einzigen Ausnahme von Wellman, weiß nichts von diesem Durchschlupf, und im Ort glaubt man, daß er schon vor langer Zeit zusammengebrochen ist. Sir Borrow ließ sie das glauben.

Es war eine seiner Launen, den Durchgang von jenen Ingenieuren wieder öffnen zu lassen, die aus London kamen, um ihm seinen artesischen Brunnen zu bauen. Er liebte es, nach seinem Belieben zu kommen und zu gehen und seine Bediensteten zu überraschen, wenn sie ihn am wenigsten erwarteten. Und in diesem Sinn benutzte er die Priesterkammer, oder hatte sie benutzt, bis sich die Tragödie ereignete. Danach interessierte ihn nichts mehr. Die geheime Kammer blieb ungeöffnet, nachdem Southby verurteilt worden war. Wir übrigen hatten, glaube ich, ihre Existenz schon fast vergessen.

Die Kammer liegt am Westende der langen Galerie. Dort steht ein achteckiger Turm, in dessen Mauern raffiniert eine alte Steintreppe eingebaut ist. Den Zugang zu ihr gewinnt man von der Galerie aus, indem man ein Paneel auf der rechten Seite des kleineren Kamins öffnet. Die Kammer liegt am Fuße einer Treppenflucht und wird durch zwei schmale Fenster beleuchtet, die auf die Brustwehr hinausgehen. Sie weisen Glasmalereien aus dem 14. Jahrhundert auf, die frühere Äbte von Borrow in Albe und Kasel zeigen. Die Kammer selbst ist groß und bequem und hat eine Feuerstelle und einen Alkoven für das Bett. Die von dort aus in den Wald gehen wollen, steigen die Treppe weiter hinab, bis sie sich in der alten Krypta befinden, die aus der Zeit der Sachsen stammt. Der unterirdische Durchgang führt von da aus zum Adams-Dickicht, wo er in einen alten Brunnen eintritt, seit langem schon ausgetrocknet und jetzt nur noch ein Loch voller Gras und Dornengestrüpp. Ich hegte keinen Zweifel, daß Southby den Wald auf Umwegen erreicht und dann seinen Weg über einen jener Pfade genommen hatte, die ein Fremder niemals entdecken würde. Und so war er stracks in die Priesterkammer gegangen, und von dort in Evelyns Schlafzimmer.

»Er hat sie gegen 1 Uhr heute morgen aufgeweckt«, sagte Wellmann, der immer noch vor Aufregung über diese Neuigkeit zu zittern schien. »Man wollte Sie es nicht früher wissen lassen, Sir, aus Angst vor der Polizei. Miss Evelyn hat schreckliche Angst, daß der Squire es herausfinden könnte, und deshalb bin ich sofort zu Ihnen gekommen. Ein Glück für uns ist, daß erst gestern Superintendent Matthews das Close vom Dachboden bis zum Keller durchsucht hat. Er muß Wind davon bekommen haben, daß Mr. Southby auf dem Weg war.«

Ich war erstaunt, das zu hören.

»Superintendent Matthews – gestern!« rief ich aus. »Ist das denn möglich, und Miss Evelyn hat mir nichts davon erzählt? Aber natürlich mag es schwierig gewesen sein, nach mir zu schicken. Weiß er irgendwas von dem Priesterloch, Wellman? Sie befürchten dies doch nicht etwa?«

Er, ein Mann von ungewöhnlicher Vorsicht, schüttelte den Kopf. »Die wissen heutzutage viel zu viel, Sir – um so schlimmer. Die Frage ist, was sollen wir mit dem jungen Herrn machen, denn Miss Evelyn ist mit ihrem Latein am Ende. Es würde sie sehr freuen, Sie im Close zu sehen, und ob. Das ist 'ne harte Aufgabe für 'ne junge Dame, wie Sie sich wohl vorstellen können, Sir.«

Ich stimmte zu, setzte mir den Hut auf und ging sofort mit ihm hinüber. Unser Weg führte uns durch das Adams-Dickicht, und ich gestehe, daß ich ziemlich alarmiert war, als auf dem Pfad vor uns, kaum hundert Schritte von dem alten Bassin entfernt, durch das man den Durchschlupf erreicht, ein Fremder auftauchte. Es war ein kleiner, stämmiger Mann, der einen Serge-Anzug, schwarze Lederbeinlinge und eine spitze Kappe trug, und als er uns sah, blieb er jäh stehen, wandte uns dann den Rücken zu und tat so, als entzünde er sich eine Zigarette, während wir vorbeigingen.

»Das ist kein Polizist«, sagte ich zu Wellman, als der Fremde außer Hörweite war. Der alte Diener stimmte mir zu.

»Er könnte aber ein Nachforschungsagent sein, Sir. Ich hab' in London von den Tricks erzählen gehört, die sie mit der Kleidung treiben. Trauen Sie ihm nur nicht zu sehr.«

»Ich traue ihm überhaupt nicht«, sagte ich. »Der Bursche sah mir so aus, als ob er ein Chauffeur wäre.«

»Ein übles Pack, glauben Sie mir, Sir. Es gibt nur noch sehr wenige ehrliche Männer auf Rädern, seit sie uns unsere Pferde geraubt haben. Ein Mann muß die Nase eines Setters haben, wenn er so einem auf der Spur bleiben will. Von denen würde ich keinem auch nur 'ne versilberte Suppenkelle anvertrauen, auf mein Wort nich.«

Ich sagte ihm, er sei ein *laudator temporis acti*, doch da ihm das nichts übermittelte, gingen wir weiter und fanden Evelyn in ihrem Boudoir.

Sie war furchtbar aufgeregt, aber da Sir Borrow bei ihr war, konnte zwischen uns kein Wort über die Angelegenheit gewechselt werden. Der Baronet dachte offensichtlich, daß seine Tochter hysterisch geworden sei, und als ich mit ihm allein war, deutete er an, sie müsse wohl Nachricht von jenem v........n Schuft bekommen haben.

»Was auch immer«, fügte er hinzu, »ich will nichts davon oder von ihm hören. Für mich wäre es ein großer Tag, wenn der Bursche sechs Fuß unter der Erde wäre, und ich hoffe bei Gott, daß er das bald sein wird. Das ist die Wahrheit, Cope, und nichts von Ihrer Philosophie kann daran etwas ändern. Ich habe keinen

Sohn mehr; ich versuche zu vergessen, daß ich jemals einen hatte.«

Ich wich vor seinem Zorn zurück, da ich wohl wußte, wie wenig solch ein Mann eine Zurechtweisung leiden würde. Glücklicherweise fuhr er fast unmittelbar danach in die Stadt, und Evelyn und ich machten uns sofort auf den Weg zum Priesterloch und sprachen mit Southby. Ich muß sagen, daß er sich in einem traurigen Zustand befand, Gesicht und Hände von den Dornen des Dickichts zerrissen, seine Kleidung mit Schmutz bespritzt, unrasiert und mit blutunterlaufenen Augen. Ich glaube, wohl auch ein bißchen delirierend aus Mangel an Nahrung und wegen des Ausgesetztseins, und er redete zuzusammenhanglos von Schiffen und der See, von Männern, die ihn verraten hätten, und von anderen, die seine Freunde seien. Nach und nach erzählte er mir, als er ruhiger geworden war, die Schmach des Gefängnisses habe ihn dermaßen belastet, daß er verrückt geworden wäre, wäre er in Parkhurst geblieben.

»Ich konnte nicht, Cope, bei Gott, ich konnte nicht«, sagte er. »Du weißt nicht, was das für einen Mann bedeutet, der so gelebt hat wie ich. Ich mußte da raus, oder es wäre mit mir zu Ende gewesen. Wenn sie mich fassen, werde ich mich erschießen. Das ist ein Schwur, und den werde ich halten.«

»Aber«, rief ich, »was willst du denn tun, Southby? Du weißt doch, wir können dich hier nicht lange schützen.«

Er lachte trotzig und strich sich auf die alte Art das schwarze Haar aus der Stirn.

»Lionel wird es tun«, sagte er. »Ich vertraue auf Lionel. Er hat mich rausgebracht; er wird dafür sorgen, daß ich nicht wieder reinkomme. Du solltest Lionel kennenlernen. Er ist durch und durch ein anständiger Kerl, und das Gefängnis, das ihn halten könnte, müßte erst noch gebaut werden. Schließlich war es ja auch seine Idee mit dem Motorboot – wer sonst würde wohl daran gedacht haben? – er und sein Freund in Hendon. Sie haben uns im Versteck bei Hochflut abgeholt, und wir sind schon vor dem Morgen bei Hayling Island gelandet. Ich wußte, daß wir es schaffen würden, als Lionel es in die Hand nahm.«

»Dann«, rief ich ins Blaue hinaus, »hat Hauptmann Kennington nichts davon gewußt?«

Seine Stirn wurde düster. Er sah Evelyn sonderbar an und schien Angst zu haben, offen zu reden.

»Nein, ich traue Kennington nicht – nicht sehr. Paß auf, Evelyn, was du mit ihm anfängst. Kennington ist keine 30 Cents wert – denk daran.«

Darob brauste sie auf, ein Mädchen voller Feuer und ein gutes Herz.

»Sag du kein Wort gegen Hauptmann Kennington!« schrie sie. »Er ist der einzige von all deinen Freunden, der immer zu dir gehalten hat. Du solltest ihm dankbar sein.«

Er aber beharrte darauf, wenngleich mit schwindender Entschlossenheit. »Das mag so sein oder nicht. Nach meiner Meinung hat er versucht, uns zu verkaufen, und dabei bleibe ich. Und jetzt beschaff mir um Himmels willen was zu trinken. Ich bin so ausgetrocknet wie ein Kamel.«

Sie holte ihm einen Brandy-Soda, und er trank ihn begierig. Es war bereits gefährlich, über die lange Galerie hin und her zu gehen, und ich begann die Gefahr der Situation zu begreifen. Sobald es die Dienstboten wüßten, würde die Nachricht früher oder später ins Dorf gelangen, und von dort zur Polizei. Als wir das offen miteinander besprachen, schien es nur eine einzige Lösung zu geben. Evelyn mußte erkranken, und Harriet mußte aus Bath zurückgerufen werden, um sich um sie zu kümmern. In der Zwischenzeit mußte Wellman jemand Vertrauenswürdigen haben, und niemand schien für diesen Zweck besser geeignet als Turner, das oberste Hausmädchen. Früher oder später würde diese Frau uns entdecken. Wir beschlossen, daß es früher sein sollte, und legten, nachdem wir sie zu der Konferenz beigezogen hatten, unser Schicksal in ihre Hände. Gute Frau, sie hatte selbst einen Bruder, und alle liebten sie Evelyn.

Wir schmiedeten unsere Pläne, und für den Augenblick waren sie erfolgreich.

Harriet konnte unglücklicherweise nicht aus Bath zurückkommen, da ihre Tante schwer erkrankt war und ihren Beistand wirklich brauchte. Evelyn aber schützte sehr geschickt ein Unwohlsein vor, und obwohl mich das in einige Gewissensschwierigkeiten brachte, gestattete ich mir, an das größere Wohl dieser unglücklichen Familie zu denken und mich zu fügen. Dennoch begriff ich wohl, daß das nur ein kurzer Aufschub war. Die Gefährlichkeit der Situation war offenkundig. Jeder Tag, jede Stunde mochte uns aufdecken, und wir begannen, wie jene herumzugehen, die ihren eigenen Schatten fürchten.

Vielleicht waren meine Befürchtungen verantwortlich für eine Täuschung, aber es gab da Augenblicke, in denen ich dachte, daß Sir Borrow uns verdächtigte. Sein Verhalten wurde plötzlich aggressiv, und er befragte mich schärfer, als er das seit langer Zeit getan hatte. Ob ich von diesem seinem v........n Sohn gehört hätte? Ob Evelyn sich um »diesen wertlosen Schurken« sorge? Auf all das antwortete ich, was immer mein Witz mir eingab, obwohl Gott weiß, daß meine Lage schwierig war. Später entdeckte ich ihn in Evelyns Schlafzimmer, und am gleichen Abend sprach er nach dem Abendessen von Kennington. Merkwürdigerweise war seine Meinung über jenen tapferen Soldaten die gleiche wie die seines Sohnes. Er traute ihm nicht, bezweifelte seine Vergangenheit und brandmarkte ihn höchst ungerecht als mittellosen Abenteurer. Da der Hauptmann nach meiner Kenntnis im Besitz eines Einkommens von 800 Pfund pro Jahr ist, ärgerte mich die Verleumdung, und ich fürchtete mich nicht, meine Meinung auszusprechen. Das Ergebnis war eine scharfe Auseinandersetzung und auf seiner Seite schließlich eine schäbige Entschuldigung, die mich unter anderen Umständen bei weitem nicht zufriedengestellt hätte. Doch wie die Dinge lagen, hatte ich ihn zu ertragen und ihm zuzuhören, wie er mir erzählte, daß er, was immer auch geschehen möge, Kennington niemals mehr im Haus haben wolle. Danach ging er in sein Arbeitszimmer und ich ins Priesterzimmer, um ihnen von meinen Verdächten zu berichten.

Southby hatte schon immer Angst vor seinem Vater gehabt. Meine Neuigkeiten alarmierten ihn, und er zögerte nicht zu bestätigen, daß der alte Mann ihn der Polizei ausliefern würde, sollte er im Close entdeckt werden. Evelyn selbst schien der gleichen Meinung zu sein, und als wir allein waren, gestand sie das Entsetzliche ihrer Lage ein.

»Hauptmann Kennington wird am Wochenende herkommen«, sagte sie.

Ich erzählte ihr, was Sir Borrow gesagt hatte, und das erschreckte sie nur noch mehr.

»Manchmal wünsche ich, ich wäre tot«, erklärte sie.

Und ich, der ich wußte, wieviel diese sanfte Seele gelitten hatte, betete zu Gott, daß ihr Stärke zuteil werden möge.

Am folgenden Abend sollte ich Lionel Mester im Dickicht begegnen und eine noch schmerzlichere Erfahrung machen als alle, die ich bisher in dieser jammervollen Angelegenheit erlitten hatte.

Es war der Sabbatabend, und ich kehrte vom Close zu Chorproben in unsere herrliche alte Gemeindekirche zurück. Hundert Meter vor dem Brunnentopf, in dem der geheime Eingang ist, begegnete ich erneut dem kleinen, stämmigen Mann, von dem Wellman behauptet hatte, er sei ein Detektiv. Diesmal blieb er stehen, und nachdem er mich gebeten hatte, mit ihm seitwärts ins Dickicht zu treten, stellte er sich sofort vor.

»Sie werden von mir gehört haben, Sir – Lionel Mester, Mr. Southbys Kumpel.«

»Ja«, sagte ich, »ich habe von Ihnen gehört. Warum sind Sie an diesen gefährlichen Ort gekommen?«

»Weil es etwas gibt, was Southby wissen muß und auf keinem anderen Weg erfahren kann. Sie sehen ihn jeden Tag und können ihm diesen Brief bringen. Ich hab' hier fast eine Woche herumgehangen und versucht, ihn abzuliefern. Gewöhnlich traue ich Teufeltricksern nicht – nicht sehr. Aber Sie tragen 'ne anständige

Visage mit sich, und da werde ich Ihnen halt trauen. Bringen Sie ihm diesen Brief und sagen Sie ihm, wenn er danach handelt, ist es gut und es wird rundgehn. Sonst schieb ich 'ne Doppelwache, und zum Teufel damit! Gott, ich hab' seit 'ner Woche auf Brennnesseln geschlafen, und das reicht mir so ziemlich! Sagen Sie das Southby, und Sie werden mich nicht mehr wiedersehn.«

Er drückte mir einen dicken Brief in die Hand und wollte noch etwas sagen, als wir das Geräusch von Schritten hörten und er sofort mit der Behendigkeit einer Wildkatze im Unterwuchs verschwand. Er trug, wie ich sah, Schuhe mit Gummisohlen und führte einen beachtlichen Knüttel mit sich; doch war das Überraschende die Geschwindigkeit seiner Bewegungen, und indem er nur das eine Wort »Polizei« äußerte, verschwand er aus meiner Sicht. Ich meinesteils schob den Brief in die Innentasche meines Rocks und gelangte unverzüglich wieder auf den Pfad. Fünfzig Schritte weiter begegnete ich Superintendent Matthews und tauschte einen Gutenabendgruß mit ihm aus. Er schien in Eile und schritt der Halle zu. Also blieb er nicht stehen, um sich mit mir zu unterhalten, wie er das gewöhnlich tat, und dafür war ich dankbar.

Man wird verstehen, daß diese unerwartete Wendung mich reichlich verwirrte. Ich hatte erwartet, daß Lionel Mester früher oder später nach Borrow kommen würde, doch jetzt, da er gekommen war, begriff ich, welch große Gefahr er für uns alle sein mußte. Ich konnte es mir nicht länger verhehlen, daß ich selbst ein Opfer dieser unglückseligen Familie werden könnte und mich dann vor dem Gesetz für die Rolle, die ich spielte, würde verantworten müssen. Soviel ich auch um einer Frau willen zu tun bereit war, jetzt, da uns die Entdeckung auf den Fersen war und all die Schande und all das Leiden des Ausgesetztseins in den Schatten über jenem alten Hause schwebten, verließ mich fast, ich bekenne es, mein Mut. Der Brief erschien mir wie ein verdammendes Dokument, das mich in jedem Gericht überführen würde. Doch entschloß ich mich, ihn abzuliefern, und an jenem Abend gegen 10 Uhr ging ich zur Halle hinauf und drückte ihn Evelyn in die Hände. Während meiner Rückkehr folgte mir ein unbekannter Mann durch das Dickicht und beobachtete mich, bis ich das Pfarrhaus betrat. Ich glaube, daß es ein Polizeibeamter war, obwohl es kaum noch eine Rolle spielte, ob er es war oder nicht, da ja der Brief abgeliefert war.

In jener Nacht schlief ich nur schlecht, und hatte Angst vor so vielen Dingen, und befürchtete die Gefahren einer Lage, die nahezu unerträglich geworden war. Der nächste Tag war der Sabbat, fast vollständig den Schulklassen und der Kirche gewidmet, und erst als wir uns zum Abendessen im Close niedersetzten, hörte ich von Evelyn die Neuigkeit. Sie hatte verlauten lassen, daß es ihr ein bißchen besser gehe und daß sie sich zu uns setzen wolle. Die wenigen Worte, die wir unterm Portal austauschten, als ich ihr gute Nacht sagte, waren von erheblicher Bedeutung, wenngleich nicht unerwartet.

»Southby geht heut nacht«, sagte sie.

Ich antwortete: »Gott sei Dank«, denn ich wußte, daß keiner von uns die Belastung noch viel länger ertragen könnte.

Und so trennten wir uns, und ich sollte sie lebend nicht mehr sehen. So tapfer, so sanft war sie, wahrlich gebenedeit unter den Frauen, ein Opfer der Sünde des Menschen, eine Märtyrerin, für die der Menschen Tränen strömen sollten. Sie hörten im Haus kurz vor Mitternacht einen lauten Schrei. Sir Borrow war wach und als erster zur Stelle. Sie fanden sie zu Füßen der Wendeltreppe liegen, die von der langen Galerie hinab zu dem geheimen Zimmer führt. Offenbar hatte es einen Kampf gegeben. Eine verbogene Eisenstange lag auf den Stufen zu ihren Füßen. Die Lampe, die sie getragen hatte, war zerschmettert; und sogar das Fenster in der Ecke des Achtecks war zerbrochen, und die Splitter lagen herum. Nicht wenig bemerkenswert war die Entdeckung von 9 Pfund in Gold, in einen gelben Ziegenlederhandschuh gewickelt, von genau der gleichen Form und Farbe jener Handschuhe, die Hauptmann Kennington immer trug.

Sie war, wie ich Ihnen noch berichten sollte, in ein langes Nachthemd gekleidet und trug darüber einen Morgenmantel.

Die Tür zu dem Geheimzimmer stand offen, aber niemand war darinnen zu erblicken. Southby war aus dem Haus geflohen. Sir Borrow und Wellman allein beugten sich nieder, um der verwundeten Frau beizustehen.

Sie war tot, eine schreckliche Wunde durch die Kehle hatte sie fast auf der Stelle des Lebens beraubt. Natürlich wurde die Polizei sofort herbeigerufen, und sie verlor nicht einen einzigen Augenblick. Treiber begannen, jedes Dickicht im Wald rundum zu durchsuchen; Autos fuhren alle Straßen ab. Doch wurde nichts entdeckt, nicht einmal der Schatten eines Anhaltspunktes gefunden. Selbst Hauptmann Kennington konnte keinerlei Hinweis liefern. Ich entdeckte zu meiner Überraschung, daß er, wie versprochen, am Samstagabend nach Borrow gekommen war, sich aber, nachdem er Evelyns Geschichte gehört, zum Schlafen in die Stadt begeben hatte. Die lärmende Verfolgungsjagd weckte ihn – zu einem Morgen, wie ihn zu durchleben nur wenigen Menschen auferlegt ist.

Und also ist hier dieses schreckliche Verbrechen begangen worden, und es gibt niemanden, den man dafür der Gerechtigkeit übergeben könnte. Gott schicke uns Erleuchtung, auf daß der Schuldige bestraft werden möge!

(Father Brown löst das Rätsel der Donnington-Affäre)

Es kam uns ganz natürlich vor, daran zu denken, eine fachmännische Meinung zu der Tragödie einzuholen; oder wenigstens etwas Scharfsinnigeres als den üblichen Streifenpolizisten. Doch konnte ich praktisch an keinen denken, den privat zu konsultieren von Nutzen hätte sein können. Ich erinnerte mich an einen Ermittler, der einiges Interesse an Southbys ursprünglichen Schwierigkeiten genommen hatte; vor allem, weil ich mich an seinen sonderbaren Familiennamen Shrike erinnerte; aber dann erfuhr ich, daß er inzwischen reich geworden sei, sich zur Ruhe gesetzt habe und derzeit unerreichbar zwischen den Inseln im Pazifik herumsegle.

Mein alter Freund Brown, der katholische Priester in Cobhole, der mir oftmals guten Rat in kleinen Problemen gegeben hatte, kabelte mir, daß er leider nicht herkommen könne, nicht einmal für eine Stunde. Er fügte nur noch hinzu – was ich, wie ich gestehen muß, für unlogisch hielt –, daß man den Schlüssel in dem Satz »Mester ist die denkbar fröhlichste Seele« finden könne.

Superintendent Matthews gilt immer noch viel bei jeder vernünftigen Person, die wirklich mit ihm gesprochen hat; aber er ist natürlich in den meisten Fällen amtlich zurückhaltend und in manchen Fällen amtlich langsam.

Sir Borrow schien durch diese letzte Tragödie erstarrt zu sein; bei einem sehr alten Mann nur zu verständlich, der, was immer seine Fehler waren, nichts als Tragödie über Tragödie von seinem eigenen Blut und Namen erfahren hat.

Wellman kann man alles bis hin zu den Kronjuwelen anvertrauen; nur nicht eine Idee. Harriet ist eine viel zu gute Frau, als daß sie eine gute Detektivin wäre. So blieb ich mit meinem unbefriedigten Hunger nach fachmännischem Rat allein. Ich glaube, die anderen teilten ihn in gewissem Maße; ich glaube, wir wünschten uns, ein Mann ganz anders als wir alle käme ins Zimmer, ein Mann aus der Welt da draußen, ein Mann von weiterer Erfahrung, ein Mann von – wenn möglich – so weiter Erfahrung, daß er sogar einen dem unseren ähnlichen Fall kennte. Aber sicherlich hatte keiner von uns auch nur die geringste Ahnung, wer dieser Mann sein würde.

Ich habe erklärt, daß die arme Evelyn, als ihre Leiche gefunden wurde, einen Morgenmantel trug, als ob sie plötzlich aus ihrem Zimmer gerufen worden sei, und daß die Tür zum Priesterzimmer offenstand. Ich hatte sie aus ich weiß nicht welchem Impuls heraus geschlossen; und soweit ich weiß, wurde sie nicht mehr geöffnet, bis sie von innen geöffnet wurde. Ich gestehe, daß dieses Öffnen für mich schrecklich war.

Sir Borrow, Wellman und ich waren allein in dem Zimmer des Blutbades. Zumindest waren wir so lange allein, bis ein vollkommen Fremder in das Zimmer schlenderte, ohne auch nur die spitze Kappe zu ziehen. Er war ein stämmiger Mann, von der Reise beschmutzt, besonders seine Beinlinge, die mit Lehm und Schlamm aus unzähligen Gräben bedeckt waren. Aber er war völlig unbefangen, was mehr ist, als ich von mir sagen kann. Denn trotz seines zusätzlichen Schmutzes und trotz seiner zusätzlichen Unverschämtheit erkannte ich ihn als den flüchtigen Sträfling Mester, dessen Brief ich so töricht an seinen Mitsträfling weitergegeben hatte. Er betrat das Zimmer mit den Händen in den Taschen und pfiff. Dann hörte das Pfeifen auf, und er sagte:»Sie haben die Tür offenbar wieder geschlossen. Ich nehme an, Sie wissen, daß es nicht leicht ist, sie von dieser Seite wieder zu öffnen.«

Durch das zerbrochene Fenster, das zum Garten ging, konnte ich Superintendent Matthews sehen, wie er da unbeweglich zwischen den Büschen stand, seinen breiten Rücken dem Haus zugekehrt. Ich ging zum Fenster und pfiff ebenfalls, aber aus sehr viel praktischeren Gründen. Und doch wüßte ich nicht, warum ich sie praktisch nennen sollte, denn der Superintendent, der mich gehört haben mußte, wandte weder den Kopf noch zuckte er auch nur mit einer Schulter.

»Ich würde den armen alten Matthews nicht beunruhigen«, sagte der Mann mit der spitzen Kappe in freundlichem Ton, »er ist einer der Besten im Dienst, und er muß entsetzlich müde sein. Ich nehme an, ich kann Ihnen fast alle Fragen beantworten, die er beantworten könnte.« Und er zündete sich seine Zigarette aufs neue an.

»Mr. Mester«, erwiderte ich mit einiger Hitze, »ich habe nach dem Superintendenten schicken wollen, damit er Sie verhafte!«

»So ist es«, antwortete er und warf sein Wachsstreichholz aus dem Fenster. »Na schön, er will nicht!«

Er blickte mich mit ernster Unbeweglichkeit an. Und doch bilde ich mir ein, daß der Ernst in seinem vollen Gesicht auf mich weniger Wirkung zeitigte als der breite ungerührte Rücken des Polizisten.

Der Mann namens Mester begann wieder. »Ich glaube, daß

meine Stellung hier vielleicht nicht ganz die ist, die Sie sich vorstellen. Wahr genug, daß ich dem jungen Burschen geholfen habe zu fliehen; aber ich kann mir nicht vorstellen, daß Sie wissen, warum. Es ist eine alte Regel in unserem Gewerbe ...«

Bevor er ausreden konnte, hatte ich einen Schrei ausgestoßen. »Halt!« schrie ich. »Wer ist das hinter der Tür?«

Ich konnte an der Bewegung von Mesters Mund sehen, daß er gerade antworten wollte: »Welche Tür?« Aber bevor sich seine Lippen noch bewegen konnten, ward auch ihm geantwortet. Und hinter der versiegelten Tür des geheimen Zimmers erklang das Geräusch von etwas Lebendigem, wenn es denn nicht menschlich war, oder von etwas sich Bewegendem, wenn es denn nicht lebendig war.

»Was ist da in dem Priesterzimmer?« schrie ich und sah mich nach irgend etwas um, damit die Tür aufzubrechen. Ich hatte zu diesem Zweck die verbogene Eisenstange schon halb aufgehoben. Aber dann überwältigte mich die Erinnerung an die furchtbare Rolle, die sie in jener Nacht gespielt hatte, und erneut sank ich gegen die Tür, und schlug mit schwachen Händen gegen sie, und wiederholte nur: »Was ist da in dem Priesterzimmer?« Und es ist entsetzliche Tatsache, daß eine Stimme, zwar undeutlich, aber menschlich, hinter der geschlossenen Tür antwortete: »Der Priester.«

Die schwere Tür wurde sehr langsam geöffnet, offenbar von einer Hand, die nicht stärker war als meine. Und die gleiche Stimme, die »Der Priester« gesagt hatte, sagte in viel einfacherem Ton: »Wen sonst haben Sie denn erwartet?« Die Tür schwang langsam bis ins volle Maß ihrer Angeln aus und enthüllte die schwarze Silhouette einer untersetzten, schüchternen Person mit großem Hut und schlechtem Schirm. Es war in jeder Weise eine sehr unromantische und unpassende Person, um im Priesterzimmer zu sein, abgesehen von der zufälligen Einzelheit, ein Priester zu sein.

Er kam direkt auf mich zu, noch ehe ich rufen konnte: »Also sind Sie doch noch gekommen!«

Er schüttelte mir die Hand und sah mich, ehe er sie losließ, mit einem steten und sonderbaren Ausdruck an, traurig, und doch eher ernsthaft als traurig. Ich kann nur sagen, es war das ein Gesicht, wie wir es bei der Beerdigung von jemandem tragen, der uns teuer ist wie ein Freund, nicht wie wir es am Sterbelager von jemandem tragen, der uns unmittelbar lieb ist.

»Wenigstens kann ich *Ihnen* Glück wünschen«, sagte Father Brown.

Ich glaube, ich fuhr mit der Hand wild durch mein Haar. Ich bin sicher, daß ich antwortete:»Und wozu kann man mir in dieser Nachtmahr Glück wünschen?«

Er antwortete mir mit demselben festen Gesicht: »Zur Unschuld der Frau, die Ihre Frau sein wird.«

»Niemand«, schrie ich empört, »hat versucht, sie mit der Angelegenheit in Zusammenhang zu bringen.«

Er nickte ernst, als stimme er zu.

»Das war zweifellos die Gefahr«, sagte er mit einem leichten Seufzer, »aber jetzt ist sie Gott sei Dank wohlauf. Oder nicht?« Und als ob er dem ganzen Drunter und Drüber noch den letzten Pfiff geben wolle, wandte er sich mit dieser Frage an den Mann mit der spitzen Kappe.

»O ja, sie ist jetzt in Sicherheit!« sagte der Mann namens Mester.

Ich kann nicht ableugnen, daß von meinem Herzen plötzlich eine Last genommen wurde, von der ich nicht einmal gewußt hatte, daß sie da war. Aber ich mußte dem Problem weiter nachgehen.

»Wollen Sie sagen, Father Brown«, fragte ich, »daß Sie wissen, wer die schuldige Person ist?«

»In gewissem Sinne ja«, antwortete er. »Aber Sie müssen daran denken, daß in einem Mordfall die schuldigste Person nicht immer der Mörder ist.«

»Nun, dann eben die schuldigste Person«, rief ich ungeduldig. »Wie können wir die schuldigste Person ihrer Strafe zuführen?«

»Die schuldigste Person ist bereits bestraft«, sagte Father Brown.

Da war ein langes Schweigen in dem zwielichtigen Turm, und mein Geist quälte sich mit Zweifeln, die zu groß für ihn waren.

Schließlich sagte Mester barsch, aber nicht ohne eine gewisse Gutherzigkeit: »Ich meine, Ihr beiden hochwürdigen Herren ginget besser und unterhieltet Euch irgendwo. Über den Hades etwa, oder über Betkissen, oder über was Ihr Euch sonst unterhaltet. Um diese Angelegenheit muß ich mich selbst kümmern. Mein Name ist übrigens Stephen Shrike; Sie haben vielleicht von mir gehört.«

Ehe noch solche Phantasien von meiner plötzlichen Angst ob der Bewegungen in dem geheimen Zimmer verschlungen worden waren, hatte ich der aufrüttelnden Möglichkeit ins Auge geblickt, daß dieser entflohene Sträfling in Wirklichkeit ein Detektiv sei. Aber nicht im Traume hatte ich daran gedacht, daß er ein so berühmter sei. Der Mann, der sich um Southby gekümmert hatte und seither so gewaltiges Prestige gewonnen hat, trug in dem Fall einige Verantwortung; und ich folgte Brown, der bereits zum Eingang in den Garten hinabschlenderte.

»Der Unterschied zwischen Hades und Betkissen ...«, begann Father Brown.

»Spielen Sie doch nicht den Narren!« sagte ich reichlich grob.

»... ist nicht ohne philosophischen Wert«, fuhr der kleine Priester in unerschütterlich guter Laune fort. »Die menschlichen Schwierigkeiten sind vorwiegend von zweierlei Art. Da ist die zufällige Art, die man nicht erkennen kann, weil sie einem zu nahe ist, so daß man über sie stolpert wie über ein Betkissen. Und da ist die andere Art von Übel, die wirkliche Art. Und die wird ein Mann suchen, wo immer sie auch sein mag – hinab, hinab, in den verlorenen Abgrund.« Und mit seinem plumpen Finger wies er unbewußt auf das Gras hinunter, das mit Gänseblümchen übersät war.

»Es ist lieb von Ihnen, daß Sie doch noch gekommen sind«,

sagte ich; »aber ich wünschte mir, ich könnte in dem, was Sie sagen, mehr Sinn finden.«

»Na schön«, erwiderte er geduldig, »haben Sie Sinn in dem einen gefunden, das ich gesagt habe, bevor ich hierher kam?«

»Nun, Sie haben da eine wilde Behauptung aufgestellt«, erwiderte ich, »daß der Schlüssel zur Geschichte Mesters Fröhlichkeit sei, aber ... oh, bei meiner Seele, das ist ja in gewisser Weise tatsächlich der Schlüssel!«

»Bisher nur der Schlüssel«, sagte mein Gefährte, »aber meine erste Vermutung scheint richtig gewesen zu sein. Es ist nicht sehr gewöhnlich, daß man solch sprühende Fröhlichkeit bei Leuten findet, die eine Zuchthausstrafe absitzen, vor allem, wenn sie durch eine falsche Anklage ruiniert wurden. Daher erschien es mir, als ob Mesters Optimismus ein bißchen übertrieben sei. Ich hegte auch den Verdacht, daß seine Fliegerei und all das übrige, ob nun wahr oder falsch, einfach zu dem Zweck diente, Southby denken zu lassen, daß eine Flucht machbar sei. Wenn aber Mester solch ein Teufel im Entfliehen war, warum entfloh er dann nicht allein? Warum war er dann so scharf darauf, einen jungen Gentleman mit sich zu schleppen, der allem Anschein nach von keinem großen Nutzen für ihn war? Und als ich mich darüber wunderte, fiel mein Blick auf einen anderen Satz in Ihrem Manuskript.«

»Und welcher war das?« fragte ich.

Er zog einen Schnipsel Papier hervor, auf dem etwas mit Bleistift gekritzelt war, und las vor: »›Sie haben sodann eine Einfriedung durchquert, in der andere Häftlinge bei der Arbeit waren.‹«

Nach einer weiteren Pause begann er wieder: »Das war natürlich offenkundig genug. Was für eine Art von Zuchthaus soll das sein, in der Häftlinge arbeiten, ohne daß Aufseher sie überwachen oder herumgehen? Was für eine Art von Aufsehern ist das, die da zwei Häftlingen gestattet, zwei Mauern zu überklettern und abzuziehen wie zu einem Picknick? Das alles ist offenkundig. Und die Schlußfolgerung wird aus manchen anderen Sätzen noch offenkundiger. ›Es erschien als eine solche Unmöglichkeit, daß er der lärmenden Verfolgung entgehen könnte, die seine Flucht zur Folge haben mußte.‹ Sie wäre unmöglich gewesen, wenn es eine lärmende Verfolgung gegeben *hätte*. ›Evelyn und Harriet lauschten mir begierig, und ich bekam den Verdacht, daß die erstere bereits im Besitz der Geschichte war.‹ Wie konnte sie tatsächlich so früh in deren Besitz sein, wenn nicht Polizeiautos und Telephone mithalfen, Nachricht von Southby zu übermitteln? Hätten die Häftlinge ein Kamel oder einen Strauß einfangen können? Und sehen Sie sich das Motorboot an. Wachsen Motorboote auf Bäumen? Nein, das alles ist ganz einfach. Nicht nur war der Gefährte bei der Flucht ein Polizeidetektiv, sondern der ganze Fluchtplan war ein Polizeiplan, von den höchsten Behörden der Haftanstalt in die Wege geleitet.«

»Aber warum?« fragte ich verwirrt. »Und was hatte Southby damit zu tun?«

»Southby hatte nichts damit zu tun«, antwortete er. »Ich glaube, er versteckt sich jetzt in irgendeinem Graben oder Gehölz in dem festen Glauben, daß er ein gejagter Flüchtiger sei. Aber sie werden ihn überhaupt nicht mehr behelligen. Er hat ihre Arbeit für sie getan. Er ist unschuldig. Es war wesentlich, daß er unschuldig ist.«

»Oh, ich verstehe das alles nicht!« rief ich ungeduldig.

»Ich verstehe auch nur die Hälfte«, sagte Father Brown. »Es gibt da allerhand Schwierigkeiten, nach denen ich Sie später fragen werde. Sie kannten die Familie. Ich will nur sagen, daß der Satz über die Fröhlichkeit sich doch noch als ein Schlüsselsatz herausgestellt *hat*. Und jetzt möchte ich, daß Sie Ihre Aufmerksamkeit auf einen anderen Schlüsselsatz richten. ›Wir beschlossen, daß Harriet unverzüglich nach Bath gehen sollte, für den Fall, daß sie dort von Hilfe sein könnte.‹ Beachten Sie, daß dies kurz nach dem Ausdruck Ihres Erstaunens darüber kommt, daß jemand sich so früh mit Evelyn in Verbindung gesetzt haben sollte. Nun, ich nehme an, keiner von uns glaubt, daß der Direktor des Gefängnisses ihr gedrahtet hat: ›Habe Flucht Ihres Bruders geplant, Häftling 99.‹ Die Botschaft muß aber auf jeden Fall in Southbys Namen gekommen sein.«

Ich grübelte und betrachtete die Woge der Dünen, wie sie sich durch jede Lücke zwischen den Gartenbäumen hob und wiederholte; und sagte dann: »Kennington?«

Mein alter Freund sah mich einen Augenblick lang mit einem Blick an, den ich für dieses Mal nicht analysieren konnte.

»Hauptmann Kenningtons Rolle in dem Geschäft ist nach meiner Erfahrung ganz einzigartig«, sagte er, »und ich glaube, wir sollten besser später auf ihn zurückkommen. Für jetzt ist es genug, daß Ihrem eigenen Bericht zufolge Southby ihm kein Vertrauen schenkte.«

Ich blickte erneut auf die Dünenausschnitte, und sie sahen größer, aber grauer aus, als mein Gefährte fortfuhr wie einer, der die Dinge nur in die richtige Ordnung bringen kann.

»Ich meine, hier ist das Argument knapp, aber klar. Wenn sie irgendeine geheime Botschaft ihres Bruders über seine Flucht hatte, warum sollte sie dann nicht auch eine Botschaft darüber haben, wohin die Flucht gehen sollte? Warum sollte sie ihre Schwester nach Bath fortschicken, wenn man ihr doch genausogut mitgeteilt haben konnte, daß ihr Bruder dort nicht hingehen würde? Sicherlich hätte doch ein junger Herr sehr viel ungefährdeter in einem Privatbrief mitteilen können, daß er nach Bath ginge, als daß er aus dem Gefängnis entfliehe? Jemand oder etwas muß Southby dahin beeinflußt haben, sein Ziel unbestimmt zu lassen. Und wer hätte Southby beeinflussen können außer dem Gefährten seiner Flucht?«

»Der nach Ihrer Theorie für die Polizei arbeitete.«

»Nein. Nach seinem Bekenntnis.« Nach einer Art schnaubenden Schweigens sagte Brown mit einem Nachdruck, wie ich ihn an ihm nie erlebt hatte und indem er sich auf einen Gartenstuhl warf: »Ich sagte Ihnen, daß diese ganze Geschichte mit den beiden Fluchtstädten – diese ganze Geschichte, daß Harriet nach Bath gehen sollte –, eine Anregung war, die zwar von

Southby kam, aber von Mester, oder von Shrike, oder wie immer er heißen mag stammte und der Schlüssel zu dem Polizeiplan ist.«

Er hatte sich mit dem Gesicht zu mir auf dem Stuhl niedergelassen und die Hände über dem großen Griff seines Regenschirms in einer trotzigeren Weise übereinandergeschlagen, als für ihn typisch war. Aber ein Abendmond stieg über dem kleinen Wäldchen auf, unter dem er saß, und als ich sein einfaches Gesicht wieder ansah, sah ich, daß es milde war wie der Mond.

»Aber warum«, fragte ich, »sollten sie solch einen Plan gemacht haben?«

»Um die Schwestern voneinander zu trennen«, sagte er. »Das ist der Schlüssel.«

Ich antwortete rasch: »Die Schwestern konnten nicht wirklich getrennt werden.«

»Doch, konnten sie«, sagte Father Brown, »ganz einfach, und deshalb ...« Hier versagte seine Einfachheit, und er zögerte.

»Deshalb?« insistierte ich.

»Deshalb kann ich Ihnen Glück wünschen«, sagte er schließlich.

Wieder sank für eine kleine Weile Schweigen herab, und ich könnte die Verärgerung nicht definieren, mit der ich antwortete: »Oh, ich nehme an, Sie wissen alles darüber?«

»Nein, keineswegs!« sagte er und lehnte sich vorwärts, als wolle er sich gegen den Vorwurf einer Ungerechtigkeit verteidigen. »Die ganze Geschichte verwirrt mich. Warum haben die Aufseher sie nicht früher gefunden? Warum haben sie sie überhaupt gefunden? War sie im Futter versteckt? Oder ist die Handschrift wirklich so schlecht? Ich weiß, daß man das Ding da herrenmäßig betreibt; aber sie werden ihm doch sicherlich seine Kleider weggenommen haben! Wie kann die Botschaft gekommen sein? Es *muß* das Futter gewesen sein.«

Sein Gesicht war so redlich aufwärts gewendet wie ein treibender Plattfisch, und ich konnte mit entsprechender Milde sagen:»Ich weiß wirklich nicht, wovon Sie da reden, Sie und

Ihr Futter. Wenn Sie aber meinen, wie Southby seine Botschaft sicher zu seiner Schwester hatte schicken können ohne ein Risiko, daß sie abgefangen wird, dann – würde ich sagen – dürfte es keine anderen Menschen geben, die das mit größerer Wahrscheinlichkeit erfolgreich hätten durchführen können. Der Junge und das Mädchen sind von Kindheit an die besten Freunde gewesen und besaßen nach meiner Kenntnis eine jener Geheimsprachen, wie sie Kinder oft haben, die später leicht hätte in eine Art Chiffre umgewandelt werden können. Und jetzt, da ich daran denke ...«

Der Regenschirm mit dem schweren Griff glitt vom Stuhl und schlug auf dem Kies auf, und der Priester stand aufrecht da.

»Was bin ich doch für ein Trottel!« sagte er. »Natürlich hätte jeder sofort an eine Chiffre denken können! Das ist ein Punkt für Sie, mein Freund. Ich nehme an, jetzt wissen Sie alles darüber?«

Ich bin sicher, er begriff nicht, daß er ernsthaft wiederholte, was ich ironisch gesagt hatte.

»Nein«, antwortete ich ernsthaft; »ich weiß nicht alles darüber, aber ich halte es für möglich, daß Sie es tun. Erzählen Sie mir die Geschichte.«

»Es ist keine gute Geschichte«, sagte er in ziemlich steinerner Weise, »das einzig Gute daran ist, daß sie vorüber ist. Doch lassen Sie mich zuallererst sagen, was ich zuallerletzt sagen möchte – was Sie wohl wußten. Ich habe viel über eine gewisse Art der intellektuellen englischen Dame nachgedacht, besonders wenn sie gleichzeitig aristokratisch und provinziell ist. Ich glaube, man beurteilt sie viel zu leicht. Oder vielleicht sollte ich sagen, viel zu hart; weil sie angeblich zu den Leidenschaften und Versuchungen der Sterblichen unfähig ist. Man lasse sie Champagner zum Abendessen ablehnen, man lasse sie schön sein und wissen, was man unter würdevoller Kleidung versteht, man lasse sie ganz viele Bücher lesen und über hohe Ideale reden, und schon nehmen Sie alle an, daß sie als einzige ihrer Art nicht lüstern sein oder lügen könne; daß ihre Ideen immer einfach seien und ihre Ideale immer verwirklicht. Aber in Wirklichkeit und in Wahrheit, mein Freund, ist nach Ihrem eigenen Bericht ihr Charakter sehr viel gemischter gewesen. ›Evelyn schützte sehr geschickt ein Unwohlsein vor.‹ Wenn man annimmt, sie sei makellos, dann kann ich nicht verstehen, warum sie etwas vorschützen mußte. Auf jeden Fall ist das kaum eine jener Fähigkeiten, die den Heiligen gegeben sind. Ihnen ›kam der Verdacht‹, daß Evelyn bereits von der Flucht wußte. Warum hat sie Ihnen denn nicht *erzählt*, daß sie bereits davon wußte? Sie waren erstaunt, daß Superintendent Matthews gekommen war und sie darüber geschwiegen hatte; aber Sie nahmen an, es sei zu schwierig gewesen, jemanden zu schicken. Warum hätte es schwierig sein sollen, jemanden zu schicken? Man scheint nach Ihnen geschickt zu haben, wann immer man Sie wirklich brauchte. Nein; ich will versuchen, von dieser Frau zu sprechen als von einer, für deren Seele ich beten werde und deren wahre Verteidigung ich niemals hören werde. Aber solange es lebende Menschen gibt, deren Ehre unverdientermaßen in grausamer Gefahr ist, weigere ich mich schlicht, mit der Vermutung zu beginnen, daß Evelyn Donnington nichts Böses hätte tun können.«

Die noblen Hügel von Sussex sahen so trostlos aus wie die Moore von Yorkshire, als er schwer fortfuhr und dazu mit seinem Schirm in der Erde herumstocherte.

»Die ersten Tatsachen für ihre Verteidigung, wenn sie den einer bedürfte, sind, daß ihr Vater ein Geizkragen ist, daß sie ein heftiges Temperament hatte in Verbindung mit einer geradezu puritanischen Art des Familienstolzes; und vor allem, daß sie Angst vor ihm hatte. Nehmen wir nun einmal an, daß sie wirklich Geld brauchte, vielleicht für einen guten Zweck; oder aber vielleicht auch nicht. Sie und ihr Bruder hatten, wie Sie mir erzählt haben, immer schon geheime Sprachen und Pläne; die sind bei eingeschüchterten und terrorisierten Kindern durchaus üblich. Ich selbst bin fest davon überzeugt, daß sie in irgendeiner verzweifelten Klemme einen Schritt weiter ging und daß sie wirklich und verbrecherisch verantwortlich war für das gefälschte Dokument, mit dem ihr Bruder finanzielle Hilfe gesucht zu haben scheint. Wir wissen, daß es bei Handschriften oftmals eine Familienähnlichkeit gibt, die fast bis zum Faksimile gehen kann. Ich kann deshalb nicht sehen, warum es eine solche Familienähnlichkeit nicht auch bei den Fehlern geben soll, anhand derer die Experten eine Fälschung entdecken. Auf alle Fälle hatte der Bruder einen schlechten Ruf, was bei der Poizei ein viel größeres Gewicht hat, als es eigentlich sollte; und also wurde er ins Zuchthaus geschickt. Ich glaube, Sie werden mir zustimmen, daß er jetzt einen sehr guten Ruf hat.«

»Wollen Sie damit sagen«, fragte ich, durch eben seine zurückhaltende Ausdrucksweise sonderbar erregt, »daß Southby während der ganzen Zeit lieber litt als redete?«

»Frohlocke nicht über mich, Satan, mein Feind«, sagte Father Brown, »denn wo ich stürze, werde ich steigen. Dieser Teil der Geschichte ist wirklich gut.«

Und nach einem Schweigen fuhr er fort: »Als er festgenommen wurde, hatte er, darüber bin ich mir jetzt fast sicher, einen Brief oder eine Nachricht seiner Schwester bei sich. Ich hoffe und glaube, daß es irgendeine Art von Reuebotschaft war. Was immer es aber war, es muß zwei Dinge enthalten haben – irgendein Eingeständnis oder eine Anspielung, wodurch ihre eigene Schuld klar wurde, und eine dringende Bitte, daß ihr Bruder sofort zu ihr kommen solle, sobald er frei sei, das zu tun. Am wichtigsten von allem, er war nicht mit einem Taufnamen unterzeichnet, sondern lediglich mit ›Deine unglückliche Schwester‹.«

»Aber guter Mann«, rief ich, »Sie reden, als ob Sie den Brief gelesen hätten!«

»Ich lese ihn in seinen Folgen«, antwortete er. »Die Freundschaft mit Mester, der Streit mit Kennington, die Schwester in Bath und der Bruder im Priesterzimmer kamen alle aus jenem Brief, und keinem anderen Brief.

Der Brief aber war in einer Chiffre; und zudem einer, die

schwer zu knacken war, da sie von Kindern erfunden wurde.
Kommt Ihnen das paradox vor? Wissen Sie denn nicht, daß die
am schwierigsten zu knackenden Zeichen die willkürlichen
sind? Und wenn zwei Kinder sich darauf verständigen, daß
›grunk‹ Schlafengehenszeit bedeutet und ›splosch‹ Onkel Willy,
dann würde es einen Experten erheblich viel mehr Zeit kosten,
dahinter zu kommen, als jedes beliebige System von vertausch-
ten Buchstaben oder Zahlen aufzudecken. Entsprechend
brauchte die Polizei, nachdem sie das Papier gefunden hatte,
natürlich fast die Hälfte von Southbys Strafzeit, um sich einen
Reim daraus zu machen. Dann wußte sie, daß eine von Southbys Schwestern schuldig und daß er unschuldig war; und zu
dieser Zeit hatte sie Verstand genug zu begreifen, daß er die
Wahrheit niemals verraten werde. Der Rest war, wie ich gesagt
habe, einfach und logisch. Die einzige andere Möglichkeit, die
sie hatte, war, sich der Tatsache zu bedienen, daß Southby aufgefordert worden war, stracks zu seiner schuldigen Korrespon-
dentin zu kommen. Es wurde ihm jede Gelegenheit geboten, so
rasch wie möglich auszubrechen und Kontakt aufzunehmen,
solange die Polizei die Trennung der Schwestern sicherstellen
konnte, indem Mester eine von ihnen nach Bath schaffte. Das
vorausgesetzt, mußte die Schwester, zu der Southby kam, die
schuldige sein. Und wenn sich während jener furchtbaren
Nächte die Polizei rund um Sie versammelte dicht wie ein
Wolfspack und leise wie eine Geisterschar – sie wartete nicht auf
Southby.«
    »Aber warum ht sie überhaupt auf jemanden gewartet?« fragte
ich plötzlich nach einem Schweigen. »Wenn sie sicher war,
warum hat sie dann nicht verhaftet?»
    Er nickte und seufzte: »Vielleicht haben Sie recht. Vielleicht
ist es das Beste, sich jetzt den Fall Kennington vorzunehmen.
Natürlich wußte er von innen über alles Bescheid. Sie selbst
haben bemerkt, daß er in jenem Gefängnis Privilegien genoß. Es
wird Sie als gesetzestreue Person schmerzen zu erfahren, daß er
seine ganze Kraft einsetzte, um zu verhindern, was beschlossen

worden war. Man kann ein Gutteil tun, indem man Verabredungen verpaßt. Ein Gutteil mehr kann getan werden, indem man Leute nicht verpaßt – vulgär bekannt als sie niederschlägt. Er nahm jede Chance war, zu Recht oder zu Unrecht die Verhaftung zu verzögern. Eine der tausend kleinen verzweifelten Verzögerungen war es, ›Unwohlsein vorzuschützen‹.«

»Warum hat Southby ihn denn einen Verräter genannt?« fragte ich mißtrauisch.

»Aus überaus guten Gründen«, sagte mein Freund. »Nehmen wir an, Sie wären in aller Unschuld aus dem Gefängnis ausgebrochen, und Ihr Freund schickte Ihnen seinen Wagen, und der brächte Sie dahin zurück? Nehmen wir an, Ihr Freund böte Ihnen an, Sie auf seiner Yacht fortzuschaffen, und die schlüge einen falschen Kurs ein, bis ein Motorboot sie überholt? Nehmen wir an, Southby versuchte, nach Sussex zu kommen, und Kennington bemühte sich ständig, ihn nach Cornwall oder Irland oder nach der Normandie abzudrängen, wie würde Southby ihn nach Ihrer Meinung wohl nennen?«

»Schön«, sagte ich, »und wie würden Sie ihn nennen?«

»Oh«, sagte Father Brown, »ich nenne ihn einen Helden.«

Ich blickte durch das Zwielicht des Mondes in sein eigentlich nichtssagendes Gesicht; und dann stand er plötzlich auf und wanderte auf dem Pfad mit der Ungeduld eines Schuljungen herum.

»Wenn ich nur schreiben könnte, dann würde ich hierüber die schönste Abenteuergeschichte schreiben, die je geschrieben wurde. Wann hat es jemals eine solche Situation gegeben? Southby wurde zwischen zwei sehr fähigen und sehr energischen Männern so ahnungslos wie ein Fußball rückwärts und vorwärts gespielt, von denen der eine wollte, daß die Fußspuren auf die schuldige Schwester wiesen, während der andere die Füße an jeder Biegung ablenken wollte. Und Southby glaubte, der Freund seines Hauses sei sein Feind, und der Zerstörer seines Hauses sein Freund. Die beiden, die wußten, mußten schweigend kämpfen, denn Mester konnte nicht reden, ohne

Southby zu warnen, und Kennington konnte nicht reden, ohne Evelyn bloßzustellen. Aus Southbys Worten über falsche Freunde und die See ist es klar, daß Kennington Southby schließlich auf einer Yacht entführt hat, aber Gott allein weiß, in wie vielen verfilzten Wäldern oder Flußinseln oder Pfaden ins Nirgendwo der gleiche Kampf gekämpft worden ist; der Flüchtling und Detektiv versucht, die Spur zu halten, der Verräter und wahrhaft Liebende versucht, sie zu verwischen. Als Mester gewonnen hatte und seine Männer sich rund um dieses Haus versammelten, konnte der Hauptmann nicht mehr tun als herzukommen und seine Hilfe anzubieten, aber Evelyn wollte ihm die Tür nicht öffnen.«

»Aber warum denn nicht?«

»Weil ihr die schöne Seite der Angst ebenso eignete wie die böse«, sagte Father Brown. »›Nicht wenig vom Leben geängstigt‹, haben Sie mit großer Eindringlichkeit gesagt. Sie hatte Angst, ins Gefängnis zu gehen; aber sie hatte, zu ihrer Ehre, auch Angst zu heiraten. Diesen Typus bringen all diese Verfeinerungen hervor. Mein Freund, ich möchte Ihnen und Ihrer ganzen modernen Welt ein Geheimnis erzählen. Sie werden das Gute in den Menschen niemals erreichen, solange Sie nicht durch das Böse in ihnen hindurch sind.«

Nach einem Augenblick fügte er hinzu, wir sollten ins Haus zurückkehren, und schritt noch energischer in jene Richtung aus.

»Natürlich«, bemerkte er währenddessen, »war das Bündel Banknoten, das Sie Southby brachten, nur als Hilfe gedacht, Southby wegzubekommen und ihm Evelyns Verhaftung zu ersparen. Mester ist für einen Cop kein schlechter Bursche. Sie aber begriff ihre Gefahr und versuchte, in das Priesterzimmer zu gelangen.«

Ich brütete immer noch über dem sonderbaren Fall Kennington.

»Hat man nicht den Handschuh gefunden?« fragte ich.

»Hat man nicht das Fenster zerbrochen?« fragte er zurück.

»Eines Mannes Handschuh, ordentlich zusammengedreht, und mit 9 Pfund in Gold beladen, und vermutlich auch noch einem Brief, wird fast jedes Fenster zerbrechen, wenn er von einem Mann geschleudert wird, der Wurfmann beim Cricket war. Natürlich hat es einen Brief gegeben. Und natürlich war der Brief unklug. Er brachte Geld für die Flucht, und er brachte die Beweise, vor denen sie floh.«

»Und was geschah dann mit ihr?« fragte ich stumpf.

»Etwas von dem, was Ihnen geschehen ist«, sagte er. »Auch Sie fanden die geheime Tür schwierig zu öffnen von außen. Auch Sie hoben jene verbogene Vorhangstange oder Fenstersprosse auf, um damit gegen sie zu schlagen. Auch Sie sahen, wie sich die Tür langsam von innen öffnete. Aber Sie haben nicht gesehen, was sie gesehen hat.«

»Und was hat sie gesehen?« fragte ich zuletzt.

»Sie sah den Mann, dem sie das meiste Unrecht zugefügt hatte«, sagte Father Brown.

»Meinen Sie Southby?«

»Nein«, sagte er, »Southby hat heroische Tugend gezeigt und ist glücklich. Der Mann, dem sie das meiste Unrecht zugefügt hat, war ein Mann, der niemals mehr als eine Tugend besaß oder zu besitzen versucht hatte – eine Art beißender Gerechtigkeit. Und sie hatte ihn während seines ganzen Lebens ungerecht sein lassen – hatte ihn die schlimme Frau verhätscheln und den gerechten Mann ruinieren lassen. Sie haben mir in Ihren Notizen berichtet, daß er sich oftmals im Priesterzimmer verbarg, um herauszufinden, wer getreu und wer ungetreu war. Diesmal kam er heraus und hielt ein Schwert, das aus jenen Tagen, da Menschen meine Religion jagten, in diesem Raum geblieben war. Er hatte den Brief gefunden, aber natürlich hat er ihn vernichtet, nachdem er getan hatte – was er getan hat. Ja, alter Freund, ich kann das Entsetzen auf Ihrem Gesicht spüren, ohne es zu sehen. Aber Ihr modernen Leute wißt wirklich nicht, wie viele Arten von Menschen es auf der Erde gibt. Ich spreche nicht von Zustimmung, aber von Mitgefühl – der Art von Mitgefühl, die

266

ich für Evelyn Donnington habe. Haben Sie etwa *kein* Mitgefühl mit solch kalter barbarischer Gerechtigkeit oder mit den furchtbaren Befriedigungen eines solchen intellektuellen Hungers? Haben Sie *kein* Mitgefühl mit jenem Brutus, der seinen Freund tötete? Haben Sie *kein* Mitgefühl mit jenem Monarchen, der seinen Sohn tötete? Haben Sie *kein* Mitgefühl mit Virginius, der … Aber ich glaube, wir müssen jetzt reingehen.«

Wir erstiegen die Treppe schweigend, aber meine wogende Seele erwartete irgendeine Szene, die alle Szenen in jenem Turm überstiege. Und in gewissem Sinn bekam ich sie. Das Zimmer war leer, abgesehen von Wellman, der ebenso unbeweglich hinter einem leeren Sessel stand, als wären da tausend Gäste gewesen.

»Man hat nach Dr. Browning geschickt, Sir«, sagte er mit tonloser Stimme.

»Was meinen Sie damit?« rief ich. »Gab es denn noch Fragen wegen des Todes?«

»Nein, Sir«, sagte er mit einem leichten Hüsteln; »Dr. Browning verlangte, daß man einen anderen Arzt aus Chichester schicke, und sie haben Sir Borrow mit sich genommen.«

EDITORISCHE NOTIZEN

Anmerkungen 271

Bibliographische Skizze 291

»Über Bücher« 292

Über GKCs Schreiben 296

Bücher und Broschüren von GKC (mit: »Eine Verteidigung der
Detektivgeschichten« sowie den Kommentaren von Jorge Luis
Borges zu der Monographie über G. F. Watts) 299

Bücher und Broschüren mit Beiträgen von GKC 315

Zeitungen und Zeitschriften, in denen GKC publizierte, woraus
später Sammelbände wurden 316

Bücher und Zeitschriften mit Illustrationen von GKC 318

Bücher und Artikel über GKC 318

Sammelbände und Auswahlbände 320

Übersetzungen 320

Vermischtes 322

Vollständige Bibliographie englischer und deutscher Ausgaben von
Werken GKCs in deutschsprachigen Verlagen 322

Deutsche Übersetzungen von Father-Brown-Geschichten 327

Bemerkungen zu den früheren Übersetzungen 332

Nachwort 349

ANMERKUNGEN

FATHER BROWNS SKANDAL
The Scandal of Father Brown

S. 7: »Hypatia Potter« – in Lemprière's Wörterbuch ist unter »Hypatia« eingetragen: »Einwohnerin von Alexandrien, berühmt wegen ihrer Schönheit, ihrer Tugend, ihrer großen Gelehrsamkeit und ihrer Schriften über Algebra. Sie wurde AD 415 von christlichen Fanatikern ermordet.« Sie lehrte als erste Frau in Alexandrien die platonische Philosophie; da über ihre Ermordung durch den Pöbel lediglich eine arianische Tradition bekannt ist, kann man über die Gründe ihres Endes nichts sagen. Es ist zu vermuten, daß auch solche Quellen Gilbert Keith Chesterton Anlaß zu seinen oftmals bizarr anmutenden Personennamen geliefert haben.

»Mr. Wells« – gemeint ist Herbert George Wells (1866–1946).

»Gibson Girls« – damals berühmte Truppe von Revue-Girls.

S. 8: »Rudel Romanes« – fiktive Gestalt. Möglicherweise hat GKC in ihr den britischen Naturphilosophen George John Romanes verspotten wollen, der 1873 *Christian Prayer and General Laws* veröffentlichte, 1878 *A Candid Examination of Theism* – worin er sich als strenger orthodoxer Christ zeigte, 1882 *Fallacy of Materialism* – die ihn als Monisten ausweist, 1893 *Darwin and after Darwin* und 1895 *Thoughts on Religion* – die wieder der reinen orthodoxen Lehre zuzurechnen sind.

S. 9: »Maud Mueller« – es war nicht zu eruieren, ob es sich um eine reale oder eine fiktive Dame handelt.

»Bret Harte« – Francis Brett Harte (1836–1902), US-Journalist und bedeutender Vertreter der angelsächsischen Short Story; lebte ab 1885 in London.

S. 10: »Dagos« – angelsächsisches Schimpfwort für Angehörige aller romanischen Völker mit Ausnahme der Franzosen, die man Froschfresser schimpft, und der Italiener, die auch »Whops« = Spaghettifresser heißen (entstanden aus Sankt Jakob zu spanisch Santiago zum Vornamen Diego = spanisch Jakob, verangelsächsischt zum Schimpfwort Dago; etwa wie »Fritz« als Schimpfwort für die Deutschen, oder später »Krauts« = Sauerkrautfresser).

S. 14: »Kingsleys Romanze« – Charles K. (1819–1875), englischer Kleriker, Dichter und Novellist; veröffentlichte 1853 als Novelle »Hypatia«, in der er als unübertroffen geltende Beschreibungen der ägyptischen Wüste aus der Phantasie schuf.

S. 16: »Spaghettifresser« – im Original »whops«.

»Augustinus« – gemeint ist der Benediktiner A. (gest. 604), der, von Papst

Gregor I. 596 als Abt nach England entsandt, 597 Bischof und 601 Primas mit Sitz in Canterbury wurde; gilt als Apostel der Angelsachsen.

S. 18: »Geduldige Griselda« – Griselda soll die Frau des Grafen Walter von Saluzzo im 11. Jahrhundert gewesen sein; Boccaccio (Decamerone, 10.Tag) und Petrarca betrachteten die Unglücke ihres Lebens als historische Tatsachen, als sie über sie schrieben: Boccaccio um 1350 (wohl bereits nach einem provenzalischen *fabliau*), Petrarca in einem lateinischen Brief 1373, der ca.1470 erstmals gedruckt und als »La Patience de Griselidis« ins Französische übersetzt wurde. Die Geschichte wurde bereits 1395 dramatisiert, Chaucer verwendete sie nach der Petrarca-Version in seinen *Canterbury Tales*. Es liegen zahlreiche Sammlungen der Griseldis-Balladen, -Volkserzählungen, -Volksbücher usw. vor allem im Französischen und Englischen vor.

S. 20: »*Economics of Usury*« *(Wirtschaftlichkeit der Zinswirtschaft)* – der Titel war bisher nicht zu ermitteln.

S. 23: »Watts« – George Frederick W. (1817–1904), englischer Maler und Bildhauer vorwiegend von mythologischen und allegorischen Themen (GKC veröffentlichte 1904 über ihn eine Monographie: siehe nachstehend in der Bibliographischen Skizze, S. 304, Nr. 6).

»hyazinthene Locken« – zu Hyazinth vgl. nachstehend in der Anmerkung zu S. 127.

S. 27: »Schießpulververschwörung« – das Gunpowder Plot sollte am 5. November 1605 König James I. und das britische Parlament in die Luft sprengen, um eine befürchtete Rekatholisierung in der Folge unklug eifernder jesuitischer Emissäre vom Kontinent und ihrer geringen, aber fanatisierten Gefolgschaft zu verhindern. Die Durchführung des Attentats war Guy Fawkes anvertraut.

DER SCHNELLE
The Quick One

S. 29: »Kinder-gegen-den-Alkohol« – im Original »Band of Hope services«: Um 1847 bildeten sich im Vereinigten Königreich Children's Temperance Societies, unter der Führung militanter Antialkoholiker bzw. Temperenzler organisierte Kinder- und Jugendgruppen, die gegen den damals wahrhaft fürchterlichen Alkoholmißbrauch (vorwiegend allerdings Elendsalkoholismus) antraten; sie schlossen sich 1855 mit anderen Temperenzler-Organisationen zu der »Band of Hope Union« zusammen.

»in Zivil war; sehr in Zivil … zivile Kleidung« – GKCs Wortspiel ist kaum wiederzugeben: Einmal handelt es sich um »Zivil« bzw. »Zivilkleidung« im Gegensatz zu Polizei- oder Militäruniformen, zum anderen um unauffälliges, höflich-bescheidenes, also zivilisiertes Auftreten.

S. 30: »asiatischer Diwan« – im Sinne von Beratungszimmer.

»Krummsäbel ...« – im Original »scimitars, tulwards and yataghans«.

S. 33: »Freikirchenpriester« – Priester einer anglikanischen, aber nicht der amtlichen Hochkirche angeschlossenen Gemeinschaft.

S. 41: »Wordsworth' Wolke« – unter den Wolkendichtungen von William W. (1770–1850) kommen in Frage: aus der Ode »Intimations of Immortality« (1803/6) Teil V: »But trailing clouds of glory do we come from God who is our home ...« (etwa: Nur nachschleppende Wolken des Ruhmes sind wir, die wir von Gott kommen, der unsere Heimat ist ...); wahrscheinlicher noch »To the clouds« (1842): »Army of clouds! ... What seek ye, or what shun ye? Of the gale companions, fear ye to be left behind, or racing o'er your ethereal field contend ye with each other? ...« (etwa: Heer der Wolken! ... Was sucht ihr, oder was scheut ihr? Gefährten des Sturmes, fürchtet ihr euch, zurückgelassen zu werden, oder rast ihr über euer blaues Ätherfeld und seid dabei im Miteinander zufrieden? ...) Doch mag GKC auch eine ganz andere Anspielung im Sinne gehabt haben.

S. 42: »Der Mörder tötet und verbrennt seine sechs Frauen« – leider war es bisher unmöglich, herauszufinden, ob GKC hier einen bestimmten Fall im Auge hatte (und wenn ja, welchen), oder ob er Father Brown das Beispiel um des Beispiels halber erfinden ließ.

S. 46: »Dekan Swift ... Dr. Johnson ... William Cobbett« – gemeint sind Jonathan *Swift* (1667–1745), angloirischer anglikanischer Geistlicher (ab 1713 Dekan der St. Patricks-Kathedrale in Dublin), bedeutender Verfechter der irischen Sache gegen Großbritannien, Pamphletist und Satiriker (vor allem *Gullivers Reisen*); Dr. Samuel *Johnson* (1709–1784), englischer Journalist, Schriftsteller und Enzyklopädist *(Dictionary of the English language);* William *Cobbett* (1766–1835), englischer Politiker und politischer Schriftsteller, dessen gesammelte Zeitschriftenaufsätze 100 Bände umfassen (sein meistgebrauchtes Pseudonym war Peter Porcupine = Stachelschwein, die bekannteste seiner Zeitschriften hieß ›Porcupine's Gazette‹, bis 1801, der 1802 das ›Weekly Political Register‹ folgte).

S. 49: »Swift ... in einer seiner tödlichsten Passagen« – leider war trotz fleißigen Suchens diese »tödlichste Passage« bisher nicht zu finden; wem sie bekannt ist, der wird hiermit gebeten, sie freundlichst mitzuteilen.

S. 52: »einen zerbrochenen Spiegel« – FB spielt hier auf seine Abenteuer in *Der Spiegel des Richters*, (Band IV: *Father Browns Geheimnis*, S. 19 ff.) an.

S. 54: »Inverness-Cape ... Glengarry-Schottenmütze« – »Inverness cape« = Mantel mit abnehmbarem Schulterumhang, aus Inverness, einer Stadt im schottischen Hochland; »Glengarry bonnet« = gilt als typische Kopfbedeckung der Hochlandschotten, stammt aus Glengarry in Inverness(shire); ein »Glengarry« allein ist eine schottische Jacke mit steifem hochstehendem Kragen.

S. 57: »gewöhnlich gebundene Häuser« – gemeint sind solche, die durch Knebelverträge an einen Monopolisten gebunden sind.

DER FLUCH DES BUCHES
The Blast of the Book

S.61: »Titania ... Oberon« – hier Feengestalten aus Shakespeares *Sommernachtstraum.*

»Kilmeny ... Thomas der Reimer« – *das Mädchen Kilmeny* ist die Hauptgestalt des Gesangs des 13. Barden in *The Queen's Wake* (1813) von James Hogg (1770 bis 1835). Hogg läßt darin Maria, Königin von Schottland, ihre (Toten)Wache in Holyrood abhalten, während der ihr 17 Barden im Wettstreit ihre Gesänge singen: martialische, komische, schauerliche, mystische. Als berühmtester Gesang gilt der von Kilmeny, die – ins Gebirge gestiegen – nicht zurückkam und als tot betrauert wurde. In Wirklichkeit war sie von den Elfen aus dem menschlichen Jammertal in »ein Land der Liebe und des Lichtes« entführt worden, in dem sie Visionen von Krieg und Sünde in der Menschenwelt hat. Auf ihre Bitten darf sie einmal zurückkehren, in Schönheit und Heiligkeit verwandelt, um ihren Freunden von den Visionen zu berichten; doch nach 1 Monat und 1 Tag verschwindet sie wieder auf immer in der Anderwelt. *Thomas der Reimer* (Thomas oder Tom the Rhymer, Thomas of Erceldoune, True Tom oder Thomas, auch Thomas of Learmont) war einerseits eine historische Gestalt (ca. 1220–ca. 1297), belegt als Landbesitzer in Berwickshire und berühmter Dichter, dem die bedeutendste englische Version der Tristan-Sage in anglonormannischer Sprache zugeschrieben wird, die Sir Walter Scott 1804 veröffentlichte (und die vermutlich auf einer französischen Fassung beruht), sowie als Urheber einer Reihe von Vorhersagen: daher der Beiname True Tom (= der die Wahrheit sagt). Er soll u.a. den Tod des Königs Alexander III. von Schottland, die Schlacht von Bannockburn usw. richtig vorausgesagt haben. Andererseits wurde er rasch zu einer literarischen Gestalt: Er erhielt seine Sehergabe von der Elfenkönigin, die er in ihr unterirdisches Reich begleitet hatte, wo er furchtbare Prüfungen bestehen mußte. Im 15. Jahrhundert entstand eine ganze Reihe von Dichtungen über die Romanze zwischen True Tom und der »ladye gaye«, der fröhlichen Dame, der Elfenkönigin, von denen Walter Scott die wichtigsten Balladen in seinem »Minstrelsy of the Scottish Border« sammelte. Das Thema wurde einerseits von bedeutenden Dichtern behandelt, so u.a. von Rudyard Kipling in »The Last Rhyme of True Thomas« (1894; in: *Rudyard Kipling – die Ballade von Ost und West – selected poems/ausgewählte Gedichte;* übersetzt und herausgegeben von Gisbert Haefs, Haffmans Verlag, Zürich 1992), in dem die zweite Bedeutung des »true« gefeiert wird: Loyalität sich selbst gegenüber gegen große Gegenmächte; andererseits in einer ganzen Reihe von Volkssagen und Volksmärchen, wobei allerdings keineswegs klar ist, ob hier Wanderthemen sich der Ballade von True Tom angeschlossen haben oder ob nicht sogar die Ballade über ihn schon ein Konkokt aus früheren Wandersagen war. Das Hauptthema dieser Märchen ist, daß etwa ein Musiker, arm und häßlich (oder bucklig) so schön spielt, daß ihn die Elfen in ihr Reich holen, aus dem er als schöner reicher Jüngling zurückkommt (z. B. in *Die Rheinlandsagen* die Geschichte *Der bucklige Geiger von Andernach;* in Grimms Kinder- und Hausmärchen *Die Geschenke des kleinen Volkes;* die irische Variante *The Piper of Ennis* – Der (Dudelsack)Pfeifer von Ennis wird in deutschen Sammlungen, etwa in der Nacherzählung von Jürg Bauer, oft als »Fingerhütchen« bezeichnet, nach der Übersetzung der Brüder Grimm irischer Elfenmärchen, in der es sich aber um einen buckligen Korbflechter handelt). Die Ländereien des historischen Thomas sind heute noch in Earlston zu identifizieren. Am Rande der Eildon Hills (wohl aus gälisch »aill« = Fels und »dun« = Hügel; ca. 1130 Eldunun, später Eldune) liegt an der Straße der mächtige Eildon Tree Stone, der die Stelle markiert, an der Thomas von der Elfenkönigin abgeholt und in ihr unterirdisches Reich im Herzen der Hügel geführt wurde; eine halbe Meile westwärts sind die Huntly Banks, an denen Tom die »ladye gaye« erwartete; das nahegelegene Rhymer's Glen (etwa: die Schlucht des Reimers) wurde erst von Sir Walter Scott so genannt. Eine Familie Learmont, die sich als Abkömmlinge Toms bezeichnete, starb 1840 aus; der russische Dichter Lermontow behauptete, über diese Familie ebenfalls mit True Tom verwandt zu sein.

S.68: »Babbage« – Charles B. (1792–1871), englischer Mathematiker, konstruierte 1833 eine Rechenmaschine, erfand 1847 den Augenspiegel.

S. 70: »angloindischen Arztes« – im Original »Anglo-Indian Doctor«; bezeichnet im deutschen Sprachgebrauch einen Mischling aus englischen und indischen Eltern, während hier ein Engländer gemeint ist, der in der Zeit des angloindischen Imperiums in Indien tätig gewesen war.

S. 71: »MD, MRCS« – Medicinae Doctor = Arzt; Member of the Royal College of Surgeons = Mitglied des Königlichen Kollegiums der Chirurgen. (Den Namen »J. I. Hankey« könnte man GKCs Wortspielliebe folgend so deuten: J wie Joint = aus einem Haschischrausch entstanden, I wie I in der Mathematik = imaginäre Einheit wie $\sqrt{-1}$, Hankey nach *hanky-panky* = Hokuspokus, Schwindel usw.; der Name »Pringle« könnte dann vom Verb *to prink* = sich herausputzen usw. abgeleitet sein).

DER GRÜNE MANN
The Green Man

S.81: »Pinafore« – gemeint ist *H.M.S. Pinafore or The Lass that Loved a Sailor (Ihrer Majestät Schiff Schlabberlatz oder Die Maid, die einen Seemann liebte),* nautische komische Oper in zwei Akten, Text von (Sir) William Schwenck *Gilbert* (1836–1911), Musik von (Sir) Arthur Seymour *Sullivan* (1842–1900); satirische Erfolgsoperette gegen das ausgepichte Klassensystem Großbritanniens und dessen überseeischen Imperialismus zunebst seines menschenverachtenden Ausbeutertums zugunsten Londons (wie einst im römischen Reich zugunsten Roms).

S. 83: »Shanties ... Hornpipe« – Seemannslieder, Seemannstanz.

S. 85: »Millionär« – der Besitzer von 1 Million Pfund in den 20ern müßte wohl heute rund 100 Mill. DM schwer sein: beachtlich selbst für einen britischen Admiral dieses Jahrhunderts!

S. 91: »Jolly Roger« = der fröhliche R. – Spitzname für die alte Piratenflagge: weißer Totenschädel mit gekreuzten weißen Knochen auf schwarzem Grund.

DIE VERFOLGUNG VON MR. BLUE
The Pursuit of Mr. Blue

S. 105: »Muggleton« – Lodowicke M. (1609–1698), englischer Sektierer, der 1651 sich selbst und seinen Vetter John Reeve als die beiden in der Offenbarung (XI, 3) genannten Zeugen proklamierte und seine Visionen niederzuschreiben begann (1652 *The Transcendent Spirituall Treatise,* 1656 *The Divine Looking-Glass*). Grundlehre: die Dreieinigkeit sei lediglich nominal, Gott habe einen wirklichen menschlichen Körper, und als er zur Erde hinabstieg, um am Kreuz zu sterben, habe er Elias als seinen Vizeregenten im Himmel zurückgelassen. Seine stets kleine Anhängerschaft, die »Muggletonians«, dürfte um 1850 – soweit feststellbar – ausgestorben sein, nachdem 1846 *Die göttliche Lupe* zuletzt aufgelegt worden war.

S. 106: »römischer Retiarius« – von lat. »rete« = das Netz, also etwa: Netzkämpfer; die von den Etruskern übernommene Einrichtung der Gladiatoren (von lat. »gladius« = das Schwert, also etwa: Schwertkämpfer) gliedert sich nach ihren besonderen Waffen in Untergruppen; die Retiarier kämpften normalerweise ausschließlich mit einem Schleudernetz, in das sie ihre Gegner zu verwickeln trachteten, und trugen zum Selbstschutz nur einen Helm. In verkommeneren Zeiten führten sie später manchmal auch einen Dreizack oder ersetzten das Netz durch eine Art Lasso.

S. 107: »sehr adrette ... Mr. Taylor« – wieder ein hübsches Beispiel für GKCs Lust an Sprachspielereien, auch bei der Namengebung: »tailor« = Schneider.

S. 108: »Akrostichen« – griech., Akrostichon bezeichnet hintereinander zu lesende Anfangsbuchstaben, -silben oder -wörter aufeinanderfolgender Verse, Strophen, Abschnitte oder Kapitel, die ein Wort, einen Namen oder einen Satz ergeben. Die Bezeichnung A. wird auch für das Gedicht selbst verwendet. Seine Funktion war der Hinweis auf Autor oder Empfänger und Schutz gegen spätere Einschiebungen oder Auslassungen.

S. 112: »William Blake« – englischer Dichter, Maler und Kupferstecher (1757–1827), der ein sehr eigenständiges und eigenartiges mystisches Weltbild entwarf, dichterisch beschrieb und illustrierte, wozu er eine selbstentwickelte Technik der handkolorierten Kupfer- oder Zinkätzung verwendete; seine mit hinreißender Sprachgewalt und mit großer Bilderkühnheit dargestellten Visionen und Gedanken wurden zunächst verkannt und mißachtet und erst um die Mitte des 19. Jahrhunderts von den Präraffaeliten erkannt, verstanden und aufgegriffen. Eine einigermaßen gerechte oder gar gültige Deutung seines gewaltigen Werks steht bis heute aus. In seiner Mystik war er stark von Swedenborg und Jakob Böhme beeinflußt.

S. 116: *»Post hoc propter hoc?«* – lat., wörtlich »nach dem wegen dem«. Klassisch knappe Zusammenfassung komplexer philosophischer Diskussionen, ob das Nacheinander zweier Vorgänge nur als eine im tieferen Sinn bedeutungslose temporale Aufeinanderfolge eher zufälliger Art oder aber als Ausdruck einer tiefen Notwendigkeit im Rahmen einer Kausalität aufzufassen sei.

S. 119: *»nisi me constringeret ecclesiæ auctoritas«* – lat. = wenn mich nicht die Autorität der Kirche zurückhielte.

S. 125: *»Die Frau in Weiß«* – einer der berühmtesten englischen Kriminalromane, von William Wilkie Collins (1824–1899); man streitet sich, ob seine spannenden und oftmals melodramatischen Erzählungen bereits Kriminalromane sind oder noch als deren Vorläufer zu gelten haben *(The woman in white* 1860).

S. 127: »das Maulbeerbaumspiel« – ein Kinderspiel, bei dem zu einer Art Ringelreigen ein Liedchen (= ditty) gesungen wird, das so beginnt: »Here we go round the mulberrybush« (= hier tanzen wir um den Maulbeerbaum), und in dem anschließend jedes Kind einen eigenen Vers singt, etwa der Art »... und putz' mir so die Zähne« oder »... und wasch' mir so die Hände« usw. Wie das Spiel zu seinem Namen gekommen ist, ist unbekannt. Zu vermuten ist ein letztes Echo eines nicht mehr erkennbaren Fruchtbarkeitsritus.

»... und keiner tut je einem anderen weh. ›Zärtlicher Liebhaber ... und er wird Blue sein.‹ Und nachdem er dieses bemerkenswerte Zitat von Keats mit einigem Gefühl vorgetragen hatte ...« – GKC tat gut daran, Father Brown die Zeilen wenigstens mit einigem Gefühl vortragen zu lassen, da sich andernfalls Keats vermutlich im Grabe heulend aufgerichtet hätte. Selten hat sich GKC dermaßen große Freiheiten mit einem klassischen Text genommen. Hier zunächst die Passage in GKCs Originalversion: »... and never hurting each other. ›Fond lover, never, never, wilt thou kiss – or kill.‹ Happy, happy Mr. Red!

›He cannot change; though thou hast not thy bliss,

For ever wilt thou jump; and he be Blue.‹

Reciting this remarkable quotation from Keats, with some emotion, ...«

Father Brown hat hier drei der vier letzten Verse aus der 2. Strophe der 41. Ode von Keats recht frei den Bedürfnissen jener Stunde an der Pier und seiner Geschichte angepaßt. Keats Strophe lautet:

Heard melodies are sweet, but those unheard

Are sweeter; therefore, ye soft pipes, play on;

Not to the sensual ear, but, more endear'd,

Pipe to the spirit ditties of no tone:

Fair youth, beneath the trees, thou canst not leave
Thy song, nor ever can those trees be bare;
Bold Lover, never, never canst thou kiss,
Though winning near the goal – yet, do not grieve;
She cannot fade, though thou hast not thy bliss,
For ever wilt thou love, and she be fair!
(Etwa: Gehörte Melodien sind süß, doch süßer noch sind die ungehörten; darum, ihr süßen Flöten, spielt weiter; Nicht für das sinnliche Ohr, sondern, noch gewinnender, spielt für den Geist Liedchen, die tonlos sind: Schöner Jüngling unter den Bäumen, du kannst mit deinem Gesang nicht aufhören, wie jene Bäume niemals kahl sein können; *Kühner Liebhaber, niemals, niemals kannst du küssen,* obwohl du fast den Preis gewannest – doch gräme dich nicht; *Sie kann nicht schwinden, und obwohl du dein Glück nicht hast, Wirst du auf ewig lieben, und sie wird schön sein!*)

Der Titel dieser fünfstrophigen Ode lautet »Ode on a Grecian Urn« (Ode auf eine griechische Urne); der bewußt antikisierenden Sprache der Ode entspricht auch der Titel: Heute würde er lauten »Ode to a Greek Urn«, da im Gebrauch der Präposition ein leichter Wandel eingetreten ist und da das Adjektiv »Grecian« bereits um die Jahrhundertwende in diesem Sinne nicht mehr gebräuchlich war; heute wird Grecian noch gebraucht etwa in Grecian architecture = (klassische) griechische Architektur, Grecian profile = klassisches Profil, Grecian gift = Danaergeschenk; auf sehr gehobener Stilebene für Grieche oder Griechin, aber auch für Hellenist und für Gräzist.

Die »ditties« (= Liedchen) der 4. Zeile in der 2. Strophe verweisen auf die »ditties« beim Maulbeerbaumspiel (siehe Anmerkung S. 277).

John Keats (1795–1821) gilt als einer der bedeutendsten Lyriker der englischen Romantik; seine starke Sinnlichkeit führte ihn schon früh auf den Weg in die antike Mythenwelt, die er nachzuerleben und neuzugestalten wußte: Verserzählungen *(Endymion* 1818, *Hyperion* 1819) und in einigen seiner bedeutendsten Oden wie »Ode on a Grecian Urn« (1820), die zugleich aber auch von einer geradezu fieberhaften Sinnlichkeit durchglüht sind.

Lehrmeister von Keats wie den übrigen englischen Romantikern auf dem Weg zurück in die Antike war John Lemprière (1765?–1824) mit seinem *Classical Dictionary of Proper Names mentioned in Ancient Authors* (Klassisches Wörterbuch von Eigennamen, die bei antiken Autoren erwähnt werden). Die »Ode auf eine griechische Urne« (oder »… an …«?) gilt als der bedeutendste Beweis für die Beeinflussung der englischen Romantik durch Lemprière: Colvin berichtet in seiner Keats-Biographie, daß der Lyriker das Wörterbuch auswendig gekannt habe; die Ode gilt als poetische Umsetzung des Wörterbuchartikels zum Stichwort »HYACINTHIA, eine jährliche Feier zu Amyclae in Lakonien zu Ehren von Hyazinth und Apollo. Sie dauerte drei Tage, während welcher Zeit die Trauer des Volkes wegen des Todes von Hyazinth so groß war,

278

daß sie während des Festes ihr Haar nicht mit Girlanden schmückten und kein Brot aßen, sondern nur Süßigkeiten. Sie sangen nicht einmal Päane zu Ehren Apollos oder beachteten irgendeine sonstige Feierlichkeit, die bei anderen Opferfeiern üblich waren. Am zweiten Tag gab es unterschiedliche Vorführungen. Jugendliche, die sich ihre Kleidung umgürteten, unterhielten die Zuschauer mit Spielen auf der Flöte oder auf der Harfe oder sangen mit lauten widerhallenden Stimmen anapästische Gesänge zu Ehren Apolls. Andere ritten auf reich aufgezäumten Pferden durchs Theater, und gleichzeitig kamen Chöre junger Männer auf die Bühne und sangen ihre unkeuschen ländlichen Lieder, und sie wurden begleitet von Personen, die zu Vokal- und Instrumentalmusik entsprechend den alten Bräuchen tanzten. Einige Jungfrauen wurden auf hölzernen Wagen vorgeführt, die oben bedeckt und herrlich geschmückt waren. Andere erschienen in Rennwagen. Danach begann die Stadt sich mit Freuden zu füllen und ungeheure Mengen von Menschen wurden auf den Altären Apolls geopfert, und die Opfernden unterhielten großzügig ihre Freunde und Sklaven. Während des letzten Teils der Festlichkeiten waren alle begierig, bei den Spielen anwesend zu sein, so daß die Stadt praktisch menschenleer zurückblieb.

HYACINTHUS, ein Sohn von Amyclas und Diomede, wurde von Apollo wie von Zephyr heiß geliebt. Er erwiderte die Liebe Apolls, und Zephyr, ob der Kälte und Gleichgültigkeit ihm gegenüber entflammt, beschloß, seinen Rivalen zu strafen. Als Apollo, dem die Erziehung des Hyazinth anvertraut war, einst mit seinem Schüler mit der Wurfscheibe spielte, blies Zephyr die Scheibe, sobald sie von Apoll geschleudert war, auf das Haupt des Hyazinth, so daß sie ihn tötete. Apollo war über den Tod des Hyazinth so untröstlich, daß er dessen Blut in eine Blume verwandelte, die seinen Namen trägt, und seinen Körper unter die Sterne versetzte. Die Spartaner richteten jährliche Feste zu Ehren des Neffen ihres Königs ein.«

Heute leitet man den Namen aus dem indogermanischen *suo-gen-t-os = selbstgezeugt ab und sieht in ihm einen vorgriechischen Vegetationsgott. Er wurde vor allem in den dorischen Gebieten verehrt und war der Heros von Amyklai bei Sparta; dort wurde er ursprünglich bärtig dargestellt; auf attischen Vasen taucht er später als schöner Schwanenritter auf; die Eifersucht des Zephyr (= Westwind) scheint eine späte alexandrinische Zugabe zu sein. In dem ganzen Mythos scheint sich ein weiteres Stück der Unterjochung vorgriechischer Bevölkerungen mit ihren Kulten durch die neu einwandernden Griechen zu spiegeln, welche die alten Kulte als unterjochte Niedersysteme in ihr Pantheon aufnahmen (wie später das frühe Christentum oftmals heidnische Gestalten und Feste).

Die klassische Darstellung lieferte Ovid in seinen Metamorphosen, Buch X, Vers 162–219. Dort wird auch geschildert, daß Apollo der Blume, die den Namen des Geliebten trug, sein »Wehe« (griechisch Ai Ai) auf die Blätter schrieb. Deshalb neigt man dazu, in dieser »Hyazinthe« eher eine Gladiole oder eine

Iris- oder Delphinium-Art zu sehen, da die Zeichnung auf deren Blütenblätter eher einem »Ai Ai« entspricht.

Ob sich GKC selbst durch die Metamorphosen direkt, oder durch Lemprières Wörterbuchartikel, oder aber durch Keats' Ode (oder ursprünglich gar durch das Maulbeerbaumspiel) zu seiner Geschichte hat anregen lassen, muß offenbleiben.

DAS VERBRECHEN DES KOMMUNISTEN
The Crime of the Communist

S. 131: »Master von Mandeville College« – der Master eines Colleges entspricht in gewisser Weise einem deutschen Rektor, doch würde der »Rektor« die Alliteration mit Mandeville College zerstören, die GKC immer wieder lustvoll wiederholt.

»Rigor mortis« – lat. = Totenstarre.

S. 132: »von Sir John Mandeville gegründet ... zur Förderung des Erzählens von Geschichten« – also ist wohl eindeutig jene rätselhafte Gestalt des Mittelalters gemeint, die unter dem Namen Sir John Mandeville ein bedeutendes und wichtiges Buch *Voyage d'Outremer* (Reise nach Übersee: das ist in die heiligen Lande Ägypten, Palästina usw., aber auch noch weiter nach Indien und Asien) schrieb. Von ihm ist mit Sicherheit nur bekannt, daß er so nicht hieß, das Buch vermutlich in Lüttich schrieb und die beschriebenen Reisen nie selbst unternommen hat; es dürfte gegen 1350 fertig gewesen sein und besteht im Wesentlichen aus einer hochintelligenten Kompilation aus allen damals bekannten wichtigen Reisewerken wirklicher Reisender. Wahrlich der geeignete Gründer eines Colleges, dessen Portweintrinkrunde zur Förderung des Geschichtenerzählens gedacht ist! (Vgl. auch *Die Schauspielerin und das Alibi*, Band IV, S. 91 ff.)

»Coriolan ... Tarquinius Superbus« – *Cnaeus Marcius Coriolanus*, eine in der 2. Hälfte des 4. Jahrhunderts vor Christus entstandene Sagengestalt, von der nicht nachzuweisen ist, ob sie sich auf einen historischen Grund berufen kann, und wenn ja, auf welchen; oder ob sie eben reine Legendengestalt ist. Nach der politisch sehr bedeutsamen Legende eroberte er 493 als (Pseudo) Patrizier und (falscher) Konsul im Kampf gegen die Volsker (aus dem Namen der Volsker entstand – wie hier völlig fehl am Platz angemerkt sei – der Name »Welscher« zunächst für alle jeweils südlichen Nachbarn, dann spezieller für alle romanischen bzw. romanisierten – vorwiegend keltischen – Nachbarn: Wales und Waliser, Welsche, Walachen, Wallis usw., auf die sich auch Ortsnamen à la Walcheren, Walchensee, Welschendorf usw. beziehen) deren Stadt Corioli. 491 geriet er als Vorkämpfer des Patriziats mit der Plebs in Streit und wurde aus Rom verbannt, kämpfte 489 und 488 an der Spitze des Volskerheeres gegen Rom, gab aber auf Bitten einer Frauengesandtschaft unter Führung seiner Mutter Veturia und seiner Frau Volumnia alle Erfolge auf, zog

weiter ins Exil und wurde dann von seinem volskischen Gastfreund Attius
Tullus ermordet. *Lucius Tarquinius Superbus,* angeblich der letzte römische
König im 5. Jahrhundert vor Christus, aus altetruskischem Geschlecht; ihm
wurden Usurpation des Throns durch Mord an Servius Tullius, Gewalttaten
und Volksfeindlichkeit angedichtet, um die Abschaffung der Monarchie zu
rechtfertigen und die Errichtung der Republik zu legitimieren.

S. 133: »Guy Fawkes« – der Hauptattentäter der gescheiterten Schießpulververschwörung von 1605 (siehe vorstehend Anmerkung zu S. 27: auf S. 272).

S. 134: »William Morris« – der englische Dichter, Maler, Kunsthandwerker,
Designer und Sozialpolitiker (1834–1896) bevorzugte in Malerei und Dichtung mittelalterliche Themen; ließ in der von ihm 1861 gegründeten Firma
Tapeten, Stickereien, Möbel und farbige Glasfenster herstellen; war als Weg-
bereiter moderner Formgebung von großer Bedeutung für die Entwicklung
von Kunsthandwerk und Buchkunst in die Formen des Jugendstils; seine Geg-
nerschaft zu industrieller Massenfertigung führte ihn sehr bald auch in die
Gebiete der Sozialpolitik und Sozialreform im Rahmen des Fabianismus.

S. 135: »die Geeignetsten überleben« – Darwins Formulierung vom »survival
of the fittest«.

S. 136: »Baptisten ... Methodisten ... Anabaptisten ... Theosophisten ...
Thugs« – die *Baptisten* entstanden im 17. Jahrhundert in England und stellen
heute die größte evangelische Freikirche dar; sie taufen nur Erwachsene, die
sich bewußt in Buße und Glauben zu Christus bekennen, und lehnen jedes
staatskirchliche Regiment ab. Die *Methodisten* entstanden im 18. Jahrhundert
in England durch die Brüder John und Charles Wesley als aus der anglikanischen Kirche hervorgegangene Erweckungsbewegung, die in England tief-
greifenden Einfluß auf das gesamte nationale Leben, vor allem aber auf die
Arbeiterschaft gewann; die in zahlreiche Gruppen aufgesplitterten wesley-
anischen M. vereinigten sich 1932 in einer Kirche; in den USA schlossen sie
sich auf Rat der Wesleys schon bald nach dem »Unabhängigkeitskrieg« zu
einer selbständigen Kirche mit bischöflicher Verfassung zusammen; entstandene Spaltungen wurden durch die Union von 1939 beseitigt. Die *Anabaptisten*
oder Wiedertäufer sind reformatorische Gruppen, die die innere Erneuerung
allein aus dem Geist und dem Wort der Schrift suchen und weder die Lehre
Luthers noch die Calvins noch die Zwinglis anerkennen und sich selbst »Täu-
fer« nennen; sie bilden ihre Gemeinden aus bewußt Freiwilligen, lehnen daher die Kindertaufe ab und bestehen auf der Erwachsenentaufe; in den Nie-
derlanden, der Schweiz, in Nord- und Südamerika existieren noch kleine
Gruppen. Als *Theosophisten* (= Weisheit von Gott) bezeichnen sich Anhänger
des Versuchs, die Welt in pantheistischem Sinn als Entwicklung Gottes zu begreifen und in meist mystischer Schau zu erfassen; theosophisch zumindest
eingefärbt sind die Lehren der Neupythagoreer, der hermetischen Literaturen, der Gnosis, der Kabbala und der gnostisch-mystischen Richtungen des

17. und 18. Jahrhunderts (Böhme, Swedenborg usw. mit Nachwirkungen bis hin zu Hegel und Schelling und den russischen Philosophen wie N. A. Berdjajew, S. N. Bulgakow und W. Solowjow). Als *Thugs* schließlich bezeichnet man eine in Indien vom 12. bis ins 19. Jahrhundert blühende Berufsmörderkaste, die ihre Opfer meist mit einer Schlinge von hinten erdrosselte und die blutdürstige Göttin Kali verehrte (nicht unähnlich den schiitischen Assassinen des »Alten vom Berge«).

S. 137: »im altrömischen Sinn« – im alten Rom lasen die Auguren nach etruskischem Vorbild aus dem Flug bestimmter Vögel die Bestimmung der Zukunft durch die Götter ab.

»finesse« – frz. = Feinheit, Zartheit, Fingerspitzengefühl usw.

»Kameradschaftlichkeit … Hölle« – GKC bedient sich hier eines unübersetzbaren Wortspiels: »Fellowship is heaven; and lack of fellowship is hell« wird in dem Sinne verwendet, wie es die Übersetzung wiedergibt; wenige Zeilen weiter heißt es im Original: »A Fellowship is heaven; and lack of a Fellowship is hell« – hier wird der Begriff *Fellowship* (unterstrichen durch den unbestimmten Artikel und die im Englischen unübliche Großschreibung, derer sich GKC in diesem 5. Band ungewöhnlich häufig bedient) in dem Sinne: Inhaberschaft eines Lehrstuhls verwendet.

»Dozenten als Demokraten« – im Original »Dons as Democrats«: siehe nachstehend die Anmerkung zu S. 147.

S. 140: »Cricketspieler … nicht cricketgemäß« – im Original »cricketer … not cricket«: hier wird »cricketgemäß« in dem Sinne verwendet, daß ein bestimmtes Verhalten nicht den Regeln des Cricketspieles und damit auch nicht den von der englischen Selbststilisierung so hochgelobten Regeln des Fair play entspricht, also nicht als gesellschaftsfähig angesehen bzw. hingenommen werden kann.

S. 147: »Dozenten und Doktoren« – im Original »dons and doctors«: Der Begriff des Don (spanischer Höflichkeitstitel in Verbindung mit dem Vornamen bzw. Bezeichnung eines Granden, eines Edelmanns) wird an den britischen Hochschulen als Bezeichnung für Hochschullehrer allgemein verwendet, vor allem aber in Oxbridge (übliche Zusammenziehung der Namen der beiden ältesten Universitäten Englands – Oxford und Cambridge – oder Ochsenfurt und Brücke über den Fluß Cam). Hier schien der Dozent diese Bedeutung ausreichend zu signalisieren und erlaubte zugleich, die Alliteration beizubehalten.

S. 150: »kosmopolitischer Jude« – hier wird wieder deutlich, wie unbekümmert GKC mit historischen Fakten hantierte, sogar mit von ihm selbst erfundenen: Zu Anfang dieser Geschichte (siehe S. 130) war der Mann noch »ein deutscher Graf von immensem Reichtum, dessen Name in seinem kürzesten Teil von Zimmern lautete« – deutsche Juden konnten zwar in den Adelsstand erhoben werden, etwa als Freiherr oder Baron, niemals jedoch in den des Grafen mit einem vielteiligen Geschlechternamen.

DIE SPITZE EINER NADEL
The Point of a Pin

S. 153: »aufgeweckt zu werden« – im Original »should be awakened«: eine Verbform, die vor allem auch für die Auferweckung der Toten zum Jüngsten Gericht sowie für spirituelle Erweckung verwendet wird.

S. 164: »Maria, der Königin von Schottland« – die auch als Mary Queen of the Scots (= der Schotten) bezeichnet wird: in der deutschen Literatur bekannter als Maria Stuart.

S. 166: »Ries Papier« – Maß von 1000 Stück (Papierbogen, der Bogen wird normalerweise zu 4 Blatt DIN A4 = 16 Buchseiten gerechnet).

S. 168: »Hiawatha« – ein halblegendärer Häuptling der Onondaga-Indianer, der um 1450 gelebt zu haben scheint und dem die indianische Tradition nicht nur alle Eigenschaften eines Kulturheros beilegt (Verkörperung von menschlichem Fortschritt und menschlicher Zivilisation, der sein Volk die Künste der Landwirtschaft, der Schiffahrt, der Medizin und der Künste lehrte), sondern auch die Gründung des »Bundes der 6 Nationen« (bekannter als Irokesenbund) zuschreibt. Sein Name bedeutet etwa »Der die Flüsse schafft«.

S. 169: »Bothwell« – James Hepburn, 4. Earl of B. (ca. 1536–1578), schottischer Adliger, der nach der Thronbesteigung Maria Stuarts zu einem der mächtigsten Männer Schottlands aufstieg; soll Geliebter der Königin gewesen sein, gilt als Mörder ihres zweiten Mannes, wurde noch im Mordjahr 1567 ihr dritter, aber durch den Widerstand des Adels zur Flucht nach Norwegen gezwungen, während Maria in Gefangenschaft geriet; starb in dänischem Gewahrsam. Der zweite Mann der Königin war Henry Stuart, Lord Darnley, Earl of Ross, Duke of Albany (1545–1567), aus einer Seitenlinie des schottischen Königshauses; fiel bei der Königin 1566 in Ungnade, da er ihren Sekretär Riccio, der angeblich auch ihr Geliebter gewesen sein soll, ermordete; er hatte sie 1565 geheiratet und ist der Vater ihres Sohnes, des nachmaligen Königs Jakob I. Ihr erster Mann war König Franz II. von Frankreich gewesen. Ein Jahr nach dessen Tod 1560 kehrte sie nach Schottland zurück.

S. 178: »Stroboskop« – mit Schlitzen versehener zylindrischer Behälter, in dessen Innerem sich auf einer koaxialen Fläche eine Folge von Bildern befindet, die bei gegenläufiger Drehung von Behälter und Fläche durch die Schlitze einen Bewegungsablauf zu zeigen scheint; einer der Vorläufer des Films.

»spitze Pointe der Nadel …« – wieder eines der unübersetzbaren Wortspiele GKCs: »the point« ist einmal die Spitze, etwa einer Nadel (of a pin), zum anderen aber auch die Pointe.

S. 179: »Coppées Gedicht« – François Coppée (1842–1908), frz. Dichter, gehörte zum Parnaß; nach seiner Gedichtsammlung *Les Intimités* 1868 wurden die Beschreiber und Bedichter des Kleinbürgertums die Intimisten genannt.

DAS UNLÖSBARE PROBLEM
The Insoluble Problem

S. 183: »Märtyrerin Dorothea« – der Name bedeutet »Gottesgeschenk«; der Legende nach wies sie eine Bewerbung des heidnischen Präfekten Fabricius in Caesarea ab und erlitt daher unter Diokletian das Martyrium: gesotten, geschlagen, mit Fackeln verbrannt und enthauptet; dem sie verspottenden Gerichtsschreiber Theophilus (= Der Gott liebt) bringt während der Hinrichtung ein Knabe trotz der Winterszeit in einem Körbchen die ihm versprochenen Äpfel und Rosen ihres himmlischen Bräutigams aus dem Paradies (wie man sehen wird, läßt GKC auch hier Father Brown sich großzügig über die kleineren Details der Heiligenlegende hinwegsetzen).

»hagiographische Bedeutung« – die Hagiographie ist die Darstellung von Heiligenleben.

»Autofahrt den größeren Teil des Tages« – bei 65 Meilen Distanz deutet diese Einzelheit sowohl auf die Frühzeit des Automobilismus wie auch auf den Zustand der englischen Überlandstraßen hin.

S. 185: »*déclassé*« – frz. = herabgekommener Mensch, der unter die Standards seiner gesellschaftlichen Klasse gesunken ist.

S. 192: »mit Steinplatten belegter Pfad ... verrücktes Pflaster ... altes englisches Adjektiv« = das Adjektiv ist »crazy«, zum mittelenglischen Verb »craze« = in Stücke zerschlagen usw. (vgl. schwedisch »krasa« = Knistern, Krachen, Splittern: »slå i kras« = in Stücke zerschlagen; vgl. auch engl. »to crash«, davon frz. »écraser« = zermalmen usf.); nach und nach bekam das Adjektiv die Bedeutung »verrückt«, auch im Sinne von ver-rückt: daher »crazy pavement« etwa Mosaikpflaster o. ä. Wiederum ist GKCs Wortspielerei nur durch eine Art kommentierender Übersetzung annähernd zu retten, muß aber wegen der Gedankenführung gerettet werden.

S. 194: »Geheimer Ort ...« – im Original »A secret spot, as savage and enchanted as e'er beneath a waning moon was haunted by woman wailing for her demon lover«, geformt nach der 14. bis 16. Zeile in Samuel Taylor Coleridges (1772–1834) Traumgedichtfragment »Kubla Khan« (1798): »A savage place! as holy and enchanted As e'er beneath a waning moon was haunted By woman wailing for her demon lover!« (oder nicht geformt, und nur eine der üblichen Nachlässigkeiten?). Coleridge ist zu seiner Traumdichtung durch die folgende Passage in »Purchase his Pilgrimage« von 1626 angeregt worden: »In Xamdu did Cublai Can build a stately Palace, encompassing sixteen miles of plaine ground with a wall, wherein are fertile Meddowes, pleasant Springs, delightful Streames, and all sorts of beasts of chase and game, and in the middest thereof a sumptuous house of pleasure« (und in der Mitten ein üppiges Haus der Freuden). Lord Byron wählte die Zeile »And woman wailing for her Demon Lover« als Motto seines 1823 veröffentlichten »Heaven and Earth«. (Hier ließe sich fragen, ob möglicherweise Coleridges Dichtung GKC zu seiner

284

Geschichte angeregt hat, die sich so deutlich an Kubla Khans Xanadu orientiert).

S. 198: »Hochzeit zu Kana« – bei der Jesus Wasser in Wein verwandelte und damit die schönste Widerlegung der finsteren Philosophie des blinden Jorge von Burgos lieferte, Gott lache nicht.

S. 200: »*Wahrhafter Bericht über Prozeß und Hinrichtung von My Lord Stafford ...* – Jesuitenverschwörung ... Sir Edmund Berry Godfrey« – Die Adelsfamilie der *Stafford* wurde von dem normannischen Adligen Robert aus dem Haus der Tosny (oder Toeni), den Fahnenträgern des normannischen Herzogtums, begründet, der seinen Sitz auf Stafford Castle nahm, von wo seine Familie ihren Namen bekam; 1351 wurde das Earldom of Stafford geschaffen. Das Haus erlosch 1521, wurde aber 1640 neu begründet durch Erhebung von Sir William Howard, Sohn von Thomas Howard, dem Earl of Arundel and Surrey, zunächst zum Baron und zwei Monate später zum Viscount Stafford (er war mit Mary, der Schwester und Erbin von Henry, dem 5. Baron Stafford, verheiratet). My Lord Stafford wurde von Titus Oates der Teilnahme an der Jesuitenverschwörung bezichtigt, für schuldig befunden und 1680 hingerichtet. Er wurde später rehabilitiert, seine Familie in alle Titel wieder eingesetzt, das Earldom erlosch endgültig 1762, doch die Baronie besteht weiter fort (getragen vom Haus Jerningham). *Titus Oates* (1649–1705) war der Sohn eines anabaptistischen Predigers, wurde selbst anglikanischer Geistlicher, bald notorisch als Verleumder, dennoch als Kaplan der Kriegsmarine eingestellt; wegen schlechter Führung in Unehren entlassen, bot er sich dem halb wahnsinnigen Dr. Israel Tonge an, einem redlichen Mann, der besessen war von der Vorstellung, es gebe eine jesuitische Verschwörung gegen anglikanische Kirche und anglikanischen Thron. Oates schmiedete mit Tonge ein Komplott, wonach er als angeblicher Konvertit in die katholische Kirche (in die ihn ein Apostat namens Berry aufnahm) und noch im gleichen Jahr in das Jesuitenkolleg zu Valladolid als Bruder Ambros eintrat, doch wurde er nach kurzer Zeit ausgestoßen. Im Dezember 1677 wurde er im Kolleg zu St. Omer erneut aufgenommen, aber wegen seines skandalösen Benehmens 1678 endgültig ausgestoßen. Im Juni 1678 kehrte er zu Tonge zurück, überzeugte ihn mit einem Konkokt aus Erfundenem oder falsch ausgelegtem Wahrem von einer *Jesuitenverschwörung* mit dem Ziel, König Charles II. zu ermorden. Die Information wurde dem König zugespielt, der Oates selbst vernahm, aber das Lügengespinst durchschaute und sich lediglich amüsiert zeigte. Daraufhin legte Oates vor dem Friedensrichter Sir *Edmund Berry Godfrey* eine eidesstattliche Erklärung ab und unterbreitete weitere gefälschte Briefe. Unglückliche Zwischenfälle verhinderten einerseits eine gründliche Aufklärung und verliehen andererseits Oates kurzfristig Glaubwürdigkeit, vor allem die nie aufgeklärte Ermordung des Friedensrichters. Gegen den Willen des Königs zog das Parlament die Angelegenheit an sich; es kam zu einer Reihe von Hinrichtungen angeblicher Verschwörer und zu zahlreichen Morden an Katholiken. Damit erstarb die Aufregung, und Oates verschwand in der Versenkung, erhielt aber eine auskömmliche Staatspension. Kurz vor dem Tode Charles II. brachte James Herzog von York, den Oates in die angebliche Verschwörung verwickelt hatte, eine Zivilklage gegen Oates durch, der 1685 gleich nach der Thronbesteigung Jakob II. zu 100000 Pfund Strafe verurteilt wurde. Da er sie nicht bezahlen konnte, wurde er in Haft genommen und zu schwerer Prügel verurteilt, von der man annahm, sie werde ihn töten, doch überlebte er 3½ Jahre im Gefängnis. Nach der Flucht Jakob II. und während der neuerlichen Aufregung des Volkes gegen die Katholiken brachte Oates eine Klage vor dem House of Lords ein, daß er fälschlich verurteilt worden sei: Zwar erkannte das House darauf, daß der Spruch gegen ihn ungerecht gewesen sei, kassierte ihn aber nicht. Daraufhin klagte Oates vor dem House of Commons, das durch Gesetz das Urteil kassierte. Die rechtlich nicht mehr lösbare Angelegenheit wurde durch einen königlichen Gnadenakt beigelegt, und Oates erhielt eine königliche Pension von 300 Pfund auf Lebenszeit. Die verbrachte er in Zurückgezogenheit, ununterbrochen mit dem Aushecken neuer Intrigen beschäftigt. 1696 widmete er William III. eine wüste Schmähschrift gegen James II. unter dem Titel »Eikon Basilike« (= das Bild des Königs), wurde 1698 Prediger der Baptisten, aber bereits 1701 wegen eines Finanzskandals aus der Sekte ausgeschlossen. Er starb eines natürlichen Todes.

S. 201: »nach der Segnung« – im Original »at the end of Benediction«: der Schlußsegen in der katholischen Messe.

DER DORFVAMPIR
The Vampyre of the Village

S. 205: »The Grange« – etwa: der Landsitz, das Landhaus.

»mieses kleines Kaff« – im Original »a wretched little hamlet«.

S. 206: »die Totenschau« – im angelsächsischen Recht gibt es das Rechtsinstitut des Inquests, bei dem vor einem entsprechend befugten Beamten oder ehrenamtlichen Richter im Falle eines unnatürlichen Todes die Polizei alle ermittelten Tatsachen vorzutragen hat, worauf der Vorsitzende des Inquests, gegebenenfalls unter Assistenz von Geschworenen, beschließt, ob es sich um einen Unfall oder um ein zu verfolgendes Verbrechen handelt.

»alte Jungfern ... am Spinnrad« – im Original »spinsters ... you saw them spin«.

S. 207: »Kirchenmann; Tory und Hochkirche ... Erzbischof Laud« – der »clergyman« des Originals bedeutet geistlicher Herr, Geistlicher, ordinierter Geistlicher: Um des deutlicheren Unterschiedes zum Priester Father Brown willen wurde der Ausdruck Kirchenmann belassen; ein *Tory* war ursprünglich ein Anhänger der konservativ-legitimistischen Partei, die für die Rechte Jakob I. ein-

286

trat (in Nordamerika während der Unabhängigkeitskriege ein Anhänger Englands bzw. der Krone, in Irland ein royalistischer Bandit), heute ist er ein Konservativer (mit Schwankungen bis zum Ultrakonservativen oder gar Reaktionär); die *Hochkirche* (High Church) ist jener Teil der anglikanischen Kirche, der Church of England, der die Meinung vertritt, der Autorität und den Forderungen von Episkopat und Priesterschaft sei ein hoher Rang einzuräumen, ebenso der errettenden Gnade der Sakramente und ganz allgemein all jenen Punkten der Doktrin, der Disziplin und des Rituals, durch die sich die anglikanische Kirche von den kalvinistischen und den protestantischen nonkonformistischen oder Freikirchen unterscheidet; im Gegensatz dazu räumt die *Niederkirche* oder Low Church all dem wenig oder gar keine Bedeutung ein und steht somit den protestantischen Freikirchen sehr viel näher; William *Laud* schließlich (1573–1645) war Hochkirchenmann, vertrat allerdings gegenüber der katholischen Kirche sehr gemäßigte Ansichten: sie sei zwar nicht die, wohl aber eine wahre Kirche; er setzte sich energisch für die Förderung orthodoxer und die Unterdrückung puritanischer Geistlicher ein, stand immer auf der Seite des jeweiligen Königs, wurde 1626 Bischof von Bath und Wells, 1628 Bischof von London und 1629 zusätzlich Kanzler der Universität Oxford; er gilt als einer der bedeutendsten Kanzler dieser Universität, die ihm durch seine Reformen immens viel zu verdanken hat: zahlreiche neue Lehrstühle (u.a. für Hebräisch und Arabisch), die Gründung der Oxford University Press, über 1300 Handschriften für die Bodleian-Bibliothek usw.; die Zahl der Studenten nahm unter ihm geradezu dramatisch zu; als nahezu allmächtiger Staatsmann – seit 1633 Erzbischof von Canterbury – ist er hingegen weniger zu rühmen, da er als Politiker die Weisheit vermissen ließ, die den Kanzler von Oxford in den Wissenschaften auszeichnete; da nach seiner Ansicht eine wahre Kirche ohne Bischöfe unmöglich ist und er versuchte, seine Ansichten vor allem auch in Schottland und Irland mit Staatsgewalt durchzusetzen, verursachte er immer wieder schwere innenpolitische Krisen; wo immer er an Gerichtsurteilen mitzuwirken hatte, zeichnete er sich durch exzeptionelle Grausamkeit aus; sein Extremismus brachte den König dazu, ihn 1640 nach und nach zu entmachten, im Dezember wurde er vom Langen Parlament einem Impeachment-Verfahren wegen Amtsmißbrauch unterworfen, in Haft gesetzt und wegen Hochverrats zum Tode verurteilt, wobei das Urteil eine reine politische Fiktion war; das Parlament setzte sich über einen Gnadenerlaß des Königs hinweg, der Laud mühsam wenigstens den Tod durch die Axt statt der üblichen brutalen Abschlachtung für Hochverrat verschaffen konnte; sein enger Materialismus gilt als die Ursache seines fatalen Einflusses auf die Politik und das Denken seiner Zeit.

S. 208: »fast schon an einen Wilderer grenzt« – eine bemerkenswerte Behauptung GKCs, da in Wirklichkeit ein Wilderer nicht der unterste in der Rangordnung ländlichen Ansehens ist, sondern einer der obersten unter den Unordentlichen.

»The Grove« – etwa: das Wäldchen, das Gehölz.

S. 209: »*prima facie*« – Begriff aus dem Latein der Juristen = nach dem ersten Anschein, hier also etwa: offensichtlicher, auf den ersten Blick erkennbarer Beweis.

S. 210: »Dunkle Dame, in der Art der Sonette« – gemeint ist die Dark Lady, der Shakespeare nach einer Vorankündigung in den Sonetten 40–42 die Sequenz der Sonette 127–152 widmete (vielerlei Anspielungen unserer Geschichte lassen die Vermutung aufkeimen, daß möglicherweise die Frage nach der Dark Lady der Sonette GKC den Gedanken zu dieser Geschichte eingegeben hat, die dann zugleich eine Art Ehrenrettung eben jener Dark Lady sein könnte).

S. 211: »*idée fixe*« – frz., etwa eine wahnhaft festgehaltene Idee.

S. 215: »Tubal ... Shylock ... Fortinbras ... Polonius« – Gestalten aus Shakespeares *Kaufmann aus Venedig* und *Hamlet, Prinz von Dänemark: Tubal* ist ein Freund und Berufskollege Shylocks, den er mit guten wie schlechten Nachrichten versorgt; über *Shylock* braucht hier nichts bemerkt zu werden; *Fortinbras* gibt es zweimal: den Älteren, der am Tage der Geburt Hamlets von Hamlets Vater erschlagen wird, und seinen Sohn, der immer wieder Heere sammelt, um in wilden Unternehmungen die verlorenen Ländereien seiner Familie zurückzugewinnen; *Polonius* schließlich ist der Oberste Kammerherr am dänischen Hof, Vater von Laertes und Ophelia und Produzent zahlreicher besonders erhabener Sentenzen.

S. 219: »*recherché*« – frz. = ausgewählt, erlesen usw.

S. 220: »Du wärst ein miserabler kleiner Hamlet« – auf dem Wortspiel *hamlet* = Weiler, Kaff (siehe vorstehend Anmerkung zu S. 205) und *Hamlet* = Prinz von Dänemark beruht dieser ganze Zug der Argumentation; ein Wortspiel, das im Deutschen nicht nachzuahmen und im Englischen nur durch den Unterschied zwischen Klein- und Großschreibung darzustellen ist: »You'd be a miserable little Hamlet«.

S. 222: »*post mortem*« – Begriff aus dem Latein der Juristen = nach dem Tode (vorzunehmende Untersuchung der Leiche = Autopsie).

S. 225: »Hochkirche ... Niederkirche ... Tory« – siehe vorstehend die Anmerkung zu S. 207.

S. 227: »Schauspieler Hankin« – zu diesem Namen siehe vorstehend die Anmerkung zu S. 71.

DIE DONNINGTON-AFFÄRE
The Donnington Affair

[*Vorbemerkung:* Der britische Schriftsteller Sir Max Pemberton hatte vor dem Ersten Weltkrieg den Einfall, Kriminalfälle zu erfinden und von den besten Autoren von Kriminal- und Detektivgeschichten der Zeit lösen zu lassen. 1914

288

erfand er den Plot der Donnington-Affäre und bat den damals bereits hochberühmten Father Brown bzw. GKC, den Fall zu lösen. Der erste Teil, der Plot also, erschien in der Oktober-Ausgabe 1914 des inzwischen völlig vergessenen Magazins ›The Premier‹, Father Browns Aufklärung in der November-Ausgabe. Sie wurde Anfang der 80er Jahre zufällig wiederentdeckt und in der seit 1974 in Saskatoon in Saskatchewan (Kanada) erscheinenden ›The Chesterton Review – A Newsletter of the G. K. Chesterton Society‹ veröffentlicht. Danach nahm Marie Smith sie in ihre Sammlung *G. K. Chesterton – Thirteen Detectives* (Xanadu Publications Ltd., 1987) auf, die danach 1989 in Penguin Books erschien (wonach hier übersetzt wurde). Diese bereits 1914 erschienene, danach aber in Vergessenheit geratene Geschichte stellt also sozusagen die 50. der Father-Brown-Geschichten dar, wenngleich sie in Wirklichkeit bereits in die Zeit von *Father Browns Weisheit* (also FB II) gehört. Sie wird hier erstmals im Rahmen einer Gesamtausgabe der Father-Brown-Geschichten vorgelegt und zugleich erstmals in deutscher Sprache.]

S. 231: »Sandhurst« – die britische Militärakademie.

S. 234: »Die Übeltat der Menschen überlebt sie« – »The evil that men do lives after them«: die 2. Zeile der Leichenrede des Marc Anton auf Caesar in Shakespeares *Julius Caesar,* III. Akt, 2. Szene.

S. 241: »Priesterkammer«, auch Priesterloch oder Priesterzimmer (priest's chamber, priest's hole, priest's room) – zur Zeit der Katholikenverfolgung schon unter Heinrich VIII., vor allem aber unter Cromwell, richteten katholische, aber auch andersgläubige Hausbesitzer Geheimkammern ein, in denen sich die verfolgten Priester vor ihren Häschern verstecken konnten – wobei die Retter die Gefahr liefen, im Falle einer Entdeckung das Schicksal ihrer Schützlinge zu teilen: den Tod.

»Albe und Kasel« – das weiße liturgische Untergewand und das Meßgewand eines katholischen Geistlichen.

S. 242: »der Squire« – englische Bezeichnung für einen Landedelmann.

S. 243: *»laudator temporis acti«* – lat. = Lobredner der Zeit der Treibjagden.

S. 244: »anständiger Kerl« – im Original »a white man«: US-Slang.

S. 245: »keine 30 Cents« – Judas verriet Jesus für 30 Silberlinge.

S. 250: »Familienname Shrike« – engl. = der Würger.

S. 263: »warum hat sie (die Polizei) dann nicht verhaftet?« – eine angesichts der Argumentation von FB unverständliche Frage; eine der Nachlässigkeiten GKCs in der Verknüpfung der unterschiedlichsten seiner Gedankenstränge?

S. 267: »Virginius« – zu keinem in den Nachschlagewerken einschließlich Lemprières Dictionary aufgeführten Virginius ist irgendeine Tötungstat dieser Art verzeichnet; wer die Antwort weiß, wird gebeten, sie mitzuteilen.

»Chichester« – dort befindet sich eine bekannte Irrenanstalt.

BIBLIOGRAPHISCHE SKIZZE

An Gilbert Keith Chesterstons Werk haben die als Buch konzipierten und geschriebenen Texte den geringsten Anteil. Von den 111 Buchtiteln, die im folgenden Abschnitt A der Bibliographie bis 1955 verzeichnet sind, stellen 40 Sammelbände von vorher in Zeitschriften erschienenen Arbeiten dar und 9 schlichte Nachdrucke umfangreicherer Zeitschriftenessays. Und von den 62 übrigen Einzeltiteln dürfte wiederum ein beträchtlicher Teil eher in die Kategorie Broschüre als in die Kategorie Buch fallen. Da vor allem in den frühen Jahren viele Arbeiten Chestertons in vielerlei Zeitschriften, die längst nicht mehr existieren, oftmals ungezeichnet erschienen, ist bis heute nicht einmal das gesamte von ihm stammende Material, das auf diese Weise veröffentlicht wurde, identifiziert; und erhebliche Teile seiner nachgelassenen Schriften sind bis heute nie veröffentlicht worden. So ist bisher weder eine verbindliche abschließende Übersicht über sein Gesamtwerk noch entsprechend eine umfassende Bibliographie möglich. Die bisher einzige Bibliographie hat 1958 John Sullivan vorgelegt (siehe nachstehend im Abschnitt E), aus der die nachfolgenden Angaben entnommen sind; 1968 veröffentlichte er ferner eine bibliographische Fortsetzung, die aber für diese Übersicht nicht eingesehen werden konnte. Sullivan gliedert seine Bibliographie (mit Index 208 Seiten) in die Abteilungen A–H, über die im folgenden so knapp wie möglich referiert wird:

A. Bücher und Broschüren von GKC

B. Bücher und Broschüren mit Beiträgen von GKC

C. Zeitungen und Zeitschriften, in denen GKC publizierte, woraus später Sammelbände wurden

D. Bücher und Zeitschriften mit Illustrationen von GKC

E. Bücher und Artikel über GKC

F. Sammelbände und Auswahlbände

G. Übersetzungen

H. Vermischtes

Hinzugefügt wird hier:

I. Vollständige Bibliographie englischer und deutscher Ausgaben von Werken GKCs in deutschsprachigen Verlagen.

Sullivan hat seiner Bibliographie einen Aufsatz von GKC vorangestellt:

ÜBER BÜCHER

Die einzige dem Verstand zugängliche menschliche Auseinandersetzung ist eine Nichtübereinstimmung über die Grundlagen einer Übereinstimmung. Unsere ganze Schwierigkeit bei den meisten modernen Auseinandersetzungen ist unser Versuch, eine Übereinstimmung auf der Grundlage einer Nichtübereinstimmung zu erzielen. Die alte Art der Übereinstimmung, die alte Art der Nichtübereinstimmung waren natürlich; sie waren wie die unbegrenzten Verzweigungen eines Baumes aus einem einzigen Samenkorn. Die moderne Übereinstimmung ist unnatürlich; sie ist eine Geisteskrankheit wie der Versuch eines Verrückten, die Gipfel aller Bäume zusammenzuschnüren. Und in all diesen modernen Auseinandersetzungen ist das grundlegende Übel immer das gleiche; es ist das Übel der Feigheit, und der schlimmste Teil der Feigheit ist, daß zwar der Tyrann nicht mit unausweichlicher Sicherheit ein Feigling sein muß, wohl aber der Feigling mit unausweichlicher Sicherheit ein Tyrann ist. Es gibt einen modernen vorgetäuschten Mut, der darin besteht: daß jeder den Mut habe, Paradoxa auszusprechen; hingegen ist die wahre moderne Feigheit die, daß niemand den Mut hat, alltägliche Wahrheiten auszusprechen. Folglich ist das Hauptübel aller modernen Diskussionen, daß man nicht wie Euklid mit den offenkundigen Dingen beginnt; Euklid ist auf den ersten vier oder fünf Seiten langweilig; und erst mit dem 3. Buch beginnt er, schwach brillant zu werden. Kurz, die charakteristische moderne Auseinandersetzung hat den Fehler, daß die an ihr Teilnehmenden nicht den Mut haben, langweilig zu sein, nicht den Mut haben, die Dinge festzustellen, die nur wenigen augenscheinlich sind. Nehmen wir einmal an, wir vermieden diesen modernen Irrtum; nehmen wir einmal an, wir stürzten uns in unergründliche Langeweile wie in unsere heimische Luft. Laßt uns mit alltäglichen Wahrheiten beginnen.

Es gibt zwei oder drei hauptsächliche Alltagswahrheiten über das Schreiben, das Kaufen und das Verkaufen von Büchern, die hier einmal völlig unverblümt festgehalten seien. Die erste Tatsache ist eine Tatsache, die jedes Kind sieht, wenn es aus seines Vaters Bücherregal ein Buch herabzieht und es voller Freuden in Fetzen zerreißt. Es sieht, daß ein Buch ein Ding ist, eine objektive Tatsache moderner Industrie, von einer bestimmten eindeutigen Beschaffenheit und einer bestimmten erkennbaren Form. Wenn wir alle im Himmelreich lebten, würden wir vermutlich eine Reihe moderner Bücher so sehen wie das Kind; und sie vermutlich ebenso in Fetzen zerreißen. Hierbei ist der erste klare Punkt der, daß das Kind, wenn es so ein Buch, einen Stuhl oder einen Schirmständer behandelt, zunächst und vor allem völlig recht hat. Ein

Buch ist zunächst einmal ein materieller marktfähiger Gegenstand wie ein Sessel. Ich halte viel von dem Mann, der ein Buch wirklich selbst schafft; ich halte sehr viel mehr von dem Mann, der einen Sessel wirklich selbst schafft. Ein Sessel ist nun zunächst und vor allem ein Ding, in dem ein Mensch sitzen kann; und ein Buch ist zunächst und vor allem ein Ding, das ein Mensch kauft, um zu lesen.

Der erste Irrtum dieser modernen Auseinandersetzung ist, daß in ihr unweigerlich die Frage der Bücher mit der Frage der Literatur verwechselt wird. Literatur ist eine gewisse Haltung oder Atmosphäre, wie Religion oder Philosophie; Bücher sind Dinge wie Schuhe. Und selbst wenn wir all jene Bücher, die Literatur zu sein vorgeben, auf eine Seite tun, bleibt doch die große Masse Bücher übrig, die keine Literatur sind und auch nicht vorgeben, Literatur zu sein. Ich spiele damit natürlich auf solche Dinge an wie Kochbücher, Kursbücher, Soziologenberichte, technische Handbücher, Wörterbücher, altmodische Enzyklopädien und so weiter.

Wenn wir daher die wirkliche Position von Verlegern und anderen Leuten dieser Art erwägen, ist es nur völlig gerechtfertigt, zu Beginn festzustellen, daß Verleger im allgemeinen und bestimmte Verleger im besonderen zu dem Behufe existieren, daß sie Bücher veröffentlichen, und zwar sehr viel mehr, als daß sie Literatur veröffentlichen; in manchen dieser Verlage kann Literatur Platz haben nur neben Grammatik, Geographie, Theologie, Kocherei, Fortschritt und hundert anderen langweiligen Dingen; und in manchen dieser Verlage ist Literatur selbst sozusagen ein Nebenprodukt.

Doch wollen wir jene große Masse von Büchern verlassen, die gar nicht vorgeben, Literatur zu sein; wollen wir zu jener beachtlichen Menge veröffentlichter Bücher kommen, über die die Gegner der Verleger normalerweise sprechen, jener beachtlichen Menge von Büchern, die als Literatur angesehen werden, aber keine Literatur sind oder allenfalls Eintags- oder schwache Literatur. In diesem Zusammenhang wird nun dem gewöhnlichen Händler mit Büchern Unrecht getan. Das Geschäft eines Verlegers besteht nicht darin, nur die unsterblichen Hervorbringungen seiner Zeit herauszubringen, vorausgesetzt, es gäbe sie überhaupt. Das Geschäft (das moralische Geschäft) eines Verlegers ist dem eines Redakteurs ziemlich ähnlich; es besteht darin, ein wirkliches Bild der Tätigkeiten und Tagesereignisse seiner Zeit hervorzubringen. Dem Verleger wird man in den bleibenden Geschichtsschlüssen keinen Vorwurf machen, weil er sich in der Frage irrte, welcher Mann ein bleibender sei; hingegen wird man ihm insofern Vorwürfe machen, wie er es versäumte, ein klares und ehrliches Bild seiner Zeit zu geben. Wenn in fernen Zeiten die Geschichte des modernen Journalismus geschrieben wird, werden unsere Redakteure in keinem einzigen wesentlichen Punkt dessen, was sie veröffentlicht haben, schuldig befunden werden; sie werden in allem, was sie veröffentlicht haben, für makellos befunden werden; wenn man sie aber schuldig finden wird, dann ausschließlich wegen all der Dinge, die sie nicht veröffentlicht haben. Man wird ihnen dafür Vorwürfe machen, daß sie ihre Autoren uns nicht haben berichten lassen, was auch die Antike uns nicht berichtet hat – die Dinge, die jene Zeit für selbstverständlich ansah. Es besteht also jene große Masse Bücher, die das gleiche Lebensrecht haben wie Zeitungen. Es ist, wie ich bereits angedeutet habe, ein schwerer Fehler, ein Interesse an Büchern mit dem Interesse an guter Literatur zu verwechseln.

Gute Literatur ist eine ganz andere Sache als Bücher. Und in einer Hinsicht sind Bücher sogar wichtiger als gute Literatur. Sie sind in eben jenem ernsthaften Sinne wichtiger als gute Literatur, in dem die Tageszeitung wichtiger ist als gute Literatur. In einem ganz ernsthaften Sinn ist es wichtiger, die Tageszeitung zu lesen, als Shakespeare zu lesen. Das ist wegen der sehr einfachen Wahrheit wichtiger, weil Bürger-Sein wichtiger sein muß als Kunst. Ein Mensch hat den sehr verständlichen Wunsch, mit dem lebhaften und unterschiedlichen Leben seiner Zeit verbunden zu sein (Geheimnistuerei ist in Wahrheit das moderne Übel); und deshalb ist, wie die Dinge nun einmal sind, einem Verleger kein Vorwurf daraus zu machen, daß er die Bücher des Augenblicks verlegt; im Gegenteil ist er hoch für die Herausgabe von Büchern zu preisen, die kunstlos oder in schlechter Kunst Wirkungen zeitigen; solche Bücher sind ein großes Unglück, aber sie sollten veröffentlicht werden wie die Pest oder eine Feuersbrunst. Das war das Wesen fast aller großen, für unsere moderne Zeit typischen Bücher. Sie haben wirklich die Dinge in die Krise geführt; sie haben wirklich eine Frage aufgeworfen. Doch hätte kein Künstler sie veröffentlicht; niemand außer einem Verleger würde sie veröffentlicht haben. Kein literarischer Künstler würde *The Heavenly Twins** veröffentlicht haben; doch inter-

---

* *The Heavenly Twins (Die himmlischen Zwillinge),* von Sarah Grand, Pseudonym von France Elizabeth Bellenden McFall, geb. Clarke (1854–1943), erschien 1893 und errang einen sensationellen Erfolg, der der Autorin den Ruf eintrug, »die neue Frau« zu sein; zahlreiche Vortragstourneen und 1922/29 das Amt der Bürgermeisterin von Bath als erster Frau in einer solchen Position. Ihr Buch griff die Doppelmoral der Ehe an, behandelte freizügig die Frage der Syphilis und attackierte aufs schärfste die Immoralität des Contagious Diseases Act (= Gesetz über ansteckende Krankheiten).

essierte es alle, da es der Ausdruck von etwas Speziellem und für unsere Zeit Typischem war. Frauenrechte waren nicht Literatur; sie waren nicht Politik; sie waren (trotz vieler ehrbarer Meinungen) weder Moralität noch Philosophie. Aber sie waren zwei höchst wichtige Dinge. Sie waren Journalismus, und sie waren Geschichte. Der Verleger wie der Redakteur sollten nicht entmutigt, sondern ermutigt werden, die kühneren und unterhaltsameren Äußerungen ihrer Zeit herauszubringen.

Wenn er beginnt, solchen Äußerungen zuzustimmen oder nicht zuzustimmen, dann ist er nur ein Pressezensor. Wenn er sie hingegen durchgehen läßt, ist er, was er sein sollte: wesentlich der Zeitungsredakteur; das ist wesentlich und einfach ein Mann, der Neuigkeiten bringt.

Und zuletzt wird nachdrücklich gegen den Verleger vorgebracht, daß er in seinem Verhältnis zur besten Literatur scheitere, jenem Ding, dem allein der Name Literatur wirklich zusteht. So sei es denn erneut gesagt: Es ist nicht das Geschäft des Verlegers, Literatur zu verlegen, sondern Bücher zu verlegen; und eine so große Masse Bücher ist zugegebenermaßen so un-literarisch, daß das Verlagswesen kaum mehr mit einem literarischen Organ gemein hat als das Postamt*. Wir haben nicht mehr wirkliches Recht zu erwarten, daß alle Bücher Literatur sind, wie wir auch nicht zu erwarten haben, daß alle Telegramme Literatur sind, denn das Verlagswesen ist wie das Postwesen zuallererst keine Kunst, sondern eine Weise der Gedankenübermittlung. Wenn etwas volkstümlich ist, wenn es wichtig ist, nämlich zu seiner Stunde und in seiner Zeit, dann ist das ein Grund, es zu veröffentlichen.

Übrig bleibt der Fall der wirklich guten Literatur. Nun hat unsterbliche Literatur niemals darauf abgehoben, geziemend entlohnt zu werden. Die 6 Groschen oder 6 Mark oder 60 Mark, die wir für eine Ausgabe Vergils oder Chaucers ausgeben, sollen ja keineswegs deren wahren Wert darstellen: Sie stellen sie ungefähr ebenso dar, wie die Frau, die wir lieben, durch den goldenen Ring dargestellt wird, den wir ihr schenken. Und diese billige Entlohnung für vollkommene Worte sollte als Hauptsicherung der Freiheit des Künstlers beibehalten werden, denn solange das Genie unterbezahlt ist, bleibt es das Bessere. Das Genie wird heutzutage gleichermaßen über- wie unterbezahlt.

---

* Im Deutschen wird dieser Gedanke noch deutlicher, wenn man bedenkt, daß das Wort »Verleger« ursprünglich keineswegs auf den Buchverleger beschränkt war und es auch heute noch nicht ist: Man denke nur an den Bierverleger.

Falls das Genie jemals angemessen bezahlt wird, bedeutet das, daß jemand das Genie beurteilt und begrenzt hat. Es ist besser, daß man *Paradise Lost** grob auf 200 Mark Wert schätzt, als daß jemand sich anmaßte zu erklären, es sei genau 6940 Mark wert, und es ist besser, daß ein Verleger seinen Marktpreis festsetzt, als daß irgendein Sohn Adams es wagte, seinen wirklichen Wert festzulegen. Wir können daher zusammenfassend sagen, daß die Stellung des Verlegers höchst unzureichend verstanden wird.

Das Geschäft des Bücher-Verkaufens ist seiner Natur nach der gefährlichste und spekulativste Geschäftszweig. Der Verleger ist zwar nicht (wie die Autoren behaupten) ein Räuber, aber er läuft ebenso viele Risiken wie ein Räuber, und die Autoren sind sehr unverständig, wenn sie ihm zunächst vorwerfen, er behandele die Seelen der Menschen wie ebenso viele Stücke Käse und danach, daß er daran erinnert, des Menschen Seele sei gefährlich und unberechenbar. Ein Mensch, der sein Geld in ein neues Buch steckt, gleicht dem Manne, der sein Geld in eine neue Religion steckt. Er wird sicherlich Fehler machen; er wird wahrscheinlich Sünden begehen; aber der anständige Schriftsteller wird vermutlich seine menschlichen Sünden keinesfalls gegen eine völlig fremde Beherrschung eintauschen.

(GKC in der ›Morning Post‹ vom 18. Oktober 1906)

Diese Überlegungen mögen jenen Literaturintellektuellen, die aus der Schule Johann Eberlins aus Günzburg stammen, zumindest als frivol, wenn nicht gar als zynisch erscheinen. Eberlin, ein ehemaliger Franziskaner und nachmaliger wirkmächtiger Mitstreiter des Reformators Luther im Wertheimischen (ca. 1468–1533), hat in deutschsprachigen Landen wohl als erster Kulturkritik als Medienkritik ausgegeben, indem er schrieb: »Sieh dir an, wie bedenkenlos sich die Drucker auf die Bücher stürzen, ohne darauf Rücksicht zu nehmen, ob eine Sache böse oder gut, geziemend oder ärgererregend sei. Sie nehmen Schandbücher, Buhlbücher, Spottlieder und was ihnen in die Hand kommt und gewinnbringend erscheint zum Drucke an – wodurch der Leser Geld geraubt, Sinn und Herz verwüstet und Zeit vergeudet wird.«

---

* *»Das verlorene Paradies«*, Epos von John Milton (1608–1674), erschien erstmals 1667, in der endgültigen zweiten Fassung 1674. Das Werk in Blankversen gilt als eine der mächtigsten und einflußreichsten Dichtungen der englischen Literatur (erst im 20. Jahrhundert gab es unter Führung von T. S. Eliot zeitweilig eine Ablehnung dieses Einflusses). *Paradise Lost* wirkte auch auf andere Sprachen und Literaturen (Klopstocks *Messias* steht z. B. unter seinem Einfluß).

Spätestens seither trennen Ideologen aller Arten das schreibende Volk in Dichter, die in hehren Züchten große Literatur hervorbringen im Dienste jeweils des Götzen, den die betrachtenden Ideologen anbeten (E-Literatur also), und in Schreiberlinge, die sich in billigen Freuden suhlen, dafür aber zur Strafe für ihren losen Lebenswandel und ihr lockeres Geschreibsel (= U-Literatur) sowie die Verführung mündiger Bürger zu ähnlichem Denken in den Pechkesseln der hochpriesterlichen Literaturkritik – die im Grunde eben das nicht, sondern eine verkappte Kulturkritik ist –, gesotten werden.

Ganz anders also sah das Chesterton, sieht das der angelsächsische Literaturbetrieb überhaupt. Mit geziemendem Respekt sei hier etwa auf das Beispiel des Theaterschreiberlings Shakespeare verwiesen, den viel mehr als die Erhabenheit seiner Kunst der schnöde Mammon, den sie ihm einzubringen hatte, interessierte. So dachte aber auch jener heute längst vergessene George Gissing, der 1891 in seinem Roman *New Grub Street – Zeilengeld* die trefflichen Sätze veröffentlichte: »Die Literatur ist heutzutage ein Gewerbe, und abgesehen von den Genies, die sich durch schiere kosmische Kraft durchbringen, ist der erfolgreiche Literat nur ein geschickter Händler. Er denkt zuerst und vor allem an den Markt: Wenn irgendeine Ware flau wird, kommt er gleich mit etwas Neuem und Appetitanregendem hervor.« Klingt GKCs Aufsatz »Über Bücher« nicht wie eine Fortführung und Vertiefung dieser Gissingschen Ansichten, die er dem Erscheinungsjahr zufolge durchaus gekannt haben kann? Der nachfolgende Überblick über GKCs Schaffen belegt, daß der Meister des englischen Essays zumindest so verfahren ist, als habe er Gissings Sätze zum Motto seines Schreibens gemacht.

Es ist aber auch dem Verdacht zu wehren, GKC sei naiv oder gar weltfremd gewesen, wozu manchen Leser zum Beispiel der Father-Brown-Geschichten voreiliges Beurteilen verführt hat. Naiv war GKC höchstens in dem Sinne, in dem die Güte des Herzens naiv ist. In FB I wird ab Seite 274 knapp skizziert, wie genau Chesterton sich in den Abgründen des menschlichen Lebens umgetan hatte, ehe er zu seiner optimistischen Grundhaltung fand. In seiner *Verteidigung des Unsinns, der Demut, des Schundromans und anderer mißachteter Dinge – The defendant* schrieb er hierzu: »Der Pessimist gilt gemeinhin als der Mensch der Revolte. Er ist es nicht. Zunächst, weil es zur Fortsetzung einer Revolte eines gewissen Maßes an Fröhlichkeit bedarf, sodann, weil der Pessimismus an die Schwäche aller Menschen appelliert und sein Geschäft deshalb ebenso floriert wie das des Schankwirtes. Wer wirklich revoltiert, ist der Optimist, der allgemein in dem verzweifelten und selbstmörderischen Versuch lebt und stirbt, all die anderen Menschen davon zu überzeugen, wie gut sie sind.« Wie treffend diese Bemerkungen sind, belegen die Geschichten aus den neuen deutschen Bundesländern und ihrem Leiden unter SED-Diktatur und Stasi-Terror ebenso wie die analogen Geschichten aus all den anderen unglücklichen Ländern, über denen kürzlich noch der Rote Stern dräute.

Auch weltfremd war GKC mitnichten, wenngleich die Zahl der (belegten) Anekdoten über seine Zerstreutheit Legion ist: Einst telegraphierte er seiner Frau, daß er sich da und da befinde, wo er denn sein solle? Frau Frances, die ihren Gilbert kannte, telegraphierte zurück: er solle heimkommen. Es erschien ihr leichter, ihn von da aus wieder in den richtigen Marsch zu versetzen, als ihn telegraphisch in noch tiefere Wirrnisse zu stürzen. So aber war er nur in belanglosen Alltagsfragen. In der Politik etwa vertrat er früh und unerschrocken eine Politik, die sich gegen allen großenglischen Chauvinismus stellte (man vergleiche nachstehend in der Abteilung C die Bemerkungen zur Zeitschrift ›Speaker‹) und sich immer wieder als klarsichtig und zutreffend erwies. Den Versailler Vertrag etwa kommentierte er so, daß »dieser Friede der Vater vieler Kriege« werden würde.

In einem Fragment über den Gesellschaftszustand um 1900 in Großbritannien schrieb er: »Es mag viele Leute sonderbar berühren, daß in einer Zeit, die in ihren intellektuellen Überzeugungen im ganzen so optimistisch ist wie die unsere, in einem Zeitalter, da nur eine kleine Minderheit nicht an einen sozialen Fortschritt und eine große Mehrheit an eine letzte soziale Vollendung glaubt« (was er heute wohl so nicht mehr schreiben würde), »unter zahlreichen jungen Menschen eine so müde und blasierte Stimmung herrscht. Schuld daran, meinen wir, ist nicht der Mangel eines letztgültigen Ideals, sondern der Mangel an irgendeiner unmittelbaren Möglichkeit, sich dafür einzusetzen: Es fehlt nicht an etwas, worauf man hoffen, sondern an etwas, was man tun könnte. Ein Menschenwesen ist nicht befriedigt und wird niemals befriedigt sein, wenn man ihm sagt, daß es ganz in Ordnung sei: Was es braucht, um es froh zu machen, ist nicht eine Vorhersage, was andere Leute in hundert Jahren sein werden, sondern eine neue und anspornende Bewährungsprobe und Aufgabe: diese werden es mit Sicherheit froh machen.« Welcher Sozialarbeiter in der Drogenszene und welcher Kenner der wirklichen Probleme der Arbeitslosigkeit würde ihm da nicht vollständig zustimmen?

Daß der Ironiker mit seiner Liebe zu funkelnden Paradoxa (»Nieder mit dem Kapitalismus – es lebe der König!«) viel Gelächter, aber wenig Verständnis auslöste, wird niemanden verwundern. Doch sollten seine Sarkasmen jeden davor warnen, GKC als naiv oder weltfremd abzutun: »Ich bedaure, außerstande zu sein, der neugierigen Öffentlichkeit als die wahre Ursache meiner tragischen Veranlagung einen finsteren, brutalen Vater vorzuführen oder eine blasse, halbvergiftete Mutter, deren selbstmörderische Instinkte mich mit dem Fluch der Versuchungen des künstlerischen Temperamentes beladen haben. Es tut mir leid, daß sich in unserer Ahnenreihe nichts Rassigeres findet als ein entfernter, einigermaßen unbemittelter Onkel, und daß ich einer Pflicht nicht genügen kann, die mir als modernem Menschen eigentlich obläge: jeden zu verfluchen, der mich zu dem gemacht hat, was ich bin. Zwar weiß ich nicht genau, *was* ich nun eigentlich bin, aber es scheint mir ziemlich sicher, daß das meiste davon auf meine eigenen Kosten geht.«

Es lohnt sich, in den Father-Brown-Geschichten mehr als nur unterhaltsame Detektivgeschichten zu sehen, vielmehr in ihnen einen goldenen Schlüssel zu erkennen, der Neugierigen die unerwartetsten Ausblicke und Einsichten aufschließen kann.

Abteilung A:
BÜCHER UND BROSCHÜREN VON GKC
IN CHRONOLOGISCHER REIHENFOLGE

Sammelbände werden durch einen vorgestellten ★ gekennzeichnet.

1900
1. *Greybeards at Play*, Literature and Art for old Gentlemen, Rhymes and Sketches. XII + 112 Seiten. R. Brimley Johnson, London
2. *The Wild Knight*, and other Poems. VIII + 156. (Einige der Gedichte sind aus ›Outlook‹ und ›Speaker‹ übernommen, die Mehrzahl ist jedoch in dieser Ausgabe erstmals veröffentlicht worden). Grant Richards, London

1901
★3. *The Defendant.* VIII + 136. (Essays aus dem ›Speaker‹ und den ›Daily News‹; 1903 erschien eine zweite erweiterte Ausgabe). R. Brimley Johnson, London [auch deutsch]

EINE VERTEIDIGUNG DER DETEKTIVGESCHICHTEN
Die Ausgabe von 1901 enthält 16 »Verteidigungen« + die 17. (die an erster Stelle steht): Zur Verteidigung einer neuen Ausgabe. Die 16 Verteidigungen gelten 1. dem Groschenroman, 2. überhasteten Eiden, 3. den Skeletten, 4. der Öffentlichkeit, 5. dem Unsinn, 6. den Planeten, 7. Porzellanschäferinnen, 8. nützlichen Informationen, 9. der Wappenkunde, 10. häßlichen Dingen, 11. der Farce, 12. der Demut, 13. dem Slang, 14. der Anbetung von Säuglingen, 15. der Detektivgeschichte und 16. dem Patriotismus. Die *Verteidigung der Detektivgeschichten* lautet wie folgt:

Eine Verteidigung der
Detektivgeschichten

Beim Versuch, den wahren psychologischen Grund für die Beliebtheit von Detektivgeschichten* zu erreichen, ist es notwendig, uns zunächst von vielen bloßen Phrasen zu befreien. Es ist zum Beispiel nicht wahr, daß die Menge schlechte Literatur guter vorzöge und Detektivgeschichten nur deshalb annähme, weil sie schlechte Literatur wären. Die bloße Abwesenheit künstlerischer Feinheit macht ein Buch noch nicht beliebt. Bradshaws *Eisenbahnfahrplan* enthält nur wenige Glanzlichter von psychologischer Komödie und wird doch an Winterabenden keineswegs unter schallendem Gelächter vorgelesen. Wenn Detektivgeschichten mit größerer Begeisterung gelesen werden als Eisenbahnfahrpläne, dann gewißlich, weil sie künstlerischer sind. Viele gute Bücher sind glücklicherweise beliebt; viele schlechte Bücher sind noch glücklichererweise unbeliebt. Eine gute Detektivgeschichte würde vermutlich noch beliebter sein als eine schlechte. Das Ärgerliche an der Sache ist, daß viele Menschen gar nicht wahrnehmen, daß es so etwas wie eine gute Detektivgeschichte gibt; für sie ist das wie von einem guten Teufel sprechen. Eine Geschichte über einen Einbruch schreiben ist in ihren Augen eine Art, ihn auf geistige Weise zu begehen. Für Menschen von einer etwas schwachen Sensibilität ist das natürlich genug; und es muß auch eingestanden werden, daß manche Detektivgeschichten so voller sensationeller Verbrechen sind wie nur irgendein Stück Shakespeares.

Nun gibt es aber zwischen einer guten Detektivgeschichte und einer schlechten Detektivgeschichte einen ebensolchen, nein: einen größeren Unterschied als zwischen einem guten und einem schlechten Drama. Nicht nur ist eine Detektivgeschichte eine vollkommen legitime Kunstform, sie hat darüber hinaus auch noch ganz bestimmte und wirkliche Vorzüge als Mittel zur Förderung des öffentlichen Wohles.

Der erste wesentliche Wert der Detektivgeschichte liegt darin, daß sie die erste und einzige Form volkstümlicher Literatur ist, in der ein gewisses Gefühl für die Poesie des modernen Lebens ausgedrückt wird. Die Menschen lebten während vieler Generationen zwischen

---

* Die Übersetzung von »detective stories« als »Kriminalgeschichten«, woraus sich dann im weiteren Text mühelos die noch falschere Abkürzung »Krimi« ergibt, ist abzulehnen, da es GKC – wie die FB-Geschichten zur Evidenz belegen, aber nicht nur sie – nie um den »Kriminalaspekt« geht, sondern immer um das Problem, die Wahrheit aufzudecken (to detect).

mächtigen Gebirgen und ewigen Wäldern, ehe sie begriffen, daß die
poetisch sind; daraus wird man vernünftigerweise schließen dürfen,
daß einige unserer Nachfahren Schornsteinhauben als ebenso königlichen Schmuck ansehen werden wie Berggipfel, und Straßenlaternen
ebenso alt und natürlich finden wie die Bäume. Für dieses Begreifen
einer großen Stadt an sich als etwas Wildes und Offenkundiges ist die
Detektivgeschichte sicherlich die *Ilias*. Niemandem kann es entgan-
gen sein, daß in diesen Geschichten der Held oder Erforscher London
in ähnlicher Einsamkeit und mit der Freiheit eines Prinzen in einer Erzählung aus dem Elfenland durchquert und daß im Verlauf einer solchen unberechenbaren Reise der zufällige Omnibus die urtümlichen
Farben eines Märchenschiffes annimmt. Die Lichter der Stadt beginnen wie unzählige Koboldaugen zu glühen, weil sie die Wächter eines
Geheimnisses sind, wie grob auch immer, das der Autor kennt und der
Leser nicht. Jede Krümmung der Straße ist wie ein Finger, der auf es
hinweist; jede noch so phantastische Flucht von Schornsteinhauben
scheint wild und höhnisch die Bedeutung des Geheimnisses anzu-
zeigen.

Diese Wahrnehmung der Poesie Londons ist keine kleine Sache.
Eine Stadt ist, genaugenommen, viel poetischer als eine ländliche Gegend, denn während die Natur ein Chaos unbewußter Kräfte ist, ist die
Stadt ein Chaos bewußter Kräfte. Die Zackenform der Blütenkrone
einer Blume oder das Muster von Flechten mögen sinndeutende Symbole sein oder nicht. Aber es gibt keinen Stein in der Straße und keinen Ziegel in der Mauer, die nicht wirklich absichtliche Symbole sind
– die Botschaft eines Menschen ebenso, als wenn sie Telegramme oder
Postkarten wären. Die engste Straße besitzt in jeder Krümmung und
Biegung ihres Verlaufs die Seele des Mannes, der sie erbaute und vielleicht schon lange in seinem Grab liegt. Jeder Ziegel trägt eine ebenso
menschliche Hieroglyphe*, als ob er ein Grabziegel aus Babylon wäre;
jede Schieferschindel auf dem Dach ist ein ebensolches Dokument der
Erziehung, als wenn sie eine Schiefertafel wäre, bedeckt mit Additions-
und Subtraktionssummen. Alles, was dazu neigt – selbst in der phantastischen Gestalt der peniblen Minutiosität bei Sherlock Holmes –,
diese Romantik der Einzelheiten in der Zivilisation zu bestätigen, diesen unauslotbaren menschlichen Charakter in Feuersteinen und Schin-
deln zu bestätigen, ist eine gute Sache. Es ist gut, daß der Durch-
schnittsmensch in die Gewohnheit verfällt, mit Einbildungskraft zehn
Menschen in der Straße zu beobachten, selbst nur auf die Möglichkeit

---

* griechisch = heiliges Zeichen.

hin, daß der elfte ein berüchtigter Dieb sein könnte. Wir mögen vielleicht davon träumen, daß es möglich sein könnte, eine andere und
höhere Romantik von London zu gewinnen, daß der Menschen Seelen
sonderbarere Abenteuer bestehen als ihre Körper und daß es schwieri-
ger und aufregender wäre, ihre Tugenden aufzuspüren als ihre Laster.
Aber da unsere großen Autoren (mit der bewunderungswürdigen Ausnahme von Stevenson*) sich weigern, über jene erregende Stimmung
und jenen erregenden Augenblick zu schreiben, da die Augen der
großen Stadt wie die Augen der Katze im Dunkeln aufzuflammen beginnen, müssen wir der volkstümlichen Literatur gerechtes Lob spen-
den, die sich inmitten all des pedantischen und preziösen Gewäschs
weigert, die Gegenwart als gemein oder das Gewohnte als gewöhnlich
anzusehen. Volkstümliche Kunst war zu allen Zeiten an den zeitgenös-
sischen Sitten und Kostümen interessiert; sie bekleidete die Gruppen
um die Kreuzigung nach der Mode florentinischer Edelleute oder
flämischer Stadtbürger. Im letzten Jahrhundert war es für hervor-
ragende Schauspieler üblich, Macbeth mit gepuderter Perücke
und Handkrausen zu geben. Wie ferne wir selbst in diesem unserem
Zeitalter solcher Überzeugtheit von der Poesie unseres eigenen
Lebens und unserer Gebräuche sind, kann jeder leicht begreifen,
der sich beispielsweise vorstellt, wie Alfred der Große sein Fladenbrot
in den Knickerbockers eines Touristen bäckt**, oder wie in einer Aufführung von *Hamlet* der Prinz im Gehrock und mit breitem Kreppband
um den Hut auftritt. Doch diese Neigung jenes Zeitalters, wie Lots
Weib zurückzuschauen, konnte nicht ewig so weitergehen. Eine
grobe volkstümliche Literatur der romantischen Möglichkeiten einer

---

* Robert Louis S. (1850–1894), englischer Schriftsteller, von dem *Der
schwarze Pfeil, Das Flaschenteufelchen, Catriona* oder *David Balfour, Der seltsame Fall des Dr. Jekyll und Mr. Hyde, Die Schatzinsel, Weir von Hermiston,
Silverado* (zur Erinnerung an seinen Honigmond in Kalifornien) und anderes stammt.
** König der Angelsachsen 871–899 (geb. 849); von ihm erzählt die Legende,
er habe sich während der langen Kämpfe gegen die Dänen, denen er nach
seinem Sieg zu Edington und der Eroberung Londons 886 einen Vertrag
über die Sicherung des angelsächsischen Königtums in Wessex und Mer-
cia abtrotzte, in einfacher Kleidung im Wald verloren und schließlich eine
Bauernkate erreicht; dort habe ihn die Hausfrau aufgefordert, in ihrer Abwesenheit auf die backenden Brotfladen aufzupassen: Der in solchen Dingen unerfahrene Alfred erwies sich zum Zorn der Hausherrin dabei als
dafür untauglich.

modernen Stadt mußte entstehen. Sie ist in den volkstümlichen Detektivgeschichten entstanden, so grob und erfrischend wie die Balladen über Robin Hood*.

Doch gibt es da noch eine andere gute Tat, die von den Detektivgeschichten getan wird. Während es die stete Neigung des Alten Adam ist, gegen ein so universelles und automatisches Ding wie die Zivilisation zu rebellieren und Aufbruch und Rebellion zu predigen, hält die Romanze von polizeilicher Arbeit in gewisser Weise dem Geist die Tatsache vor, daß die Zivilisation selbst der sensationellste aller Aufbrüche und die romantischste aller Rebellionen ist. Indem sie von den niemals schlafenden Wächtern handelt, die die Außenposten der Gesellschaft bewachen, will sie uns daran erinnern, daß wir in einem bewaffneten Lager leben und Krieg gegen eine chaotische Welt führen und daß die Kriminellen, die Kinder des Chaos, nichts anderes als die Verräter innerhalb unserer Mauern sind. Wenn der Detektiv in einer Polizeiromanze allein und einigermaßen töricht tapfer inmitten der Messer und Fäuste einer Räuberhöhle steht, dient das sicherlich dazu, uns daran zu erinnern, daß der Vertreter der gesellschaftlichen Gerechtigkeit die ursprüngliche und poetische Gestalt ist, während die Einbrecher und Straßenräuber lediglich gemütliche alte kosmische Konservative sind, die glücklich in der unvordenklichen Respektabilität von Affen und Wölfen hausen. Der Abenteuerroman der Polizei ist also der wirkliche Abenteuerroman des Menschen. Er beruht auf der Tatsache, daß die Moral die finsterste und furchtloseste aller Verschwörungen ist. Sie

---

* Versuche, den englischen Volkshelden mit historisch belegbaren Persönlichkeiten zu identifizieren, müssen als gescheitert angesehen werden, obwohl nicht auszuschließen ist, daß sich Legendenmaterial an eine historische Person beziehungsweise die Erinnerung an sie angelagert hat. Seit dem 14. Jahrhundert entstanden zahlreiche Volksballaden, aber auch Kunstdichtungen, die die Taten Robin Hoods und seiner Getreuen besingen: im Wald von Sherwood lebend die Adligen und Kleriker ausraubend, um mit dem Raub dem unterdrückten kleinen Volk zu helfen. Bis ins 18. Jahrhundert gibt es keinerlei Verbindungen zwischen der Gestalt Robins und dem Widerstand der Angelsachsen gegen die Normannen, was schon allein durch den Namen »Robin« unsinnig wäre, der die normannische Form des angelsächsischen Robert darstellt. Soweit erkennbar, hat erst Sir Walter Scott in seiner Romandichtung *Ivanhoe* (1819) R. H. zur Symbolfigur dieses Widerstandes umgedichtet, unter Heranziehung der *leyenda negra* über Johann Ohneland und der romantischen Lügen über den unfähigsten Plantagenet auf Englands Thron, Richard Löwenherz.

erinnert uns daran, daß die ganze geräuschlose und unmerkliche Poli-
zeimaschinerie, die uns beherrscht und schützt, lediglich eine erfolgreiche fahrende Ritterschaft* darstellt.

1902

★4. *Twelve Types*. VIII + 204. (Essays aus den ›Daily News‹ und dem ›Speaker‹).
Arthur L. Humphreys, London

1903

5. *Robert Browning*. (in: English Men of Letters). VIII + 208. Macmillan & Co.
Ltd., London

1904

6. *G. F. Watts*. (in: The Popular Library of Art). VIII + 176 einschließlich
32 Seiten Illustrationen. Duckworth & Co., London, und E. P. Dutton
& Co., New York

Mit diesem Buch hat sich Jorge Luis Borges besonders gründlich aus-
einandergesetzt. Da seine Bemerkungen zu »Watts« nicht nur für seine
eigene Auffassung von Sprache und Literatur bedeutungsvoll sind,
sondern vor allem auch für GKCs, seien sie hier kurz wiedergegeben**.
In seinem Essay über Quevedo schreibt er (a. a. O., S. 49/50): »– ›Die
Sprache‹, hat Chesterton bemerkt (G. K. Watts, 1904, S. 91), ›ist kein
wissenschaftliches, sondern ein künstlerisches Faktum; Krieger und
Jäger haben sie erfunden, und sie ist viel älter als die Wissenschaft.‹
So hat Quevedo sie nie aufgefaßt; für ihn war die Sprache vor allem ein
logisches Instrument. Die Gemeinplätze oder Ewigkeiten der Dichtung – Wasser, die mit Kristallen, Hände, die mit Schnee gleichgesetzt
werden, Augen, die wie Sterne leuchten, und Sterne, die wie Augen
blicken – verdrossen ihn, weil sie simpel, aber noch mehr, weil sie
falsch sind. Er rügte sie und vergaß dabei, daß die Metapher der jähe
Kontakt zweier Bilder ist, nicht die methodische Assimilation zweier
Dinge …«

---

* Die Polizei als moderne Tafelrunde des Königs Artus darzustellen ist nicht
nur eines der aufregenden Paradoxa GKCs, sondern deutet zugleich seine
Lesung jener alten keltischen Sagenwelt an.

** Zitiert nach Jorge Luis Borges: *Inquisitionen* – Essays 1941–1952; übersetzt
von Karl August Horst und Gisbert Haefs, Band 7 der Werke von Borges in
20 Bänden, herausgegeben von Gisbert Haefs und Fritz Arnold, Fischer
Taschenbuch Verlag, Frankfurt/Main 1992, Nr. 10583.

In seinem Essay über Nathaniel Hawthorne schreibt Borges (a. a. O., S. 63/64) u. a.: »Soviel ich weiß, stammt die beste Ablehnung der Allegorie von Croce; ihre beste Verteidigung von Chesterton ... Croce formulierte diese Widerlegung 1907; 1904 hatte Chesterton sie bereits widerlegt, ohne daß Croce davon wußte. So ungesellig und weiträumig ist die Literatur! Die betreffende Stelle bei Chesterton steht in einer Monographie über den Maler Watts, der Ende des 19. Jahrhunderts in England berühmt war und dem, wie Hawthorne, Allegorik zum Vorwurf gemacht wurde. Chesterton gibt zu, daß Watts Allegorien geschaffen hat, leugnet jedoch, daß dieses Genre verwerflich sei. Er geht von dem Gedanken aus, daß die Wirklichkeit grenzenlos reich und die menschliche Sprache außerstande ist, diesen schwindelerregenden Strom je auszuschöpfen. ›Der Mensch weiß, daß seine Seele Tönungen birgt, bestürzender, zahlloser und namenloser als die Farbschattierungen eines Herbstwaldes. Dennoch glaubt er ernsthaft, daß diese Tönungen in allen ihren Verschmelzungen und Übergängen durch einen willkürlichen Grunz- und Kreischmechanismus aufs genaueste wiedergegeben werden können. Er glaubt, daß aus dem Inneren eines Börsianers tatsächlich Geräusche hervordringen, die alle Mysterien des Erinnerns und alle Agonien der Sehnsucht ausdrücken ...‹ Später folgert Chesterton, daß es etliche Sprachen geben mag, die der unfaßbaren Wirklichkeit irgendwie entsprechen; unter diesen vielen die Sprache der Allegorien und Fabeln ...«

In seinem Essay »Von der Allegorie zum Roman« kommt Borges (a. a. O., S. 165 ff.) erneut auf diese Frage zurück: »Soviel ich weiß, ist die Allegorie als Genre von Schopenhauer ..., De Quincey ..., Francesco de Sanctis ..., Croce ... und Chesterton analysiert worden ... Croce verwirft die Kunst der Allegorie, Chesterton verteidigt sie; ich glaube, daß Chesterton recht hat, aber ich wüßte gern, wie er mit solcher Zuneigung eine Form zu genießen vermochte, die uns als nicht zu rechtfertigen erscheint ... Um das Allegorische zu verteidigen, verneint Chesterton zunächst, daß die Sprache erschöpfender Ausdruck der Wirklichkeit sei. ›Der Mensch weiß ...« (es folgt das obige Zitat) »... Agonien der Sehnsucht ausdrücken ...‹ Nachdem die Sprache für unzureichend erklärt ist, gibt es Raum für andere Formen; die Allegorie kann deren eine sein, wie die Architektur oder die Musik. Sie ist aus Wörtern gebildet, aber sie ist keine Sprache aus Sprache, sondern ein Zeichen aus anderen Zeichen der kraftvollen Tugend und der geheimen Erleuchtungen, die dieses Wort anzeigt. Ein Zeichen, das genauer ist als ein Einsilbler, reichhaltiger und glücklicher. Ich weiß nicht genau, welcher der beiden bedeutenden Widerredner recht hat; ich weiß, daß die Kunst der Allegorie einst zu bezaubert schien ... und heute unerträglich ist. Wir empfinden sie nicht nur als unerträglich, sondern auch noch als dümmlich und leicht-fertig ...«

(Die Essaysammlung *Inquisitionen* erschien erstmals 1952.)

7. *The Napoleon of Notting Hill.* X + 304. John Lane: The Bodley Head, London und New York [auch deutsch]

1905

8. *The Club of Queer Trades.* VIII + 264 mit 32 ganzseitigen Illustrationen von GKC. (Der Text war einschließlich der Illustrationen 1904 als Serienvor-abdruck im ›Idler‹ erschienen.) Harper & Brothers, London und New York [auch deutsch]

9. *Heretics.* X + 312. John Lane: The Bodley Head, London und New York [auch deutsch]

1906

10. *Charles Dickens.* VIII + 304. Methuen & Co., London und Dodd, Mead & Co., New York [auch deutsch]

1908

11. *The Man who was Thursday, A Nightmare.* VIII + 332. (Eine dramatisierte Fassung von Mrs. Cecil Chesterton und Ralph Neale mit einem Vorwort von GKC erschien 1926). Simpkin, Marshall, Hamilton, Kent & Co. Ltd., London [auch deutsch]

★12. *All Things Considered.* VI + 296. (Essays aus den ›Illustrated London News‹ mit neuem Einleitungsessay). Methuen & Co., London

13. *Orthodoxy.* X + 304. John Lane: The Bodley Head, London, und John Lane Co., New York [auch deutsch]

★14. *Varied Types.* VIII + 272. (Enthält den Text von Nr. 4 sowie weitere 7 bio-graphische Essays aus den ›Daily News‹, dem ›Pall Mall Magazine‹ und der ›Westminster Review‹.) Dodd, Mead & Co., New York

1909

15. *Georg Bernard Shaw.* 264. (GBS schrieb dazu: »Dieses Buch ist, was jeder von ihm erwartete: das beste Werk literarischer Kunst, das ich bisher her-vorgerufen habe«). John Lane: The Bodley Head, London, und John Lane Co., New York [auch deutsch]

★16. *Tremendous Trifles.* VIII + 272. (Essays aus den ›Daily News‹) Methuen & Co., London

1910

17. *The Ball and the Cross.* VIII + 404. (Teile waren als Serienvorabdruck 1905/6 in ›Commonwealth‹ erschienen; eine US-Ausgabe war bereits 1909 bei John Lane Co., New York, erschienen; Bögen der US-Ausgabe wurden mit korrigierten Fehlern für die erste englische Ausgabe verwendet.) Wells Gardner, Darton & Co., London

18. *What's wrong with the World.* VIII + 296. Cassell & Co., London, New York, Toronto & Melbourne [auch deutsch]

★19. *The Glory of Grey.* 8 Seiten, Privatdruck. (Essay aus den ›Daily News‹.) London

★20. *Alarms and Discursions.* VI + 260. (Essays aus den ›Daily News‹.) Methuen & Co., London

21. *William Blake.* VIII + 212. Duckworth & Co., London, und E. P. Dutton & Co., New York

★21. *The Ultimate Lie.* »Very handy to draw as a Gun on the Ultimate Liar«. 8 Seiten. (Essay aus den ›Daily News‹.) Privatdruck. Riverside/Conn.

1911

★22. *A Chesterton Calendar.* Compiled from the Writings of G. K. C. both in Verse and in Prose. With a Section apart for the moveable Feasts. VI + 424. (U. a. aus ›Daily News‹, ›Illustrated London News‹ und ›Observer‹.) Kegan Paul, Trench, Trübner & Co., London

23. *Appreciations and Criticisms of the Works of Charles Dickens.* XXX + 244. J. M. Dent & Sons, Ltd., London, und E. P. Dutton & Co., New York

★24. *The Innocence of Father Brown.* VIII + 336. (Gesammelt aus ›Cassell's Magazine‹ und ›Storyteller‹.) Cassell & Co. Ltd., London, New York, Toronto and Melbourne [auch deutsch]

Soweit die Bibliographie erkennen läßt, sind von den 50 Father-Brown-Geschichten, die hier in FB I–FB V vorgelegt worden sind, 47 zuvor als Einzelgeschichten in Zeitschriften erschienen. Offenbar wurden lediglich die Geschichten Nr. 12 in FB II, Nr. 1 in FB III und Nr. 4 in FB V sowie die 2teilige Rahmenerzählung von FB IV für die Buchausgaben zusätzlich geschrieben. Die Geschichten erschienen in 6 Publikationen:

15 in ›Storyteller‹

13 in ›Cassel's Magazine‹

11 in ›Pall Mall Magazine‹

6 in ›Nash's Magazine‹

1 in ›Premier‹

1 in ›Strand Magazine‹.

Die Geschichten erschienen in folgender chronologischer Reihenfolge:

1910: <u>FB I</u>: 1, 2, 3, 9

1911: <u>FB I</u>: 7, 11, 5, 10, 6, 8, 4, 12

1913: <u>FB II</u>: 1, 7, 6, 11, 2, 4, 5

1914: <u>FB II</u>: 8, 10, 3, 9; <u>FB V</u>: 50

1923: <u>FB III</u>: 3

1924: <u>FB III</u>: 6, 4

1925: <u>FB IV</u>: 1, 2; <u>FB III</u>: 5, 7, 2; <u>FB IV</u>: 8, 3, 6

1926: <u>FB IV</u>: 4; <u>FB III</u>: 8

1927: <u>FB IV</u>: 5, 7

1932: <u>FB V</u>: 7

1933: <u>FB V</u>: 3, 1

1934: <u>FB V</u>: 2, 5, 6

1935: <u>FB V</u>: 8

Die Anordnung der Geschichten in FB I–FB V folgt der in den englischen Father-Brown-Ausgaben, die jeweils von GKC zusammengestellt wurden, mit Ausnahme der bisher in keine Sammlung aufgenommenen Geschichte FB V, 50.

25. *The Ballad of the White Horse.* »I say, as do all Christian men, that it is a divine purpose that rules, and not fate«, King Alfred's addition to ›Boethius‹. XX + 184. Methuen & Co. Ltd., London

★26. *The Future of Religion. Mr. G. K. Chesterton's Reply to Mr. Bernard Shaw.* (Nachdruck aus den ›Cambridge Daily News‹.) (Reprinted for the Heretics.) 24 Seiten [auch deutsch]

1912

27. *Manalive.* VI + 384. Thomas Nelson & Sons, London, Edinburgh, Dublin, Leeds and New York, Leipzig, Paris [auch deutsch]

★28. *A Miscellany of Men.* VIII + 268. (Essays aus den ›Daily News‹.) Methuen & Co. Ltd., London

1913

29. *The Victorian Age in Literature.* V + 256. Williams & Norgate, London

30. *Magic.* A Fantastic Comedy. 80 Seiten. (Die 6. Ausgabe von 1914 enthält Photographien der Aufführungen.) Martin Secker, London [auch deutsch]

1914

31. *The Flying Inn.* VIII + 304. (Die Lieder waren bereits in ›The New Witness‹ veröffentlicht worden.) Methuen & Co. Ltd., London [auch deutsch]

★32. *The Wisdom of Father Brown.* VIII + 312. (Aus dem ›Pall Mall Magazine‹.) Cassell & Co. Ltd., London, New York, Toronto and Melbourne [auch deutsch]

33. *The Barbarism of Berlin.* 96 Seiten. Cassell & Co. Ltd., London, New York, Toronto and Melbourne [auch deutsch]

34. *London.* 40 Seiten + Photographien. Privatdruck. London

★35. *Prussian versus Belgian Culture.* 12 Seiten. (Nachdruck aus ›Everyman‹.) Everyman, London

[35 a. *The Donnington Affair.* Frage von Max Pemberton, Antwort von GKC, in: ›The Premier‹]

1915

36. *Letters to an old Garibaldian.* 48 Seiten. Methuen & Co. Ltd., London

★37. *Poems.* VIII + 168. (Gesammelt aus 16 Publikationen und vermehrt um die meisten der Love Poems, die hier zum erstenmal gedruckt wurden.) Burns & Oates. Ltd., London

38. *Wine, Water, and Song.* 64 Seiten. (Einige der Lieder erschienen zunächst in ›The New Witness‹.) Methuen & Co. Ltd., London

★38a.*The so called Belgium Bargain.* 4 Seiten. (Nachdruck aus den ›Illustrated London News‹.)

39. *A Poem,* 4 Seiten. (Gleichzeitig abgedruckt im ›Daily Telegraph‹.) London

40. *The Crimes of England.* 128 Seiten. Cecil Palmer & Hayward, London

1916

★41. *Divorce versus Democracy.* Reprinted from ›Nash's Magazine‹. 16 Seiten. The Society of SS. Peter & Paul, Publishers to the Church of England, London

41 a. *Temperance and the Great Alliance.* 12 Seiten. The True Temperance Association, London

1917

42. *Lord Kitchener.* IV + 32. The Field and Queen (Horace Cox) Ltd., London

43. *A Short History of England.* VIII + 244. Chatto & Windus, London

★44. *Utopia of Usurers, and other Essays.* XIV + 218. (Essays aus dem ›Daily Herald‹.) Boni & Liverright, New York

1918

★45. *How to help Annexation.* 16 Seiten. (Nachdruck aus der ›North American Review‹, wo es unter dem Titel »Germany and Alsace-Lorraine; how to help annexation« erschienen war.) Hayman, Christy & Lilly Ltd., London

1919

★46. *Irish Impressions.* VI + 250. (Der größere Teil des Textes war bereits 1918 in ›The New Witness‹ erschienen.) W. Collins Sons & Co. Ltd., London, Glasgow, Melbourne, Auckland

47. *The Superstition of Divorce.* VIII + 152. (Etwa ¹/₃ war bereits 1918 als 5teilige Serie in ›The New Witness‹ erschienen, das übrige erschien hier erstmals.) Chatto & Windus, London

★48. *Charles Dickens, Fifty Years After.* 10 Seiten. (Nachdruck aus ›The Observer‹.) Privatdruck, London

49. *Old King Cole*

> Old King Cole was a merry old soul,
> And a merry old soul was he.
> He called for his pipe,
> He called for his bowl,
> And he called for his fiddlers three.

Unpaginiertes Einzelblatt. (Variationen in der Form von Parodien nach Tennyson, Yeats, Whitman und Browning.)

★50. *The Uses of Diversity.* A Book of Essays. VIII + 192. (Aus ›Illustrated London News‹ und ‹The New Witness‹.) Methuen & Co. Ltd., London

★51. *The New Jerusalem.* X + 304. (Im Vorwort heißt es u. a.: »Diese Anmerkungen werden hier so wiedergegeben, wie sie in der Zeitung erschienen sind«, nämlich im ›Daily Telegraph‹. »Die einzige Ausnahme betrifft das letzte Kapitel über den Zionismus. Eine Meinungsverschiedenheit trennte den Verfasser des Buches von der Politik der Zeitung und verhinderte den vollständigen Abdruck dieses Kapitels an jener Stelle.« Der Zeitungsabdruck hatte mitten im letzten Kapitel aufgehört.) Hodder & Stoughton, London [auch deutsch]

1922

52. *Eugenics and other Evils.* VIII + 188. Cassell & Co. Ltd., London, New York, Toronto and Melbourne

★53. *What I saw in America.* VI + 308. (Aus ›The New Witness‹.) Hodder & Stoughton Ltd., London

54. *The Ballad of St. Barbara, and other Verses.* X + 86. (Einige der Gedichte waren bereits in ›The New Witness‹ erschienen.) Cecil Palmer, London

★55. *The Man, who Knew to much, and other stories.* X + 310. (Aus ›Cassel's Magazine‹ und ›The Storyteller‹.) Cassel & Co. Ltd., London, New York, Toronto and Melbourne [auch deutsch]

1923

★56. *Fancies versus Fads.* X + 246. (Essays aus ›The London Mercury‹, ›The New Witness‹ und ›Illustrated London News‹.) Methuen & Co. Ltd., London

57. *St. Francis of Assisi.* VI + 192. Hodder & Stoughton Ltd., London [auch deutsch]

1924
58. *The End of the Roman Road.* A pageant of wayfarers. 64 Seiten. The Classic Press, London

1925
59. *The Superstitions of the Sceptic.* With a correspondence between the author and Mr. G. G. Coulton. 50 Seiten. W. Hefner & Sons Ltd., Cambridge (Die Fortsetzung der Diskussion erschien von seiten GKCs in der ›Dublin Review‹, von seiten Coultons in der ›Review of Churches‹.)
★60. *Tales of the Long Bow.* VIII + 312. (Aus dem ›Storyteller‹.) Cassel & Co. Ltd., London, New York, Toronto and Melbourne
61. *The Everlasting Man.* VIII + 316. Hodder & Stoughton Ltd., London [auch deutsch]
62. *William Cobbett.* VIII + 280. Hodder & Stoughton Ltd., London

1926
★63. *The Incredulity of Father Brown.* VIII + 296. (Aus ›Cassel's Magazine‹ und ›Nash's Magazine‹.) Cassel & Co. Ltd., London, New York, Toronto and Melbourne [auch deutsch]
64. *The Outline of Sanity.* VIII + 232. (Den Titel griff Alzina Stone Dale für ihre 1982 erschienene Biographie GKCs wieder auf: siehe nachstehend in der Abteilung E.) Methuen & Co. Ltd., London
65. *The Queen of seven Swords.* 52 Seiten. (2 der Gedichte waren bereits in ›G. K.'s Weekly» erschienen.) Sheed & Ward, London

1927
66. *The Catholic Church and Conversion.* 116 Seiten. (Die US-Ausgabe war bereits im Dezember 1926 bei Macmillans, New York, erschienen, von dem der englische Verleger für die erste wie für 3 folgende Ausgaben jeweils komplette Druckbögen zusätzlich ankaufte.) Burns, Oates & Washbourne Ltd., Publishers to the Holy See, London
67. *Social Reform versus Birth Control.* 12 Seiten. (Der Text ist eine Zusammenfassung von 2 Artikeln, die bereits zuvor in ›Lansbury's Labour Weekly‹ erschienen waren.) Simpkin, Marshall, Hamilton, Kent & Co. Ltd., London
68. *The Return of Don Quixote.* VIII + 312. (Der größere Teil des Textes war als Serienvorabdruck bereits 1925/26 in ›G. K.'s Weekly‹ erschienen, den Rest ab Mitte Kapitel XIV faßte GKC dort in der Ausgabe vom 20. November 1926 zusammen.) Chatto & Windus, London [auch deutsch]

★69. *The collected Poems of G. K. Chesterton.* X + 366. (Die Gedichte in Buch 1 aus ›The New Witness‹ und ›G. K.'s Weekly‹ erschienen hier erstmals in Buchform; die Gedichte der Bücher 2–6 waren bereits zuvor in Buchform erschienen, erhielten aber teilweise neue Titel und wurden zum Teil in eine andere Reihenfolge gebracht.) Cecil Palmer, London

70. *Gloria in Profundis.* 4 Seiten. Nr. 5 der Ariel Poems, Faber & Gwynner Ltd., London

★71. *The Secret of Father Brown.* VIII + 312. (Aus ›Cassel's Magazine‹ und ›Storyteller‹.) Cassel & Co. Ltd., London, Toronto, Melbourne and Sidney [auch deutsch]

72. *Culture and the coming Peril.* Being the seventh of a series of centenary adresses. 20 Seiten, University of London, University College

73. *The Judgement of Dr. Johnson.* A Comedy in three acts. X + 96. (Aufführung im Arts Theatre Club, 1932.) Nr. IV der Reader's Theatre series. Sheed & Ward, London

74. *Robert Louis Stevenson.* X + 260. Hodder & Stoughton Ltd., London

1928

★75. *Generally Speaking.* A book of Essays. VI + 250. (Aus ›The Illustrated London News‹) Methuen & Co. Ltd., London

★76. *The Sword of Wood, a story.* 30 Seiten. (Nachdruck aus ›Pall Mall Magazine‹.) Elkin Mathews & Marot, London

1929

★77. *The Poet and the Lunatics.* VI + 282. Episodes in the life of Gabriel Gale. (Aus ›Nash's Magazine‹ und ›Storyteller‹.) Cassel & Co. Ltd., London, Toronto, Melbourne and Sidney [auch deutsch]

78. *Ubi Ecclesia.* 4 Seiten. Faber & Faber Ltd., London

★79. *The Thing.* 256 Seiten. (35 Essays aus ›Criterion‹, ›G. K.'s Weekly‹, ›Nash's Magazine‹, ›Outline‹, ›Referee‹, ›T. P.'s Weekly‹ und ›Universe‹.) Sheed & Ward, London [teils auch deutsch]

★80. *G. K. C. as M. C.* Being a collection of thirtyseven introductions (aus Büchern zwischen 1903 und 1929). XXIV + 276. Methuen & Co. Ltd., London

81. *Thomas Carlyle.* 12 Textzeilen für die National Portrait Gallery, London (auf der Rückseite einer Porträtpostkarte)

82. *Robert Browning.* 11 Textzeilen für die National Portrait Gallery, London (auf der Rückseite einer Porträtpostkarte)

1930

★83. *Four Faultless Felons.* VI + 312. (Aus ›Cassell's Magazine‹ und ›Storyteller‹.) Cassell & Co. Ltd., London, Toronto, Melbourne and Sidney

84. *The Grave of Arthur.* 4 Seiten. Faber & Faber Ltd., London

85. *The Resurrection of Rome.* 348 Seiten. Hodder & Stoughton Ltd., London

★86. *Come to think of it ...* A book of Essays. XXVI + 244. (Aus ›Illustrated London News‹.) Methuen & Co. Ltd., London

★87. *The Turkey and the Turk.* 116 Seiten. (Nachdruck aus ›G. K.'s Weekly‹, Weihnachtsausgabe vom 5. Dezember 1925 ohne GKCs Illustrationen aus dem ›Weekly‹.) St. Dominic's Press (in FB IV, 1 ist Father Brown Geistlicher an der St. Dominic's Church), London

★88. *At the Sign of the World's End.* A war-time editorial from a MSS (sic) inscribed ›G. B. S. versus the free press‹ in which the writer flayls Harmsworth and England's ›professional‹ politicians. 8 Seiten. (Nachdruck aus ›The New Witness‹ vom 22. Februar 1918). The Harvest Press, Palo Alto

1931

★89. *All is Grist.* A Book of Essays. VIII + 216 + 8. (Aus ›Illustrated London News‹.) Methuen & Co. Ltd., London

1932

90. *Chaucer.* 304. Faber & Faber Ltd., London

★91. *Sidelights on New London and Newer York, and other Essays.* 240 Seiten. (Aus ›Bookman‹, ›Fortnightly Review‹, ›G. K.'s Weekly‹, ›Nash's Magazine‹, ›Shakespeare Review‹, ›Spectator‹ und ›Week-End Review‹.) Sheed & Ward, London

★92. *Christendom in Dublin.* 72 Seiten. (Aus ›Studies‹ und ›Universe‹.) Sheed & Ward, London

1933

★93. *›All I Survey‹.* A Book of Essays. VI + 234. (Aus ›Illustrated London News‹.) Methuen & Co. Ltd., London

94. *St. Thomas Aquinas.* XII + 240. Hodder & Stoughton Ltd., London

1934

★95. *Avowals and Denials.* A book of Essays. VI + 224. (Aus ›Illustrated London News.) Methuen & Co. Ltd., London

1935

★96. *The Scandal of Father Brown.* VIII + 248. (Aus ›The Storyteller‹.) Cassel & Co. Ltd., London, Toronto, Melbourne and Sidney [auch deutsch*]

---

* Der Widerspruch zwischen der im Impressum wiederholten Angabe von Julian Symons, *The Scandal of Father Brown* sei erstmals 1929 erschienen, und dieser Angabe in der sozusagen offiziellen Chesterton-Bibliographie von Sullivan konnte bisher nicht aufgeklärt werden.

★97.   *The Well and the Shallows.* X + 278. (Essays und Artikel aus ›Catholic
       Herald‹, ›Daily Mail‹, ›Fortnightly Review‹, (G. K.'s Weekly‹, ›London
       Mercury‹, ›Universe‹ und dem ›Liverpool Cathedral Souvenir Pro-
       gramme‹.) Sheed & Ward, London

98.   *The Way of the Cross.* An interpretation by Frank Brangwyn, R. A., with
       a commentary by Gilbert Keith Chesterton, 108 Seiten. (Kommentar
       auf S. 11–51.) Hodder & Stoughton Ltd., London

99.   *G. K. Chesterton explains the English.* »The English spirit is really a shy
       bird.« 8 Seiten. The British Council, London

1936

★100. *As I was saying.* A Book of Essays. VI + 232. (Aus ›Illustrated London
       News‹.) Methuen & Co. Ltd., London

             (Band 100 wurde am 11. Juni 1936 ausgeliefert.

                      GKC starb am 14. Juni 1936.)

101.   *Autobiography.* 348 Seiten. Hutchinson & Co. Ltd., London [auch
       deutsch]

★102. *The Legend of the Sword.* 4 Seiten. (Nachdruck aus ›G. K.'s Weekly‹ 1928.)
       The Bolton Press, London

103.   *A Beaconsfield Ballad.* 1 Blatt. London

1937

★104. *The Paradoxes of Mr. Pond.* VI + 258. (Aus dem ‹Storyteller‹.) Cassel
       & Co. Ltd., London, Toronto, Melbourne and Sidney

1938

★105. *The Coloured Lands.* VIII + 238. (Eine Sammlung von Versen, Prosa und
       Zeichnungen zwischen 1891 und 1934, die meisten vorher nicht ver-
       öffentlicht, die übrigen aus ›The Eye-Witness‹, ›The New Witness‹
       und ›G. K.'s Weekly‹.) Sheed & Ward, London

1940

★106. *The End of the Armistice.* 224 Seiten (Essays aus ›G. K.'s Weekly‹; im Vor-
       wort des Kompilators heißt es: »Ich habe diese Essays ausgewählt und
       arrangiert … als Chestertons Analyse des gesamten Problems Deutsch-
       land in Europa.«) Sheed & Ward, London

1941

107.   *»I say a democracy means …«* 8 Seiten. (Teil eines Briefes an ›The Na-
       tion‹ vom 26. Januar 1911.) Privatdruck, New York

1950

★108. *The Common Man.* VI + 282. (Essays, Artikel und Einleitungen von 1901 bis 1936 aus 19 Zeitschriften und 8 Büchern.) Sheed & Ward, London [auch deutsch]

1952

109. *The Surprise.* With a preface by Dorothy L. Sayers. 64 Seiten. (Das Stück wurde 1932 geschrieben, aber nie aufgeführt.) Sheed & Ward, London and New York

1953

★110. *A Handful of Authors.* Essays on Books and Writers. VIII + 216. (Geschrieben zwischen 1901 und 1935, erstmals zu einem Buch versammelt.) Sheed & Ward, London and New York

1955

★111. *The Glass Walking-Stick* and other Essays, from ›The Illustrated London News‹ 1905–1936. X + 190. Methuen & Co. Ltd., London

Abteilung B:
BÜCHER UND BROSCHÜREN
MIT BEITRÄGEN VON GKC

Diese Abteilung enthält die Nr. 201–414 + 10 zusätzliche Nr. (z. B. 201 A) aus den Jahren 1902 bis 1956. Die Beiträge umfassen u. a. Einleitungen, Einzelbeiträge, Nachdrucke aus Zeitschriften (vor allem von Gedichten), ebenso Nachdrucke von Rezensionen usw. Die beiden Bände von Maisie Ward Nr. 410 (1943) und 412 (1952) über GKC enthalten umfangreiches, noch nicht publiziertes Material (Prosa, Verse, Briefe, Zeichnungen usw.; es handelt sich um die Nr. 782 und 811 der Abteilung E).

Abteilung C:

ZEITUNGEN UND ZEITSCHRIFTEN,
IN DENEN GKC PUBLIZIERTE,
WORAUS SPÄTER SAMMELBÄNDE WURDEN

Diese Abteilung umfaßt die Nr. 501–574 + 7 zusätzliche Nr. (z. B. 502 A). Die
Titel sind alphabetisch aufgelistet und geben neben den Erscheinungsdaten
jeweils die Beitragstitel an sowie ab und zu zugehörige Zitate von bedeutenden Rezensenten, aber auch von GKC selbst.

›Academy‹ 1895 (gilt als Beginn seiner Karriere; vgl. aber auch ›Clarion‹ und
‹Speaker›) / ›Acorn‹ 1905 / ›Albany Review‹ 1907 / ›Architectural Design and
Reconstruction‹ 1932 / ›Bibliophile‹ 1908 / ›Book Fair‹ 1907 / ›Book Monthly‹
1904 / ›Bookman‹ 1899–1932 / ›Cassell's Magazine‹ 1911–1929 (u.a. 13 FB-
Geschichten) / ›Catholic Herald‹ 1946, 1952 / ›Christmas Spirit‹ 1920 / ›Clarion‹
1895–1904 (gilt fälschlich als erster Publikationsort seiner Verse: siehe unter
›Speaker‹) / ›Commonwealth‹ 1902–1907 / ›Cornhill‹ 1930 / ›Criterion‹ 1929 /
›Daily Graphic‹ 1907, 1909 / ›Daily Herald‹ 1913+1914 / ›Daily Mail‹ 1914 /
›Daily News‹ 1901–1928 (GKC veröffentlichte hier 1901–1913 eine wöchent-
liche Kolumne und eine ganze Reihe von Rezensionen) / ›Daily Telegraph‹
1915–1929 / ›Debater‹ 1891–1893 (hierbei handelte es sich um das ›Journal of
the Junior Debating Club‹ seiner Hochschule, in dem seine ersten Essays und
Gedichte erschienen, zumal GKC in dieser Zeit Vorsitzender des Debattier-
clubs war) / ›Dublin Review‹ 1914, 1925 / ›Empire Review‹ 1923 / ›English
Life‹ 1925 / ›English Review‹ 1909, 1922 / ›Everyman‹ 1914 / ›Eye-Witness‹
1911–1912 / ›Fortnightly Review‹ 1930–1932 / ›G. K.'s Weekly‹: GKC gab
diese Zeitschrift als Fortsetzung der von seinem in Frankreich gefallenen Bruder Cecil gegründeten Zeitschrift ›New Witness‹ von 1925 (Heft 1 erschien am
21. März) bis zu seinem Tode am 14. Juni 1936 heraus (letzte Ausgabe am
5. November); er schrieb hier zahlreiche gezeichnete und ungezeichnete Artikel und Beiträge aller Art, vor allem aber ziemlich regelmäßig die Leitartikel;
die meisten dieser Beiträge sind bisher nicht wieder in Sammelbänden erschienen (Sullivan führt alle in Buchform gesammelten Beiträge auf sowie Berichte über Ansprachen und öffentliche Diskussionen) / ›Good Words‹ 1904 /
›Granta‹ 1908 / ›Heaton Review‹ 1934: »A Note on Father Brown« (Anmerkung zu FB) / ›Heritage‹ 1956 / ›Idler‹ 1904 / ›Illustrated London News‹
1905–1936: GKC veröffentlichte hier unter dem Titel »Our Note-Book« (»Unser Notizbuch«) wöchentlich einen Essay (unterbrochen nur bei Krankheit
oder Auslandsaufenthalt), insgesamt 1535, von denen später 362 in Buchform
erschienen und dabei auch eigene Titel bekamen (Sullivan führt diese Essays
mit Titel und dem Ersterscheinungsdatum sowie Hinweisen auf die Sammelbände auf) / ›Independent Review‹ 1906, 1909 / ›John o'London's Weekly‹

1951 / ›Lansbury's Labour Weekly‹ 1926 + 1927 / ›Listener‹ 1932–1936 (›The Listener‹ veröffentlichte GKCs regelmäßige Rundfunktexte jeweils 14 Tage nach der Sendung im Wortlaut; Sullivan führt sie hier mit dem Sendedatum, dem Titel sowie dem Erscheinungstermin in ›The Listener‹ an) / ›London Mercury‹ 1920–1933 / ›Manchester Evening News‹ 1936 / ›Merry-Go-Round‹ 1923 + 1924 / ›Morning Post‹ 1906 / ›Nash's Magazine‹ 1915–1925 (u. a. 6 FB-Geschichten) / ›Nation‹ 1907–1911 / ›Neolith‹ 1907 / ›New Age‹ 1907–1909 (in dieser Zeitschrift spielte sich die Chesterton-Belloc-Wells-Shaw-Kontroverse ab) / ›New Quarterly‹ 1908 / ›New Statesman‹ 1916 (Teil der Kontroverse Chesterton–Shaw) / ›New Witness‹ 1912–1923 (die von Cecil Chesterton herausgegebene Zeitschrift, deren Nachfolger ›G. K.'s Weekly‹ wurde) / ›Observer‹ 1916–1940 / ›Occasional Papers‹ 1904 + 1905 / ›Odd Volume‹ 1908 + 1912 / ›Old Vic Magazine‹ 1926 / ›Outline‹ 1928 / ›Outlook‹ 1899 / ›Pall Mall Magazine‹ 1902–1929 (u. a. 11 FB-Geschichten) / ›Parent's Views‹, 1897–1904 / ›The Premier‹ (bei Sullivan nicht aufgeführt) 1914 (FB's »The Donnington Affair«) / ›Quarto‹ 1896 + 1897 / ›Radio Times‹ 1933 / ›Review of Reviews‹ 1932 / ›Scrip‹ 1937 / ›Shakespeare Review‹ 1928 / ›Speaker‹ 1892–1904 (in dem 1892 tatsächlich, abgesehen vom ›Debater‹, die ersten Veröffentlichungen GKCs erfolgten. 1899 holten seine Freunde Bentley und Oldershaw, der auch sein Schwager wurde und dem GKC später den Sammelband *The Wisdom of Father Brown* widmete, ihn als festen Kolumnisten an den ›Speaker‹, das Wochenblatt eines kleinen Kreises junger Liberaler. Sehr bald stellte sich GKC als deren bedeutendster Sprecher heraus, der seinen politischen Standort aus Anlaß des Burenkrieges 1899/1902 zu bestimmen und im ›Speaker‹ zu formulieren begann. Während nämlich die überwiegende Mehrheit Englands ob der Zerschlagung der Burenrepubliken zum höheren Ruhm und Nutzen des Kolonialreichs, die von britischen Truppen mit bisher unerhörter Grausamkeit durchgeführt wurde, in hemmungslosen und bisher ebenfalls unerhörten chauvinistischen Taumel verfiel, gehörten die Jungliberalen um den ›Speaker‹ zu den wenigen ausgesprochenen Gegnern dieser Politik, wie übrigens auch der in Deutschland so oft falsch verstandene Rudyard Kipling. GKC griff in zahlreichen Artikeln den Burenkrieg als unmoralisch, antinational, den Interessen des englischen Volkes widersprechend, unmenschlich und nur den Interessen einer kleinen, aber um so mächtigeren Oligarchie Nutzen bringend auf das schärfste an. Es waren vor allem diese zutiefst politischen Artikel, die GKCs Namen schnell im ganzen Land bekannt machten und ihm so die Plattform schufen, auf der er dann sein geistiges Lebenswerk so erfolgreich aufbauen konnte.) / ›Spectator‹ 1908–1932 / ›Standard‹ 1942 / ›Star‹ 1911 / ›Storyteller‹ 1910–1936 (u. a. 15 FB-Geschichten: 1910 die Geschichten 1, 2, 3, 9 aus FB I, 1911 die Geschichten 7 und 11 aus FB I, 1927 die Geschichten 5 und 7 aus FB IV sowie ab 1927 insgesamt 7 der Geschichten aus FB V) / ›Strand Magazine‹ 1936 (die 9. FB-Geschichte aus FB V und damit die 49. und angeblich letzte aller FB-Geschichten bis zur Wiederent-deckung der *Donnington Affair*, die jetzt als 50. Geschichte FB V abschließt) / ›Studies‹ 1932 / ›Studio‹ 1930 / ›T. P.'s Weekly‹ 1907–1913 / ›T. P.'s and Cassell's Weekly‹ 1926 / ›Tablet‹ 1946 + 1953 / ›Time and Tide‹ 1926 / ›Times‹ 1911 + 1932 / ›Tribune‹ 1906 / ›Universe‹ 1926–1953 / ›Week-end Review‹ 1930 / ›Weekly Review‹ 1938 / ›Westminster Gazette‹ 1908 / ›Westminster Review‹ 1901.

Abteilung D:

BÜCHER UND ZEITSCHRIFTEN MIT ILLUSTRATIONEN VON GKC

Diese Abteilung umfaßt die Nr. 601–649 + eine A-Nummer; die Anzahl der Illustrationen reicht nach den Angaben pro Band von 1 über 22, 25, 30 und 37 bis 40.

Abteilung E:

BÜCHER UND ARTIKEL ÜBER GKC

Diese Abteilung umfaßt die Nr. 701–829 + 8 A-Nummern aus den Jahren 1900 bis 1957. Darunter als wichtigste:

704. CHESTERTON, Cecil: »G. K. Chesterton – A Criticism«, Alston Rivers, London 1908 (erschien anonym)

734. O'CONNOR, John: »Chesterton as Poet«, Blackfriars Review, Oktober 1927

741. SHAW, George Bernard: »Pen Portraits and Reviews«, Constable, London 1932 (enthält wesentliche Teile der Auseinandersetzung mit Chesterton)

744 A. PFLEGER, Karl: »Geister, die um Christus ringen«, Salzburg 1934

745. MAUROIS, André: »G. K. Chesterton«, in: *Magiciens et Logiciens*, Grasset, Paris 1935

318

756. O'CONNOR, John: »Father Brown on Chesterton«, Muller and Burns, Oates 1937

759. HOFFMANN, Gretel: »Gilbert Keith Chesterton als Propagandist«, Dresden 1937

770 A. KUHN, Heinz: »Der Gemeinschaftsgedanke bei Chesterton«, Verlag Heinrich Pöppinghaus, 1939

770 B. MENRAD, A.: »Der Fortschrittsgedanke bei Chesterton«, Inaugural-dissertation, Goldschagg, Freiburg 1939

772. BELLOC, Hilaire: »On the Place of G. K. Chesterton in English Letters«, Sheed and Ward, London 1940

775. CHESTERTON, Mrs. Cecil: »The Chestertons«, Chapman and Hall, London 1941

782. WARD, Maisie: »Gilbert Keith Chesterton«, Sheed and Ward, New York 1943 (London 1945)

794. Father BROWN (i. e. John O'CONNOR) »G. K. Chesterton. Recognita Decennalia« in: Nineteenth Century and after, Juni 1946

811. WARD, Maisie: »Return to Chesterton«, Sheed and Ward, London 1952 (vorwiegend bisher unpublizierte Materialien von GKC)

Dieser Übersicht hinzuzufügen wäre vor allem:

a) SULLIVAN, John: »G. K. Chesterton – A Bibliography«, University of London Press, 1958 (die erste und bisher einzige Chesterton-Bibliographie, die auch dieser Übersicht zugrunde liegt), sowie

b) SULLIVAN, John: »Chesterton Continued: A Bibliographical Supplement«, University of London Press 1968 (konnte bisher nicht eingesehen und also auch nicht für diese Übersicht ausgewertet werden)

c) SULLIVAN, John (Herausgeber) »G. K. Chesterton – A Centenary Appraisal«, Paul Elek, London 1974 (ein Sammelband über GKC zu seinem 100. Geburtstag)

d) STONE DALE, Alzina: »The Outline of Sanity – A Biography of G. K. Chesterton«, William B. Erdmans Publishing Company, Grand Rapids, Michigan 1982 (neben dem bahnbrechenden Werk von Maisie Ward zweifellos die bisher bedeutendste Biographie GKCs, die sich weit mehr als die von Ward dem Leben als dem Werk widmet)

e) seit 1974 gibt das Department of English des St. Thomas Moore College zu Saskatoon/Saskatchewan (Canada, 1437 College Drive) namens der Chesterton Society, die am 26. Mai 1974 im Spode House in England gegründet wurde, die Halbjahresschrift ›The Chesterton Review‹ als Newsletter der Chesterton-Gesellschaft heraus.

Abteilung F:

SAMMELBÄNDE UND AUSWAHLBÄNDE

Diese Abteilung umfaßt die Nr. 851–874 + 2 A-Nummern und zählt alle zwischen 1911 und 1957 erschienenen Sammel- bzw. Auswahlbände auf, wobei anzumerken ist, daß zahlreiche Materialien (vor allem Essays) in diesen Titeln erstmals seit dem Erscheinen in Zeitschriften gesammelt veröffentlicht wurden. Die Liste wäre zu ergänzen zumindest um 3 neue Titel, die bisher nicht wieder aufgelegte Geschichten erstmals in Buchform vorlegen:

(a) *The Spirit of Christmas* (eine Sammlung der Aufsätze GKCs zum Thema Weihnachten). Xanadu Publications Ltd., London 1985

(b) *Daylight and Nightmare.* Uncollected Stories and Fables (ausgewählt aus Veröffentlichungen zwischen 1892 und 1931). Xanadu Publications Ltd., London 1986

(c) *Thirteen Detectives.* Classic Mystery Stories by the Creator of Father Brown (erschienen zwischen 1903 und 1935). Xanadu Publications Ltd., London 1987

Abteilung G:

ÜBERSETZUNGEN

Diese Abteilung umfaßt die Nr. 901–916. Jede Nummer ist einer Sprache zugeordnet, entsprechend dem englischen Alphabet von Tschechisch bis Schwedisch. Dabei werden zwei Sprachen nicht separat gezählt: Katalanisch unter Spanisch, und Finnisch unter Schwedisch. Außerdem wird unter Spanisch nicht zwischen Ausgaben in Spanien und solchen in Südamerika (genauer: Argentinien) bzw. unter Portugiesisch nicht zwischen solchen aus Portugal und aus Brasilien unterschieden. Zu jeder Sprache werden die Ausgaben teils in den Titeln der jeweiligen Sprache, teils in den englischen Originaltiteln angegeben. Sie werden jeweils chronologisch angeführt. Anhand des deutschen Beispiels läßt sich nachweisen, daß die Angaben unvollständig sind. In der Folge werden die Sprachen in der Reihenfolge des deutschen Alphabets aufgezählt, anschließend in Klammern die Nummer bei Sullivan, alsdann die Anzahl der Titel im zitierten Zeitraum und schließlich die Father-Brown-Erzählungen als FB I–V. Sullivan zufolge liegen 1958 Übersetzungen in 18 Sprachen vor:

1. Dänisch (902): 1931–1949 in 9 Ausgaben 10 Titel, darunter 1945: FB IV, FB III, FB II (in der von Sullivan angegebenen Reihenfolge).

2. Deutsch (907): 1909–1952 in 24 Ausgaben 23 Titel, darunter FB II (1924), FB III (1926), FB IV (1928), FB V (1948).

3. Esperanto (904): 1937 ein Titel – FB I.

4. Finnisch (916): 1948 ein Titel – FB IV.

5. Französisch (905): 1909–1948 in 34 Ausgaben 34 Titel (alle Paris, 1 zusätzlich Montreal, 1 zusätzlich Brüssel); darunter 1930 FB IV, 1932 FB III, 1936 FB II, 1946 ein Teil aus FB V (woraus sich mühelos französisches Unverständnis für Chestertons Spiritualität belegen ließe).

6. Holländisch (903): 1925–1954 in 9 Ausgaben eine Auswahl aus 9 Titeln, darunter 1929 5 Geschichten aus FB I.

7. Irisch (906): o.J. 1 Ausgabe – FB I.

8. Italienisch (909): 1914–1956 insgesamt 27 Ausgaben, davon 8 allein 1952; darunter 1930 FB I, 1931 FB IV, 1949 FB V, 1952 FB II und FB I, 1953 FB III und 1956 eine Sammelausgabe FB I–IV.

9. Japanisch (910): 1933–1954 insgesamt 8 Ausgaben, davon 1952 zwei Auswahlen aus FB I, 1954 vollständig je FB II und FB I.

10. Katalanisch (915): 1926–1929 insgesamt 3 Ausgaben.

11. Norwegisch (911): 1946 eine Ausgabe.

12. Polnisch (912): 1927–1956 (insgesamt 13 Ausgaben von 16 Titeln, darunter: 1927 FB I, 1928 FB IV und FB II, 1929 FB III, 1956 eine Sammlung von 8 Geschichten aus 4 Titeln.

13. Portugiesisch (913): 1932–1945 entstanden 10 Ausgaben, davon 4 in »Südamerika«, also Brasilien; in Lissabon 1945 FB II und FB III.

14. Russisch (914): 1923 1 Ausgabe – FB I.

15. Schwedisch (916): 1926–1950 entstanden 10 Ausgaben aus 13 Titeln, darunter 1928 FB IV und 1950 eine Auswahl von 20 Geschichten aus 5 Bänden (wie anders hätte auch das puritanische Schweden auf den sinnenfrohen GKC reagieren können, wenn schon von Nordjütland aus gesehen der »Süden« papistisch ist!)

16. Spanisch (915): 1915–1956 entstanden 43 Ausgaben, davon 11 in Lateinamerika (= Buenos Aires, also Argentinien):
   a) in Spanien 1936 FB II, 1942 FB III, 1946 FB I und V, 1956 in Obras Completas zu Barcelona in Band II FB I–V.
   b) in Argentinien 1956 in 6 Bänden FB I–V.

17. Tschechisch (901): 1917–1947 insgesamt 15 Ausgaben, davon 1924 FB I, 1925 FB II, 1926 FB III und 1947 FB IV.

18. Ungarisch (908): 1925 und 1936 je 1 Ausgabe in US-Verlagen, davon 1936 FB II.

Abteilung H:

VERMISCHTES

Diese Abteilung umfaßt die Nr. 951–954:

951. Porträts usw.
    a) 2 Büsten
    b) 7 Porträts
    c) 6 Karikaturen
952. Parodien
    4 Parodien von Max Beerbohm, J. C. Squire, Humbert Wolfe und Reginald Arkell.
953. Vermischtes
    4 Positionen Texte, Zeichnungen, Verse.
954. Gedenksteine
    3 Gedenktafeln am Geburtshaus, dem Wohnhaus 1881–1901 in 11 Warwick Gardens, London W. 14, und dem Wohnhaus in Beaconsfield sowie
    das Grabdenkmal in Beaconsfield.

Hinzuzufügen sind nunmehr die Zeichnungen von Father Brown und Gilbert Keith Chesterton, die Tatjana Hauptmann für die gesamte vorliegende Ausgabe schuf.

Abteilung I:

VOLLSTÄNDIGE BIBLIOGRAPHIE ENGLISCHER UND DEUTSCHER AUSGABEN VON WERKEN GKCs IN DEUTSCHSPRACHIGEN VERLAGEN

Die folgende Übersicht beruht auf den Unterlagen der Deutschen Bücherei (Leipzig) und der Deutschen Bibliothek (Frankfurt am Main) sowie für jene Ausgaben in Verlagen der DDR, die ausschließlich für die DDR und das sozialistische Ausland vorbehalten waren, auf Angaben und Unterlagen des Benno-Verlags (Leipzig). Soweit erkennbar, kann diese Übersicht für sich Vollständigkeit beanspruchen. Die Titel werden in den einzelnen Untergliederungen nach der Chronologie der Erstveröffentlichung aufgeführt, für die auch die Seitenzahl angegeben wird.

322

1. Englische Ausgaben in deutschsprachigen Verlagen

   1) *What's wrong with the world?* [engl. Nr. 1 8] 309 S. Tauchnitz Edition, Leipzig 1910

   2) *The Innocence of Father Brown* [FB I] Tauchnitz Edition vol. 4282, Leipzig 1911

     – (authorised abridged edition. Mit Anmerkungen und Wörterbuch, bearbeitet von Hereward Thimbleby Price. Students series Neue Folge Nr. 8) Tauchnitz Edition, Leipzig 1926

     – (neu herausgegeben von Hans Schröder, Students series Nr. 2) Tauchnitz Edition, Hamburg 1948

   3) *The flying Inn* [engl. Nr. 3 1] 311 S. Tauchnitz Edition vol. 4470, Leipzig 1914

   4) *Tales of the long bow* [engl. Nr. 6 0] 263 S. Tauchnitz Edition vol. 4692, Leipzig 1925

   5) *The Incredulity of Father Brown* [FB III] 288 S. Tauchnitz Edition vol. 4739, Leipzig 1926

   6) *The Wisdom of Father Brown* [FB II] 279 S. Tauchnitz Edition vol. 4768, Leipzig 1927

   7) *The Outline of sanity* [engl. Nr. 6 4] 270 S. Tauchnitz Edition vol. 4775, Leipzig 1927

   8) *The Return of Don Quixote* [engl. Nr. 6 8] 286 S. Tauchnitz Edition vol. 4785, Leipzig 1927

   9) *The Secret of Father Brown* [FB IV] 278 S. Tauchnitz Edition vol. 4804, Leipzig 1927

   10) *The Poet and the Lunatics* [engl. Nr. 7 7] 272 S. Tauchnitz Edition vol. 4906, Leipzig 1929

   11) *Generally Speaking.* A Book of Essays [engl. Nr. 7 5] 271 S. Tauchnitz Edition vol. 4909, Leipzig 1929

   12) *The blue Cross* [aus FB I] 32 S. (Bearbeiter Karl Botzenmayer) Schöninghs englische Lesebogen 85. Schöningh, Paderborn 1953

   13) *Stories from Pater* (sic!) *Brown.* 1. The blue Cross, 2. The queer feet, 3. The Flying Stars [aus FB I] Junckers Sprachenbibliothek. Juncker, München 1970

   14) *Father Brown stories* (englisch und deutsch; Auswahl, Übersetzung und Nachwort von Richard Fenzl; Edition Langewiesche-Brandt) dtv 9229, München 1986

   15) *Two father Brown stories. The blue cross, The Honour of Israel Gow* [aus FB I] (Herausgeber Herbert Geisen, in: Reclams Universalbibliothek Nr. 9223: Fremdsprachentexte) Stuttgart 1987, 1990

2. Selbständige deutsche Essaysammlungen

   1) *Religion und Humanität* (deutsch von n. n.) 28 S. Schriftenreihe ›Symposion‹ 1, Amandus-Edition, Wien 1946

2) *Ein Pfeil vom Himmel.* Aphorismen und Paradoxa. 208 S. (Gesammelt und herausgegeben von Franz Simeth, mit einer Einführung von Friedrich Knapp) Verlag Cassianeum, Donauwörth 1949 – Stifterbibliothek im Verlag Manz, München 1961

3) *Der Spiegel.* Essays. 69 S. (deutsch von Johannes Piron) Langen-Müllers kleine Geschenkbücher 87. Langen-Müller, München 1959

4) *Ballspiel mit Ideen.* Kleine Prosa aus dem 1. Jahrzehnt. 175 S. (ausgewählt, übersetzt und mit einem Nachwort von Martin Müllerott) Herder-Verlag, Freiburg i. Br. 1963

5) *Kopfstände.* Eine Auswahl aus Essays und anderen Schriften, aus seinen Gedanken zu theologischen Fragen sowie aus den Büchern über den heiligen Franziskus von Assisi und den heiligen Thomas von Aquin. 239 S. (ausgewählt und herausgegeben von Harald Feix und Ursula Wicklein) Sankt Benno-Verlag, Leipzig 1980

6) *Wege am Rande des Abgrunds – Seltsame Detektivgeschichten* ([aus den engl. Nr. 8: dtsch. nachstehend 3. 15); 55: dtsch. nachstehend 3. 9) und 77: dtsch. nachstehend 3. 22)] herausgegeben und mit einem Nachwort versehen von Ursula Wicklein) Sankt Benno-Verlag, Leipzig 1981

7) *Apollos Auge* (5 Erzählungen von GKC: *The three Horsemen of Apocalypse,* dtsch. von Wolfgang Rhiele, sowie aus FB I die Nr. 3, 6 und 10 [aus nachstehend 4. b) 3.] und aus FB II Nr. 3 [aus nachstehend 4. c) 1.]; ferner: *Das Land des Yann* von Edward John Moreton Drax Plunkett Lord Dunsany, dtsch. von Friedrich Polakovics) Edition Weitbrecht im Thienemanns Verlag (auch als Bände 7 und 8 in: *Die Bibliothek von Babel,* mit Vorworten von Jorge Luis Borges – dtsch. von Maria Baumberg –, sowie als Band 4 in: *Die Meisterwerke der phantastischen Weltliteratur*) Stuttgart 1983; ferner in der 30bändigen *Bibliothek von Babel* im Goldmann-Verlag, München 1989

8) *Heitere Weisheit, ernste Späße: Aphorismen* (gesammelt und übersetzt von Gisbert Kranz) 79 S. Brendow-Lesezeichen, Brendow, Moers 1988

3. Deutsche Übersetzungen von Werken GKCs ohne die FB-Geschichten

1) *Orthodoxie* [engl. Nr. 13] (deutsch n. n.) 226 S. Hyperion-Verlag, München 1909

   – *Das Abenteuer des Glaubens, Orthodoxie* (deutsch von Paula Rüf, mit einer Einführung von Peter Schifferli) 266 S. Walter-Verlag, Olten 1947

2) *Der Mann, der Donnerstag war.* Ein(e) Nachtmahr [engl. Nr. 11] (deutsch von Heinrich Lautensack) 290 S. Hyperion-Verlag, Berlin 1910

   – Musarion-Verlag, München 1924

   – Ibis-Verlag, Linz/Wien 1947

   – Droemer/Knaur, Wiesentheid/München 1947, 1960, 1972

- Fischer (F.-Bücherei), Frankfurt/Main 1961
- Klett-Cotta, Stuttgart 1982
- (mit einem Nachwort von Reinhard Lehmann) Kiepenheuer (Gustav-K.-Bibliothek 84), Leipzig/Weimar 1988
- *Eine phantastische Geschichte* (deutsch von Bernhard Sengfelder) 220 S. Droemersche Verlagsanstalt, Wiesentheid 1947
- Droemer/Knaur, München 1960
- Fischer (F.-Bücherei 397), Frankfurt/Main 1961
- Droemer/Knaur (Knaur TB 252), München 1971, 1974, 1976, 1977

3) *Heretiker* (sic!) [engl. Nr. 9] (deutsch von Germaine Kolb-Stockley) XI + 337 S. Georg Müller, München 1912
- Musarion-Verlag, München 1915

4) *Magie*. Eine phantastische Komödie [engl. Nr. 30] (deutsch von Rudolf Kommer) 58 S. Oesterhold & Co., Berlin 1914

5) *Berliner Barbarentum* [engl. Nr. 33] (deutsch von n. n.) 26 S. Harrison & Co., London 1915

6) *Verteidigung des Unsinns, der Demut, des Schundromans und anderer mißachteter Dinge* [engl. Nr. 3] (deutsch von n. n.) 149 S. Verlag der weißen Bücher, Leipzig 1917
- Musarion-Verlag, München 1917
- (mit einer Verteidigung des Verteidigers von Peter Schifferli) 175 S. Walter-Verlag, Olten 1945, 1958
- Herder-Verlag, Freiburg i. Br. 1960
- Verlag Die Arche, Zürich 1969
- Fischer TB 5713, Frankfurt/Main 1986
- *Das Gold in der Gosse* (deutsch von Joachim Kalka) 109 S. Klett-Cotta (Cotta's Bibliothek der Moderne 53), Stuttgart 1956
- *Verteidigung des Nonsens:* Skizzen (deutsch von Christoph Sorger) 140 S. Kiepenheuer, Leipzig/Weimar 1991

7) *Das fliegende Wirtshaus* [engl. Nr. 31] (deutsch von Joseph Grabisch) 282 S. Musarion-Verlag, München 1922
- Droemersche Verlagsanstalt, Wiesentheid 1948
- Rowohlt (einer der ersten wirklichen RoRoRo = Rowohlts Rotations Romane: im Zeitungsformat auf Zeitungspapier in Zeitungsdruck) Hamburg 1949
- Fischer (F.-Bücherei 309) Frankfurt/Main 1959
- Droemer/Knaur, München 1967
- Droemer/Knaur (Knaur-TB 155) München 1974, 1976, 1977, 1981

8) *Was unrecht ist an der Welt* [engl. Nr. 18] (deutsch von Clarisse Meitner) 309 S. Musarion-Verlag, München 1924
- Heß-Verlag (Anker-Bücherei 2) Basel 1945

9) *Der Mann, der zuviel wußte*. Geschichten um einen Gentleman-Detektiv

[engl. Nr. 55] (deutsch von Clarisse Meitner) 484 S. Musarion-Verlag, München 1925

– Herder-Verlag (H.-Bücherei 63) Freiburg i. Br. 1960
– Droemer/Knaur (Knaur TB 323) München 1973, 1974, 1975, 1976, 1977

10) *G. Bernard Shaw* [engl. Nr. 15] (deutsch von Clarisse Meitner und Ludwig Goldscheider) 241 S. Phaidon-Verlag, Wien 1925

– Musarion-Verlag, München 1925

(hierzu auch: *Ein Streitgespräch zwischen George Bernard Shaw und G. K. Chesterton* [engl.: *Do we agree?* – bisher nur in Shaws Werken veröffentlicht]. Unter Vorsitz von Hilaire Belloc (deutsch von Friedrich Lindemann, Vorwort von Rudolf Kayser) 48 S. Carl Schünemann, Bremen 1930; und:

Bernard Shaw: ein Streitgespräch [engl. Nr. 26] (deutsch von Alfred Sellner) 21 S. Schriftenreihe ›Symposion‹ Nr. 16, Amandus-Edition, Wien 1947)

11) *Menschenskind* [engl. Nr. 27] (deutsch von Elsie McCalman und Nanni Collin) 279 S. Musarion-Verlag, München 1926

– Herder-Verlag (H.-Bücherei 135) Freiburg i. Br. 1962
– Droemer/Knaur (Knaur TB 370) München 1974, 1976

12) *Der heilige Franziskus von Assisi* [engl. Nr. 57] (deutsch von Jacques L. Benvenisti) 159 S. J. Kösel & F. Pustet, München 1927

– Herder-Verlag (H.-Bücherei 47) Freiburg i. Br. 1959
– *Franziskus: der Heilige von Assisi* (wie oben) Verlag Die Arche, Zürich 1981
– Fischer TB 5876, Frankfurt/Main 1986

13) *Der Held von Notting Hill* [engl. Nr. 7] (deutsch von Manfred Georg) 236 S. Carl Schünemann, Bremen 1927

– Eden-Verlag, Berlin 1927
– (mit Nachwort von Carl Amery) 254 S. Kerle-Verlag, Heidelberg 1981
– Suhrkamp TB 1174 (in: *Phantastische Bibliothek Nr. 156*) Frankfurt/Main 1985

14) *Don Quijotes Wiederkehr* [engl. Nr. 68] (deutsch von Curt Thesing) 319 S. Carl Schünemann, Bremen 1927

– Grethlein & Co., Leipzig 1927
– *Der neue Don Quijote* (wie oben) 245 S. Verlag Cassianeum, Donauwörth 1950
– *Die Rückkehr des Don Quixote* (deutsch von Karin Matthes) 360 S. (mit einem Nachwort von Valerin Marcu). Matthes & Seitz Verlag GmbH, München 1992

15) *Der geheimnisvolle Klub* [engl. Nr. 8] (deutsch von Rudolf Nutt) 273 S. Musarion-Verlag, München 1928

- Herder-Verlag (H.-Bücherei 111) Freiburg i. Br. 1961
- Droemer/Knaur, München 1961
- Droemer/Knaur (Knaur TB 207) München 1974, 1976, 1977
16) *Das neue Jerusalem* – Reiseeindrücke [engl. Nr. 51] (deutsch von Curt Thesing) 304 S. Carl Schünemann, Bremen 1930
17) *Der unsterbliche Mensch* [engl. Nr. 61] (deutsch von Curt Thesing) 368 S. Carl Schünemann, Bremen 1930
18) *Wie denken Sie darüber?* Tages- und Ewigkeitsfragen [engl. Nr. 79 und 86 je zum Teil] (deutsch von Curt Thesing) 242 S. Carl Schünemann, Bremen 1932
   - Buchgemeinde Wahlband, Bonn 1935
19) *Der heilige Thomas von Aquin* [engl. Nr. 94] (deutsch von Dr. Elisabeth Kaufmann) 223 S. Pustet, Salzburg/Leipzig 1935
   - Kerle-Verlag, Heidelberg 1957
   - *Der stumme Ochse.* Über Thomas von Aquin (wie oben) 139 S. Herder-Verlag (H.-Bücherei 75) Freiburg i. Br. 1960
   - Thomas von Aquin. *Der Heilige und der gesunde Menschenverstand.* Herder-Verlag, Freiburg i. Br. 1978, 1980
20) *Dickens* [engl. Nr. 10] (deutsch von Herbert Egon Herlitschka) 443 S. Phaidon-Verlag, Wien 1936
21) *Der Mann mit dem goldenen Schlüssel – Die Geschichte meines Lebens* [engl. Nr. 101] (deutsch von Dr. Hubert Schiel) 377 S. Herder-Verlag, Freiburg i. Br. 1952
22) *Der Dichter und die Verrückten. Episoden aus dem Leben von Gabriel Gale* [engl. Nr. 77] (deutsch von Gertrud Jahn) 173 S. Herder-Verlag (H.-Bücherei 121) Freiburg i. Br. 1962
23) *Der gewöhnliche Sterbliche* [engl. Nr. 108] (deutsch von Irmgard Wild) 291 S. Kösel-Verlag, München 1962

4. Deutsche Übersetzungen der Father-Brown-Geschichten
   a) Sammelbände*
      1. *Priester und Detektiv* [FB I + II] (deutsch von Hedwig Maria von Lama) 410 S. Pustet, Regensburg 1920
      2. *Ein Pfeil vom Himmel.* Aphorismen und Paradoxa [dem Titel zufolge könnte es sich statt um einen Essayband – wie oben unter 2. 2) angegeben – auch um einen FB-Band handeln; vgl. nachstehend d) 1.] (deutsch von Franz Simeth, mit einer Einführung von Friedrich Knapp) 208 S. Verlag Cassianeum, Donauwörth 1949

---

* Angaben zum jeweiligen Inhalt bzw. zur Zuordnung zu FB I–FB V können nur in dem Maße gemacht werden, wie die Unterlagen das verzeichnen bzw. eigene Überprüfung – vor allem bei älteren Bänden – möglich war.

3. *Detektivgeschichten* [aus FB I + II] (I = nachstehend b) 3.; II neu ins Deutsche übertragen 1–3 von Norbert Miller, 4–12 von Alfons Rottmann, mit einem Nachwort von Norbert Miller) 462 S. Hanser, München/Wien 1975

4. *Pater-Brown-Geschichten* [aus FB II + III + IV] (aus II wie vorstehend wird die 6. Geschichte in revidierter Form erneut abgedruckt; III wie nachstehend d) 1., die dort angegebene, gekürzte Ausgabe wurde von Fritz Arnold und Norbert Miller revidiert und ergänzt, die dort fehlenden Geschichten 1 und 6 wurden von Keto von Waberer neu übersetzt; IV wie nachstehend e) 2.; mit einem Auszug aus dem 16. Kapitel aus vorstehend 3. 21).) 427 S. Hanser, München/Wien 1976
   – Suhrkamp TB, Frankfurt/Main 1989

5. *Die schönsten Pater-Brown-Geschichten* [Lizenz zu 3] 464 S. Buchgemeinschaft Donauland Wien, Bertelsmann Lesering Gütersloh, Europäische Bildungsgemeinschaft Stuttgart, Deutsche Buchgemeinschaft Berlin (W)–Darmstadt–Wien, Buchclub Ex libris Zürich 1976
   – Deutscher Bücherbund Stuttgart–Hamburg–München 1978

6. Lizenzausgabe von 3 in: Buchgemeinschaft Donauland Wien, Bertelsmann Lesering Gütersloh 1977

7. *Das unlösbare Problem* [10 Geschichten aus FB I–V] (herausgegeben und mit einem Nachwort von Karl Heinz Berger) 300 S. Verlag Das Neue Berlin, Berlin (O) 1977, 1987

8. *Father Brown kann nicht glauben …* Detektivgeschichten [10 Geschichten aus FB I–V] (herausgegeben und mit einem Nachwort von Ursula Wicklein) 246 S. Sankt Benno-Verlag, Leipzig 1978, 1980, 1982

9. Lizenzausgabe von 5 in: Buchgemeinschaft Donauland Wien, Bertelsmann Lesering Gütersloh 1978

10. Lizenzausgabe von 3 in: Deutscher Bücherbund München–Hamburg–Stuttgart 1978

11. *Pater Brown und der Fehler in der Maschine* [aus FB II + III] (aus II wie vorstehend 3. die 2. und 3. sowie die 4. bis 11. Geschichte; aus III wie vorstehend 4. die 3., 5. und 6. Geschichte; deutsch von N. Miller, A. Rottmann und D. S. Kellner) 321 S. Diogenes TB 212,2, Zürich 1980, 1985, 1991*

12. *Pater Brown und das schlimmste Verbrechen der Welt* [aus FB IV + V] (aus IV die Geschichten 2–4 und 6–8 aus nachstehend e) 2.; aus V die Geschichten 3–4 und 7–8 aus nachstehend f) 1., sowie die 9. Geschichte, erstmals übersetzt von Alexander Schmitz) 321 S. Diogenes TB 212, 3, Zürich 1980, 1984, (als TE 20733) 1988**

---

* Die Texte von Kellner in der revidierten und ergänzten Fassung.

** Das Diogenes TB 212,1 siehe nachstehend b) 6.

13. *Das große Pater-Brown-Buch* [FB IV + II] (IV wie vorstehend 4. bzw. nach-
    stehend e) 2. + der 6. Geschichte aus II wie vorstehend in 4.; II wie nach-
    stehend c) 1. ohne die 6. Geschichte, die in die Übersetzung von
    Clarisse Meitner noch nicht aufgenommen war) 274 + 249 S. Droe-
    mer/Knaur (Knaur TB 1222), München 1985, 1992

14. *Pater Brown und die drei Werkzeuge des Todes* (deutsch von Ute Tanner;
    in freier Reihenfolge FB I: 4, 5, 12; FB II: 8, 12; FB III: 4; FB IV: 4;
    FB V: 7) 176 S. Scherz-Krimi 1089, Bern 1987

15. *Pater Brown und der Fluch des Bösen* (deutsch von Ute Tanner; in freier
    Reihenfolge FB I: 3; FB II: 1, 5; FB III: 3, 8; FB IV: 1, 7, 10; FB V: 4)
    178 S. Scherz-Krimi 1100, Bern 1987

16. *Pater Brown und der Hammer Gottes* (deutsch von Mechthild Sandberg;
    in freier Reihenfolge FB I: 1, 8, 9; FB II: 2, 4; FB III: 6; FB IV: 6) 176 S.
    Scherz-Krimi 1117, Bern 1987

17. *Pater Brown und der Spiegel des Richters* (Auswahl aus FB II: 3, 6 und 10
    sowie FB IV: 2, 3, 5 und 8 in freier Reihenfolge aus vorstehend 13.)
    178 S. Scherz-Krimi 1152, Bern 1988

18. *Pater Brown und der Heilige am Gong* (Auswahl aus FB I: 2, 6 und 11,
    FB II: 7, 9 und 11, FB IV: 9 in freier Reihenfolge aus vorstehend 13.
    sowie nachstehend b) 6.) 176 S. Scherz-Krimi 1168, Bern 1988

19. *Pater Brown und der Pfeil vom Himmel* (Auswahl aus FB I: 10, FB III: 1,
    2, 5 und 7, FB V: 9 in freier Reihenfolge aus nachstehend b) 3., vorste-
    hend 4. und 12.) 178 S. Scherz-Krimi 1183, Bern 1988

20. *Der geflügelte Dolch.* Detektivgeschichten [aus FB III] 140 S. Kinder-
    buchverlag, Berlin (O) 1988, 1990

21. *Nun schlägt's 13* [14 Geschichten aus FB I–V] (deutsch und herausge-
    geben von Elisabeth Kumpf) 351 S. Sankt Benno-Verlag, Leipzig 1988

22. Lizenzausgabe von 3: Insel-TB 1149, Frankfurt/Main 1989

23. Lizenzausgabe aus 5 [FB III + IV] 506 S. Insel-TB 1263, Frankfurt/Main
    1990

24. *Die schönsten Pater-Brown-Geschichten* [die 1. und 9. Geschichte aus FB I,
    die 1. und 3. Geschichte aus FB II, übernommen aus vorstehend 3.]
    Insel-TB 2332, Frankfurt/Main und Leipzig 1992

b) *Father Browns Einfalt (The Innocence of Father Brown)* [engl. Nr. 24] = FB I

   1. *Die verdächtigen Schritte.* 6 Detektivgeschichten (deutsch von Hedwig
      Maria von Lama) VII + 175 S. J. Kösel & F. Pustet, München 1927

   2. *Die Sünden des Prinzen Saradin.* 6 Detektivgeschichten (deutsch von
      Hedwig Maria von Lama) VII + 158 S. J. Kösel & F. Pustet, München
      1927

   3. *Der Hammer Gottes* (deutsch von Heinrich Fischer) 342 S. Kösel, Mün-
      chen 1959, 1960

4. Lizenz von 3: Büchergilde Gutenberg, Frankfurt/Main 1975
5. *Die Einfalt des Pater Brown* [Lizenz aus 3] 157 S. Jacobi (Senioren-Krimi 1) Bremen 1977
   - Richarz, Sankt Augustin 1983
6. *Pater Brown und das blaue Kreuz* [Auswahl aus 3] 259 S. Diogenes-TB 212, 1, Zürich 1980, 1985, (als TB 20731) 1991
7. wie 1, in: Krisenbibliothek der Weltliteratur 14, Diogenes, Zürich 1983
8. *Father Browns Einfalt* (deutsch und mit Notizen zur Übersetzung, einer biographischen Skizze und Anmerkungen von Hanswilhelm Haefs) 296 S. Haffmans Verlag, Zürich 1991

c) *Father Browns Weisheit (The Wisdom of Father Brown)* [engl. Nr. 32] = FB II
   1. *Das Paradies der Diebe* (deutsch von Clarisse Meitner) 350 S. Musarion-Verlag, München 1927
      - Droemer/Knaur, Wiesentheid/München 1948, 1973
      - Fischer (F.-Bücherei 339) 195 S. Frankfurt/Main 1960
      - Droemer/Knaur (Knaur TB 305) 204 S. München 1973, 1974, 1975, 1976, 1977, 1979
   2. *Father Browns Weisheit* (deutsch und mit Anmerkungen von Hanswilhelm Haefs) 265 S. Haffmans Verlag, Zürich 1991

d) *Father Browns Ungläubigkeit (The Incredulity of Father Brown)* [engl. Nr. 63] = FB III
   1. *Ein Pfeil vom Himmel* (deutsch von Dora Sophie Kellner, gekürzt) 256 S. Verlag die Schmiede, Berlin 1927
      - Volksverband der Bücherfreunde, Wegweiser-Verlag, Berlin 1928
   2. *Der geflügelte Dolch.* Abenteuer- und Kriminalgeschichten [Auswahl aus FB III sowie Geschichten anderer Autoren] 130 S. TB der Agentur des Rauhen Hauses A 14, Hamburg 1969
   3. *Der geflügelte Dolch.* Detektivgeschichten (deutsch von Heinrich Fischer, aus 4. a) 5., mit einem Nachwort von Rudolf Chowanetz) 140 S. Kinderbuchverlag, Berlin (O) 1988
   4. *Father Browns Ungläubigkeit* (deutsch und mit Anmerkungen von Hanswilhelm Haefs) 250 S. Haffmans Verlag, Zürich 1991

e) *Father Browns Geheimnis (The Secret of Father Brown)* [engl. Nr. 71] = FB IV
   1. *Das Geheimnis des Paters Brown* (deutsch von Rudolf Nutt) 292 S. Musarion-Verlag, München 1929
      - Limes-Verlag, Wiesbaden 1947
      - Droemer/Knaur, Wiesentheid/München 1947
      - Fischer, Fischer-Bücherei 92, Frankfurt/Main 1955, 1956
   2. *Das Geheimnis des Pater Brown.* Detektivgeschichten (deutsch von Alfred Paul Zeller) 214 S. Droemer/Knaur (Knaur-TB 130) München 1958, 1967, 1974, 1975, 1976, 1977, 1978, 1980

330

- Buchclub Ex Libris, Zürich 1960
- Bertelsmann Lesering, Gütersloh 1965
3. *Father Browns Geheimnis* (deutsch und mit Anmerkungen von Hanswilhelm Haefs) 232 S. Haffmans Verlag, Zürich 1992
f) *Father Browns Skandal (The Scandal of Father Brown)* [engl. Nr. 96] = FB V
  1. *Skandal um Pater Brown* (deutsch von Kamilla Demmer) 233 S. Amandus-Edition, Wien 1948*
     - Herder-Verlag (H.-Bücherei 23) 171 S. Freiburg i. Breisgau 1958, 1959, 1960, 1961, 1962, 1964**
  2. *Father Browns Skandal* (einschließlich erstmals der FB-Erzählung *Die Donnington-Affäre*, deutsch, mit Anmerkungen, einer bibliographischen Skizze, Bemerkungen zu den früheren Übersetzungen sowie einem Nachwort von Hanswilhelm Haefs) 361 S. Haffmans Verlag, Zürich 1993

Sieht man sich die Daten zu den FB-Geschichten genauer an, ergeben sich eine Reihe bemerkenswerter Tatsachen. Zum ersten hat sich bisher kein anderer Verlag die Mühe gemacht, die von einem Autor mit einer Stimme erzählten FB-Geschichten auch von einem Übersetzer ins Deutsche übertragen zu lassen. Zum zweiten sind von den ursprünglichen Übersetzungen FB I (H. M. von Lama, 1927) und FB IV (R. Nutt, 1929) keine der Geschichten mehr auf dem Markt; von FB II (C. Meitner, 1927) noch einige Geschichten in Sammlungen; von FB III (D. S. Kellner, 1927) nur noch die revidierten Fassungen; nur FB V (K. Demmer, 1948) befindet sich weiter im Umlauf. Zum dritten sind die Neuübersetzungen von FB I (H. Fischer, 1959), FB II (N. Miller, A. Rottmann, 1975) und FB IV (A. P. Zeller, 1958) ebenso wie die revidierte und ergänzte Ausgabe von FB III (1976) kaum besser als die durch sie ersetzten Erstübersetzungen. Und zum vierten wurden die bemerkenswerten Neuübersetzungen von Ute Tanner und Mechtild Sandberg (1987) sowie von Elisabeth Kumpf (1988) von den jeweiligen Verlagen nicht weiter gefördert, sondern umgehend wieder in immer neu sortierte Zusammenstellungen der vorstehend genannten Übersetzungen integriert. Das ist um so bedauerlicher,

---

* Laut Impressum in detebe 212,3 bzw. 20733 (vorstehend a) 12.) sind die dort aufgenommenen Geschichten einer Ausgabe *Wer war der Täter?* der Amandus-Edition, Wien 1948, entnommen, unter welchem Titel in der oben genannten Ausgabe die 6. Geschichte erschienen war – ein bibliographischer Irrtum bei Diogenes?
** Auch diese Herder-Ausgabe enthält – wie viele ältere Ausgaben – statt der Übersetzungen der Originaltitel nach der Wiener Vorlage eine ganze Reihe Geschichten mit neu erfundenen Titeln, z. B. die 2. als *Ein Glas Whisky*, die 5. als *Mord am Pier* und die 6. eben als *Wer war der Täter?*

wenn – wie im Fall der *Bibliothek von Babel* – eine von dem bedeutenden Kenner Jorge Luis Borges zusammengestellte Sammlung der besten FB-Geschichten, bereichert durch die von JLB als die beste Geschichte Chestertons überhaupt bezeichnete Erzählung von den *Drei Reitern der Apokalypse* aus einer anderen Erzählreihe GKCs und durch ein gedankenreiches Vorwort JLBs, mit Übersetzungen der genannten Art zusammengespannt wird: Welchem aufmerksamen Leser fiele nicht die Diskrepanz zwischen den Behauptungen JLBs und der Qualität der deutschen Fassungen der GKC-Erzählungen ins Auge?

BEMERKUNGEN ZU DEN FRÜHEREN ÜBERSETZUNGEN

Der literarische Rang Chestertons ist dem deutschsprachigen Publikum vor allem aus drei Gründen weitgehend verborgen geblieben: wegen der weitgehend indiskutablen Übersetzungen besonders der FB-Geschichten; weil man Chestertons Werk vor allem als katholische Apologetik verkauft hat; und weil beide Tatsachen zusätzlich durch die Pater-Brown-Filme verstärkt wurden.

Zu den Pater-Brown-Filmen ist eigentlich nur zu sagen, daß man sie höchstens als »nach Motiven Chestertons« bezeichnen dürfte, da sie nicht einmal die Plots der Geschichten übernommen haben, von den Dialogen und Argumentationsreihen GKCs ganz zu schweigen, sondern offenbar insbesondere dazu zu dienen hatten, so großartigen Menschendarstellern wie Heinz Rühmann oder Josef Meinrad schöne Rollen auf den Leib zu schreiben. So kam es, daß Chesterton bis heute für viele wie der Drehbuchschreiber zu den Pater-Brown-Filmen erscheint, ähnlich wie Kipling vielen immer noch als Drehbuchschreiber Walt Disneys gilt.

Was die katholische Apologetik angeht, so bildet sie zwar ein sehr starkes und eigentümliches Element in Chestertons Werk, aber: Der englische Katholizismus befindet sich aus geschichtlichen Gründen in einer völlig anderen gesellschaftlichen wie spirituellen Lage als etwa der deutsche. Da nun GKC sich natürlich an der englischen Situation ausrichtete und aus ihr heraus seine Apologetik für englische Leser verfaßte, verliert vieles in unkommentierten deutschen Übersetzungen seinen Sinn als wesentliches Element, wenngleich andererseits vieles noch lange lesenswert, anregend und durch seine ungewöhnliche Argumentationsweise geradezu aufregend bleibt.

Was aber die Qualität der früheren Übersetzungen angeht, auf die in Band I, S. 271–274, bereits kurz eingegangen wurde, erscheint es sinnvoll, einige besonders drastische Beispiele etwas genauer zu untersuchen, damit – hoffentlich! – der Weg zu einer neuen und zutreffenderen Bewertung der literarischen Bedeutung GKCs von den verzerrenden Überwucherungen wenigstens einigermaßen befreit werde.

Die vier wichtigsten Kriterien einer Übersetzungskritik dürften sein: Ist es gelungen, den Originalton des Autors einigermaßen zu treffen? Sind seine geistigen, bildlichen und sprachlichen Bewegungen wenigstens annähernd erkennbar geblieben? Ist die Verzahnung des Plots mit der Sprache, der sprachliche Plot sozusagen (zu dem durchaus auch Rechtschreibe- und Interpunktionseigenheiten gehören können), in vertretbarer Weise übermittelt worden? Und schließlich und letztens: Gibt es lexikalische Fehler in bedeutender Menge und von einer Art, die Plot, Argumentation, Stimmung usw. des Originals beschädigt?

Um mit dieser letzten und an sich bedeutungslosesten Frage zu beginnen, sei hier eine kleine Blütenlese aus der besonders unbefriedigenden Übersetzung von Alfons Rottmann (die Geschichten 4–12 in FB II) gegeben, der zudem beliebig Halb- und Ganzsätze ausließ und darüber hinaus GKCs farbiger und bewegter Sprache mit seinem farblosen und unbewegten Deutsch einen noch böseren Tort antat:

Offiziere, die sich »in the same mess« kennengelernt haben, taten das in der Offiziersmesse, dem Kasino der gleichen Garnison, und nicht »auf der Militärakademie«.

»blind cheeks« sind keine blinden Wangen, sondern die Pobacken.

»blind doors« sind Geheim- und nicht »Fall«türen.

»existence was agony of extinction« heißt etwa: »Existenz war Todeskampf des Erlöschens/Auslöschens«, und nicht »ich hielt mich für verloren«.

»pugilists« sind Boxer, Faustkämpfer, und nicht »Desperados der Feder«.

»portraits« sind (geschriebene) Porträts, und nicht »Mitarbeiter«.

»dorsal fin of a shark« ist die Rückenfinne, und nicht die »Schwanzflosse« eines Hais.

»bimetallism for Greater Britain« heißt nicht: »Metallegierungsprobleme der Großbritannischen Industrie«, sondern war vielmehr ab 1876 die Bezeichnung für eine währungspolitische Diskussion: ob nämlich eine aus den beiden Edelmetallen Gold und Silber bestehende Währung, wobei beider Wert zueinander in feste Relation zu bringen wäre, die verbindliche Währung für alle Territorien sein solle, die sich der britischen Währung anzuschließen gedächten (also etwa Irland, die Kanalinseln, Man, oder auch andere Teile des damaligen Empires): des größeren Britannien eben.

Das englische »deep sin« heißt auf deutsch nicht »tiefer Sinn«, sondern »schwere Sünde«.

Die Geschichte *Der Kopf Caesars* (die 6. in FB II) mißlang ihm dermaßen, daß der Verlag sie für den 2. Band seiner Ausgabe revidieren ließ und sie in der zweibändigen Ausgabe also zweimal abdruckte. Und dennoch sind immer noch so phantastische Fehlleistungen wie die folgenden übriggeblieben:

> »a maze with no centre« ist ein Irrgarten/Labyrinth ohne Mittelpunkt, und nicht »ein Nebel ohne Mittelpunkt« (maze, haze).
>
> Ein »darned table-cloth« ist eine gestopfte Tischdecke und kein »speckiges Tischtuch«.
>
> Sein »coat-of-arms« sind nicht seine Orden, sondern das oder die Wappen seiner Familie.

Und dann heißt es im Original GKCs: »Arthur, you may say, might well complain of this; but Arthur is my father over again. Though he had some differences with my father in early youth, no sooner had he taken over the Collection than he became like a pagan priest dedicated to a temple. He mixed up these Roman halfpence with the honour of the Carstairs family in the same stiff, idolatrous way as his father before him. He acted as if Roman money must be guarded by all the Roman virtues. He took no pleasures; he spent nothing on himself; he lived for the Collection. Often he would not trouble to dress for his simple meals; but pottered about among the corded brown-paper parcels (which no one else was allowed to touch) in an old brown dressing-gown. With its rope and tassel and his pale, thin, refined face, it made him look like an old ascetic monk. Every now and then, though, he would appear dressed like a decidedly fashionable gentleman; but that was only when he went up to the London sales or shops to make an addition to the Carstairs Collection.«

Daraus machte Rottmann: »Nun werden Sie denken, Arthur sei über diese Aufteilung erbost gewesen – aber weit gefehlt: Arthur ist ganz wie sein Vater. Kaum hatte er die Sammlung übernommen, benahm er sich wie ein seinem Tempel geweihter Priester – und alle Streitigkeiten aus früheren Jahren waren vergessen. Er verband die Münzen auf eben dieselbe unduldsame und abgöttische Weise wie vordem sein Vater mit dem Ehrencodex der Carstairs. Das römische Geld mußte, nach seiner Vorstellung, mit allen römischen Tugenden bewahrt werden. Er gab sich keinen Vergnügungen hin, gönnte sich nichts – er lebte ausschließlich für seine Sammlung. Nicht einmal zu den Mahlzeiten erschien er in einem ordentlichen Aufzug, sondern stets in einem schmuddeligen Morgenmantel, in dem er auch den ganzen Tag in seinen braunen Münzpäckchen herumwerkelte, die außer ihm keiner auch nur berühren durfte. Manchmal kam er mir in seinem Auftreten und mit seinem schmalen, blassen Gesicht wie ein alter asketischer Mönch vor. Dann und wann freilich erschien er nach der letzten Mode gekleidet – aber stets nur, wenn er sich nach London aufmachte, um auf Auktionen neue Stücke für die Carstairs-Sammlung zu ersteigern.« (Vgl. hierzu die Übersetzung in der vorliegenden Ausgabe FB II, S.116, 2. Absatz).

Aber auch die Übersetzung etwa von *Father Browns Ungläubigkeit* ist selbst in der revidierten und ergänzten Fassung der ursprünglichen Übertragung nicht besonders erfreulich. Dafür einige Beispiele aus der 1. und der 3. Geschichte:

»The Apostle of the Gentiles« ist keineswegs der Apostel der Christen (ein Unfug zusätzlich in sich), sondern der Apostel der Heiden.
Der Satz »He was a figure far less familiar in satire and international gossip than that of the American journalist« heißt nicht »Er war ein Mensch, der weit weniger mit Satire und internationalem Klatsch vertraut war als der amerikanische Journalist«, sondern: »Er war ein Mensch von jener Art, die in der Satire und dem internationalen Klatsch viel seltener auftaucht als die des amerikanischen Journalisten.«

Der nächste Satz heißt: »Yet, as a matter of fact, America contains a million men of the moral type of Race to one of the moral type of Snaith«, welchem entspricht: »Und doch ist es eine Tatsache, daß in Amerika auf 1 Million Menschen von der moralischen Art eines Race nur 1 von der moralischen Art eines Snaith kommt«, und keineswegs: »Dennoch ist es eine Tatsache, daß in Amerika auf etwa eine Million Menschen von seinem Schlage nur einer von der geistigen Verfassung Snaiths kommt.«

Der »private servant« ist ein persönlicher Diener und nicht der Privatsekretär, und wenn es auch noch einen »private secretary« gibt, verwirrt die Falschübersetzung die Beziehungen der Personen zueinander bis ins Unbegreifliche.
Die »externals« eines katholischen Landes sind Äußerlichkeiten, Zeremonien gar, niemals aber »Auswüchse«.
Ein »wood-pile« ist ein Holzstoß (etwa aus Brennholz), aber keine »Holzhütte«.
Der »dago« ist im Angelsächsischen ein Schimpfwort für alle romanischen Völker (mit Ausnahme der Franzosen, die man »Froschfresser« schimpft, und manchmal der Italiener, der »whops« oder Spaghetti-fresser), bedeutet aber niemals »Narr« (Sankt Jakob wird im Spa-

nischen zu Sant Iago zu Sandiego zu Diego = Jakob, zu eben »dago«).
Der »retriever« ist ein Apportierhund, aber niemals der »Schäfer-
hund«.
> »on the broad brown sands beside it, in large crazy lettering, he had
> scrawled …« heißt etwa: in den bräunlichen Sand daneben hatte er
> in großen wackeligen Buchstaben die Worte gekritzelt …: keines-
> wegs aber: »die andere Hand krampfte sich um einen Zettel, auf den
> er die Worte geschmiert hatte …«
> »Imperial Police« ist die Reichspolizei und nicht die »imperialistische
> Polizei«.

An diesen Beispielen läßt sich unschwer erkennen, daß z. B. in den Fragen Offiziersmesse oder Militärakademie, Rückenfinne oder Schwanzflosse zwar ein-
deutige lexikalische Fehler vorliegen, doch kommt ihnen weiter keine große
Bedeutung zu, da sie eben nichts Wesentliches verzerren. Anders ist es da
schon mit den Fragen »pugilist« und »portraits«, »bimetallism« und »dago«:
denn diese lexikalischen Fehler führen zu erheblichen Verzerrungen im Sach-
lichen wie in den Akzentuierungen. Und ganz schlimm sind die Mißgriffe wie
bei »deep sin«, »Apostle of the Gentiles« oder »externals«, da sie entweder
eine im Zusammenhang mit Chesterton und zumal mit Father Brown er-
schreckende und gefährliche Unkenntnis kirchlicher Grundlagen verraten, wo
sie nicht gar wie im Falle der »imperialistischen Polizei« geradezu den Verdacht der bewußten Verfälschung, der tendenziösen Verzerrung, des gewoll-
ten Verrats am Autor nahelegen.

Nicht die semantisch unbedeutenden lexikalischen Fehler sind es, selbst
nicht in größerer Anzahl, die für die Beurteilung der Übersetzung eine Rolle
spielen, sondern die verzerrenden, ja verfälschenden oder gar verleumdenden
Missetaten, die in größerer Anzahl, vor allem bei den kurzen Texten der FB-
Geschichten, schon für sich allein ein negatives Urteil nahelegen, obwohl es
sich doch nur um Fragen der 4. und letzten Kategorie handelt.

Zu den höheren Kategorien wieder einige Beispiele, die zwar grundsätzlich
aus jeder beliebigen alten Übersetzung hätten genommen werden können,
doch schien es aus zwei Gründen zweckmäßig, sie dem vorliegenden Band V
zu entnehmen: Einmal hat Chesterton seine Schreibeigentümlichkeiten hier
noch weiter vorangetrieben als in den früheren Bänden; und zum anderen sind
die Passagen so einfacher in der hier vorgelegten neuen Übertragung zu kon-
trollieren: Passagen aus dem Anfang und dem Ende der 7. und dem Anfang
der 8. Geschichte (S. 153, S. 176 sowie der 1., 9. und 15. Absatz S. 181, 183,
185).

The Point of a Pin

Father Brown always declared that he solved this problem in his sleep. And this was true, though it rather an odd fashion; because it occurred at a time when his sleep was rather disturbed. It was disturbed very early in the morning by the hammering that began in the huge building, or half-building, that was in process of erection opposite to his rooms; a colossal pile of flats still mostly covered with scaffolding and with boards announcing Messrs Swindon & Sand as the builders and owners. The hammering was renewed at regular intervals and was easily recognizable; because Messrs Swindon & Sand specialized in some new American system of cement flooring which, in spite of its subsequent smoothness, solidity, impenetrability and permanent comfort (as described in the advertisements), had to be clamped down at certain points with heavy tools. Father Brown endeavoured, however, to extract exiguous comfort from it; saying that it always woke him up in time for the very earliest Mass, and was therefore something almost in the nature of a carillon. After all, he said, it was almost as poetic that Christians should be awakened by hammers as by bells. As a fact, however, the building operations were a little on his nerves, for another reason. For there was hanging like a cloud over the half-built skyscraper the possibility of a Labour crisis, which the newspapers doggedly insisted on describing as a Strike. As a matter of fact, if ever it happened, it would be a Lock-out.

Die Spitze einer Nadel

Pater Brown hat später immer behauptet, er habe dieses Problem im Schlaf gelöst. Und das war richtig, freilich in einem eigenen Sinn. Denn das Problem ergab sich, während sein Schlaf eher gestört war. Sehr früh am Morgen war er durch das Hämmern geweckt worden, das von dem riesigen Gebäude oder eigentlich von dem Neubau gegenüber seiner Wohnung ausging. Eine gewaltige Masse von Stockwerken, zum größten Teil noch eingerüstet, mit Tafeln, auf denen die Firma Swindon & Sand als Erbauer und Besitzer zu lesen war. Das Hämmern wiederholte sich in regelmäßigen Zwischenräumen und war sehr deutlich hörbar. Denn die Firma Swindon & Sand verwendete eine neue amerikanische Art von Fußböden aus Zement, die, mochten sie später noch so glatt, elastisch, solid und dauerhaft sein (wie die Ankündigungen hervorhoben), doch an einzelnen Stellen mit wuchtigen Werkzeugen festgemacht werden mußten. Es gelang Pater Brown jedoch, die Störung als einen Vorteil zu betrachten, indem er sich auf den Standpunkt stellte, sie wecke ihn gerade zur rechten Zeit für die allererste Frühmesse und sei also beinahe etwas wie ein Glockenspiel. Daß Christenmenschen durch Hämmern geweckt würden, sei fast ebenso poetisch, als wenn das durch Glockengeläute geschähe. Alles in allem fielen ihm aber die Arbeiten am Neubau doch ein wenig auf die Nerven, wenn auch aus einem andern Grunde. Denn

But he worried a good deal about whether it would happen. And it might be questioned whether hammering is more of a strain on the attention because it may go on for ever, or because it may stop at any minute.

'As a mere matter of taste and fancy,' said Father Brown, staring up at the edifice with his owlish spectacles, 'I rather wish it would stop. I wish all houses would stop while they still have the scaffolding up. It seems almost a pity that houses are ever finished. They look so fresh and hopeful with all that fairy filigree of white wood, all light and bright in the sun; and a man so often only finishes a house by turning it into a tomb.'

As he turned away from the object of his scrutiny, he nearly ran into a man who had just darted across the road towards him. It was a man whom he knew slightly, but sufficiently to regard him (in the circumstances) as something of a bird of ill-omen. Mr Mastyk was a squat man with a square head that looked hardly European, dressed with a heavy dandyism that seemed rather too consciously Europeanized. But Brown had seen him lately talking to young Sand of the building firm; and he did not like

über dem erst halbfertigen Wolkenkratzer hing wie eine Wolke die Möglichkeit einer Arbeitskrise, die die Zeitungen hartnäckig als Streik bezeichneten, während sie tatsächlich, wenn es je zu ihr käme, nichts anderes sein würde als eine Aussperrung. Und es ist die Frage, ob Hämmern mehr auf die Nerven geht, weil es nie oder weil es in derselben Minute aufhören wird.

»Handelte es sich nur um meinen Geschmack und um mein Gefühl«, sagte Pater Brown, durch seine eulenartigen Brillengläser zu dem Gebäude hinaufblickend, »so würde ich wünschen, daß die Arbeit daran aufhörte. Mir wäre am liebsten, wenn jeder Bau aufhörte, solange noch die Gerüste stehen. Es ist fast schade, daß man Häuser fertig baut. Sie sehen so frisch und so hoffnungsfreudig aus mit all diesem netten Filigran aus lichtem Holz, alles leuchtet und glänzt in der Sonne. Und da geht einer her und macht das Haus fertig, und dann ist es auf einmal eine Gruft.«

Als er sich von dem Gegenstand seiner Betrachtung abwandte, rannte er beinahe in einen Mann, der gerade die Straße in seiner Richtung überquert hatte. Er kannte den Mann nur oberflächlich, aber doch genügend, um ihn unter Umständen als eine Art von Unglücksvogel anzusehen. Mr. Mastyk war ein plumper Mensch mit einem viereckigen Schädel. Er sah kaum wie ein Europäer aus, obwohl die merkliche Sorgfalt, mit der er angezogen war, fast zu bewußt europäisch wirkte. Aber Pater Brown

it. This man Mastyk was the head of an organization rather new in English industrial politics; produced by extremes at both ends; a definite army of non-Union and largely alien labour hired out in gangs to various firms; and he was obviously hovering about in the hope of hiring it out to this one. In short, he might negotiate some way of out-manoeuvring the Trade Union and flooding the works with blacklegs. Father Brown had been drawn into some of the debates, being in some sense called in on both sides. And as the Capitalists all reported that, to their positive knowledge, he was a Bolshevist; and as the Bolshevists all testified that he was a reactionary rigidly attached to *bourgeois* ideologies, it may be inferred that he talked a certain amount of sense without any appreciable effect on anybody. The news brought by Mr Mastyk, however, was calculated to jerk everybody out of the ordinary rut of the dispute.

'They want you to go over there at once,' said Mr Mastyk, in awkwardly accented English. 'There is a threat to murder.'

hatte ihn unlängst mit dem jungen Sand von der Baufirma sprechen sehen; und das hatte ihm nicht gefallen. Dieser Mastyk war der Leiter einer in englischen Industriellenkreisen neuen Organisation, nämlich einer kleinen Armee von Arbeitern, die nicht Gewerkschaftsmitglieder und zum größten Teil Ausländer waren und in geschlossenen Kolonnen von verschiedenen Firmen in Dienst genommen wurden. Und Mastyk trieb sich hier offenbar in der Hoffnung herum, mit der Baufirma ein solches Geschäft abzuschließen, kurzum, es irgendwie zu erreichen, daß die Gewerkschaft ausgeschaltet und die Baustelle mit Streikbrechern überschwemmt würde. Pater Brown war in einige dieser Besprechungen hineingezogen worden, wobei ihn jede der beiden Parteien in gewissem Sinne für sich beansprucht hatte. Und da die Kapitalisten sämtlich erklärten, sie wüßten bestimmt, daß er ein Bolschewist sei, während die Bolschewisten einhellig beteuerten, er sei als Reaktionär streng auf die Burschui-Ideologie eingeschworen, so liegt die Vermutung nahe, daß er die Stimme der Vernunft hatte vernehmen lassen, natürlich ohne auf jemanden einen merklichen Eindruck zu machen.

Die Nachricht jedoch, die Mr. Mastyk diesmal zu überbringen hatte, fiel gänzlich aus dem Rahmen der bisherigen Diskussion. »Sie sollen sofort hinüberkommen«, sagte er in unbeholfenem Englisch. »Es handelt sich um eine gefährliche Drohung.« (...)

Father Brown rose from his seat, walked across the room and looked down frowning into the fire-place.
'Meanwhile,' continued Stanes, 'I don't mind answering both your questions. I left the Sand business because I was sure there was some hanky-panky in it and somebody was pinching all the money. I came back to it, and took this flat, because I wanted to watch for the real truth about old Sand's death – on the spot.'

Father Brown faced round as the detective entered the room; he stood staring at the hearthrug and repeated: 'On the spot.'
'Mr Jackson will tell you,' said Stanes, 'that Sir Hubert commissioned him to find out who was the thief robbing the firm; and he brought a note of his discoveries the day before old Hubert disappeared.'

'Yes,' said Father Brown, 'and I know now where he disappeared to. I know where the body is.'
'Do you mean –?' began his host hastily.
'It is here,' said Father Brown, and stamped on the hearthrug. 'Here, under the elegant Persian rug in this cosy and comfortable room.'

'Where in the world did you find that?'
'I've just remembered,' said Father Brown, 'that I found it in my sleep.'
He closed his eyes as if trying to picture a dream, and went on dreamily:

Pater Brown erhob sich, schritt langsam durchs Zimmer und blieb nachdenklich vor dem Kamin stehen.
»Inzwischen«, fuhr Lord Stanes fort, »will ich gern Ihre beiden Fragen beantworten. Ich verließ die Firma Sand, weil ich überzeugt war, daß es da nicht mit rechten Dingen zugehe und daß jemand Geld unterschlage. Ich bezog diese Wohnung, weil ich die Wahrheit über den Tod des alten Sand erfahren wollte, und zwar an Ort und Stelle.«
Pater Brown wandte sich um, gerade als der Detektiv das Zimmer betrat. Er senkte den Blick zu Boden und wiederholte: »An Ort und Stelle.«
»Mr. Jackson wird Ihnen sagen«, sprach Stanes, »daß Sir Hubert ihn beauftragt hat herauszufinden, wer die Unterschleife in der Firma begehe. Er brachte ihm seinen Bericht am Tage, bevor Sir Hubert verschwand.«
»Ja«, sagte Pater Brown, »und ich weiß jetzt, wohin er verschwand. Ich weiß, wo die Leiche ist.«
»Sie meinen – – –«, begann der Hausherr hastig.
»Hier ist sie«, sagte Pater Brown und stampfte mit dem Fuß auf den Kaminteppich. »Hier unter diesem kostbaren Perserteppich in diesem behaglich eingerichteten Zimmer.«
»Wie in aller Welt sind Sie darauf gekommen?«
»Es fiel mir gerade ein«, sagte Pater Brown, »daß ich im Schlaf daraufgekommen bin.«
Er schloß die Augen, wie um sich einen Traum in Erinnerung zu rufen, und fuhr träumerisch fort:

'This is a murder story turning on the problem of How to Hide the Body; and I found it in my sleep. I was always woken up every morning by hammering from this building. On that morning I half-woke up, went to sleep again and woke once more, expecting to find it late; but it wasn't. Why? Because there *had* been hammering that morning, though all the usual work had stopped; short, hurried hammering in the small hours before dawn. Automatically a man sleeping stirs at such a familiar sound. But he goes to sleep again, because the usual sound is not at the usual hour. Now why did a certain secret criminal want all the work to cease suddenly; and only new workers come in? Because, if the old workers had come in next day, they would have found a new piece of work done in the night. The old workers would have known where they left off; and they would have found the whole flooring of this room already nailed down. Nailed down by a man who knew how to do it; having mixed a good deal with the workmen and learned their ways.'

As he spoke, the door was pushed open and a head poked in with a thrusting motion; a small head at the end of a thick neck and a face that blinked at them through glasses.

'Henry Sand said,' observed Father Brown, staring at the ceiling, 'that he was no good at hiding things.

»Dieser Mordfall dreht sich um das Problem: Wie verstecke ich die Leiche? Und ich löste es im Schlaf. Jeden Morgen weckte mich das Hämmern von dem Neubau. An jenem Morgen erwachte ich halb, schlief wieder ein und hatte, als ich abermals erwachte, das Gefühl, daß es spät sein müsse. Das stimmte aber nicht. Wieso? Weil an jenem Morgen gehämmert worden war, obwohl die normale Arbeit bereits ruhte. Kurzes, hastiges Hämmern in den ersten Morgenstunden vor der Dämmerung. Ein Schlafender wird automatisch unruhig bei diesem gewohnten Geräusch. Er schläft aber wieder ein, weil das gewohnte Geräusch nicht zur gewohnten Stunde erfolgt. Warum aber wollte ein gewisser Verbrecher, daß alle Arbeit plötzlich stillstehen solle? Und daß mit neuen Leuten weitergearbeitet werden solle? Weil die alten Arbeiter am nächsten Tag bemerkt hätten, daß über Nacht weitergearbeitet worden war. Die alten Arbeiter hätten gewußt, wo sie am Abend vorher aufgehört hatten. Am nächsten Morgen hätten sie gefunden, daß der ganze Fußboden in diesem Raum bereits festgenagelt war. Und zwar von jemandem, der die Arbeit verstand, weil er sie von ihnen gelernt hatte.«

Während er sprach, öffnete sich die Tür, und ein kleiner Kopf auf einem gedrungenen Hals schob sich durch den Spalt. Augen, die hinter Gläsern blinzelten, spähten herein.

»Henry Sand sagte, daß er kein Talent hätte, etwas zu verbergen«, sagte Pater Brown und richtete den

But I think he did himself an injustice.'

Henry Sand turned and moved swiftly away down the corridor.

'He not only hid his thefts from the firm quite successfully for years,' went on the priest with an air of abstraction, 'but when his uncle discovered them, he hid his uncle's corpse in an entirely new and original manner.'

At the same instant Stanes again rang a bell, with a long strident steady ringing; and the little man with the glass eye was propelled or shot along the corridor after the fugitive, with something of the rotatory motion of a mechanical figure in a zoetrope. At the same moment, Father Brown looked out of the window, leaning over a small balcony, and saw five or six men start from behind bushes and railings in the street below and spread out equally mechanically like a fan or net; opening out after the fugitive who had shot like a bullet out of the front door. Father Brown saw only the pattern of the story; which had never strayed from that room; where Henry had strangled Hubert and hid his body under impenetrable flooring, stopping the whole work on the building to do it. A pin-prick had started his own suspicions; but only to tell him he had been led down the long loop of a lie. The point of the pin was that it was pointless.

Blick zur Decke. »Ich glaube, er unterschätzt sich.«

Henry Sand wandte sich um und ging raschen Schrittes den Gang hinunter.

»Er hat nicht nur seine Unterschlagungen durch Jahre verborgen gehalten«, fuhr der Priester mit abwesender Miene fort, »sondern auch, als ihm der Onkel daraufkam, die Leiche dieses Onkels auf eine gänzlich neue und originelle Art versteckt.«

In diesem Augenblick ergriff Lord Stanes neuerlich die Glocke und läutete heftig. Der kleine Mann mit dem Glasauge setzte sich in Bewegung und lief wie eine aufgezogene Spielzeugfigur den Korridor entlang, hinter dem Flüchtenden her. Pater Brown trat ans Fenster und sah auf der Straße fünf bis sechs Männer, die aus verschiedenen Verstecken hervorkamen und ebenfalls hinter dem Flüchtling, der soeben aus der Haustür herausgestürzt war, herzulaufen begannen. Für Pater Brown ordneten sich die Fäden zum Muster. Hier in diesem Zimmer hatte Henry seinen Onkel ermordet und seine Leiche unter dem Patentfußboden versteckt, nachdem er zu diesem Zweck die Arbeit am Bau zum Stillstand gebracht hatte. Die Spitze einer Nadel hatte Pater Browns Verdacht erweckt und ihm gezeigt, daß er die falsche Spur verfolge. (…)

The Insoluble Problem

This queer incident, in some ways perhaps the queerest of the many that came his way, happened to Father Brown at the time when his French friend Flambeau had retired from the profession of crime and had entered with great energy and success on the profession of crime investigator. It happened that both as a thief and a thief-taker, Flambeau had rather specialized in the matter of jewel thefts, on which he was admitted to be an expert, both in the matter of identifying jewels and the equally practical matter of identifying jewel-thieves. And it was in connection with his special knowledge of this subject, and a special commission which it had won for him, that he rang up his friend the priest on the particular morning on which this story begins.

As they drove along through a densely wooded but sparsely inhabited landscape, in which inns and all other buildings seemed to grow rarer and rarer, the daylight began to take on the character of a stormy twilight even in the heat of noon; and dark purple clouds gathered over the dark grey forests. As is common under the lurid quietude of that kind of light, what colour there was in the landscape gained a sort of secretive glow which is not found in objects under the full sunlight; and ragged red leaves or golden or orange fungi seemed to burn with a dark fire of

Das unlösbare Problem

Das seltsame Ereignis, in mancher Beziehung vielleicht das seltsamste, das Pater Brown je erlebt hatte, trug sich zu der Zeit zu, als sein französischer Freund den Beruf eines Verbrechers aufgegeben und sich mit viel Eifer und Erfolg dem der Aufdeckung von Verbrechen zugewendet hatte. Zufällig hatte sich Flambeau als Dieb wie als Detektiv einigermaßen auf Schmuckdiebstahl spezialisiert. Er konnte als Sachverständiger gelten, sowohl wenn es sich darum handelte, Juwelen zu schätzen, wie auch, und das war nicht von geringerer praktischer Bedeutung, Juwelendiebe zu entlarven. Und im Zusammenhang mit seinen besonderen Kenntnissen auf diesem Gebiet und mit einem Auftrag, den er ihnen verdankte, rief er seinen Freund, den Priester, an eben jenem Morgen an, an dem diese Geschichte beginnt. (…)

Als sie durch die waldreiche, wenig besiedelte Landschaft fuhren, in der Häuser und Gasthöfe immer seltener wurden, begann das Tageslicht seltsam fahl zu werden, als ob die Dämmerung hereinbrechen wollte, obwohl es erst Mittag war. Dunkelviolette Wetterwolken ballten sich am Himmel zusammen. Von der fast schwarzen Wand der Wälder hoben sich die Farben leuchtender ab als bei Sonnenschein. Alle Dinge schienen von innen zu glühen; zackige rote Blätter und goldgelbe und orangefarbene Pilze brannten in dunklem Feuer. Endlich öffnete sich, wie

343

their own. Under such a half-light they came to a break in the woods like a great rent in a grey wall, and saw beyond, standing above the gap, the tall and rather outlandish-looking inn that bore the name of the Green Dragon.

Strangely enough, the man seemed to have a certain agility of politeness, when once he did move; even if it suggested the wooden joints of a courtly step-ladder or an obsequious towel-horse. Both Flambeau and Father Brown felt that they had hardly ever clapped eyes on a man who was so difficult to place. He was not what is called a gentleman; yet he had something of the dusty refinement of a scholar; there was something faintly disreputable or *declassé* about him; and yet the smell of him was rather bookish than Bohemian. He was thin and pale, with a pointed nose and a dark pointed beard; his brow was bald, but his hair behind long and lank and stringy; and the expression of his eyes was almost entirely masked by a pair of blue spectales. Father Brown felt that he had met something of the sort somewhere, and a long time ago; but he could no longer put a name to it. The lumber he sat among was largely literary lumber; especially bundles of seventeenth-century pamphlets.

ein Riß in einer schwarzen Wand, eine Lichtung, an deren Ende das große, etwas fremdartig anmutende Gasthaus »Zum grünen Drachen« lag. (…)

Merkwürdigerweise schien er jedoch ganz anständige Manieren zu haben, sobald er einmal aus seiner Starre erwacht war, wenn auch seine Bewegungen die Grazie einer hölzernen Leiter oder eines altmodischen Handtuchhalters hatten. Weder Pater Brown noch Flambeau hatten jemals einen Menschen gesehen, der so schwer einzuordnen war. Er war nicht das, was man einen Herrn nennt, machte aber doch den Eindruck eines gebildeten Menschen. Es war etwas Herabgekommenes und Deklassiertes an ihm und doch erinnerte er eher an einen Gelehrten als an einen Bohemien. Sein Gesicht war mager und blaß, mit spitzer Nase und einem dunklen Spitzbart. Er hatte eine kahle Stirn, aber das Haar am Hinterkopf war lang, glatt und strähnig. Seine Augen waren hinter einer blauen Brille versteckt. Pater Brown fühlte dunkel, daß er einem ganz ähnlichen Menschen vor langer Zeit irgendwo begegnet war, aber er wußte nicht mehr, wann und wo. Der Kram, der herumlag, war hauptsächlich literarischer Natur. Es waren größtenteils Stöße von Flugschriften aus dem siebzehnten Jahrhundert. (…)

Überfliegt man die Beispiele, so fällt als erstes auf, daß GKC hier in ungewöhnlicher und ungewöhnlich häufiger Weise Gebrauch vom Strichpunkt gemacht hat wie von großen Anfangsbuchstaben: das eine offenbar, um das syntaktische Gefüge enger mit dem semantischen zu verzahnen; das andere, um eigentlich normale Redewendungen als sozusagen fest gewordene Begriffe hervorzuheben. Beide Verfahren werden von der Übersetzung nicht berücksichtigt: Das Strichpunkt-Gefüge wird in normale deutsche Sätze aufgelöst, die Großbuchstaben werden nur da berücksichtigt, wo sie im Deutschen sowieso üblich sind.

»rather an odd fashion ... rather disturbed ... disturbed« findet keine deutsche Entsprechung; »easily recognizable: because ...« ist etwas anderes als »deutlich hörbar. Denn ...«. »happened ... happen« findet wieder keine Entsprechung, ebensowenig wie »finished ... fresh ... fairy filigree ... light ... bright ... finishes«. Daß an die Stelle der »*bourgeois* ideologies« der Wienerismus »Burschui-Ideologie« getreten ist, der bis heute blieb, mag hingehen; daß aber »There is a threat to murder« etwas ganz anderes ist als »Es handelt sich um eine gefährliche Drohung«, leuchtet wohl unmittelbar ein.

»I found it in my sleep« mag beim Verfahren Floskel um Floskel zulässig sein: Hier aber wird sinnlos eine Argumentationskette gebrochen, die aus Spiegelungen besteht: wie die Leiche *in der Wohnung* verborgen ist und dort gefunden wird, so hat FB sie *in seinem Schlaf* gefunden.

Am unverständlichsten aber ist, daß der Schlüsselsatz der ganzen Geschichte, der ihr ja auch ihren Titel gegeben hat – »The point of the pin was that it was pointless« –, überhaupt nicht mehr vorhanden ist.

Der »French friend« allein wäre nicht auffällig, ebensowenig der »friend Flambeau«: der »French friend Flambeau« hingegen ist, gerade weil diese dreifache Alliteration aus einer an sich in den Einzelheiten überflüssigen Reihung eine dramatische Sprachbewegung macht, die ihrerseits wie so viele ähnliche Reihungen GKCs dramaturgisch keinem erkennbaren Zweck dient, ein durchaus auffälliger Akzent. »als Dieb wie als Detektiv« hält zwar die Alliteration, aber GKC hat eben nicht »detective« geschrieben, sondern »thieftaker« = Diebesfänger. Nun mag die Übersetzerin der Meinung sein, GKC hätte gefälligst das blassere, aber üblichere Wort Detektiv nehmen sollen, statt des viel farbigeren Diebsfänger: Jedoch hat der Autor jedes Recht, die Wörter zu wählen, die ihm aus welchem Grund auch immer gefallen – der Übersetzer aber hat kein Recht, die Wahl des Autors zu konterkarieren.

Der 9. Absatz zeigt GKCs grandiose Fähigkeit, eine geradezu lyrische Landschaftsbeschreibung zu dichten, sie aber gleichzeitig mit all dem Unheimlichen bis zum Platzen zu füllen, das im Alltäglichen erkennen zu können die besondere Begabung Father Browns alias GKCs ist – wovon die deutsche Variante kaum noch Schatten eines Hauchs enthält.

Und auf andere Weise ist auch der 15. Absatz in der deutschen Fassung grundlos ebenso farblos und harmlos geworden.

Man könnte diese Beispiele nahezu ad infinitum weiter aufreihen, doch mögen zum Abschluß zwei genügen, da sie GKCs Schreibverfahren besonders deutlich machen können. In der Geschichte *Die Verfolgung des Mr. Blue* kommt es zu einem Gespräch zwischen FB und Mr. Taylor, in dem vier Sätze hintereinander die Fragen nämlich Taylors und die Antworten Browns mit »No ... None ... No ... No ...« beginnen. Ich habe diese Abfolge (vorstehend S. 117) mit »Keine ... Keine ... Keine ... Keine ...« wiedergegeben. Das mag stilistisch hölzern wirken, läßt sich aber nicht vermeiden, wenn man nicht die Art, in der GKC seinen Priester Brown Argumentationsketten aufbauen läßt, zerstören will.

In der Geschichte *Die Spitze einer Nadel* schließlich schreibt GKC hintereinander »guy with the glasseye ... goblin with the glasseye ... goblin of the garden«, verschränkt die beiden ungewöhnlichen Begriffe also miteinander. In der immer noch auf dem Markt befindlichen deutschen alten Version heißt das: »der kleine Mann mit dem Glasauge ... der Gnom mit dem Glasauge ... der Gartenzwerg« – hier wird zwar die Alliteration gehalten, die Verschränkung aber durch den unnötigen »Gartenzwerg« ebenso gebrochen wie die Poetisierung durch die zweifache Wiederholung des »Gnom«, der viel unheimlicher wirkt als der trivial und farblos gewordene Gartenzwerg und außerdem die steigernde Sprachbewegung GKCs in Richtung Unheimliches völlig untergehen läßt. Ich habe daher die Reihung »kleiner Kerl mit dem Glasauge ... Gnom mit dem Glasauge ... Gnom des Gartens« vorgezogen (siehe vorstehend S. 170/171).

Die Reihung von Beispielen und ihre Analysierung könnte, wie gesagt, nahezu ad infinitum fortgesetzt werden, wobei dann immer wieder der gleiche Effekt zutage träte: Chestertons ungemein kunstvoll ausgeformte Sprache von hohem literarischem Rang, die selbst den vertracktesten Multifunktionen gewachsen ist, würde immer deutlicher erkennbar. Doch hoffe ich, daß das durch die hiermit abgeschlossene Neuübersetzung der 50 FB-Geschichten bereits ausreichend geleistet wurde.

Es sei daher diese kurze Betrachtung der früheren Übersetzungen, die auch als Beitrag zu Überlegungen über Übersetzungskritik dienen mag, mit einem letzten Zitat beendet. Chesterton schrieb in *Der Kopf Caesars:*

> »I can't tell you the sense of monstrosity and miracle I had when he thus silently burst the barrier between land and water.« Was ich in FB II, S. 120, so übersetzt habe: »Ich kann Ihnen das Gefühl des Ungeheuerlichen und Übernatürlichen nicht beschreiben, das mich überkam, als er so schweigend die Schranken zwischen Land und Wasser durchbrach.«

In der von einem namhaften deutschen Verlag immer noch vertriebenen Übersetzung Rottmanns heißt das auch in der revidierten Fassung: »Mir fehlen die Worte, um Ihnen die Skala meiner Empfindungen zu schildern, die mich beim Anblick so zweifelhaften Verhaltens überkamen.«   Mir auch.

NACHWORT

Am weltliterarischen Rang Chestertons vor allem als Essayist wie an seinem hohen Rang als Lyriker und Novelist, Essayist und Romancier der anglo-britischen Literatur besteht außerhalb des deutschsprachigen Raumes kein Zweifel. Als unverdächtiger Kronzeuge für diese Behauptung sei hier erneut der Literaturnobelpreisträger Jorge Luis Borges angeführt, der im Verlauf seines literarischen Lebens immer wieder auf Chesterton und dessen Werk zurückkam. Das beginnt mit einer Bemerkung in seinem 1935 verfaßten Vorwort zu seinen *Übungsstücken in erzählender Prosa*, als die er seine erste Sammlung von Essays und Erzählungen *Niedertracht und Ewigkeit* bezeichnete: »Sie verdanken, glaube ich, ihre Entstehung meiner erneuerten Lesebekanntschaft mit Stevenson und Chesterton«* und endet 1987 mit mehr oder minder ausführlichen Reflexionen über Chesterton in seinen *Gesprächen über Bücher* mit Osvaldo Ferrari etwa in den Abschnitten »Über die Kriminalgeschichte« und – natürlich – »Über Chesterton«**.

Darin erörtert und beklagt er, daß ihm seine Haltung als Katholik in England geschadet habe; es schade Schriftstellern immer, wenn man sie im Hinblick auf ihre Ansichten, vor allem die politischen, lese: »Die politischen Ansichten sind das Unwichtigste, was es überhaupt gibt; sie sind oberflächlich. Und in Chestertons Fall haben wir es mit einem Genie zu tun. Ihn auf einen Katholiken zu reduzieren ist eine Ungerechtigkeit. Mir fällt ein, daß Bernard Shaw sagte, die katholische Kirche, der Vatikan, sei ein Bötchen, das kentere, wenn Chesterton es betrete. Chesterton war ungeheuer dick ... Das ist nur ein Scherz, aber es stimmt schon, man hat vergessen, daß Chesterton ... Also er hat, wie wir alle wissen, Kriminalgeschichten geschrieben ... Aber diese Geschichten sind darüber hinaus noch vieles mehr, da ja jede Geschichte von Chesterton so etwas wie ein Bild ist, ferner so etwas wie ein Theaterstück, wie eine Parabel. Dann sind da die Landschaften, die Gestalten treten auf wie Schauspieler, die auf die Bühne kommen, und sie sind immer sehr lebendig; sichtbar lebendig ... Möglicherweise verdanken diese Geschichten einen Teil ihrer Kraft weniger der logischen Erklärung als der falschen magischen Erklärung, die Chesterton gibt und die überdies mit der Stimmung, dem Am-

---

* JLB: *Niedertracht und Ewigkeit.* Band 3 der Werke im Fischer Taschenbuch Verlag, S. 11. (Deutsch von Karl August Horst und Gisbert Haefs.) Frankfurt/Main 1991

** JLB und Osvaldo Ferrari: *Lesen ist denken mit fremdem Gehirn. Gespräche über Bücher & Borges.* (Deutsch von Gisbert Haefs.) Arche Verlag AG, Zürich 1990

biente des jeweiligen Hintergrunds übereinstimmt. So ist zum Beispiel die Geschichte ganz anders gestaltet, wenn sie in den schottischen Highlands spielt oder in einem Gartenvorort von London oder in einem Büro. Aber heute hat man vergessen, daß Chesterton so viel anderes war. Zum Beispiel ist er ein hervorragender Dichter gewesen. In dem Gedicht ›Ballade vom weißen Pferd‹, das sich auf die Kriege der Angelsachsen mit den Skandinaviern bezieht … dieses Gedicht ist großartig, und es ist voller Metaphern, die Hugo begeistert hätten. Diese zum Beispiel …: Der Protagonist ist ein Wikinger, der gierig nach Europa blickt, etwa so, als ob Europa eine Frucht wäre, die er kosten will, und er denkt an all diese außerordentlichen Dinge wie Marmor und Gold und sagt: ›Womit soll man Marmor und Gold vergleichen?‹ Ja, und dann sucht Chesterton unmögliche Vergleiche, aber eben deshalb sind sie so wirkungsvoll. Er sagt nämlich: ›Marble like solid moonlight‹, das heißt: ›Marmor wie festes Mondlicht‹. Oder: ›Gold like frozen fire‹, also ›Gold wie gefrorenes Feuer‹. Diese Vergleiche sind unmöglich, aber eben weil sie unmöglich für den Verstand sind, sind sie … möglich für die Poesie, möglich für die Vorstellungskraft des Lesers, der diese unmöglichen Bilder akzeptiert und sie nicht für unmöglich hält, zumal die Vorstellung eines ›gefrorenen Feuers‹ ja etwas sehr Hübsches ist; vor allem im Englischen, wo es diese f-Alliteration gibt: ›Gold like a frozen fire‹, nicht wahr? Er überlegt, womit er Marmor und Gold vergleichen kann, was ja sehr alte Dinge sind, und er findet diese unmöglichen Metaphern – so findet er vielleicht die einzige Möglichkeit, diese Dinge zu erheben –, und gerade weil sie unmöglich sind, haben sie diese Kraft …

(Aus dem Gedicht ›Lepanto‹) erinnere ich mich an Sätze wie zum Beispiel: ›Don Juan of Austria is shouting to the ships‹ – ›Don Juan von Österreich ruft den Schiffen etwas zu‹ – den Schiffen, nicht den Mannschaften … und dann, wenn er Allahs monströses Paradies beschreibt, sagt er, daß Gott – Allah – zwischen den Bäumen wandle, und er setzt hinzu ›and is taller than the trees‹ – ›und er ist größer als die Bäume‹, wodurch alles monströs wird, denn so stellt man sich das Paradies nicht vor, nicht wahr? Es muß dies ein heidnisches Paradies sein, das heißt, ein von Chesterton verfluchtes Paradies, nehme ich an … Und Chesterton spitzt immer wieder alles auf diese Weise zu, auch an Stellen, wo man es gar nicht erwartet … auch in der Geschichte Englands, die möglicherweise grundfalsch ist; aber das macht nichts, denn alles wird so schön gesagt, daß man wünscht, die Dinge wären so gewesen … vom Imaginativen kommt er zum Unmöglichen, und er tut das so, daß der Leser ihm am Schluß immer noch so glaubt wie in den ersten Kapiteln. Wie Coleridge sagte, der poetische Traum ist eine willentliche oder zustimmende Suspendierung der Ungläubigkeit. Und wenn das Werk, um das es sich handelt, kraftvoll ist, fällt das Suspendieren überhaupt nicht schwer, weil das Werk sich durchsetzt …«

In der von JLB zusammengestellten dreibändigen *Bibliothek von Babel* ist auch ein Band mit Erzählungen Chestertons erschienen,»Apollos Auge«* (siehe FB II, 10). JLB schrieb in seinem Vorwort dazu u.a.: »›Die Welt war sehr alt, mein Freund, als wir beide jung waren‹, schreibt Gilbert Keith Chesterton in der Widmung zu *The man who was Thursday*. In der Tat gehört die Jugendzeit Chestertons, der 1874 geboren wurde, den Jahren der Verzweiflung und der Untergangsstimmung von Symbolismus und Décadence an. Vor dieser Verweigerung bewahrte ihn die große Stimme des Amerikaners Whitman und die des auf einer Insel im Pazifik sterbenden Stevenson, der ›singt, wie ein Vogel im Regen singt‹. Die Behauptung klingt erstaunlich, daß ein so gütiger und umgänglicher Mensch wie G. K. Chesterton auch ein in sich gekehrter Mensch war, der das Grauen der Dinge spürte, aber sein Werk bezeugt es uns gegen seinen Willen. So vergleicht er die Gewächse eines Gartens mit angeketteten Tieren, den Marmor mit erstarrtem Mondlicht, das Gold mit zu Eis gewordenen Flammen und die Nacht mit einer Wolke, die größer ist als die Welt, ein Ungeheuer, das aus Augen besteht. Er hätte Kafka oder Poe sein können, aber er entschied sich tapfer für das Glück oder tat so, als ob er es gefunden hätte. Von der anglikanischen Kirche trat er zum Katholizismus über, der für ihn auf dem gesunden Menschenverstand beruht. Er argumentierte, daß das Sonderbare dieses Glaubens sich dem Sonderbaren des Universums anpaßt, wie die merkwürdige Form eines Schlüssels sich der merkwürdigen Form eines Schlüssellochs anpaßt ...

Die Literatur ist eine der Formen des Glücks; vielleicht hat kein Schriftsteller mir so viele glückliche Stunden bereitet wie Chesterton. Ich teile nicht seine Theologie, ebensowenig wie die hinter der *Divina Commedia*, beide waren für die Schöpfung dieser Kunstwerke unerläßlich. ...«

Auf das Problem des Unheimlichen bei Chesterton war JLB bereits 1946 in seinem Essay »Über Oscar Wilde«** zu sprechen gekommen: »Eine Nebenbemerkung. Der Name Oscar Wilde ist mit den Städten der Ebene verknüpft, sein Ruhm mit der Verurteilung und dem Zuchthaus. Trotzdem ... ist der Grundgeschmack seines Werkes das Glück. Dagegen ist das tapfere Werk Chestertons, dieses Prototyps physischer und moralischer Gesundheit, immer nahe daran, sich in einen Albtraum zu verwandeln***. Diabolisches und Horror

---

* GKC: *Apollos Auge*. Erzählungen. Mit einem Vorwort von JLB (deutsch von Maria Baumberg). Goldmann Verlag, München 1989

** JLB: *Inquisitionen*. Essays. Band 7 der Werke im Fischer Taschenbuch Verlag, S.94/95. (Deutsch von Karl August Horst und Gisbert Haefs.) Frankfurt/Main 1992

*** Über die Hintergründe erfährt man einiges in der »Biographischen Skizze«, FB I, S. 274 ff. Zürich, 1991

lauern darin; es kann auf der harmlosesten Seite die Formen des Entsetzens annehmen. Chesterton ist ein Mann, der die Kindheit wiedergewinnen will; Wilde ein Mann, der sich trotz seines Umgangs mit dem Bösen und dem Unglück eine unverletzliche Unschuld bewahrt hat.

Wie Chesterton, wie Lang, wie Boswell zählt Wilde zu jenen Glücklichen, die der Zustimmung der Kritik entraten können und zuweilen sogar der Zustimmung des Lesers, da der Genuß, den uns der Umgang mit ihnen beschert, unwiderstehlich und dauerhaft ist.«

Zum Abschluß dieser kurzen Übersicht über JLBs Ansichten zum Thema Chesterton erscheint es sinnvoll, mit einem letzten Zitat – wiederum aus dem Vorwort zu *Apollos Auge* (s. Fußnote S. 351) – den Bogen zurück zur Frage nach Chestertons Religiosität zu schlagen: »Der Katholizismus Chestertons schadete seinem Ruhm in England, denn die Leute blieben dabei, ihn zu einem bloßen katholischen Propagandisten abzustempeln. Unleugbar war er das, aber er war auch ein großer Prosaschriftsteller und Lyriker. Es ist bedeutsam, daß seine zwei hervorragenden Heldendichtungen ›The Ballad of the White Horse‹ (1911) und ›Lepanto‹ (1912) christliche Siege über die Heiden besingen. Die erste feiert eine Schlacht Alfreds des Großen gegen die Wikinger; in der zweiten treten der Sultan von Byzanz auf, Mohammed in seinem entsetzlichen Paradies, Philipp II., der Papst in seiner Geheimkapelle, Miguel de Cervantes, der das Schwert in die Scheide steckt und schon vom Don Quijote träumt, und der beständige Schatten Don Juans de Austria auf der Jagd nach Ruhm. Ungeachtet seiner Liebe zu England und Frankreich sah Chesterton den Mittelpunkt der Welt in Rom. In einem Brief lesen wir: ›Es ist unsinnig, nach Rom zu reisen, wenn man nicht überzeugt ist, daß man dorthin zurückkehren wird.‹ ...«

Nachdem nun solchermaßen jeder Zweifel an Chestertons literarischer Bedeutung ausgeräumt sein dürfte, falls das die hiermit vorliegenden Übersetzungen der FB-Geschichten nicht geschafft haben sollten, bleibt als letztes die Frage übrig, ob GKC tatsächlich Kriminalgeschichten geschrieben hat. Er selbst hat in seiner berühmten »Verteidigung der Detektivgeschichten« (siehe vorstehend S. 300 ff.) ausdrücklich und ausschließlich eben nur von solchen gesprochen; und sein Vergleich moderner Detektive – ob nun beamteter der Polizei oder eben privater – mit den Rittern der Tafelrunde oder den Fahrenden Rittern vergangener Zeiten und Ritterromane legt den Verdacht nahe, daß GKC den jeweiligen Kriminalfall (wenn es denn überhaupt einen gibt) nur als Aufhänger für den Plot, als einen grellen Faden im vielschichtigen Gespinst seiner Erzählungen angesehen hat (seien es nun solche über FB oder über die Abenteuer seines guten Dutzend anderer Detektive, die im Grunde aber nur Varianten zu Father Brown sind). In seinen Geschichten spielt jedenfalls die Lösung des jeweiligen Kriminalfalles eine viel geringere Rolle als die Aufdeckung jener Wahrheit(en), um die es GKC jeweils geht.

Viele der großen Autoren des Genres würden wahrscheinlich mehr oder minder verschämt der Bezeichnung des Detektivs als moderne Form des Fahrenden Ritters, wie GKC sie entwickelt hat, zustimmen: von de Baantjer bis van de Wetering, Ed McBain und Chandler, Chase und Hammett und Himes und Keating, von Cheyney und Ørum, Ross Thomas und Woolrich und Sjöwall/Wahlöö ganz zu schweigen. Und sicherlich entspricht niemand dem nobel-romantischen Bild vom fahrenden Gralsritter mehr als Father Browns französischer Freund Flambeau, nachdem er ihn vom Dieb zum Diebsfänger verwandelt hatte. Aber Father Brown selbst?

Marie Smith schrieb im Vorwort zu ihrer Sammlung *Thirteen Detectives**, in den 70er Jahren habe sich der literarische Geschmack auch in Sachen Detektivgeschichten drastisch verändert: Chestertons Ruhm aber habe überlebt, wo der vieler anderer untergegangen sei. Und dann zitiert sie aus Julian Symons »Bloody Murder«, seiner Geschichte dieser Literaturgattung, dessen schneidende Verurteilung der faden Langweiligkeit vieler früherer Autoren des Fachs und sodann seinen Lobgesang: »Die kurzen Detektivgeschichten, die Gilbert Keith Chesterton geschrieben hat, sind so scharf, paradox und romantisch wie die Novellen, Gedichte, literarischen Kritiken und journalistischen Arbeiten, die seiner gelegentlich nur zu willigen Feder entströmten ... Geschichten, in denen die Wirklichkeit aussieht wie Phantasterei. Die besten dieser Erzählungen gehören zu den besten *short crime stories*, die jemals geschrieben wurden. ... Chesterton lesen bestärkt die Wahrheit, daß die besten Detektivgeschichten von Künstlern und nicht von Kunsthandwerkern geschrieben wurden.« Wie wäre hier wohl der Begriff *short crime story* am treffendsten zu übersetzen?

Im gleichen Zusammenhang schrieb der Kenner und Könner Keating 1987**: »Chestertons Gabe der Paradoxie blühte vielleicht am reichsten in seinen Detektivgeschichten auf. Die Fähigkeit, Paradoxes zu erkennen, ist eine, die sich jeder Verfasser von Detektivgeschichten als Gabe von seiner Patenfee erbitten sollte. Detektivgeschichten hängen davon ab, plötzlich etwas richtig zu sehen, was oftmals bedeutet, es vom Kopf auf die Füße zu stellen. Poe hat uns gezeigt, daß der beste Platz, um einen Brief zu verstecken, ein Briefkorb ist. Conan Doyle hat uns erzählt, das wirklich Wichtige sei gewesen, daß der Hund in der Nacht *nicht* gebellt hat. Diese Gabe war im Falle Chestertons um so besser, als sie nicht nur von der Freude eines Puzzlespielers an der Erschaffung von Rätselspielen angefeuert wurde, sondern von dem ganzen Mann und seinen Überzeugungen. Er sah alles gleichermaßen oft auf dem Kopf wie auf den Füßen stehend. Und nirgendwo mehr als in seiner fortlau-

---

*   *Thirteen Detectives.* Classic Mystery Stories by the Creator of Father Brown.
     Selected and arranged by Marie Smith. Xanadu Publications Ltd., London
     1987
** H. R. F. Keating: *Crime and Mystery: the 100 Best Books.* London 1987

fenden Beschreibung von Father Brown ... dem kleinen katholischen Priester, der irgendwie zugleich auch einer aus dem Rudel der großen Detektive ist.« Ähnlich JLB in seinem bereits erwähnten Vorwort zu *Apollos Auge* (s. Fußnote S. 351), in dem es zu den Detektivgeschichten GKCs heißt: »Die Arbeit Chestertons als Kritiker – seine Bücher über Dickens, Browning, Stevenson, Blake und den Maler Watts – ist ebenso bezaubernd wie tiefgründig; seine Romane, um die Jahrhundertwende geschrieben, vereinen Mystik mit Phantasie; aber sein derzeitiger Ruhm beruht vor allem auf dem, was man das ›Heldenlied vom Pater Brown‹ nennen könnte. Es ist denkbar, eine Zeit vorauszusehen, in der der Kriminalroman – Poes Erfindung – verschwunden sein wird, denn er ist die unnatürlichste aller Literaturgattungen und die, die am meisten einer Spielerei ähnelt. Chesterton selbst hat hinterlassen, daß der Roman ein Spiel mit Gesichtern ist und der Kriminalroman ein Spiel mit Masken ... Trotzdem bin ich sicher, daß man die Geschichten von Chesterton immer lesen wird, weil das Geheimnis, das ein unmögliches oder übernatürliches Ereignis vermuten läßt, so interessant ist wie die den Gesetzen der Logik gehorchende Lösung, die uns die letzten Zeilen bescheren.

Bevor er sich an die Literatur wagte, versuchte Chesterton es mit der Malerei, daher ist sein Werk bemerkenswert visuell.

Seine Sekretärin und beste Biographin, Maisie Ward, hat die freundliche Indiskretion begangen, uns zu verraten, daß der Meister vor Beginn des Diktats mit der Zigarre ein verstohlenes Kreuzzeichen zu schlagen pflegte. Der korpulente Riese versäumte nie, sich in göttliche Obhut zu begeben.

Unser Band enthält die für mein Gefühl beste Geschichte Chestertons, in der er mit einem langen weißen Weg, mit weißen Husaren und weißen Rossen einen wunderschönen Schachzug aufbaut. Ich meine *The Three Horsemen of Apocalypse* (Die drei Reiter der Apokalypse). In *The Queer Feet* (Die seltsamen Schritte) wird eine neue Art von Verkleidung erfunden; in *The Honour of Israel Gow* (Die Ehre des Israel Gow) ist das gespenstische Schloß in Schottland wesentlicher Bestandteil eines anscheinend unlösbaren Rätsels; in *The Eye of Apollo (Apollos Auge)* dient der Kult eines antiken Gottes zur Ausführung eines Verbrechens; schon der Titel von *The Duel of Dr. Hirsch (Das Duell des Dr. Hirsch)* – deutlicher will ich nicht werden – ist ein logischer Fehlschluß. Das alte Thema vom Doppelgänger, das Stevenson und Dostojewski zu ihren berühmten Werken angeregt hat, wird hier auf originelle Weise abgehandelt, ich will die dabei verwendeten Mittel dem Leser nicht verraten, der sie scharfsinnig mit Bewunderung entdecken wird.«

Marie Smith hat a. a. O. festgehalten, daß C. Day Lewis als »Nicholas Blake« und W. H. Auden die Detektivgeschichte als eine Form des modernen Märchens bezeichnet haben; »das ist eine Ansicht, die heute kaum noch in Mode ist, da man die Wahrheit mit Realismus gleichsetzt, aber ich glaube, daß wir Chester-

tons Geschichten als Märchen betrachten sollten – er würde das sicherlich als großes Lob empfunden haben –, die eine tiefere Wahrheit ausdrücken können.«
Und wiederum muß JLB zitiert werden, der sich lange und eingehend mit dem Thema Kriminalroman und Kriminalgeschichte beschäftigt hat. In seinem Essay über Nathaniel Hawthorne im Band *Inquisitionen* (s. Fußnote S. 351) stellt er auf S. 81 zu dessen Erzählungen fest: »Unter den abgeschlossenen ist eine – ›Mr. Higginbotham's Catastrophe‹ –, die das von Poe eingeführte Genre der Detektivgeschichte vorwegnimmt.« In seinem Essay ›Über die Kriminalgeschichte‹ von 1978* heißt es dann auf S. 59 weiter: »In England, wo man diese Gattung vom psychologischen Gesichtspunkt her betreibt, finden wir die besten Kriminalromane überhaupt: *Die Frau in Weiß* und *Der Monddiamant* von Wilkie Collins. Danach haben wir Chesterton, Poes großen Erben. Chesterton sagte, nie seien bessere Kriminalerzählungen geschrieben worden als von Poe, aber mir erscheint Chesterton als der bessere von beiden. Poe schrieb rein phantastische Erzählungen. Denken wir zum Beispiel an *Die Maske des Roten Todes* oder *Das Faß Amontillado;* beide sind rein phantastisch. Daneben seine intellektuellen Erzählungen, wie die fünf Kriminalgeschichten. Chesterton dagegen tat etwas völlig anderes; er schrieb Erzählungen, die phantastisch sind und gleichzeitig mit einer kriminalistischen Lösung enden.«
Alsdann erörtert JLB kurz die Geschichte ›Der unsichtbare Mann‹ (FB I, 5), beschreibt das Verhalten des Mörders und schließt: »Father Brown sucht ihn auf, redet mit ihm, hört seine Beichte, spricht ihn los – in Chestertons Erzählungen gibt es weder Verhaftungen noch Gewalttätigkeiten.«
An dieser Stelle sei mir eine Zwischenbemerkung gestattet. Es ist gerade dieses – sagen wir – grundkatholische Verhalten Father Browns, das ihn von seinem einzigen ernstzunehmenden Rivalen grundlegend unterscheidet: von Kemelmans »Rabbi Small«, natürlicherweise. Und damit ebenso natürlicherweise die FB-Geschichten insgesamt von den Rabbi-Small-Geschichten. Aber zurück zu JLB.
Borges schrieb 1952 in seinem Essay »Über Chesterton« (s. Fußnote S. 351) unter dem Motto »Weil Er das Grauen aus dem Baum nicht nimmt …« (aus GKCs *A Second Childhood):* »Edgar Allan Poe schrieb Geschichten rein phantastischen Horrors oder reiner *bizarrerie;* Edgar Allan Poe war der Erfinder der Kriminalgeschichte. Ebenso unbestreitbar ist die Tatsache, daß er die beiden Gattungen nicht kombiniert hat. Er betraute nicht den Chevalier Dupin mit der Aufgabe, das alte Verbrechen des Mengenmannes festzustellen oder das Trugbild zu entschlüsseln, das in der schwarzen und scharlachroten Kammer den maskierten Fürsten Prospero mit einem Blitzschlag fällte. Chesterton dagegen hat mit Passion und glücklichem Gelingen diese *tours de force* immer wieder

---

* JLB: *Die letzte Reise des Odysseus.* Band 16 der Werke im Fischer Taschenbuch Verlag. (Deutsch von Gisbert Haefs.) Frankfurt/Main 1992

fertiggebracht. Jedes einzelne Stück aus der Saga von Father Brown präsentiert ein Mysterium, bietet Erklärungen dämonischer oder magischer Art an und ersetzt sie schließlich durch andere, diesseitige. Meisterschaft ist nicht die einzige Tugend dieser kurzen Fiktionen; ich glaube, in ihnen eine Chiffre der Geschichte Chestertons wahrzunehmen, ein Symbol oder einen Spiegel Chestertons. Daß er sein Schema im Laufe der Jahre und der Bücher *(The Man Who Knew Too Much; The Poet and Lunatic; The Paradoxes of Mr. Pond)* wiederholt, scheint zu bestätigen, daß es sich um eine Grundform handelt, nicht um ein rhetorisches Kunststück.«

Hier sei erneut eine Zwischenbemerkung gestattet: Die bereits 1914 geschriebene Erzählung *Die Donnington-Affäre* scheint mir auf eigenartige Weise in der Schreibart eher zu den in GKCs letzten Jahren entstandenen Geschichten dieses V. Bandes der FB-Geschichten zu passen als zu den früheren, weshalb sie in diesem V. Band ans Ende gestellt wurde. Denn sie könnte auch vom Inhalt her durchaus als eine Summe allen Denkens des Father Brown gelten. Und bestätigt so gewissermaßen die vorstehende Überlegung JLBs, der weiterschrieb:

»Diese Notiz will ein Versuch sein, diese Form zu interpretieren ... Chesterton war Katholik, Chesterton glaubte an das Mittelalter der Präraffaeliten *(Of London, small and white, and clean),* Chesterton dachte, wie Whitman, daß kein Unglück uns von einer Art kosmischer Dankbarkeit entbinden dürfe. Solche Glaubensüberzeugungen mögen richtig sein, aber das Interesse, das sie erwecken, ist begrenzt; anzunehmen, daß sie Chesterton erschöpfen, heißt vergessen, daß ein Credo das letzte Glied einer Kette geistiger und emotionaler Vorgänge, der Mensch aber die ganze Kette ist ...

Poe und Baudelaire nahmen sich wie der gequälte Urizen von Blake die Erschaffung einer Schreckenswelt vor; ganz natürlich wimmelt es in ihrem Werk von Horrorgestalten. Chesterton hätte sich, scheint mir, dagegen verwahrt, als Schreckensspezialist, als *monstrorum artifex* (Plinius, XXVIII, 2) bezeichnet zu werden, aber unweigerlich verfällt er auf gräßliche Einzelheiten. Er fragt, ob vielleicht ein Mensch drei Augen hat oder ein Vogel drei Flügel; er führt, gegen die Pantheisten, einen Toten an, der im Paradies die Entdeckung macht, daß die Geister der Engelschöre unwandelbar sein Gesicht haben; er spricht von einem Spiegelkerker; er spricht von einem Labyrinth ohne Mittelpunkt; er spricht von einem Mann, der von Metallautomaten verschlungen wird; er spricht von einem Baum, der Vögel frißt und anstelle von Blättern Federn treibt ... Derlei Beispiele, die man beliebig vermehren könnte, beweisen, daß Chesterton sich dagegen wehrte, Edgar Allan Poe zu sein oder Franz Kafka, daß aber etwas in der Grundbeschaffenheit seines Ichs zum Albtraum neigte ... Er verlästerte Ibsen ..., aber die Trolle und der Gießer im *Peer Gynt* waren aus dem Stoff seiner Träume gemacht ... Dieser Zwiespalt und diese gewaltsame Unterjochung einer dämonischen Willenskraft bestimmen Chestertons Wesen. Embleme dieses Widerstreits sind für mich die Abenteuer des Father Brown, von denen jedes eine unerklärliche Tatsache allein mit Hilfe der Vernunft klären will. Nicht die Erklärung des Unerklärlichen, sondern des Verworrenen ist es, was sich Kriminalautoren im allgemeinen vornehmen. Wie gesagt: Diese Fiktionen sind Chiffren der Geschichte Chestertons, Symbole und Spiegel Chestertons. Das ist alles; nur daß die ›Vernunft‹, der Chesterton seine Phantasien unterstellte, eben nicht die Vernunft war, sondern der katholische Glaube oder, sagen wir, ein Komplex hebräischer Vorstellungen, der Platon oder Aristoteles angehängt worden ist.«

Hat JLB Chestertons Vernunftvorstellung richtig beschrieben, oder ausreichend? Er scheint sich da selbst in Zweifeln befunden zu haben, denn er fährt fort, Chestertons Wesen mit Hilfe zweier gegensätzlicher Parabeln zu beschreiben. Die erste ist die aus Kafkas Erzählungen: Da geht es um einen Mann, der um Eintritt in das Gesetz bittet. Der Türhüter am ersten Tor beschreibt ihm, was ihn drinnen erwarte, und er setzt sich nieder und wartet, und nach langen Jahren stirbt er, und im Sterben fragt er, wieso sonst niemand um Einlaß gebeten habe. Da erfährt er: »Hier konnte niemand sonst Einlaß erhalten, denn dieser Eingang war nur für dich bestimmt.« Die zweite Parabel aus Bunyans *The Pilgrim's Progress* beschreibt eine Burg, die von vielen Kriegern bewacht ist und von einer großen Menge Volkes begafft wird; ein Türhüter hat ein Buch, in das er den Namen dessen einzutragen hat, der würdig ist, die Burg zu betreten. Da kommt ein Unerschrockener, nennt seinen Namen, stürzt sich auf die Krieger und schlägt sich einen blutigen Pfad ins Innere der Burg. JLB: »Chesterton setzte sein Leben daran, die zweite der beiden Parabeln zu schreiben, aber etwas in ihm neigte immer dazu, die erste zu schreiben.«

Und ein letztes Zitat zum Thema »Chesterton und Father Brown« aus JLBs Gespräch »Über die Kriminalgeschichte« (s. Fußnote S. 349), in dem es auf S. 208 f. heißt: »Im Falle Chesterton … bestimmt würde ich sagen, das sind die Meisterwerke der Gattung, zumal diese Kriminalgeschichten zugleich ja Geschichten des Übernatürlichen sind: In jeder Erzählung wird eine übernatürliche Lösung angedeutet. Und dann kommt eine Lösung, die wir als rational anerkennen müssen, dargeboten von Father Brown oder einem der anderen von Chesterton erschaffenen Detektive. Und außerdem sind diese Geschichten … wie Theaterstücke oder auch wie Bilder … Ich weiß nicht, ob Ihnen bekannt ist, daß Chesterton zuerst Maler werden wollte; und dann hat er die Malerei und das Zeichnen aufgegeben und sich der Literatur zugewandt, aber in der Literatur ist er ein Maler geblieben … Und außerdem ist alles in bestimmter Weise aufeinander abgestimmt; die Personen tauchen auf, als ob sie eine Bühne beträten. Und immer gibt es da zum Beispiel eine Frau mit rotem Haar, und diese rothaarige Frau sieht man … vor einem orangeroten Sonnenuntergang … Die Himmel, die Wälder, die Landschaften, die Architektur – die Architektur ist in jeder Geschichte anders; es gibt Geschichten, die zum Beispiel für eine gotische Kathedrale geschrieben sind. Und das Rätsel gleicht sich dem an; es nimmt diese Gestalt an. Andere sind für die Highlands konstruiert, die schottischen Hochlande; und andere für die Vororte von London, diese ruhigen Gärten der Londoner Umgebung … Und alles ist auf die jeweilige Umgebung abgestimmt. Ein weiterer seltsamer Zug der Geschichten von Chesterton besteht darin, daß niemals irgend jemand bestraft wird. Sicher, Father Brown, der Detektiv, ist ein Priester und kann niemanden der Polizei ausliefern. Deshalb kommt es vor, daß der Mörder stirbt oder verhaftet wird, aber Father Brown ist niemals ein, sagen wir, Inquisitor, ein Vollstrecker, ein Henker; nein, er ist ein nachsichtiger Mensch. Und manchmal, in einigen Geschichten, zum Beispiel in *Der Unsichtbare*, entdeckt Father Brown den Mörder, und sie unterhalten sich lange. Es wird angedeutet, daß der Mörder bereut und daß Father Brown ihm die Absolution erteilt hat, denn es wird nicht mehr von ihm gesprochen; das weitere Schicksal des Mörders hat keine Bedeutung mehr. Und Father Brown bleibt unbefleckt.«

Diese Zitate aus den besten Kommentaren zu Chesterton und Father Brown erheben beider Qualitäten zwar über jeden Zweifel. Doch scheint mir, daß noch vieles Wichtige ungesagt geblieben ist.

Da ist zum einen die Tatsache, daß Father Brown eine ganze Reihe von Kriminalfällen löst (wenn das Wort überhaupt zutrifft), die gar keine sind. Ich meine damit nicht jene, in denen Father Brown das jeweilige Verbrechen gar nicht zur Ausführung kommen läßt, etwa die drei Geschichten über seinen nachmaligen Freund Flambeau aus der Zeit, als er noch Dieb war und noch nicht als Diebsfänger Gutes tat (vgl. FB I, 1, 3, 4), und all die anderen, bei denen selbst ausgefuchste angelsächsische Juristen Mühe hätten, einen einklagbaren Fall herauszufiltern. Ich spreche von den Geschichten, die wie *Die Ehre des Israel Gow* (FB I) oder *Die Abwesenheit von Mr. Glass* (FB II) oder *Die Auferstehung von Father Brown* (FB III) oder *Father Browns Geheimnis* (FB IV) oder *Father Browns Skandal* (FB V) nicht von einem Verbrechen handeln, sondern davon, daß sich die normale sozialisierte Vernunft, zumal die für wissenschaftlich-logisch gehaltene, ein Verbrechen einbildet, wo es überhaupt keines gibt. Wo es lediglich darum geht, daß man aus Gründen anerzogener Sehweisen in der Wirklichkeit eine andere Wahrheit glaubt sehen zu müssen, als in ihr enthalten ist. Typisch für GKC/FB ist nun, daß bereits in der ersten dieser Erzählungen, in *Die Ehre des Israel Gow*, Father Brown selbst in diese Falle tappt und sich darob dann auch entsprechend ausschilt. Kann man hier wirklich von Kriminalgeschichten sprechen? Oder bei *Father Browns Märchen* (FB II), wo sich ein dramatischer historischer Mord als Tötung durch Zufall und gegen den Willen dessen herausstellt, der den Befehl zur Handlung gab und dann sozusagen zufällig sein eigenes Opfer wird? Oder vielleicht doch wiederum nicht so ganz zufällig?

Father Brown erörtert diese Zusammenhänge verschiedentlich und leicht übersehbar, am deutlichsten sicherlich in der Erzählung *Der Schnelle* (FB V), in der er vorstehend S. 52 mit schwacher Stimme klagt: »Ich sage Dinge, aber alle anderen scheinen zu wissen, daß sie mehr bedeuten, als sie sagen. Einmal habe ich einen zerbrochenen Spiegel gesehen und gesagt ›Etwas ist geschehen‹, und alle anderen antworteten: ›Ja, ja, wie Sie so richtig feststellen, haben zwei Männer miteinander gerungen, und einer ist in den Garten gerannt‹ und so weiter. Ich verstehe das nicht. ›Etwas ist geschehen‹ und ›Zwei Männer haben miteinander gerungen‹ erscheint mir überhaupt nicht wie das gleiche; aber ich wage dennoch zu behaupten, daß ich alte Bücher über die Logik gelesen habe.« Man lese die ganze Passage selbst und gehe ihr in all ihren Feinheiten geduldig nach. Mir jedenfalls erscheint diese Stelle so, als wolle FB sagen: Ihr hört mir mit den Ohren der angeblich so logischen positivistischen Wissenschaft zu, zu der die vernünftige Aufklärung verkommen ist, während ich, geschult an der alten scholastischen Logik, bemüht bin, nur die Wahrheiten zu sagen, die die Wirklichkeiten vorzeigen. Natürlich steckt in dieser Differenz zwischen der Redeweise FBs und der Hörweise der anderen ein Teil jener erzählerischen Kniffe, mit denen GKC nach guter alter Detektivgeschichtentradition den Kern seiner Erzählungen so lange wie nur möglich zu verschleiern sucht. Aber in ihr steckt eben noch sehr viel mehr.

Da ist zum anderen die Tatsache, daß GKC/FB bestimmte Themen in ganz unterschiedlichen Geschichten immer wieder mit identischem Tenor abhandelt: etwa die Frage der krummen orientalischen Formen und deren Bedeutung (z. B. in FB I, 7 und 11; in FB II, 10; in FB IV, 4, 6 und 8; in FB V, 2). Schon der Titel der Erzählung FB I, 7 *Die falsche Form*, verrät die Richtung. Da heißt es »orientalische Himmel, die schlimmer sind als die meisten westlichen Höllen« und »östliche Kunst ... Die Farben sind berauschend lieblich; aber die Formen sind niedrig und schlecht ... Die Linien laufen absichtlich falsch – wie Schlangen, die sich zur Flucht krümmen« und schließlich S. 147: »Sehen Sie doch nur«, rief Father Brown und hielt das gekrümmte Messer auf Armeslänge, als ob es eine glitzernde Schlange wäre. »Sehen Sie die falsche Form denn nicht? Sehen Sie nicht, daß es keinen gesunden und einfachen Zweck hat? Es hat keine Spitze wie ein Speer. Es schneidet nicht wie eine Sense. Es *sieht* nicht aus wie eine Waffe. Es sieht aus wie ein Foltergerät.« Die Gründe für GKCs Abneigung gegen diese »orientalischen Formen« wird man in seiner Biographie finden können (vgl. FB I, S. 274 ff.).

Es wäre leicht, zu jedem beliebigen Thema der FB-Geschichten eine Sammlung von für Chesterton charakteristischen Zitaten zusammenzustellen, die seine völlig unabhängige, souveräne Denkweise ebenso verdeutlichen wie die Tatsache, daß es ihm in den FB-Erzählungen in erster Linie nicht um Kriminalgeschichten geht. In FB II, 6 etwa heißt es: »Was wir alle am meisten fürchten, ist ein Irrgarten *ohne* Mittelpunkt. Darum ist der Atheismus nur ein Albtraum.« In FB II, 11 stellt Father Brown fest: »Für mich ist eine moralische Unmöglichkeit die größte aller Unmöglichkeiten.« (Woraus sich nebenbei die Frage ergibt, ob GKC hier nicht – wie viele – Moral mit Ethos verwechselt, wo nicht gar in eins setzt). In FB IV, 8 liest man schließlich: »Sie vergeben Verbrechern nur dann, wenn sie begehen, was Sie gar nicht als Verbrechen ansehen, sondern eher als Konventionen.«

Am deutlichsten wird das vielleicht in der Behandlung der beiden Mörderinnen, von denen GKC seinen Father Brown berichten läßt: in *Die Schauspielerin und das Alibi* (FB IV) und in *Die Donnington-Affäre* (FB V). In keinen anderen Geschichten sind die tatsächlichen Tathinweise so dürftig, bedarf es schließlich so ausführlicher Erklärungen FBs, um klarzulegen, was geschehen ist, weil es warum so geschehen sein mußte. Selbst bei guten Kenntnissen der englischen Theaterliteratur wird wohl kaum jemand den entscheidenden Hinweis verstehen, anhand dessen Father Brown das Geheimnis der Schauspielerin enträtselt, das in der Ermordung ihres Mannes besteht, um für ihren Geliebten, den Schauspieler Knight, frei zu werden. Und als ihn jemand fragt: »Hat sie Knight tatsächlich so geliebt?«, erreicht die Theologie GKCs bzw. FBs im Sinne einer Seelsorgetheologie den vielleicht krassesten und unerwartetsten Gipfel: »Ich hoffe, denn das wäre wirklich die menschlichste Entschuldigung.« Diese Hinweise mögen genügen, um deutlich zu machen, wie reiche Ernte eine gründliche Ausdeutung der FB-Erzählungen Chestertons, aber auch seiner anderen Essays und Erzählungen, erbringen könnte. Und zum dritten ist da die Tatsache, daß Chesterton in einer oftmals geradezu unglaublichen und atemberaubenden Schreibkunst versteht, dem Leser durch Sprach- (und Schreib-)Bewegungen die Bewegungen seiner Gedanken- und Bilderwelt nahezubringen. Auf einiges davon wurde bereits in FB I, S. 271 ff., hingewiesen, auf anderes vorstehend S. 332 ff. Ein letzter Punkt zu diesem Themenbereich sei hier angeführt. Bei der Lektüre insbesondere der FB-Geschichten entsteht sehr rasch der Eindruck, als ob Chesterton gemessen am Üblichen unverhältnismäßig oft relativierende Füllwörter wie »it seems«, »seemingly«, »rather«, »nearly« usw. sowie entsprechende Konjunktive und syntaktische Fügungen verwendet (man erinnere sich an Max Frischs konjunktivischen Roman *Mein Name sei Gantenbein).*

Dieses Verhalten hat mich sehr bald an die alte Form der Formulierung mathematischer Aufgaben gemahnt: Lateinisch hieß das »Ut sit …«, deutsch »Es sei …«. So, als habe GKC sagen wollen: Vorausgesetzt, es gäbe folgende Fakten, dann hätte man sie nach den alten Regeln der Vernunft, wie sie von der scholastischen bis zur humanistischen Aufklärung entwickelt worden sind, so zu beurteilen, wie es mein Father Brown tut; und nicht nach den ebenso verkommenen wie pseudostrengen Regeln der positivistischen Logik, die sich nach der Französischen Revolution im Aufschwung der Naturwissenschaften als Verhaltensregeln konventioneller, aber unmoralischer, weil a-ethischer Gesellschaftsordnung an die Stelle der alten Vernunft gesetzt haben.

Father Brown ein fahrender Gralsritter? Sicherlich. Doch sieht er das schlimmste Verbrechen nicht in einem Mord, sondern in der Ermordung der Menschlichkeit durch das Grundübel der Sünde wider den Heiligen Geist durch modernen sogenannten Rationalismus.

Und noch einige weitere Fragen gibt es: Dachte GKC in den Bahnen des Glaubens an eine vorgegebene Kausalität? Oder versuchte er, aus dem Sammelsurium erkennbarer Fakten Sinnschöpfung zu betreiben? Das Vorhandene als Bruchstücke des zu Erfüllenden zu sehen? Oder als Mosaiksteine, aus denen jeder beliebige, aber nur ein sinnvoller Text zu erschaffen ist?